国家出版基金项目
NATIONAL PUBLICATION FOUNDATION
2018年度国家出版基金资助项目
“十三五”江苏省重点出版规划项目

人圈

——侵华日军在河北宽城实行“人圈”暴行的调查实录

张明云 编著

河海大学出版社
HOHAI UNIVERSITY PRESS
·南京·

图书在版编目(CIP)数据

人圈:侵华日军在河北宽城实行"人圈"暴行的调查实录 / 张明云编著. -- 南京 : 河海大学出版社,2019.7

ISBN 978-7-5630-5571-5

Ⅰ. ①人… Ⅱ. ①张… Ⅲ. ①侵华日军—战争罪行—史料—宽城满族自治县 Ⅳ. ①K265.606

中国版本图书馆 CIP 数据核字(2018)第 159996 号

书　　名/ 人圈——侵华日军在河北宽城实行"人圈"暴行的调查实录
书　　号/ ISBN 978-7-5630-5571-5
策　　划/ 于晓华
责任编辑/ 朱婵玲　易彬彬
责任校对/ 陈晓灵　陈丽茹
封面设计/ 杭永红
出版发行/ 河海大学出版社
地　　址/ 南京市西康路 1 号(邮编:210098)
网　　址/ http://www.hhup.com
电　　话/(025)83737852(总编室)
(025)83722833(营销部)
经　　销/ 江苏省新华发行集团有限公司
排　　版/ 南京布克文化发展有限公司
印　　刷/ 南京工大印务有限公司
开　　本/ 787 毫米×1092 毫米　1/16
印　　张/ 25.875
字　　数/ 533 千字
版　　次/ 2019 年 7 月第 1 版
印　　次/ 2019 年 7 月第 1 次印刷
定　　价/ 80.00 元

前　言

猪有猪圈，羊有羊圈，怎么还有“人圈”？这是真的吗？这的的确确是真的，千真万确，不容置疑。这里所说的“人圈”，就是侵华日军在长城线上千里“无人区”所建立的“集团部落”，老百姓则形象地称之为“人圈”，也叫“围子”“部落”，起源于侵华日军在东北三省推行的“集团部落”政策。

1931年9月18日，侵华日军悍然发动了震惊中外的“九·一八”事变，仅仅4个多月的时间，就侵占了我国的东北三省，使我国东北地区沦为了日本帝国主义的殖民地。日本帝国主义的野蛮侵略，激起了东北人民无比的愤怒和强烈的反抗。白山黑水之间，遍地燃起了抗日斗争的烽火，在东北地区开展了轰轰烈烈的武装抗日斗争，此起彼伏，有力地打击了日本侵略者。特别是著名抗日将领杨靖宇、赵尚志等人领导的东北抗日联军，在辽宁、吉林、黑龙江等地进行的武装抗日活动，给日军以沉重的打击，严重威胁了日本帝国主义在东北地区的殖民统治。

面对东北大地熊熊燃起的抗日烽火，为扼杀东北地区的抗日武装，特别是杨靖宇和赵尚志等人领导的抗联武装，日伪当局调集了大批日伪军和警察，对东北人民抗日武装进行连续不断的、血腥的“讨伐”，疯狂的“围剿”和野蛮的镇压，妄图用军事镇压来消灭东北抗日武装。然而，这不但没能消灭抗日武装，在人民群众的大力支持下，这些抗日武装反而发展得更加迅猛，使得日伪当局惶惶不可终日。

日本侵略者在军事“围剿”屡遭失败后发现，单纯地依靠军事“围剿”，并不能消灭东北抗日武装。要想有效地消灭东北抗日武装，就必须要彻底地切断抗日武装与人民群众的血肉联系，使之“匪民分离”。因此，必须将偏僻地区与山野间的民众集中起来，进行“集家并村”，把民众驱赶进“人圈”，才能彻底搞垮抗日武装。

于是，日军于1933年开始构筑“人圈”，1934年12月3日，又以伪民政部的名义发布了《民政部建立“集团部落”的训令》的布告，威逼住在偏远地区的农民离开自己世代居住的家园，迁往日军指定的"人圈"，并把原来的房屋拆毁，如果不拆就一律放火烧光，不走的人员也全部杀死，以此达到割断人民群众与抗日联军等抗日武装联系的目的，实现所谓的"匪民分离"、最终消灭东北抗日武装的罪恶目的。据不完全统计，从1933年到1939年，日军在我国东北三省范围内，"从建国(指伪满洲国1932年3月建立——本书编者注)到康德六年(1939年——本书编者注)的统计，共达13 451处"①，"至少100万户、500万人被强制迁入、集团部落占东北人口总数的14%以上，这在世界殖民史上是罕见的"②。

由于日伪当局"集团部落"政策的实施，"归屯并户"的地区都成了"无人区"，"人圈"里的民众生活在日伪军警的刺刀之下，没有任何人身自由，同时也完全断绝了与外界的联系。日军就是用这样毒辣的手段，彻底隔绝了抗联等抗日武装与广大人民群众的联系，使抗联在给养、宿营、兵员补充、情报等方面均遭受了极大的困难。就这样，日伪用持续5年多的时间，把战斗在深山老林中的杨靖宇、赵尚志等人领导的东北抗联和抗日根据地摧毁了。

日军完成了对东北三省的占领后，于1933年"2月21日，日、伪军共10万人，分三路大举进攻热河……热河守军节节败退……日军先头部队128人……于4日午后占领承德"③。不久，就侵占了热河全省和冀东，激起了不甘屈辱的冀热边地区人民的强烈反抗，抗日斗争的烈火呈燎原之势。尤其是全国的全面抗战爆发以后，冀热边人民武装抗日斗争更是迅猛发展。到1939年底，由李运昌司令员领导的八路军冀热察挺进军第13支队(后改为冀东军分区)，已发展到辖1个主力团、9个游击总队，共数千人的抗日武装。1940年5月，八路军第十团又挺进到北平北部及丰(宁)滦(平)密(云)地区，使冀热边地区的抗日武装力量进一步发展壮大。

面对冀热边地区抗日武装力量的不断发展和壮大，抗日根据地的日益扩大和巩固，侵华日军不断地调集重兵进行军事"围剿"。但是，这不但没能消灭这些抗日武装，在人民群众的支持下，冀热边地区的抗日武装反而不断地发展壮大。这使侵华日军越来越认识到，冀热边地区抗日武装不断发展壮大的根本原因，就是共产党八路军与人民群众的血肉联系，是人民群众对抗战人力、物力上的支持以及民众在这场民族解放战争中蕴藏的巨大力量。只要有民众的支持，就不能彻底地消灭抗日武装。因此，必须要像剿灭东北抗日联军那样，彻底切断抗日武装与人民群众的血肉联系，进行"集家并村"。所以，日军又把对付东北抗日联军"集家并村"的毒辣手段，用来对付冀热边人民。

---

① 姜念东、伊文成、解学诗等编：《伪满洲国史》，长春：吉林人民出版社，1980年版，第207～208页。

② 李淑娟：《从集团部落看日伪统治下的东北农民》，《史学月刊》，2005年第6期，第51页。

③ 李蓉著：《中华民族抗日战争史》，北京：中央文献出版社，2005年版，第69～70页。

因此，日军决定在东起山海关以西的九门口，西到张家口赤城县独石口以东的老丈坝这一千里长城线上构建“人圈”，进行惨无人道的“集家并村”，制造了骇人听闻的长城线上千里“无人区”，妄图以此扑灭冀热边地区抗日斗争烈火，彻底消灭冀热边地区抗日武装。

日军在冀热边地区“集家并村”制造的千里“无人区”，共分为三个部分：其一是“人圈”，日军称为“集团部落”。这里所说的“人圈”，就是侵华日军为了扼杀冀热边地区的抗日武装力量，隔断人民群众与抗日武装的联系，威逼、驱赶人民群众离开世代居住的家园，迁往一个个日军指定的地点，待人们迁入指定地点以后，再逼迫民众在四周修筑3～4米高的围墙，围墙上再构筑炮楼等军事设施，并由日伪武装人员日夜把守，迫使民众在日伪的残酷统治及日伪军、警察、宪兵、汉奸、特务等的直接控制、镇压和奴役下，过着毫无人身自由、饥寒交迫、贫病交加的生活。日军称其为“集团部落”，老百姓则称之为“人圈”“围子”。在“人圈”里，人们既没有赖以生存的土地可以耕种，也没有任何其他的生活保障，更没有人身自由，缺衣少食，饥寒交迫，困苦不堪。“人圈”中由于居住空间狭窄，人畜混居，拥挤不堪，又无环境卫生等设施和管理措施，致使人畜粪便到处都是，污泥浊水满地乱流，苍蝇、臭虫、蚊子等随处可见，环境卫生状况十分恶劣，鼠疫、伤寒、霍乱、疟疾、痢疾、疥疮、脑炎等各种传染病每年都大肆流行。加上“人圈”内无医无药，导致人们贫病交加，民众大量地被冻死、病死和饿死。同时，日伪在“人圈”里实行残酷的高压政策，经常进行各种形式的大“检举”，对民众进行疯狂的屠杀。在“人圈”中，日伪军警及汉奸、特务等还利用各种手段严密监视人们的衣食住行和各种活动，严格控制人们进出“人圈”。在“人圈”里，人们稍有不慎，就会被打、被抓，甚至被杀，每日都生活在日军的屠刀之下，任其蹂躏和宰割，过着猪狗不如的悲惨生活，在死亡线上痛苦地挣扎。

其二是“无住禁作地带”，即狭义的“无人区”或绝对“无人区”，也就是日伪当局确定的“人圈”3000～5000米范围以外不得居住和进入的区域。在“无住禁作地带”，日军实行烧光、杀光、抢光的“三光”政策，进行烧杀抢掠。对于民众的财物，日军则是能够抢走的一律抢走，不能抢走的，全部放火烧毁，毁损了几乎全部的生产生活用具。在这个区域内，只有柴草、树木、飞禽、走兽等自然生物才能生存，而居民的房屋一律予以拆毁，人员等必须全部迁出。房屋不自行拆毁的，日军一律予以烧毁，人员不迁出的，全部进行屠杀，实行彻底的“三光”政策。对“无人区”的民众，日军就像追杀猎物一样疯狂地进行“围剿”和屠杀，几乎是见一人杀一人，灭绝人性地以各种残酷的非人道的手段进行屠杀。“无住禁作地带”主要是长城沿线抗日游击根据地及敌人无力控制的边远山区。

其三是“无住地带”。这种“无住地带”是介于“人圈”与“无住禁作地带”之间的区域。这一区域一般在“人圈”外3000～5000米的范围之内。日伪在这一区域内虽然允许老百姓外出耕作等，但不允许居住。“无住地带”一般选在日伪力量能够控制的范围之内。当然，日伪设立“无住地带”，其实并不是为了民生的考虑，而是为了部分地解决日伪人员的粮食和物资供给问题。

以上三个部分，构成了长城线上千里“无人区”的全部内容，统称为千里“无人区”，也称为广义的“无人区”。“据统计，‘无人区’总面积约5万平方公里，其中‘无住禁作地带’约为8 500平方公里。”①

从1939年秋到1944年春，日军制造的千里“无人区”的罪恶计划基本完成。千里“无人区”范围涉及今河北、辽宁、内蒙古、北京、天津共5个省、市、自治区的25个县(区)……被集家的自然村1.7万多个，共建‘人圈’2 506座，被驱赶集家的群众约140万人。②

日军制造的长城线上千里“无人区”，是一个时间非常长、范围十分广、规模极其大的残暴无比的大屠杀，是日本军国主义发动的一场种族灭绝式的战争。“我们所说比南京大屠杀事件时间长，是说它是从1941年11月大规模制造‘无人区’开始，直至1945年8月日本投降为止，长达3年零9个月连续不断的大屠杀。我们所说范围大，是说包括现今青龙、宽城、承德、兴隆、滦平5个县的全境；丰宁、隆化、怀柔、平泉、宁城、建昌、凌源7个县的大部地区；朝阳、绥中，喀喇沁、围场4个县(旗)的局部地区；平谷、密云、延庆、赤城4个县的长城以北当时被划入伪满洲辖境的地区；迁安北部的长河川地区，蓟县的盘山地区，还有遵化县马兰峪的所谓‘伪满洲国特区’以及丰润、滦县、卢龙3个县的部分地区，是在总面积约5万平方公里的广大地区内进行的大屠杀。我们所说的规模大，是说它是对35万人的大屠杀，39万人的大抓捕，292万间房屋的大烧毁和166亿斤粮食、36万头耕畜、424万只猪羊、1 800万件农家具、2 113万件被服的大抢劫。我们所说的更加惨无人道，是说包括刀劈、枪杀、火烧、活体解剖、活剥人心，甚至使用细菌、毒气、气球毒气弹等多种更加灭绝人性的屠杀手段进行的大屠杀。这样长时间、大范围、大规模、惨无人道的大屠杀，是中国历史上没有的，也是世界历史上没有的。”③

正如日本学者姬田光义在《又一个三光作战》一书中所概括的：“日军实施的‘无人区化’政策，……是一个经过长期周密策划，有体系、有计划地开展的大屠杀行动。换言之，它是日军对中国人实施的一种种族灭绝式的战争。”“‘无人区化’政策完全超越了‘三光’政策。从制定计划之始，它追求的就是一场拓展地域、扩大空间及时间的连续性的大屠杀，是另一个‘三光’作战。”因此，“日军实施的‘无人区化’政策，是一个有计划、有体系、有

①② 中共河北省委党史研究室编：《长城线上千里无人区》，第一卷，北京：中央编译出版社，2005年版，第43页。

③ 中共河北省委党史研究室编：《长城线上千里无人区》，第五卷，北京：中央编译出版社，2005年版，第119页。

目的地将'南京大屠杀'、'七三一部队'、'三光'政策等综合为一体的集大成之'杰作'"①。

宽城地处长城脚下,境内有青山口、艾峪口、喜峰口、董家口、潘家口、山海关五口一关,长城在宽城境内绵延近 60 千米,是日军在长城线上"集家并村"、制造千里"无人区"的核心区域和重灾区。经过这次实际调查统计,日军在宽城共构筑"人圈"117 个,修筑"人圈"围墙总长约 165 千米,"集家"的自然村 1 331 个,26 500 余户,128 300 多人②,"'无人区'面积达 1 170 平方千米,占全县总面积的 70%。在'集家并村'制造'无人区'期间,抓丁要伕 75 万人次;检举抓捕百姓 2.1 万人次,其中杀害 4 900 人;冻、饿、病死在'部落'里的老百姓 8 500 人;'无人区'内土地长年荒芜,损毁耕地 23 万亩;烧毁房屋 2.3 万间;抢走大牲畜 2 500 头、猪羊 6.8 万只,烧死牲畜 1.1 万头;抢走衣物 14 万件;抢烧粮食、山林、生产工具、生活用品等都无法统计"③。日军对宽城人民的屠杀、摧残和破坏是世所罕见的。

为了进一步研究日本帝国主义在千里长城线上"集家并村"制造"无人区"的历史,全面、客观、真实地调查和了解日本侵略者给千里"无人区"人民群众所造成的苦难,用铁的事实揭露日军骇人听闻的罪行,教育人民不忘历史,弘扬以爱国主义为核心的民族精神,为实现中华民族的伟大复兴贡献力量,作者经过几年的努力,查阅了大量的历史资料,调查走访了当年生活在"人圈"和"无人区"的当事人,克服了重重困难,几易其稿,编撰了《人圈——侵华日军在河北宽城实行"人圈"暴行的调查实录》一书。

《人圈》一书通过对千里"无人区"25 个县(区)之一宽城县的调查,特别是对 360 多位亲历者的调查采访,以图文并茂的方式,用珍贵的图片资料、文字资料、口述资料、专题资料、统计资料等,客观真实地记述了日军在宽城"集家并村"制造"无人区"的历史背景、过程,人民群众在"人圈"中的悲惨遭遇等,有力地揭露了日本侵略者"集家并村"制造"无人区"的累累罪行。这是一部集口述史料、图像史料、历史史料等为一体的史料文集。《人圈——侵华日军在河北宽城实行"人圈"暴行的调查实录》一书为日军的侵华暴行又添了新证,同时也填补了有关日军"集家并村"制造千里"无人区"研究的一项空白。

光阴荏苒,弹指一挥间。千里"无人区"的历史已经渐去渐远,但是,千里"无人区"在宽城的遗址遗迹依然存在。宽城境内五口一关的艾峪口虽已断壁残垣,喜峰口和潘家口在修建大型水库——潘家口水库时,也已淹没在水库之中,但是潘家口水库大坝却矗立在昔日潘家口所在地的下游,蔚为壮观。喜峰口虽已被淹没,但现在却成为世界上绝无仅有

---

① 〔日〕姬田光义:《又一个三光作战》,转引自中共河北省委党史研究室编:《长城线上千里无人区》,第五卷,北京:中央编译出版社,2005 年版,第 4 页。

② 见本书第二章的宽城"人圈"基本情况调查统计表中末尾的数字。

③ 《集团部落——日军侵华暴行的又一铁证》编写组编:《集团部落——日军侵华暴行的又一铁证》(内部发行),2013 年,第 21 页。

的水下长城，并且在水面上仍然依稀可见，枯水季节它还会露出水面，人们可以登临游览、观摩。青山口、董家口还依然存在。山海关关口虽已荡然无存，但燕山第二主峰都山，现在树木葱郁，风景秀丽。宽城红色旅游、绿色旅游、人文旅游、文物古迹等旅游资源丰富，特别是宽城县城，依山傍水，环境整洁，景色优美，真是今昔两重天。

前事不忘，后事之师。真诚地希望广大读者，特别是青少年读者，能够通过此书了解长城线上千里“无人区”人民的悲惨遭遇，了解侵华日军残害中国人民的残暴行径，牢记历史，珍爱和平。让我们以史为鉴，勿忘国耻，更加珍惜今天来之不易的幸福生活，让历史的悲剧不再重演。

目录 Contents

一
宽城“人圈”的起因

1931年9月18日，侵华日军悍然发动了震惊中外的“九·一八”事变，仅4个月18天就侵占了东北三省。之后，为了打开侵略华北以至整个中国的方便之门，日军又将山海关、热河、冀东作为新的侵略目标。1933年1月3日，日军制造事端，首先侵占了山海关，紧接着就发动了热河事变，3月4日又占领了热河省会承德，不久就占领了热河全省。尔后，日军继续扩大侵略范围，进犯和控制了长城各口，占领冀东，进逼平津。5月31日，国民党政府屈辱求和，签订了丧权辱国的《塘沽协定》，实际上承认了日本对长城以北的占领和伪满洲国，千里长城线被堂而皇之地划为伪满洲国的“西南国境线”。从此，热河包括宽城人民生活在日本帝国主义的铁蹄之下，饱受欺凌、侮辱和屠杀。

哪里有压迫，哪里就有反抗。在宽城及冀热边地区，很快燃起了抗日的烈火，人们以各种形式开展抗日活动和进行武装斗争，给日军以有力的打击。1938年6月，八路军第四纵队挺进冀热边，打开了伪满“西南国境线”的缺口，与冀东暴动的队伍会师后，向宽城、青龙所在的都山进发，打击敌人，为创建雾灵山和都山抗日根据地打下了基础。1940年，冀东军分区三总队特务大队指导员周治国奉司令员李运昌之命，在宽城组建了周治国游击队，神出鬼没地打击敌人。不久，周治国又按照中共冀热察冀东分委的统一部署，建立了青年工作团，创建了地方政权。1941年，冀东军分区又在王厂沟创建了抗日游击根据地，还把司令部转移到王厂沟，指挥冀热边地区的抗日斗争。这些斗争燃起了冀热边特别是宽城的抗日烽火，同时，也引起了日军的极大恐慌。日军一面对抗日武装进行“肃正”作战，妄图消灭八路军、游击队等抗日武装，一面对民众进行“匪民分离”，实行毒辣的“无人区化”政策，进行“集家并村”，强行把民众赶进了“人圈”之中。

（一）宽城的地理位置与历史沿革

宽城地处河北省东北部，承德市东南部，东倚渤海，西近京津，南临秦皇岛、唐山，北靠内蒙古自治区。境内河流纵横，有滦河、瀑河、长河及青龙河等纵贯全县。宽城地处燕山山脉东段，县内有广东山、鸡冠山及燕山山脉的第二大主峰都山等，山地广阔，沟壑纵横，林木茂盛。

宽城于 1963 年建县，建县虽然较晚，但历史悠久。据史志记载和出土文物考证，早在商周时期，宽城就有人类居住，从商、西周起，归属不一，隶属数变。到明洪武二十年，始建宽河城，是年建宽河卫，筑有宽城旧城。后改宽河卫为宽河守御千户所。明永乐年间，宽城千户所迁往遵化，宽河城演变为宽城。清朝时宽城隶属直隶省，设驿马站。民国二年（1913 年），承德府改为热河特别区，民国三年（1914 年），热河特别区从直隶省划出，宽城分属平泉、承德、遵化、迁安县所辖。民国十七年（1928 年）6 月，改直隶省为河北省。同年，取消热河特别区，建立热河省。宽城归属热河省的平泉县、承德县和迁安县。民国二十二年（1933 年）3 月，日军占领热河全境，废民国建制，组建伪满政权，至日军投降前，宽城全境为伪满洲国青龙县地。

宽城位于长城脚下，万里长城横亘该县 5 个乡镇 42 个行政村，东起铧尖乡的三道岭，西至独石沟的车厂沟，绵延近 60 千米。沿线有青山口、董家口、艾峪口、喜峰口、潘家口、山海关五口一关。特别是喜峰口，古今闻名，是通往关内外的最重要的交通要道、咽喉要地，而宽城是出入喜峰口的必经之地。

宽城不但是连接长城内外的交通要冲，同时也是沟通中原、内蒙古和东北的重要通道。早在汉代，在宽城就形成了“卢龙塞道”，古时又为中原通往北疆之驰道。据记载，东汉末年，曹操即过喜峰口（那时叫卢龙塞）和宽城（那时叫白檀），东征乌桓（也叫乌丸）。官渡之战，曹操以少胜多，打败了袁绍。官渡之战后，袁绍病死，袁谭和高干被杀，袁尚和袁熙被曹操打败，在建安十年（205 年）逃入乌丸，想借乌丸的力量与曹操抗衡。因此，曹操要消灭袁氏的势力，统一中国北部，非征伐乌丸不可。于是，曹操率军北上，5 月的时候到达了易县（今河北省雄县西北）。这时，谋士郭嘉对曹操说，兵贵神速。现在我们千里奔袭，辎重多，速度慢，难以迅速地取得胜利，一旦走漏风声，对方必有防备。我们不如留下辎重，日夜兼程，打他个措手不及。曹操然其计，率轻兵来到无终（今天津蓟县），然后在当地名士田畴的导引下，经徐无（今河北省玉田县北）、卢龙塞（即喜峰口，历史上称卢龙塞）、白檀（宽城当时称白檀）、平岗（今河北平泉），登上了距离柳城只有 200 多里的白狼堆（今辽宁省的布佑图山）。这时乌丸王踏顿才知道曹军来了，仓促应战，结果兵败被杀，袁尚和袁熙也只好远走辽东，投奔公孙康。后来袁尚和袁熙被公孙康所杀。

缪袭，字熙伯，曾经在曹操麾下任御史大夫，作《鼓吹曲》12 首，其中第七首的内容就是叙写曹操北征乌桓的：“屠柳城，攻诚难，度越陇塞路漫漫。北逾平岗，但闻悲风正酸。蹋顿授首，遂登白狼山。神武执海外，永无北顾患。”其意是，征伐乌桓的柳城(现在的辽宁朝阳)，取得成功诚为艰难。攀过高俊险要的关塞，道路漫漫长远。从这一带向北越过平岗(现平泉)，只听到风声悲凉而凄酸。踏顿被斩首，曹操阅视战场，登上白狼山。神威和武力震慑海外，永远再没有了北方的瞻顾和忧患。从这首《鼓吹曲》中，我们赫然听到了曹操千军万马的踏踏蹄声，看到了曹操率军从卢龙塞(宽城东南的喜峰口‘当时叫卢龙塞’)北上，“度越陇塞(陇塞指高俊险要)路漫漫，北逾平岗”的壮丽画卷。

高适，字达夫，是唐朝著名的边塞诗人。公元 731—733 年，在蓟门(今北京)停留了 2 年多的时间。“蓟门”是今北京的古称，又称蓟城、蓟丘。北齐时在今北京与承德之间修筑了长城，隋朝时又进行了修缮。这道长城的位置大体与现存的承德境内的宽城到滦平的这段长城相同。今承德地域当时为奚族地区，与蓟门这道长城相隔，奚族、契丹族与唐朝接连发生过很多冲突。据《旧唐书》记载，公元 733 年，唐军与奚族、契丹族人在宽城东部的都山地区发生了大战，唐军一万名官兵几乎无人生还。高适以这个事件为背景写了《蓟门五首》第五首的边塞诗：“黯黯长城外，日没更烟尘。胡骑虽凭陵，汉兵不顾身。古树满空塞，黄云愁煞人。”其意就是阴暗的长城外面，太阳落山后更加弥漫着烟尘。英勇的唐朝军队奋不顾身。古树苍苍布满了空旷的塞外，黄云漫漫愁煞了战场上的征人。《蓟门五首》与其说是诗句，不如说是一组广角与特写相交错的镜头，真实记录下了唐朝军队在宽城东部都山附近的战争景象。

高适不仅遥望长城以北的“胡天”，还不止一次地进入这个胡地，不止在塞外的大地上留下了清晰的脚印，还留下了笔力雄健的边塞诗《塞上》：“东出卢龙塞，浩然客思孤。亭堠列万里，汉兵犹备胡。边尘涨北溟，虏骑正南驱。转斗岂长策，和亲非远图。惟昔李将军，按节出皇都。总戎扫大漠，一战擒单于。常怀感激心，愿效纵横谟。倚剑欲谁语，关河空郁纡。”其意是，从蓟城东行出了卢龙塞(宽城东南部的喜峰口)，强烈地感觉到旅途情思的孤寂，亭堠等设施分布在万里边塞，唐朝军队正在防备来犯的胡人。边地的烽火烟尘正在弥漫，胡人的兵马正在南驱侵扰。与他们辗转战斗岂是良策，和亲的办法也不是有远见的图谋。我想起汉朝的“飞将军”李广，手持旌节离开京城，统领大军横扫大漠，一举擒获匈奴的首领。我常怀着激荡感奋的心绪，愿意用合纵连横的谋略报效国家。但独自仗剑无人可以诉说，只能面对边关河山徒然郁闷惆怅。“卢龙塞”即指今宽城南部的喜峰口，也泛指比宽城更大的范围，但不包括山海关。

至清时，“卢龙塞道”不断拓宽，兼为御道与贡道。因此，在宽城境内不但建有古道，还在喜峰口和董家口建有御道。据《钦定承德府志》《大清圣祖仁皇帝实录》记载，康熙十六年(1677 年)至康熙五十五年(1716 年)，康熙曾 4 次从喜峰口出关，出巡塞外，5 次至热河行宫，1 次驻跸宽城大屯庄(今磉子峪镇大屯村)和董家口(今磉子峪镇艾峪口)。另据《迁安县志》记载，康熙四十五年(1706 年)11 月和康熙四十九年(1710 年)11 月，康熙分别出喜峰口和董家口；康熙五十年(1711 年)11 月东巡，26 日出喜峰口，驻跸宽城孟子岭。

宽城还是长城抗战的主战场之一，是《大刀进行曲》创作的背景地。因为喜峰口是北部长城的一个重要关隘，古往今来，一直是兵家必争之地，历史上很多重要战役都发生在这里。1933 年 3 月 4 日，日军占领了热河省会承德。3 月 8 日，日军占领了宽城，傍晚，到达喜峰口，并占领了高地，控制了喜峰口口门。当晚，国民革命军第 29 军到达喜峰口，从喜峰口两侧夺回了高地，与日军在喜峰口附近的几个高地展开了激烈战斗。战斗中，阵地时而被日军夺取，时而又被我军夺回，双方展开了激烈的拉锯战，激战了 7 天 7 夜，日军始终未能前进一步。由 500 名勇士组成的大刀队迂回包抄、砍杀日军，大显神威，更使日军闻风丧胆。喜峰口战役写下了抗战史上的光辉一页，是“九·一八”事变以来日军遭到的第一次顽强抵抗。

由于宽城所处的地理位置，其战略经济地位都十分重要。日军侵占热河、冀东以后，不断地去宽城加强驻军，“1938 年，伪青龙(当时宽城为伪青龙县管辖，编者注)县城驻有日军守备队 1 个中队，下辖 3 个小队，每个小队有 3 个分队。全中队有官兵 138 人，其中 1 个小队驻宽城。后来由于形势变化，又调入青龙 1 个日本守备中队，2 个中队合并为 1 个日军守备队，即下道部队，其中一个中队驻宽城。1939 年末，日军 804 部队接替下道部队进驻伪青龙县，辖 4 个中队，其中 2 个中队驻宽城、亮甲台。1938 年，宽城街驻有平泉宪兵队宽城分遣队。1940 年，伪青龙县日本宪兵队接替平泉宪兵分遣队，分别进驻宽城、龙须门”①。

“日军侵占宽城后，为了战争需要，在境内的公路、制高点，县城的街道口、桥梁、主要位置的山头等修筑了大量的碉堡，在军事要塞、战略要地构筑工事，修筑散兵壕、交通壕、机枪阵地等军用设施。在喜峰口、董家口、建昌营和冷口等重要地区派驻守备部队 2 000 余人，役使大批民夫修筑通州至喜峰口、建昌营至山海关的汽车路，为大规模地快速运送部队扩大侵华战争做军事准备。”②

1941 年，“伪青龙县政府根据西南地区防卫司令部制定的《西南地区肃正工作实施纲要》把‘肃正’重点置于青龙、兴隆、滦平 3 县的要求，青龙的‘肃正’重点置于宽城大地村

① 宽城抗战文化丛书编委会编:《宽城抗日斗争史》，北京:解放军出版社，2015 年版，第 16～17 页。
② 宽城抗战文化丛书编委会编:《宽城抗日斗争史》，北京:解放军出版社，2015 年版，第 17 页。

[原叫永河中村,辖 4 个村,(大地)村相当于现在的乡、镇]。按照计划,伪青龙县先后建立 14 个警察讨伐大队,其中派驻宽城境内 8 个,加上原在宽城已驻的巡防队、特搜队、道路警备队,共 11 个队 1 800 多人。队长分别是张金池、张雪涛、朱盛林、范文、姜大祥、刘歧、王锡祉、刘丰年、李墨林、于友三、赵辅辰。一时间宽城警宪林立,敌特遍地,仅大地驻军就有 400 多人。为加强'肃正'力量,1943 年下半年在宽城内地又将 5 个警察署中的两个改为'国境警察署',即白台子、大地警察署,下设 8 个分驻所,各署由 40 多人增加到 80 多人"①。

因此,宽城人民生活在日本军国主义的刺刀、铁蹄之下,过着十分悲惨的亡国奴生活。

（二）宽城民众的抗日活动

1933 年,日军占领热河后,开始了对热河人民长达 12 年的殖民统治。日军在这一地区烧杀抢掠,无恶不作,其残暴行径激起了热河特别是宽城人民的极大义愤,人们以各种形式奋起反抗,开展抗日活动。

1933 年 3 月,长城抗战爆发。在长城抗战特别是喜峰口战役中,宽城民众积极支援抗战。当 29 军先头部队到达时,民众热烈欢迎部队官兵,问饥问渴,送水送饭,还不分昼夜地帮助部队挖战壕,修工事,运送给养、弹药,提供情报,抢救伤员。有很多知名人士,还从财物上给予 29 军有力的支援。如板城岔沟的开明士绅李知方,以民族大义为重,用自家的枪支弹药支援 29 军。29 军夜袭喜峰口外炮兵阵地前,附近民众都主动带路,配合杀敌。宽城及喜峰口内外的民众在喜峰口战役中,军民配合,共同杀敌,谱写了军民共同作战的壮丽篇章。爱国将领张自忠感慨地说:"长城线上的父老乡亲真是太好了!"

1933 年 4 月,长城抗战失败后,侵华日军占领了宽城及喜峰口,宽城民众奋起抵抗。宽城熊虎斗的李青山(李秀)和北大岭的李翠等人去宁城的头道营子与红枪会接头,尔后,又到承德县的三沟一带活动,并派人与兴隆县的孙永勤取得联系,商榷共同抗日事宜。

1933 年 5 月,宽城椅子圈的孙景华,松树沟的张瑞率 3 000 多民众,手持木棍、大刀、锄头等,浩浩荡荡地奔向勒索民财的上营税捐局,税捐局人员闻风而逃。抗税民众一把火烧毁了税捐局的房屋。此后,该税捐局一直未能再建。

1933 年 12 月 11 日,兴隆县黄花川农民孙永勤发动了黄花川农民抗日大起义,建立民众军,打起了"天下第一军,杀富又济贫"的大旗,人民群众纷纷响应,孙永勤的民众军很快

① 中共宽城满族自治县委宣传部、中共宽城满族自治县委党史研究室等编:《宽城抗日烽火》(内部发行),2005 年版,第 4 页。

发展到了 1 000 余人，转战在兴隆、承德、宽城、迁安、遵化等地区，“在攻打孤山子海关和半壁山警察署分驻所时，活捉关税总长栩藤等 3 人，击毙伪军 50 余人。在舍身台，救国军促使 300 名伪军哗变，杀死日本长官。黄花川一战击毙日军 100 余人。南山子一战击毙日军 200 余人，于杖子西山一战击毙日军 55 人，宽城县九虎岭一战歼敌 500 余人。”①给日军以沉重的打击。“1934 年 3 月 15 日，孙永勤的民众军在宽城的贾家安袭击日船 3 艘，击毙日军 20 余人，缴获大米、白面 1 500 余公斤，物资 350 多件。”②“1934 年 5 月 10 日，孙永勤的民众军参谋长兼第三总队队长关元友，率部在宽城的九虎岭，与日军 600 余人激战了半个月，重创日军后转移到了宽城的王厂沟。”③“1934 年 6 月，孙永勤的民众军先后三围宽城，消灭日伪军 300 余人。”④在这些战斗中，宽城民众不但积极配合孙永勤的民众军作战，许多青壮年还踊跃参加孙永勤的队伍，直接抗击日军，民众军发展到高峰时，“已猛增至 5 000 余人，声威远震”⑤。

峪耳崖是宽城重要的黄金产区，早在清代，老百姓就在这里采金。日军占领宽城后，在峪耳崖设立了警察分驻所，还驻有日军宪兵分遣队，日伪强占了峪耳崖金矿，禁止群众上山采金。老百姓世代以来的经济来源断绝了，眼看着大量黄金被日军夺走，人们义愤填膺，奋起抗争。1934 年 9 月，数百名群众包围了伪警察分驻所，提出“要生存，要活命，允许老百姓上山采金，反对日军垄断黄金资源”等要求，迫使日伪当局接受了老百姓的要求。

日军侵占热河以后，除了从政治上、军事上进行残酷的统治和镇压以外，还从经济上疯狂地进行掠夺，欺压热河民众。特别是每逢集日来临，名目繁多的苛捐杂税如同猛虎下山，“过路费”“落地税”等“应有尽有”。有的人到集市卖一担柴还不够缴纳税款。于是，很多小摊贩垮了，小商店倒闭了，人们失去了养家糊口的谋生手段。深受苛捐杂税剥削之苦的民众忍无可忍了。1934 年 10 月 23 日(农历九月十六日)，是平泉、宽城等地的集日，商人开始罢市。集日上几家大的商号约定:在 28 日(农历九月二十一日)集日这一天与税捐局开展斗争。到了 10 月 28 日，宽城、平泉、宁城、承德等上千民众按照约定包围了平泉税捐局，并涌进税捐局院内，打跑了税捐局人员，捣毁了税捐局所有设施，还奔向承德请愿，到承德时民众已达万人。请愿民众包围了伪热河省政府，要求伪省长张海鹏直接答话，并满足“(1) 永久撤销税捐局;(2) 赔偿集市上个人损失;(3) 发给请愿人员路费”等条件。在群众的压力之下，张海鹏只好暂时答应了民众的要求。

这些斗争虽未能从根本上动摇日伪的统治，但也严重地打击了敌人，使日伪看到了民

---

① 唐山市政协文史资料委员会编著:《勿忘冀东十三年》，北京:中国文史出版社，2015 年版，第 172～173 页。

②③④ 宽城满族自治县档案局编:《宽城革命史大事记》(内部发行)，1996 年版，第 10～11 页。

⑤ 唐山市政协文史资料委员会编著:《勿忘冀东十三年》，北京:中国文史出版社，2015 年版，第 172 页。

众的力量。

（三）八路军第四纵队挺进冀热边

1937 年 7 月 7 日，日本帝国主义为实现其吞并全中国的野心，在卢沟桥制造了“卢沟桥事变”。“卢沟桥事变”是中国历史上的大事件。一方面，日本帝国主义由发动局部战争转变为开始全面的侵略战争；另一方面，中国也从自发的局部抗战发展为全国性的反对日本帝国主义侵略、争取民族解放的全民族的全面抗战。

在这一历史关头，为进一步具体地确定全面抗战的纲领和政策，领导中国人民争取抗日战争的胜利，中国共产党于 1937 年 8 月 22 日至 25 日，在陕北洛川召开了中央政治局扩大会议。会上通过了《中共中央关于目前形势与党的任务的决定》，制定了《抗日救国十大纲领》。根据毛泽东关于“红军可出动一部于敌后的冀东，以雾灵山为根据地进行游击战争”的提议，中央确定了要发动冀热边区的游击战争，创建冀热边抗日根据地的战略。1938 年 2 月，毛泽东电示八路军总部：“雾龙山①为中心之区域，有扩大发展前途，但是独立作战区域，派去部队须较精干，且不宜过少，军政党领导人员需有独立应付新环境之能力，出发前须作充分准备。”还指示：“应准备至适当发展时期派高级领导人去雾龙山……”②1938 年 5 月，毛泽东又把以雾灵山为中心的燕山山脉确定为全国六大山区根据地之一。

毛泽东指出的以雾灵山为中心的区域，主要是指河北的冀东和冀热边的热南地区以及与燕山山脉相连的热察边、冀热边和冀热辽广大地区，具有十分重要的战略地位。雾灵山是燕山山脉的主峰，位于热南的兴隆县境内，海拔 2 118 米，素有“京东第一峰”之称。都山是燕山山脉的第二大高峰，海拔 1 846 米，仅次于雾灵山，位于热南的宽城、青龙境内。燕山山脉是一个大山脉，东西千余里，南北数百里，地域广阔，山高林密，海拔 1 000 米以上的高峰有十几座，有广阔的回旋余地。雄踞于伪满洲国的“西南国境线”，跨越长城内外。

而且，这一带人民受日伪的统治压迫深重，反抗精神强烈，是发动抗日游击战争、建立革命根据地的理想区域。

为了把发动以雾灵山为中心的抗日游击战争的战略决策付诸实施，党中央、毛泽东运

---

① 即雾灵山，位于河北省兴隆县内，是燕山山脉主峰。

② 毛泽东：《毛泽东关于以雾灵山为中心开展游击战争致朱德、彭德怀等电》，转引自中共河北省委党史研究室编：《长城线上千里无人区》，第二卷，北京：中央编译出版社，2005 年版，第 4～5 页。

筹帷幄，调兵遣将，向冀热边特别是热南地区进发。“晋察冀军区根据毛泽东1938年2月的电报指示，抽调骨干较多、战斗力较强的第一军分区部分军政干部和第三团，组成八路军第十一支队，由邓华任司令员兼政委。2月30日，邓华率领全支队1 000余人，从涞源出发，先行开辟平西根据地，做挺进冀热边的准备。4月，中共中央在《关于巩固与扩大晋察冀根据地的指示》中，要求晋察冀再分出一部分兵力‘向冀东、热边发展’。月底，又从120师抽调一部较强的干部和部队组成了八路军第十二支队，全支队共2 800多人，宋时轮任司令员兼政委。随后，由宋时轮、伍晋南率领，从山西大同一带出发，分两路挺进平西。5月中旬，经八路军总部批准，宋、邓两个支队合编为八路军第四纵队，宋时轮任司令员，邓华任政委，辖31、33、34、36大队（团级）和直属独立营，骑兵大队，共5 300余人。”①

6月1日，第四纵队主力集中在宛平斋堂，誓师东征。“挺进军兵分3路，宋时轮率34大队和独立营，沿途打南口，出居庸关，克昌平，直指冀热边境。邓华率31大队和33大队，从康庄附近过平绥路，连克延庆、永宁、四海、沙峪，进占冀热边界重镇古北口。伍晋南率36大队和骑兵大队，从青龙桥附近，直到丰宁的大阁。四纵队东征10余日，行程500里，共毙伤敌600多人（其中日军330多人），缴获大批枪支、物资，四纵队也伤亡200余人。其中怀柔沙峪一战尤为激烈，歼灭日军100余人。丰宁花盆战斗歼灭伪满军1个营，毙俘300余人。”③

1938年6月，八路军宋（时轮）邓（华）支队向冀东挺进②

“6月17日，第四纵队经彻夜激战，袭入热河省兴隆县城，拔掉敌9座炮楼，歼敌一部。”④

“6月下旬，第四纵队在雾灵山东麓的马圈子召开党委扩大会议。”鉴于雾灵山主峰地区的实际情况，“会议决定兵分4路，向雾灵山西、南、东等方向发展，扩大游击区，创立游击根据地。”⑤

① 《热河革命史稿》编委会编，邓一民主编：《热河革命史稿》，北京：文化艺术出版社，1988年版，第95～96页。

② 中共河北省委党史研究室编：《长城线上千里无人区》，第一卷，北京：中央编译出版社，2005年版，第8页。

③④⑤ 《热河革命史稿》编委会编，邓一民主编：《热河革命史稿》，北京：文化艺术出版社，1988年版，第96～97页。

“北马圈会议后，宋时轮率34大队向南进至密(云)平(谷)蓟(县)地区，再克镇罗营、靠山集。”“邓华率31大队和直属队东进至承(德)滦(平)平(泉)地区，派孔令英连前出至承德街，袭击了敌飞机场……33大队向兴隆东南方面出击，在兴隆半壁山，歼灭日伪军100余人，进至迁(安)遵(化)丰(润)地区，独立营留下开辟雾灵山，并攻克了重镇鹰手营子，摧毁了警察署，毙、俘敌50余人，缴获机枪1挺，步枪30多支。”①

八路军第四纵队突破伪满洲国的“西南国境线”，深入热南山区，摧毁日伪据点，消灭日伪军，使沦陷5年之久的热河人民第一次看到了共产党、八路军领导的抗日队伍，受到了极大的鼓舞，也提高了他们的抗日勇气。他们纷纷自动组织起来，参军参战。特别是第四纵队严明的纪律，更使热河人民赞叹不已。当时正值阴雨连绵、山洪暴发季节，部队跋山涉水，历尽艰辛，日夜行军，有不少战士的脚都泡坏了。在这种艰难的情况下，战士们每到一村，经常露宿在屋檐下，饿了吃一把炒面，渴了就喝一口雨水。群众见此情景，感动地说：“自从盘古开天辟地，就没有不欺压百姓的军队，你们不拿群众一针一线，真是救国救民的好军队啊！”这样一传十、十传百，都知道八路军是坚持抗日的队伍，是为老百姓打天下的队伍，纷纷送子送夫参军。在兴隆县大黄崖、小黄崖就有300多人参军。

冀东抗日联军战士②

1938年7月，经中共中央批准，由中共冀热边特委直接领导和发动的，以冀东为主体的冀热边人民武装抗日大暴动终于爆发了。20万各界人民揭竿而起，其势如暴风骤雨，迅猛异常，摧枯拉朽般地瓦解了二十几个县的敌伪基层政权，十几万平方千米的地域成为起义军的天下。于是，中共中央电令八路军第四纵队，迅速向迁安、遵化、卢龙挺进，与高致远、李运昌领导的抗日联军汇合。8月中旬，邓华率第四纵队一部，攻克迁安，然后进抵遵化县铁厂镇，与抗日联军李运昌部胜利会师。

会师之后，四纵队党委与冀热边特委共同召开了铁厂会议。会议正确分析了大起义后的形势，确定了建立抗日根据地的方针，并决定整训部队，成立冀察热辽军区和冀察热辽边区行政委员会，众推宋时轮为司令，邓华为政委，下设5个军分区。随后，宋时轮力排

---

① 《热河革命史稿》编委会编，邓一民主编：《热河革命史稿》，北京：文化艺术出版社，1988年版，第96～97页。

② 唐山市政协文史资料委员会编著：《勿忘冀东十三年》，北京：中国文史出版社，2015年版，第27页。

众议,决定东渡滦河,兵分两路,9 月 9 日,宋时轮率领四纵队的主力与李运昌率领起义的抗日联军东渡滦河,向燕山的第二主峰——都山进发,开辟都山根据地。在挺进都山的途中,李运昌率领的抗联部队第 5、12、13 总队和节振国的工人特务大队,将伪青龙县讨伐大队朱宝兴(亦称朱宝队)包围在森罗寨村北灯笼山。经过 1 个多小时的激战,全歼伪满军 1 个营,俘虏伪营长以下 200 余人,缴获迫击炮 2 门、轻重机枪 4 挺和军用物资一部分。这次战斗狠狠地打击了日伪军的嚣张气焰。但是,宋时轮所率部队进军途中,因为连遭日伪军的疯狂阻击,加之多日阴雨、山洪暴发,行军困难,不得不暂缓实施进军都山、在都山建立根据地的计划,退至滦河以西地区。这次进军都山的目标虽未实现,但为以后开辟都山根据地奠定了基础。

10 月初,邓华又在丰润县的九间房主持召开会议,决定留下包森、陈群、单德贵 3 个支队继续坚持冀热边游击战争,四纵队和李运昌的抗联部队全部西撤。

八路军第四纵队第一次进军热南和冀热边人民抗日武装起义,具有十分重要的意义,它在伪满洲国的“西南国境线”上打开了缺口,燃起了抗日烽火,给日伪的殖民统治以沉重打击,为再次进军热南,发展壮大冀热边抗日游击根据地打下了良好的基础,也为创建都山抗日游击根据地创造了条件。

(四)威震敌胆的周治国游击队

1940 年 3 月,冀东军分区三总队特务大队指导员周治国①身染重病。通过地下党组织负责人陈平的安排,周治国被送到宽城娄台子的李翠家养病。病情好转后,周治国便随李翠家人一边上山砍柴,采集野菜,一边调查了解周边地形、风土人情,又与地下党员韩云一起到宽城、平泉探访调查。通过近 3 个月的调查了解,他感到在这一带开展抗日游击战争极为有利。其一,这里的战略地位十分重要。这里地处长城脚下,有喜峰口和铁门关等五口一关。特别是喜峰口,是东北通向冀东和华北的交通要道。从军事地位来看,这里是伪满洲国“西南国境线”的中心地带,又是日军侵占华北的可靠后方。如果这一带的“边关”告急,“新京”必然震动;华北日军也会因“后院”起火而大为恐慌。他们绝不会等闲视之,一定会增派日军进行“围剿”。这样,既可以在此牵制住敌人,充分利用有利地形开展游击战争,打击敌人,以减少正面战场的压力,又可以扩大抗日战果,发展抗日根据地。

其二,这一带的地形非常适合进行游击战争。这里是长城脚下,紧紧连接冀东抗日根据地。境内的都山又是燕山山脉第二高峰,山峦起伏,沟壑纵横,树木丛生。都山周围的

① 承宽宁平抗日斗争史编委会编:《承宽宁平抗日斗争回忆录》(内部发行),上集,1983 年版,第 62 页。

村庄都分布在七沟八岔，交通也不便利。这种自然环境，非常有利于八路军发挥作战优势，开展分散的游击战争。能打则打，不能打则走。只要钻进了沟沟岔岔，敌人的大炮打不着，汽车也进不去。

周治国 1945 年于朝阳①

其三，这一地区有一定的抗日基础。1933 年 3 月热河沦陷后，日本军国主义实行残酷的政治统治和经济剥削，这里的群众衣不遮体，食不饱腹，十分贫困，对日本帝国主义的殖民统治极其不满，具有强烈的抗日愿望。这里一旦点燃抗日烽火，就会迅速地燃起熊熊大火。

其四，这一带有孙景华、刘凤年、韩凤武等旧时保安团的知名人物。如果能把这些知名人物争取过来，与八路军一起开展游击战争，对扩大抗日游击根据地极其有利。同时，在旧时成立保安团的过程中，虽然部分枪支被伪满收缴了，但还有一部分仍然保存在群众的手中，这对开展武装斗争是必不可少的有利条件。

为此，周治国未等痊愈，就于 1940 年 7 月动身返回了关里。在迁西县的东荒峪，周治国找到了冀东军分区司令员李运昌，向他汇报了调查了解的情况和想法。

李运昌听完周治国的汇报后，非常感兴趣。他对周治国说："我早就想把冀东的抗日游击斗争扩大到口外都山一带，只是没有合适的人选前去开辟。"李运昌接着对周治国说："你能借养病的机会，对这一带的情况进行调查，很好。现在组织决定派你去开辟这一地区。你要紧紧地依靠群众，积极地发动群众，把这一地区的群众组织起来，在伪满洲国的西大门上点起抗日的烽火。"

辞别李运昌司令员后，周治国又动员了李怀义、周万余、刘明 3 人。刘明还帮周治国找到了一位当地的知名人士——刘墨卿，5 人一起于 7 月下旬离开冀东，来到宽城松树沟刘墨卿的岳父家。

刘墨卿的岳父叫张祥林，家境比较富裕。张祥林家有房子 7 间，几十亩地，还有几头大牲畜，并雇了一个小放牛的，是附近有名的大户人家。周治国向张祥林讲明了抗日大义以及在此组织抗日队伍、开展抗日活动的想法，得到了他们兄弟 4 人的热烈拥护和积极响应。

张祥林共兄弟 6 人，他排行老二，因为长兄病故，他便成了几个兄弟的带头人。他为人正派、耿直，还有一手好枪法，在兄弟中威信很高。民国时，他曾去孙景华的部下当过保乡团

---

① 中共河北省委党史研究室编：《长城线上千里无人区》，第二卷，北京：中央编译出版社，2005 年版，第 156 页。

的班长和排长。日本人建立伪满洲国后，他农忙时在家做农活，农闲时大部分时间同大烟商打交道。伪满时期，平泉、宁城、围场等地被迫种鸦片的人非常多，鸦片运到京津地区可获巨额利润。因此，每年都有大批烟商来此收买烟土。但是，将烟土运进口里并非易事。沿途关卡林立，土匪多如牛毛，稍有不慎，就会人财两空。为了确保烟土顺利运送，烟商多半花高价雇佣武装保镖，偷运烟土。张祥林等人经常参与武装保镖活动。这些人枪法准、朋友多、对地理环境熟，如能很好地加以利用，自然对周治国开展这一地区的抗日武装斗争十分有利。老四张友是一个地地道道的农民，为人忠厚老实，也当过保乡团员，枪法很准，在本地朋友也很多。老五张显是个知识分子，在本地熊虎斗伪村公所当司计。老六张贺是伪满洲国国高毕业生，尚无确切职业。他们兄弟几个虽然各自经历不同，但都很健谈、好交友，有一颗爱国之心。周治国就充分利用他们的这些特点，通过亲串亲、友访友的办法发动群众。经过一段时间的宣传和发动，要求参加游击队的人越来越多。除张祥林、张友、张贺外，李长江、李长和、李会友、李庆轩、李青山、赵振清、宁阁云、周志占等也都参加了游击队。张显在伪村公所内部也秘密串联了苏百熙等作为游击队的耳目。在这些人员中，李青山原是抗日救国军的一个小头目，对青龙、平泉、承德、围场一带的地理比较熟悉，而且还有不少朋友。他除将自己的儿子李长春和参加抗日救国军时的战友刘元存、刘永明动员出来参加游击队外，还受周治国之命，带领李怀义、陈立民、李长和等赴平泉光头山一带串联人员参加游击队。

为了团结更多的人参加抗日活动，扩大抗日民族统一战线工作，周治国还积极做在当地有影响的人物的工作。周治国拿着李运昌司令员写给地主保乡团头目韩凤武、刘凤年和保乡团长、甲长孙景华的亲笔信，在张祥林的带领下，亲自登门拜访了这些在当地颇有影响的上层人物。周治国向他们讲述了共产党和游击队的抗日主张，反复强调毛泽东同志关于除少数汉奸外，绝大多数人都有抗日的愿望，参加抗日不分早晚的论断。3 人听完周治国的讲述，深受感动，当场答应由刘凤年捐献大枪 2 支和一些子弹，韩凤武捐献手枪 1 支、大枪 2 支、机关枪 1 挺。孙景华走村串户，搜集散落在民间的大小枪支 10 多支，子弹上千发，并从据点里买出上百斤炸药，自己又捐献手枪 1 支，购买大枪 2 支，送给游击队。

之后，周治国又深入到马尾沟、孤山子、龙凤沟、亮甲台、长沟、山家湾子、葫芦峪等地，继续进行动员。这时，被周治国派往平泉光头山一带活动的李青山又根据周治国的指示，与附近的红枪会、黄枪会等联系，动员、争取他们参加抗日游击队。不久，红枪会头目李文虎等就率队前来参加了周治国的抗日游击队。

这样，周治国很快在宽城组建了一支抗日游击队，并且不断发展壮大。这支队伍犹如革命的火种，开始在长城脚下点燃了抗日斗争的烽火。

游击队建立后，虽然搜集了一部分枪支，但因为这些枪支在地里埋藏很久，多半已不能使用。游击队员们绝大多数没有武器。通过侦察，周治国了解到日军在峪耳崖沙金台金矿驻有20余人，还有伪矿警30余人，都配有武器，其中还有机枪2挺。这些日伪军，在这一带欺男霸女，敲诈勒索，无恶不作，老百姓对他们恨之入骨。特别是不久前积极支持游击队建设、开展抗日活动的孙景华被杀害后，游击队员们个个都恨得咬牙切齿，大家决心拔掉这个钉子。

1940年11月，周治国安排队员赵振香做通了在金矿做“博役”(勤杂员)的儿子赵瑞峰的工作，使之成为内应。同时，周治国对游击队人员进行了严格的军事训练，做好战斗部署。经过几天的侦察，对于敌人的情况有了更清楚的了解。矿内共有日军21人，伪矿警30余人，分别混住在8间屋子内，枪支弹药集中放在另一个屋子里。当月下旬的一天晚上，周治国命令张友、刘永明负责警戒峪耳崖分驻所的日伪军；李保友、刘国文警戒和拦截三道河子方向的敌人，并组织当地骨干群众，负责剪断金矿通往青龙、平泉的电话线。为了迷惑敌人，游击队员把老乡家染布用的蓝靛涂在脸上。赵瑞峰白天用酒泡馒头先把金矿的两条狗喂醉，所以晚上整个金矿鸦雀无声。22点多钟，周治国命令游击队员摸掉敌人的岗哨，然后按照各自分工，冲进了宿舍，高声喊道：“不许动，举起手来，缴枪不杀！”敌人吓得有的跪地求饶，有的连声乱喊，负隅顽抗的被游击队员当场击毙。战斗不到30分钟就胜利结束，游击队员顺利撤出。“日军21人，除1人逃跑外，其余全部被击毙，30余名伪矿警，除击毙外，均被生俘。共缴获大枪37支，手枪7支，子弹3箱和一批物资及伪币3 000元。”①战斗结束后，游击队员们全部换上了新缴获的武器，大家兴高采烈，心情格外高兴。周围的老百姓更是欢欣跳跃，拍手称颂。这次战斗后，游击队进一步发展壮大，人员已超过了100名，活跃于长城内外。

1941年元旦，周治国游击队经过宽城的三道岭，来到了太平寨东北的城子岭，被一日军特务发现后，报告了清河沿的敌军据点。周治国率领游击队员迅速登上了城子岭长城。日伪军越来越多，青龙、平泉、迁安等地的敌人也迅速派兵支援，邻近金厂峪的日军、讨伐队、治安军也都赶了过来，兵力超过1 000人②。队员们从山顶上向下一望，敌人密密麻麻的，好像蚂蚁搬家一样，向城子岭长城围拢上来，敌人兵力是游击队的10倍，敌众我寡。但游击队员们毫无惧色。他们在长城上居高临下，以长城作掩护，敌人上来1人，打死1人，上来2人，打死一双。敌人伤亡惨重，死亡100余人③。敌人见久攻不下，便调来钢炮，向游击队阵地轰击。游击队员们一直坚持战斗到天黑，才在夜色掩护下成功突围。城子岭一战，周治国游击队牺牲了1名中队长和1名队员。但是，这一战却在长城内外引起

① 承宽宁平抗日斗争史编委会编：《承宽宁平抗日斗争回忆录》(内部发行)，上集，1983年版，第80页。

②③ 承宽宁平抗日斗争史编委会编：《承宽宁平抗日斗争回忆录》(内部发行)，上集，1983年版，第82、84页。

了极大的震动。附近日伪军对周治国游击队十分惧怕,只要一听到周治国游击队的名字,就不寒而栗。

三道关,是董家口与艾峪口之间的一个村落,这里山势险峻,挺拔矗立,古长城就顺着这险峻的山势逶迤前伸,巍峨壮观。为巩固伪满洲国的"西南国境线",控制冀东八路军出入关内关外,日军凭依这里的有利地形,设了三道关据点。周治国通过几次侦察,把据点内的情况了解得一清二楚。这个据点坐落在路旁的一个山岗上,周围挖有很深的护城沟,并设有吊桥。吊桥白天放下,晚上吊起。围墙的四角还设有 4 个炮楼,昼夜有岗哨站岗。据点里有警察 40 余人,日军 3 人,防守很严,非常不容易接近,只有在天快明、岗哨换岗时,才能放下吊桥,有机可乘。于是,周治国决定抓住这个有利时机,冲进炮楼,消灭这伙敌人。

大年三十晚上,周治国率领游击队,悄悄地隐蔽在炮楼四周。隆冬之夜,天寒彻骨,可游击队员们不畏严寒,埋伏在山丘上,紧盯着敌人的炮楼。天快亮了,敌人开始换岗。队员们立即做好战斗准备,等吊桥刚一放下,便一跃而上,跟着敌哨兵冲进了据点内。这时,炮楼里的敌人欲拉起吊桥,但已来不及了。周治国率领队员们分头包围了敌人的住所,并抢占了敌炮楼。这些人本以为大年三十可以睡一个安稳觉了,不料想却成了游击队的俘虏,一些试图反抗的日伪军被当场击毙。

这一仗,游击队"击毙了日军 3 人,俘虏伪军 30 余人,缴获机枪 1 挺,大枪 20 余支"①。但游击队员赵振香却在这次战斗中英勇地牺牲了。

打完了这几仗,周治国游击队在迁青平一带威名远扬。日伪军胆战心惊,群众却欢呼雀跃,踊跃参加游击队。迁西县罗屯镇附近一名叫吴杰的,带领 30 多名民众,主动加入了周治国游击队。截止到 1941 年 2 月,游击队已发展到 280 余人。之后不久,周治国游击队被冀东军分区命名为青平游击队,转战在宽城、平泉、承德、宁城等地。

(五)创建党的基层组织和地方政权

早在 1931 年,受冀东党组织的派遣,中共迁安县委书记韩平就来到宽城的北大岭,亲手发展了袁明(化名东升)、李翠、赵国志 3 人为中共党员,并在同年 7 月建立了宽城的、也是热南地区的第一个农村党支部——北大岭党支部。

1937 年,地下工作者武彩云来到尖山子,介绍刘天来、刘福林、侯振生 3 人加入了中国共产党。

1937 年冬,刘汉臣根据上级指示,在宽城积极发展党员,仅一年时间,就发展党员 30 余名。在此基础上,党组织做了分工,分别确定了抗日活动区域。这些人员的秘密活动,

① 承宽宁平抗日斗争史编委会编:《承宽宁平抗日斗争回忆录》,上集,内部出版,1983 年版,第 84 页。

也为后来开辟根据地打下了良好的基础。

1938年1月至6月，迁安县委以宽城北大岭为基点，继续向四周发展，牛心山、熊虎斗等村相继建立党小组。

1939年冬，地下工作者彭友全从董家口出关，以行医为名做宣传抗日工作。之后，相继有邢海川、张阁云、胡成（又名胡玉生）、刘幼年（化名卯金刀）等出关创建党组织，做党员发展工作。他们夜晚搭台唱皮影戏，白天挨门串户，走亲访友，宣传群众，开展抗日活动。在短短几个月时间中，他们遍访了宽城东大地一带的关家窝铺、熊虎斗、马尾沟、牛心山、苋草沟、瓦房沟、松树沟等地的穷苦农户，在宣传抗日的基础上，建立报国会。仅在1939年一年内，就在宽城的榆树岭、熊虎斗、篆字台、尖山子、山家湾子、龙凤沟、南沟门、艾峪口、亮甲台等三十几个村子内，都建立了报国会，会员达数千名。在建立报国会过程中，地下工作人员把抗日活动中立场坚定、表现积极、斗争坚决的积极分子发展为中共党员。如关石村的张清云、李申2人，经胡玉生、王再生介绍，加入了中国共产党。

1940年1月，中共冀热察冀东分委为了争取抗日局面的好转，在遵化县阁老湾召开会议。会议决定，各地要开辟新区、建设抗日政权和继续扩大抗日报国会组织。1940年3月，建立了迁遵兴联合县，辖宽城和承德的部分地区。1941年1月，迁遵兴联合县以滦河为界，滦河东部设立了迁青平联合县和办事处。

在迁遵兴、迁青平县委的领导下，宽城和承德部分地区的党组织飞速发展。1940年，仅在宽城境内就建立了熊虎斗、大块地、九虎岭、安达石4个党支部，发展了党员55名。1941年，党的组织建设进入高潮阶段，一年中又建立了木匠屯等党支部12个，发展党员144名，到1942年，宽城共建党支部23个，总支1个，发展党员318名。①

党组织的迅速发展，为开辟抗日游击区，建立区、村政权打下了坚实基础，党的基层组织成为率领人民进行抗日斗争的坚强战斗堡垒。

为适应形势的发展和抗日斗争的需要，1941年4月，中共冀热察冀东分委决定成立青（龙）平（泉）工作团。周治国被任命为工作团主任，周治国游击队被命名为青平游击队。为加强青平工作团的力量，上级还派葛春生、张阁云、胡成、刘汉臣等人到青平工作团任职。

青平工作团的主要任务是继续发动群众，建立基层组织，组建报国会，建立地方政权，开辟口外根据地。其中最主要的任务是建立地方政权，并以宽城为基地向北发展，开辟承（德）平（泉）宁（城）地区。

由于在青（龙）平（泉）地区，特别是宽城境内已经有了组建政权的基础，所以到了1941年秋冬之季，仅用几个月时间，青平工作团就在宽城境内组建了4个区政权，在部分村子

---

① 承宽宁平抗日斗争史编委会编：《承宽宁平抗日斗争史》（初稿）（内部发行），1983年版，第13页。

还建立了村政权。

四个区政权的范围大体如下：

一区

东部:北起都山经八道河,南到白洋峪;

西部:北起安达石经峪耳崖,南到碾子峪;

南部:西起碾子峪经擦崖子,东到白洋峪的长城沿线;

北部:西起安达石,东到亮甲台。

二区

东部:北起安达石经峪耳崖,南到碾子峪;

西部:北起塌山经瀑河口,南到喜峰口;

南部:西起喜峰口,东到碾子峪的长城沿线;

北部:西起塌山经宽城,东到安达石。

三区

东部:北起松树台经汤道河,南到都山;

西部:北起大吉口经党坝,南到安达石;

南部:西起安达石经亮甲台,东到都山;

北部:西起大吉口,东到松树台。

四区

东部:北起大吉口经党坝,南到安达石;

西部:北起八家,南到塌山;

南部:西起塌山经宽城,东到安达石;

北部:西起八家经满杖子,东到大吉口。

1941 年冬,为进一步扩大冀热边抗日游击根据地,中共冀热察冀东分委决定,将青平工作团改为青平办事处,主任为张真理,副主任为葛春生①,所辖 4 个区改为迁青平 4、5、6、7 区,原青平工作团改为第一远征工作队,周治国为队长,向锦(州)承(德)铁路以北地区发展,并以承德六沟、三沟为中心,又组建了 4 个区政权。与周治国的第一远征工作队更名相隔时间不长,又相继组建了第二、第三远征工作队。第二远征工作队队长是李满盈,主要开辟承德西部的滦平县、隆化县一带;第三远征工作队队长是宋国祥,副队长张仲三,后来张化东、周鸣岐、信修等,也充实到第三远征工作队,主要开辟青龙县东部的建昌、凌源、绥中县一带②。这两支工作队都开辟了很大的一片游击区,并在游击区中建立了抗日

①② 承宽宁平抗日斗争史编委会编:《承宽宁平抗日斗争回忆录》(内部发行),1983 年版,第 93、95 页。

政权。党的基层组织和地方政权成为抗日战争的坚强堡垒和有力保障。

（六）冀热边抗战指挥中心之一王厂沟

王厂沟位于宽城西南的边远山区，南邻喜峰口长城，北连雾灵山，在抗日战争时期战略地位十分重要。王厂沟山高林密，地势险峻，是我党较早开辟的抗日根据地之一。1941 年 9 月，冀东党政军机关、报社、卫生处、青年干校、军分区教导队、党训基地以及兵工厂等都先后转移到这里。中共冀热察冀东分委、冀东军分区等许多重要会议都是在王厂沟召开的，许多重大决策也是在王厂沟做出的。王厂沟的干部群众在抗战时期积极配合中共冀热察冀东分委、冀东军分区等党政机关和冀东部队，舍生忘死、前仆后继，与敌人进行了艰苦卓绝的斗争。

1938 年 6 月，八路军第四纵队挺进冀热边，在冀东地区开创了抗日游击根据地，之后，建立了冀东军分区。王厂沟是冀东军分区通往口外交通线上的一个中心站，是一条军政人员出入长城、开辟新区、转向根据地的重要交通要道。1939 年 8 月到 1940 年春天，中共地下党员刘振东来王厂沟进行抗日宣传工作，开展抗日活动。1940 年 2 月 13 日，冀东八路军二支队三总队队长郑紫明、教导员杨春垠到王厂沟一带进行武装开辟活动。他们为建立王厂沟抗日根据地做了初步准备。1941 年 6 月，冀东军分区副司令员包森，指挥十三团进入燕子峪、塌山、清河口、王厂沟一带活动，为进一步在王厂沟建立抗日游击根据地打下了基础。8 月 17 日，中共冀热察冀东分委在遵化县大张村召开了第三次扩大会议。会议决定全力开辟热河南部的山区根据地，以便扩大冀东部队的回旋区域。会后，冀东军分区司令员李运昌率两个主力团，以排为单位奔赴热南山区。李运昌司令员亲自带两个连来到王厂沟进行实地考察，做群众工作，进一步开辟、建立抗日游击根据地。9 月中旬，冀东军分区第十二、十三团各两个营以及地方干部共 3 000 余人，在李运昌的率领下，分数路北出长城，进入宽城等热河南部地区，继续开辟包括王厂沟在内的抗日根据地。同月，设在冀东基本区的潘家峪、鲁家峪抗日根据地先后遭到破坏，冀东党政机关、报社、卫生处、青年干校、军分区教导队以及兵工厂先后转移到了王厂沟。后来，冀东党政机关和部队经常进出王厂沟，中共冀热察冀东分委、军分区也多次在此召开会议，研究部署冀热边抗战工作。很多伤病员都运送到这里进行救治、护理。同时，在王厂沟及其附近村庄，建立了很多秘密交通站和交通线，为冀东军分区及人员提供情报。当时，冀东一带的交通线主要有三条：第一条是由迁西上营一带过长城，经宽城熊虎斗、东大地、南天门、九虎岭、石柱子、大桑园，沿着山路一直到王厂沟；第二条是由蓟县盘山一带，过遵化北风水，跨长城，经滦河南大峪，过滦河及沿山路到王厂沟；第三条是由王厂沟通向宽城以北的平泉、承德，以及锦承铁路以北的宁城、建昌、喀喇沁等地区。这几条路线山高林密，位置偏僻，人迹稀少，距敌人据点较远，有很好的群众基础。当时冀东部队或地方工作人员进出长城，几乎都是通过这三条路线并在王厂沟的北山或南山落脚，然后再行动的。在敌强我弱的残酷环境下，王厂沟这个可攻可守、可进可出的战略要冲，为打击敌人、巩固冀东和热南抗日根据地，起到了非常重要的作用。

1941 年 11 月下旬，中共冀热察冀东分委在王厂沟召开紧急会议。会议认真分析了抗日斗争的形势，研究确定了打“治安军”战役问题，决定开辟滦东和路南，扩大根据地①。

1942 年 6 月初，李运昌等中共冀热察冀东分委领导人在王厂沟召开冀东分委会议。会议讨论分析了反“扫荡”以来的基本区形势，并根据中共中央北方局和晋察冀军区的指示，决定立即发动一次“青纱帐”战役，以恢复被“蚕食”的地区。会议还决定，转移到热南的地方干部一律返回原工作地区，组织游击队、民兵进行游击战，配合主力作战，恢复地方工作，夺回被“蚕食”的地区③。

左起：司令员李运昌、参谋长彭寿生、政治部主任李中权、政委李楚离②

中共冀东分委会议结束以后，为了沉痛悼念壮烈牺牲的冀东地区优秀指挥员包森副司令员和刘诚光政委等，为日后开展“青纱帐”战役做战前动员，冀东分委、冀东军分区又于同日在瀑河口召开了有地方党政负责人和王厂沟一带抗日群众 4 000 多人参加的追悼包森、刘诚光等烈士的大会，并提出了“为死难烈士、同胞复仇”的口号，史称“复仇动员大会”④。

1942 年 11 月 4 日，中共冀热察冀东分委书记李楚离、军分区司令员李运昌、政治部主任李中权等在王厂沟举行军政委员会议，讨论了 9 月反“扫荡”和反第五次“治安强化”以来基本区的形势和对策。6 日，做出了《关于反“蚕食”斗争恢复基本区的决定》。会后，我军在热南地区发动了一次战役出击。这次战役自 11 月 5 日开始至月底结束，攻克了长城沿线和平泉、宽城等处日伪据点 20 余个，给日军以沉重打击⑤。

1942 年 11 月下旬，中共晋察冀第十三地委(1942 年 2 月，中共冀热察冀东分委改为中共晋察冀第十三地委)在王厂沟召开地委会议，研究讨论了如何加强山地根据地建设的问题。会议做出了《关于建立山地根据地问题的决定》。这次会议的召开和关于建设山地根据地问题的决定，对后来冀热辽、冀热边抗日根据地的创建和发展，起到了十分重要的

①③ 郝洪喜等编著：《抗日堡垒村王厂沟》，呼和浩特：远方出版社，2005 年版，第 204～205 页。

② 郝洪喜等编著：《抗日堡垒村王厂沟》，呼和浩特：远方出版社，2005 年版，正文前插页第 6 页。

④⑤ 郝洪喜等编著：《抗日堡垒村王厂沟》，呼和浩特：远方出版社，2005 年版，第 205～206 页。

作用①。

1943 年 1 月，冀东军分区根据部队战斗频繁、环境分散，以及在作风、纪律等方面存在的一些问题，在王厂沟召开了各主力团政委、政治处主任参加的政治整军工作会议。通过这次政治整军，军民关系、官兵关系更为密切，不良风气得到了有效的遏制，军政素质明显提高，全体指战员对夺取抗战胜利充满信心，求战欲望空前高涨。不久，军分区发起了恢复基本区的战役，很快粉碎了敌人的“沟壕堡垒政策”，恢复并进一步扩大了冀东抗日游击根据地，使冀东的抗日形势进一步好转②。

冀东军分区在王厂沟还直接组织、部署和指挥了几次较大的战役，如 1941 年的打治安军战役、1941 年夏到 1942 年初的“复仇战役”以及王厂沟伏击战等。这些战役共歼灭和俘虏日伪军 9 000 余人③。

抗日战争时期，王厂沟人民与日军进行了艰苦卓绝的斗争，被誉为“英雄的人民”；王厂沟党支部也被冀东军分区司令员李运昌誉为坚强的“革命堡垒”，当时在热南、冀东都赫赫有名。

在抗战期间，冀东地区党政人员和冀东部队人员经常来到王厂沟，冀东党政机关也曾迁移到王厂沟。为了保障冀东党政军人员的吃饭、穿衣和生活问题，党支部精心挑选了党员和群众骨干从事这项工作。在当时粮食极为紧缺的情况下，全村共产党员和群众宁肯自己吃糠咽菜，也要把粮食节省下来供给抗日军政人员，千方百计保证他们的吃用。据不完全统计，仅从 1939 年到 1943 年间，全村共为冀东党政机关和部队人员提供粮食就超过 20 000 斤，做军鞋 2 350 双，军袜 2 400 双，军衣 275 套④。

王厂沟情报站是冀东军分区、迁青平联合县政府设在这里的机要重地，情报人员把各地转来的重要情报及时转报给冀东军分区、报社、冀东战地医院和迁青平联合县政府等领导，然后再分别转送到宁城、建平、喀喇沁、赤峰等地，沟通了冀东、热河、锦西等数十个县的联系。与此同时，为了确保王厂沟与各游击根据地的信息畅通，中共冀热察冀东分委、冀东军分区还在王厂沟及附近建立了两个交通站，每天至少要送出情报八九份(次)，尤其是带鸡毛或带火柴棒的信，不管白天黑夜还是刮风下雨，都必须及时送到。由于这些交通员都是共产党员，他们对工作都高度负责，所以没有出现过一次差错，更没有被敌人搜出过一封信，曾经多次受到冀东党政军领导的表扬。

中共冀热察冀东分委、冀东军分区党政军领导多次来到王厂沟，在这里活动期间，为了保证他们的安全，王厂沟村党支部专门成立了青年保护组。李西云、刘殿彬二人任组

---

①② 郝洪喜等编著：《抗日堡垒村王厂沟》，呼和浩特：远方出版社，2005 年版，第 207～208 页。

③ 郝洪喜等编著：《抗日堡垒村王厂沟》，呼和浩特：远方出版社，2005 年版，第 112，204 页。

④ 郝洪喜等编著：《抗日堡垒村王厂沟》，呼和浩特：远方出版社，2005 年版，第 13 页。

长。他们每天派出几道岗哨，密切注视着敌人的行动，确保各级党政军领导的安全。

冀东分委、军分区部分机关和部队指战员来到王厂沟以后，全村老少都行动起来，男青年参加武装班，负责站岗放哨、传递情报、割电线、破交通，给北大山上的卫生所和党政机关送粮、挑水，配合部队打击进山骚扰和“扫荡”的日伪军，抢救伤员。老人和妇女为机关和卫生所饲养马匹，护理伤病员，做军鞋、军袜等。

冀东党政机关和部队进驻王厂沟，和王厂沟人民共同开展了烽火连天的抗日活动，引起了日军极大的恐慌和不安，他们不断纠集日伪军、讨伐队，对王厂沟进行频繁的“扫荡”，企图扑灭这里的抗日烈火，摧毁这个对敌威胁极大的抗日根据地。王厂沟人民是英雄的人民，在日本侵略者面前，在残酷的大屠杀面前，他们不惧怕，不屈服，以国家为重，以民族大义为重，视死如归。

1941 年的一天，王厂沟在开展冬季反“扫荡”中，地下党员郑紫阳正在刘殿贺家召开党支部会，报国会骨干刘殿贺在院外放哨望风。刘殿贺突然发现敌人已经进庄了，赶紧进院送信，并立即打开后窗让其他人跳窗突围。谁知，他双手刚刚举起窗户门，敌人就一枪打中了他的腹部，肠子都流了出来。他用一只手捂住腹部伤口，同时使尽全身力气，硬是咬着牙用另一只手托住窗户门，以保证其他人突围。最后，除郑紫阳 1 人外，其他干部们都突围了，可刘殿贺却壮烈牺牲。当时，刘殿贺的妻子正在坐月子，她目睹了丈夫惨死的情景，悲痛万分。但她看到老郑(郑紫阳)还没有突围，又强忍悲痛，翻身下炕，立即从锅底下抹点黑烟灰，迅速朝老郑脸上抹了几把，接着把老郑按在炕上，盖上自己坐月子的破被子，让老郑躺在炕上装病，不要说话。当敌人进屋逼问时，刘殿贺妻子镇定自若，说自己的丈夫正在患病，终于骗过了敌人，使同志们和老郑都转危为安。

一次，日伪军去王厂沟搜山讨伐，王厂沟群众在区长张永年的指挥下，把 20 多名重伤员抬到石湖上的乌拉草沟石洞里，伤员和群众刚转移到山洞里，敌人就进山了。共产党员刘殿琢妻子怀抱着不满一周岁的小男孩，因为没有奶水，孩子饿得哭叫起来。刘妻担心孩子的哭声会引来敌人，危及全洞伤员及乡亲们的生命安全，就用奶头把自己的亲生骨肉活活捂死。据统计，在敌人的历次“扫荡”中，王厂沟先后共有 34 位父母亲不顾亲生骨肉的生死，来掩护地下党组织工作人员、部队伤病员以及抗日群众。这些牺牲的孩子大的只有 4 岁，小的才出生几天。

在一次搜山时，担负护理八路军伤病员任务的李玉莲和她 13 岁的女儿被敌人抓住。敌人拷问她八路军伤员藏在哪里，他们用尽各种手段进行威逼利诱，李玉莲毫不畏惧，坚决不说伤病员藏匿地点，敌人一刀劈死了她 13 岁的女儿，又割去了她的乳房，李玉莲壮烈牺牲。

共产党员、地下交通员关元奇夫妻二人同时被捕。敌人对他们施尽了各种酷刑，让他们带路去找八路军，但他们始终没有暴露任何党的秘密。几个日本鬼子气急败坏，端起刺刀一齐刺向关元奇夫妻。

共产党员、党支部组织委员李西洪被捕入狱后，在敌人的法庭上，不惧严刑拷打，面对凶恶的敌人大义凛然，在“天灯”(指把人高高绑起，用火把人点着直至烧死)刚刚点起时，还在高呼口号，英勇就义。

正是王厂沟的自然地理环境和英勇的王厂沟人民，以及冀东党政领导在王厂沟的重大决策和活动，使王厂沟成为冀热边抗战的指挥中心之一。

二
宽城“人圈”的形成过程

冀热边抗日斗争的烽火熊熊燃烧，越烧越旺，直接威胁到伪满洲国“西南国境线”的安全。这不仅使伪满洲国的日伪政权惴惴不安，也使日军惶惶不可终日。为了确保伪满洲国“西南国境线”的安全，扑灭“西南国境线”的抗日烈火，日军在包括宽城在内的“西南国境线”的长城沿线，进行“集家并村”，筑建“人圈”，制造了长城线上千里“无人区”。在“集家并村”过程中，日军先是尝试进行小“集家”，紧接着就在长城沿线进行了全面的大“集家”，把祖祖辈辈生活在边远山区的老百姓赶进了“人圈”，以此来割裂人民群众与共产党和八路军的联系，实行所谓的“匪民分离”，妄图搞垮抗日武装，以确保伪满洲国的统治。因为宽城是“西南国境线”的核心区域之一，又是武装抗日斗争极为活跃的地区，1941 年 8 月，日伪决定把宽城的大地村作为首批试点村，率先进行“集家并村”试点。试点完成后，日军就在千里长城线上全面推行“集家并村”，制造了长城线上千里“无人区”。

（一）“集家并村”制造“无人区”

“九·一八”事变后，日军侵占了我国东北地区，建立了伪满洲国。之后，日军又攻占了山海关、热河，占领了长城各口，把山海关、喜峰口、独石口等千里长城线作为伪满洲国的“西南国境线”。冀热边地区人民生活在日军的屠刀之下、水深火热之中。日军的残暴统治，激起了冀热边人民的顽强反抗，人们以各种形式开展抗日活动。“七·七”事变以后，共产党、八路军也把冀热边作为战略目标，开始在冀热边地区创建抗日游击根据地。1938 年 6 月，八路军第四纵队奉命出关，一路斩关夺隘，攻延庆，袭赤城，克昌平，进而第一次冲破了伪满洲国的“西南国境线”，攻入燕山山脉的第一主峰雾灵山下的兴隆县城。随后，又与冀东暴动起义队伍会师后，开赴燕山山脉的第二主峰都山地区，在冀热边地区点燃了抗日的烽火，在长城沿线特别是雾灵山和都山地区建立了抗日根据地。日伪当局认为，这是对伪满洲国的“侵犯”。于是，1939 年 6 月，为了对八路军进行有效的镇压，日军西南地区防卫司令部制定了《关于昭和十四年度中期以后西南防卫地区治安肃正指示》。该指示发布之后，日伪当局便开始在这一地区对八路军进行“肃正作战”。

然而，这并没能消灭八路军。1940 年，冀东军分区司令员李运昌派周治国到燕山第二主峰的都山继续开辟抗日根据地，组建了周治国抗日游击队，之后又组建了青平工作团，一直发展到了承德、平泉和宁城地区，神出鬼没地开展抗日游击活动，不断地打击敌人，并进一步发展和建立了党的组织和地方政权，抗日游击根据地进一步发展、扩大。

八路军第四纵队西撤后留下的包森、陈群、单德贵三个支队，也在冀热边地区继续坚持斗争，开辟了多块游击区，进而发展成多个抗日游击根据地。与此同时，随着抗日力量不断发展壮大，八路军对日伪作战的次数也在不断增加。从 1939 年 6 月到 1941 年 5 月，八路军对日伪军不断展开进攻，仅 1940 年 5 月，就同敌作战 47 次，歼灭日伪军 1 500 余人。

面对冀热边地区抗日形势的发展，日本侵略者在对抗日武装的军事“围剿”屡遭失败后认识到，抗日武装力量不断发展壮大的根本原因是八路军与人民群众的血肉联系，是人民群众对八路军抗战的人力、物力上的支持，以及民众在这场民族解放战争中蕴藏的巨大力量。日伪发现“对付共匪，如只依靠武力讨伐，犹如只铲除地面之草，不能铲除其根”①。要彻底消灭抗日武装力量，就必须进行“匪民分离”，切断抗日武装与人民群众的血肉联系。于是，1941 年 5 月，关东军宪兵司令部发出了“关宪作命第二六四号”作战命令，实施西南地区的特别“肃正”，为期约 6 个月。命令强调：“担任特别肃正的西南防卫部队自 5 月 24 日与冀东作战呼应，实施讨伐约 1 个月。使满洲军警在讨伐之后对国境严加警备，及时讨伐‘侵入匪’，同时进行治本思想工作，其重点为丰宁县西南部、滦平县西部、兴隆县及青龙县西南部(当时宽城为伪青龙县管辖——作者注)，增强满军警之兵力参加治本肃正。扩大防卫委员会。省公署负责建立集团部落，建立警备道路、警备通讯及部落防卫施设。”②由此开始“集家并村”，建立“集团部落”(即“人圈”)，制造“无人区”。承德日本宪兵队也制定了《国境地带无人区化(集家工作)及安定民心》文件，指导“集家并村”，建立“无人区”。

之后，伪满“西南国境线”不断告急。热河日本宪兵队本部又制定了《灭共对策——国境地带无人区化》的文件，决定在所谓的“满洲国”“西南国境线”上大规模地“集家并村”，

---

① 中央档案馆等编：《日本帝国主义侵华档案资料选编》，第四卷，北京：中华书局，1991 年版，第 525 页。

② 中共河北省委党史研究室编：《长城线上千里无人区》，第四卷，北京：中央编译出版社，2005 年版，第 6 页。

制造“无人区”。

与此同时，为使这一罪恶计划在长城沿线得到更好的实行，日伪任命伪满洲国治安部地方处处长岸谷隆一郎出任伪热河省次长。岸谷是率先提出“治安肃正”“集家并村”方案，并在东边道推行这一政策的罪魁之一，也是“围剿”和屠杀东北抗日联军杨靖宇将军的刽子手之一。他到任不久，立即请求将前通化省省长、汉奸姜全我调任伪热河省省长，通化省警务厅厅长皆川（日本人）调任伪热河省警务厅厅长，前通化省协和会会长仓胜（日本人）调任伪热河省协和会会长，并组成了以东边道共同推行“无人区化”的伪热河省政权。以后又陆续调入了大量的伪满军和警察讨伐队，准备在“西南国境线”上大规模地制造“无人区”。因为宽城是“西南国境线”的中心地区和核心区域之一，又是抗日武装及民众抗日活动极为活跃的地区，因此，日伪决定在1941年8月，把宽城的大地村作为“集家并村”的首批试点村。

（二）试验示范强行进行推广

1941年8月，日伪决定把宽城的大地村作为首批试点村后，随即在伪青龙县公署成立了“县集家工作指导部”，主任由西岛宽（日本人）兼任，建立了由5人组成的组织机构，下设武装班、巡视班、拆房队。另外，命令大地警察署、警备队、孤山子警察中队、大地日本宪兵分遣队、大地协和会分会、大地村伪自卫团共350余人，在“集家”工作组的统一指挥下，实行协同作战。“集家”工作组组长由伪县民政科科长桑春担任，副组长由民政科街村股股长王子合担任。组员共3人（其中1人是翻译）。动员大会的第三天，大队人马就窜赴大地村①。

“集家”工作组副组长王子合根据伪满康德元年（1934年）12月伪民政部第96号关于部落建设训令批示精神，设计《大地标准部落方案》，此方案规定，在大地中心村的公路沿线上建立大地、熊虎斗、木匠屯3个武装防备“人圈”，需搬迁22个自然村。“人圈”规格为200米见方，四周修筑石墙，墙高3米，宽1米，四角设有炮楼，东、西大门两道，墙上架设铁丝网，警戒线设在突出位置，墙外挖土壕围城。“人圈”间隔5～20华里（1华里＝0.5公里）。据王子合后来供认：“那时山区部落建设选址严格，以方形为原则，避免多角形，不要靠山依岗，以有利于日伪军政人员活动，不利共方出入。”方案被批准后，任务交付各班。武装班负责武力督迁，巡视班负责巡视检查，协和会搞欺骗舆论宣传，拆房队负责拆烧房

---

① 中共河北省委党史研究室编：《长城线上千里无人区》，第三卷，北京：中央编译出版社，2005年版，第133页。

屋。日伪采取的主要手段有不搬即烧、拒者就抓、逃者捕杀。搬出搬入限定10天，违者以“反集家罪”论处。最惨的是松树沟8个自然村、瓦房沟3个自然村，共120户，500多口人全部搬入大地“人圈”，最远的十几华里。被赶居民都来不及搭窝棚，到“人圈”后只好“住”在露天地里。在“集家”过程中，有13名群众抵触进“人圈”，或被枪杀刀挑，或被活活烧死，动作稍有怠慢便挨棍棒者不计其数。

日伪把老百姓赶入“人圈”后，紧接着就划出了“无住禁作地带”。规定“人圈”5千米以外全部是“无人区”，并埋上一米见方的所谓“无人区”界碑，然后宣布“人圈”法规。而在“人圈”里则成立自卫团，把16～60岁的男人强行编入“义勇奉公队”(即自卫团)，配备了武器。自卫团的主要任务是防范八路军、游击队，轮流站岗放哨，日夜把守城门，有时还配合日伪军外出“扫荡”。

敌人在这里折腾了一个半月，宣布所谓试点(也叫实验区)圆满结束。这次试点，共强迫22个自然村1 800多口人离开了世代居住的家园进入“人圈”，在日军的刺刀下过着非人的生活。仅在这一次“集家并村”过程中，日伪就烧毁房屋800多间，毁地1 600多亩，划为“无人区”的面积40多平方千米，占原22个自然村总面积的90%以上①。

试点结束，伪青龙县公署组织各级要员到大地进行观摩之后，便强行在宽城境内普遍修筑“人圈”。“人圈”规格一般与大地的试点“人圈”大同小异，墙宽1米，高3～4米。有的设东、西两道大门供出入，有的在东、南、西、北四个方向设有四道大门。墙的四角一般建有炮楼，用以监视“人圈”内人群活动。有的“人圈”在大墙外还挖了又深又宽的堑壕，壕的标准是上宽5米，底宽1米，深3米，沿堑壕边还架设了铁丝网。为防止下雨季节围墙坍塌，围墙下面还挖了排水沟。在“武装部落”里，驻有伪警长1人，伪警察14～15人，个个荷枪实弹，以负责“人圈”里的“安全”秩序，当时称这些人为“部落警”。“武装部落”大多设在交通要塞和共产党、八路军经常活动的重要地带。普通“人圈”除未驻荷枪实弹的“部落警”外，其他均与“武装部落”相同。“人圈”里还有伪警察或“自卫团员”站岗放哨。

在进行“集家并村”时，日伪宣传说给予3～10天的准备时间。但事实上，却不给民众任何准备时间，一开始就进行烧杀抢掠，强制人们搬进“人圈”。如划入上板城“人圈”的水泉沟自然村，甲长裴振生刚刚在下板城村公所开完“集家并村”工作会议，随即回村进行通知，要求村民赶紧行动，限定3天时间把房拆完后全部搬入“人圈”。可他话还没说完，人们就见水泉沟里浓烟滚滚，火光冲天，日军已把水泉沟里的房子全部点燃，还把王福生、梁玉春2人当场用刺刀捅死。村民们指着甲长裴振生质问，裴振生面无表情，也无言以对。

---

① 中共河北省委党史研究室编:《长城线上千里无人区》，第三卷，北京：中央编译出版社，2005年版，第133页。

经过两年多的驱赶和镇压，至 1943 年底，青龙日伪当局完成了包括宽城在内的全境“集家并村”。仅在宽城境域的公路两旁和平川大村就建起“人圈”117 个，迁入“人圈”的自然村 1 331 个，26 502 户，128 300 人。而在长城沿线各县，也在 1944 年 4 月完成了“集家并村”。据统计，通过“集家并村”，长城线上千里“无人区”共建“人圈”2 506 个，“集家并村”人口 140 余万人。

伪青龙县公署在全县“人圈”建成后所发的纪念花瓶

（三）惨无人道的“三光”政策

当日军尝试着开始小“集家”，进行实验示范以后，就强行威逼民众进行大“集家”，把民众驱赶进“人圈”之中。但是，人们不愿意离开祖祖辈辈居住的家园，所以，在“集家并村”过程中，人们以各种方式进行抗争，不进“人圈”。日军对那些不进“人圈”的民众，则实行惨无人道的杀光、烧光、抢光的“三光”政策，进行灭绝人性的烧杀抢掠。

1. 杀光

日本侵略者在长城沿线“集家并村”制造千里“无人区”，就是以血腥屠杀开始的。在“集家并村”过程中，凡是在日伪划定的“无人区”内未迁出的，不管男女老幼，甚至孕妇都要惨遭屠杀。到 1943 年，日伪大范围划定“无住禁作地带”以后，日军的屠杀达到了更加疯狂的程度，对“无人区”的民众几乎是见一人杀一人。当年驻在密云县马关的日军机枪队长船生退助在《无人区》一文中写道：“作战命令规定的方针：为了建立无人区，我们要进行扫荡和讨伐，把所有房屋统统烧掉，追赶射击中国人。”①

1943 年 1 月至 5 月，驻孟子岭的日军，纠集了宽城警察讨伐队、孤山子讨伐队、驻宽城日本宪兵派遣队和驻孟子岭日军守备队等，对柏木塘、王厂沟、九虎岭等地区，进行了为期 100 多天的疯狂“围剿”，逼迫民众“集家并村”，搬进“人圈”。其中，共杀害了柏木塘民众 241 人，其中有 6 户被杀绝，10 户每家只剩 1 人。

1943 年 5 月中旬，驻承德县上谷、八家的黑田日本宪兵分遣队和驻宽城的中根日本守备队、于友三讨伐队等 700 余人，分两路去塌山进行大搜捕，“围剿”“猫山”群众，将三岔口、塌山、榆树底下、西南山、小东山等 7 个自然村团团围住，把张君瑞等 18 户 61 口人全部杀绝，张福山等 10 多户的 49 口人，被杀了 37 人，一家仅剩下 1 人。1943 年 4 月到 9 月，在不到半年的时间内，日本侵略者对塌山“无人区”的几次“围剿”和屠杀，共杀死无辜民众 287 人，伤残 8 人。在 1943 年一年中，在塌山乡的椴树洼、尖宝山、塌山、清河口 4 个村 5 792 人的总人口中，日军共杀害了 1 800 余人，被杀人数占这 4 个村人口的近三分之一。

1943 年 8 月，日伪军纠集了喜峰口、宽城、上谷等地的日本宪兵、讨伐队等 3 000 余人，对王厂沟进行了 7 天 7 夜拉网式“围剿”。在这次“围剿”中，王厂沟有 112 人被杀害，其中关界自然村的 31 人仅幸存 1 人。关界村关贞瑞一家 6 人中，父亲在逃跑之中被日军枪杀，爷爷被日军挖去了双眼后又被杀害，11 岁的哥哥被日军用战刀劈死，3 岁的弟弟也惨遭杀害，妈妈被日军蹂躏后又被开胸剖腹，只有 7 岁的关贞瑞被捅了 3 刀后，倒在了爷爷的身体下，才侥幸活了下来。全家 6 口人，只剩下关贞瑞一人。他也是这个村唯一存活下来的人。

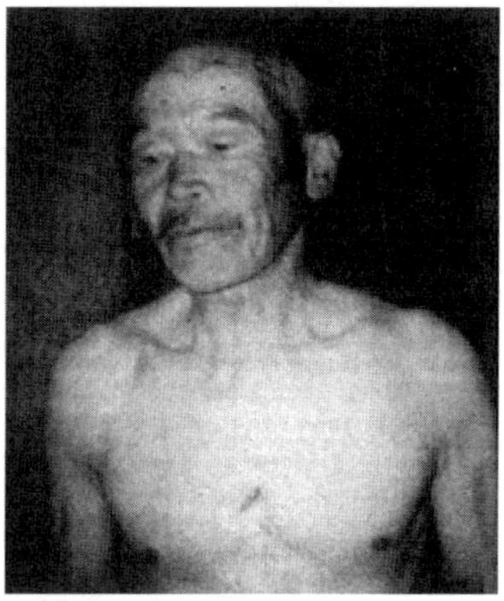

关贞瑞前胸的一处伤痕

1943 年 9 月 10 日，驻喜峰口的日本宪兵队第二游击队对孟子岭、王厂沟、石柱子一带进行“扫荡”，逮捕了 580 人，其中屠杀了 380 人，其余 200 人被送往东北当劳工。这些劳工有 80％多死于苦役。

以上所举，只不过是日军对“无人区”民众进行屠杀的几个案例而已。“无人区”的人们生活在日军的“三光”政策之中，就像被捕杀的猎物那样，随时随地都会遭到屠杀。据不完全统计，在 1941 年至 1945 年的 5 年中，日军在宽城共制造了较大规模的惨案

---

① 中共河北省委党史研究室编：《长城线上千里无人区》，第四卷，北京：中央编译出版社，2005 年版，第 198 页。

153起。

2. 烧光

被日军烧毁的房子①

日伪"集家并村"开始后,对不愿进"人圈"民众的房屋强行拆毁,而绝大多数是予以烧毁。如上板城水泉沟沟里庄,被确定为"无人区"后,日伪还没有通知什么时间搬家,就先把沟里的20多户70多间房屋全部烧毁,还把王福生、梁玉春2人当场杀死。瓦房沟在1940年第一次"集家并村"时,房屋全被日军烧毁,第二次"集家并村"时又把民众新盖的窝棚全部烧光。松树沟元宝盖自然村的张兴华家,因拒不进"人圈",房屋先后被烧了8次。最后,日伪军看看实在没什么可烧的了,只有院外的碾子轴、井梁架是可烧之物,就气急败坏地在碾子轴、井梁架上倒上汽油,予以焚烧。不仅如此,日伪军临走时还推翻了张兴华家院里的碾盘,用杂物填死了水井。

1942年春,驻孟子岭日伪军在一个半月的时间里,就到王厂沟"讨伐"了7次,全村230多间房屋,被烧得片瓦不留,还有10多名无辜的群众被活活地烧死。对坚持不进"人圈"的"猫山"户,敌人更不放过,直接放火烧房烧山,在摧毁"猫山"户生存环境的同时,大片山林也化为灰烬。

1942年,塌山村报国会主任王德本家的房屋被烧了18次,马尾沟村被烧了14次。同年初,驻八家的日军安源中队,在尖宝山村"扫荡"时,纵火烧村,将这个50来户的小村庄变成了一片废墟,周家大院的大火一直燃烧了3天3夜。

1944年春季,日军为了彻底清除抗日武装力量,竟纵火焚烧了燕山第二主峰都山。都山的大火整整燃烧了两个半月,把整个都山烧得面目全非。其中冰沟林场被毁坏林木3.35万亩,约24万立方米。被烧死的各种野生动物不计其数。宽城周边地区的气候、水源等遭到巨大破坏。

据冀东区抗战8年灾情实际调查、现存档案及相关资料统计,日伪在宽城"无人区"里,共烧毁房屋(不包括拆毁)9 800余间,烧死牲畜11 000多头,烧毁粮食、衣物、农具等不

① 中共河北省委党史研究室编:《长城线上千里无人区》,第一卷,北京:中央编译出版社,2005年版,第46页。

计其数[1]。

3. 抢光

日军在对“无人区”进行讨伐、“扫荡”的同时，对民众的各种财产、财物、牲畜等看见就抢。生活本来就极为贫困的山区农民，经过日伪军多次“扫荡”，基本生活用品早已荡然无存。可是，日伪军还到处搜掠民财，使得本来十分困苦的民众更是雪上加霜。

1943年5月中旬的一天，塌山韭菜沟的一位老大娘正在给“躲兵”的儿子煮菜汤，突然闯进来两名日本兵。日本兵见老大娘有一副银镯子戴在手上，伸手就抢。这位老人气愤至极，举起滚开的一马勺稀菜汤，浇在了日本兵的头上，烫得他满地打滚，一头扎进泔水盆内。这位老大娘也被鬼子用刺刀剖开了胸膛，还挖出了心肝。

除了抢掠各种物资，日伪军还强抢年轻妇女。被抢走的妇女有的被作为随军慰安妇，有的被威逼嫁给了手下官兵，有的不知去向。在南杖子“人圈”，一名叫二焕的年轻姑娘，被日本鬼子抢走后便音信全无。

据《日本法西斯8年来在边区暴行》一书记载：据不完全统计，自1937年全面抗战以来，宽城“无人区”被抢走的大牲畜有2 500头，猪羊68 000只，衣服14万余件[2]以及其他各种物资，另有11 000多头牲畜被烧死。

在日军“三光”政策下，在“无人区”坚持生活和抗争的民众，绝大多数都被逼迫、驱赶到“人圈”之中，过着地狱般的生活。

---

① 中共河北省委党史研究室编：《长城线上千里无人区》，第三卷，北京：中央编译出版社，2005年版，第134页。

② 《集团部落——日军侵华暴行的又一铁证》编写组编：《集团部落——日军侵华暴行的又一铁证》（内部发行），2013年版，第21页。

三 宽城"人圈"的悲惨生活

"部落",是日本封建时代"贱民"聚居的地方,"集团"则是"组织起来""加强控制"的意思。日本侵略者在"无人区"里设立"集团部落",无数中国民众在日军屠刀之下,被迫离开世代居住的家园,被驱赶、集中、圈禁到一个个由日军控制的指定地点,在日伪军警的严密控制之下过着居无房、食无粮、身缺衣、饥寒交迫、毫无人身自由的生活。日军称其为"集团部落",老百姓则称之为"人圈"。在"人圈"里,日军经常对民众进行各种名目的"大检举"和大屠杀。这些所谓的"集团部落",就是日军统治之下的一座座"集中营"和"人间地狱"。

(一)修"人圈"筑地狱,实行法西斯统治

构筑"人圈"是日本侵略者制造"无人区"的中心环节。从1941年下半年起,到1943年底,日伪军倾巢而出,到处杀人放火,烧房拆屋,疯狂地进行全面的大"集家",把民众赶进了"人圈"之中。

日军用武力把民众赶进"人圈"以后,不是先安排民众修建住房,让老百姓有一个安身之所,而是不顾老百姓的死活,逼迫民众先修筑"人圈"围墙、碉堡、瞭望台、防卫和公用设施等,以便早日把群众禁锢在"人圈"的高墙之中。经实地调查统计,在"集家并村"中,全县共修筑"人圈"117个,构筑"人圈"围墙总长约165千米,在"人圈"周围共修筑碉堡、炮楼475座。这是一项多么浩大的工程。这些围墙全部是在日军刺刀的威逼之下,由民众无偿修筑的。需要说明的是,民众当时还不仅仅是修筑"人圈"围墙一项,每个"人圈"的围墙之上至少都筑有2～4座,多的达十几座的炮楼(全县在"人圈"的围墙上共修筑炮楼425

座)。有的还在“人圈”周围的制高点上筑有碉堡、瞭望台等。与此同时,民众还要为日伪军警修建营房、警察署、警察分驻所、村公所、协和会、自卫团等办公场所和公路等。如九虎岭至喜峰口沿线的居民,除完成自身所居“人圈”的各项工程外,还要出工到喜峰口,为喜峰口日军修建营房、宪兵队驻地等工程。这对在“集家并村”中已经倾家荡产的民众来说,简直是无法承受的。据伪满《警察史》记载,伪满政府是拨了建设费的。可是,据这次调查,所有“人圈”,没有一户或一人见到过什么建设费,“人圈”建设的全部用工用料,都是由民众无偿承担的。

人们进入“人圈”以后,在日伪军警逼迫下,不管男女老少,只要能干动活的,都要去修筑“人圈”围墙、炮楼及日伪的公用设施和公路等。不用说因事因病不去,即使是晚到一会儿,轻则一顿辱骂、殴打,重则按“思想犯”“反集家罪”等罪名抓捕起来,甚至坐牢、杀头。有的人就是稍微停顿和歇息片刻,哪怕是直一直腰,都会被监工的日军、警察毒打,甚至被抓捕、杀害。日伪人员打人时,不管是铁锨、木棍还是铁镐,见到什么就拿什么向民众打去,被打死、打伤、打残的民众不计其数。一次,董台子“人圈”的翁占珍在修“人圈”围墙时,迟到了一会儿,日军就勒令伪警察李金满,开枪打伤了翁占珍的大腿,致使翁占珍终身残废。

被赶进“人圈”的人们,严禁外出与人接触,即使极个别能够外出的,也必须向日伪人员请假,人身受到严格的控制,毫无人身自由可言。为了对“人圈”进行统治和奴役,日伪在“人圈”中或附近地区设有警察署或警察分驻所、村公所、自卫团、拘留所、协和会,有的还驻有日本守备队、宪兵分遣队、讨伐队,多数“人圈”都设有部落警。此外,还建立了严格的保甲连坐制度。每个“人圈”是一个甲,几个或十几个“人圈”为一个村。部落长兼自卫团团长,副部落长兼保、甲长,村公所头目则由伪县公署指定。乡村保、甲长大多数由当地比较有势力的地主或有钱人家以及汉奸走狗担任,警察中很多人都是地痞无赖。他们勾结官府,助纣为虐,鱼肉乡里,残害百姓。“人圈”内以10户至30户为一牌,设牌长1名,实行连坐制,一户出事全牌都要受到牵连。日伪企图通过连坐制,使“人圈”里的民众相互监视,从而达到维护其统治的目的。

在“人圈”里,所有的男人都被编入自卫团,自卫团员同时也是“勤劳奉工队”队员。他们除负责“人圈”的“防卫”外,还要承担各种劳役,如修公路、建兵营,去日伪工厂、矿山、军事工程劳动等。这些劳役,每人每年都不少于6个月。“人圈”围墙修完后,日伪当局对群众的控制和监视更加严格。在“人圈”内,凡是16岁以上的男子都要进行指纹登记,无论男女一律要办理“住民证”,随时接受日伪、警察的检查。“住民证”上有姓名、年龄、职业、居住的“人圈”名称等,并按上本人的指纹,贴上本人照片,外出均要携带,就连下地干活也不能离身。否则，就会被说成“八路匪”“嫌疑犯”，轻则棍棒加身，重则坐牢甚至丧生。因丢失或忘记携带“住民证”而被毒打、受刑甚至屠杀者不计其数。如下石梯子“人圈”的何玉贵，因没带“住民证”，被日军小队长查出后，就被人用刚烧开的开水从头浇下，后来日军又把他带到“人圈”外枪杀了。

当年生活在黄土坡“人圈”的袁宝山使用的“住民证”

在“人圈”居住，一切都要凭“住民证”，日伪军、部落警等随时都会进行检查，出入大门也要凭“住民证”。人们外出不许携带粮食、食盐和衣服等军需品，就是一粒盐、一根线头都不能带出去。外出耕作或打柴时，带饭要按人限量，不许多带，否则，就以“通匪罪”论处。白天不得去远离“人圈”的地方耕种，“人圈”4000～5000米以外绝对禁止耕种，4000～5000千米之内也不得种植玉米、红薯、豆类等可以直接食用的植物。大门未开前和关门后严禁进出，晚上不许插门、点灯、说话，不许互相串门或三五成群地在一起闲谈。家里来了外人必须报告，经过日伪的允许后，方可留宿。为此，警察、特务还经常夜间到居民的房前屋后进行偷听、暗查。夜晚，日军、警察等更是以查户口为名，借机奸淫妇女、抢掠财物，无恶不作。谁若稍有不满或违反戒律，轻则遭到毒打，重则就要冠以“通匪罪”等罪名被抓捕、关押、刑讯，甚至屠杀。为了对“人圈”里的人严密控制和监视，日伪还派特务以做生意为名，混迹在百姓之中，探听消息，制造矛盾，随时进行“揭发”“检举”。如果谁家有大米、白面、油、盐、香烟等专卖品被查出来，或有“反抗”言行，就会被冠以“经济犯”“思想犯”“国事犯”等莫须有的罪名，被任意抓捕、杀戮。如果谁家有灰色或草绿色的衣服，或是衣服上有超过规定的纽扣，家中有茶缸、小铁锅、饭盒、绑腿等，都会被指控为“政治犯”而遭抓捕。如在家中查出枪支、弹药或中华民国的书籍以及其他进步书籍等，所遭受的刑罚就更加严重。

“人圈”建成后，所有“人圈”平时都是大门紧闭，只有在日出以后，有的甚至是日上三竿才开门放人，还不等日落，“人圈”就已关上了大门。遇有紧急情况，几天甚至十天八天都不开大门。出去劳作的人们，如果回来耽误了进大门的时间，就别想再进“人圈”了。1943年6月，冯杖子“人圈”的萧印发因下地种萝卜，误了进入“人圈”的时间，被警察活活打死。有的外出赶回“人圈”晚了，守门人员不让进门，只有在大门外过夜。夏天蚊虫叮咬，还倒好说，到了冬天，平时塞外的气温都在零下20摄氏度以下，寒冬腊月更达零下30摄氏度左右。因此，因未能进大门而冻死在“人圈”外的人不在少数。1943年腊月，孟子岭“人圈”的刘殿普，外出返回时超过了规定的时间，岗哨不让进“人圈”，结果被冻死在“人圈”外的碾盘上。南天门“人圈”的任德全外出干活回来时大门已关，只好从围墙下面的流水沟朝“人圈”里爬，日军巡岗发现后，把他活活地打死；于杖子“人圈”李占增的侄子，冬天外出回来晚了不开大门，被活活地冻死在了“人圈”大门之外。类似事件，举不胜举。

在“人圈”里，日军还设置了名目繁多的刑罚，如跪石子，跪马鞍，灌洋油，灌掺辣椒水的头发渣子，上大挂，炭火烤，用烧红的烙铁烙，用铁丝、竹签刺手指，开水烫身，喂狼狗等刑罚，令人发指。残暴野蛮的日军对妇女、老人、儿童，更是残忍至极。有的妇女在“人圈”内被日军强奸后，还被日军用刺刀刺入阴道，活活地折磨致死；有的老人被日军活活地烧死、打死；日军甚至把儿童两腿劈断、劈死、摔死等，无所不用其极。这些“人圈”，实质上是日本侵略者对中国人实行殖民统治的一座座法西斯“集中营”。

（二）缺衣无食，饥寒交迫

民众被赶进了“人圈”以后，面临的最大困难就是生活上失去了依靠。农民祖祖辈辈生活在原有的土地上，依靠仅有的一点土地，勉强维持着糠菜半年粮的生活。搬进“人圈”以后，原来的居住地都被划为不准耕种的“无人区”（无住禁作地带），绝大多数农户已经没有了土地。如果租种附近地主等富户的土地，除了交租，还要交纳各种捐税、“出荷”粮等，打下的一点儿粮食，也所剩无几。原住在“人圈”附近的农户，土地也被大部分占用。未被占用的距“人圈”又远，往返也需要一定的时间，再加上“人圈”的大门日上三竿才开，不等日落又关上了，除去往返走路的时间，用于耕作的时间十分有限。同时，很多“集家并村”的时间都在春季，日伪不顾群众死活，强迫农民修筑“人圈”围墙，根本不允许种地，误了农时，收成十分有限。有的一年下来甚至颗粒无收。有的农民虽然勉强种了一点粮食，但日军也不让外出秋收，眼睁睁地把粮食烂在地里。加之在“集家并村”过程中，牲畜已被抢走，农具又被焚毁，大面积的耕地都被荒废。农民失去了土地，就意味着失去了一切。因此，群众进入“人圈”以后，生活立即陷入了绝境。

同时，日伪在“人圈”里实行所谓的“配给”制，民众的生活必需品都由所在的兴农合作社负责配给。购买针头线脑、土布棉麻、油盐酱醋、米面豆黍等全部被控制，配给的数量少，品质次，价钱高，人们也买不起，即使买一点，也不够用。据调查，就连这样的“配给”，也只是一些日用品而已，尤其是粮食，在绝大多数“人圈”里根本就没有配给过。因此，“人圈”里的群众都缺少粮食，吃的是稀粥、野菜、草根儿、树皮、树叶和米糠。如孟子岭“人圈”

的刘殿阳,全家5口人,1角子(1.5市斤左右)小米,全家吃了半个月,没办法只好把枕头里的秕糠都倒出来吃了。那时,生下的孩子因为没有奶吃,又没有其他吃的代替,很多都饿死了。人们吃野菜、草根、树叶多了,身上、脸上就浮肿。有的人吃糠吃得拉不出屎来,只好让家人拿木棍一点一点地去剜。因为没有吃的,有的人偷偷地凑点钱到外地去买一点或者拿别的东西去换一点儿粮食。但是,如果被日伪人员发现,不但粮食被没收、抢走,还会被扣上"经济犯""密输犯""八路军密探"等罪名,被罚款、抓捕、判刑或遭到屠杀。1943年冬,药王庙"人圈"的杨忠祥家实在没有吃的了,他父亲东挪西借,凑了一点钱,到外地买了70斤玉米回来,被日伪军发现后全部没收。他父亲又急又气,不久得了霍乱病后离开了人世。

"人圈"里的人民背井离乡

在"人圈"里,人们普遍没有被子,很多农户一家子抻着一条破被子盖。人们没有穿的,夫妇甚至全家轮换着穿一条裤子,十七八岁的大姑娘没有衣服穿的现象比比皆是。因为没有衣服穿,人们都是冬天把破棉花塞进单衣里当棉衣,夏天再把棉花掏出来当单衣,年年这样倒腾来倒腾去。衣服是破了补,补了又破,补卜摞补丁,一件衣服好几斤重。冯杖子"人圈"的刘彩霞(现年90岁)在"集家"那年15岁,嫁给了裴殿英家当童养媳妇。但裴家在"人圈"里的生活同样十分困难,连续几年连破棉衣都没有穿过。张彩云(现年91岁)在"集家"时,已是十六七岁的大姑娘了,冬天连破棉裤都没穿过。村民丑子没衣服穿,披着破麻包片满大街地跑。还有曹士福,无论冬夏都穿着从内蒙古要饭时要来的破皮袄,夏天毛朝外,冬天毛朝里。王权的媳妇连一件破衣服都没有,出门抱柴禾时只能用块破布围在腰间遮羞。孩子更不用说了,尤其是到了冬天,因为没有衣服穿,只能守着火盆烤火取暖,烤了前胸烤后背,身上都烤出花来。北大杖子"人圈"的贾连发,全家4口人,年近60岁的夫妻俩和两个姑娘,能取暖的只有1张破羊皮,1个簸箕,2块半截破炕席头儿。睡觉时老爷子盖着那张破羊皮,老娘扣着簸箕,两个姑娘每人盖着一块破炕席头儿,夜里大部分时间都是依靠烤火过夜。这样的生活没坚持多久,老娘就被冻饿而死。下窝铺"人圈"的蒋宝山,全家6口人,因为房子漏风,又没有被子盖,被冻死了2口人。肖德才家只有老母亲和他2人,因为盖不起房子,还没有饭吃,母亲被活活地冻饿而死,肖德才也到外地要饭去了,一直都没有音讯。大地"人圈"王玉忠一家4口人,全被饿死。七铺炕"人圈"的"四角瓜"(绰号)、刘四2人都是20多岁的小伙子了，也被活生生地冻饿而死。因为“人圈”里的妇女绝大多数衣不遮体，于是，有的人在马架子房里，专门挖一个洞，来了客人就让妇女蹲在里面，人们叫它“遮羞洞”。这样的例子不胜枚举。“人圈”里流传着这样的歌谣：“一间马架房，四面没有墙。天上雪花飘，身上没衣裳。”“早晨菜，晌午汤，晚上稀粥照月亮。”“人圈”里普遍出现了“四多”现象，即讨饭的多，病死的多，吃糠咽菜的多，披麻包片儿、光肩膀、袒胸、露乳房的多。可以说，“人圈”里的民众已经到了吃无粮、穿无衣，饥寒交迫的程度。这是日军对“人圈”民众的慢性屠杀。

住的更不用说了。进入“人圈”的人们，原来的家已被烧毁或拆毁，而拆下来的木料又多被用于修筑“人圈”的公用设施。因此，绝大多数民众失去了盖房的条件和能力，只好搭一个马架子房或卡杈房居住。“人圈”里的马架房、卡杈房就像鸽子笼一样一个挨着一个，肮脏、凌乱，人与猪、羊等牲畜挤在一起。屋内也非常简陋，锅台连着炕，一家老小几辈人都在一起挤着睡。炕上睡不下，人们不得不睡在锅台上、屋地下。有的户就连这样的条件都没有，根本就没有房子住，只有住在碾道里、磨坊中或者住在坐地户的房檐下、墙根边。有的是与亲戚、朋友几户甚至十几户挤在一个院子里，几家、十几家共用一个炉灶轮流做饭。偏桥子“人圈”的于德家，一个院子就住了 27 口人。偏桥子“人圈”于申的姐姐家没有房子住，生孩子就生在了石崖下。七铺炕“人圈”的宋才媳妇把孩子生在了张桂荣家的一个小柴禾棚子里。

“人圈”里的马架子房、卡杈房和草棚子，房上盖的都是干草，加上居住密集，“人圈”里火灾频发。1943 年 4 月 12 日，南杖子“人圈”高占有的母亲做饭时不慎引起房子失火。因为这时正是下午，“人圈”里的男人都到地里干活还没有回来，近处干活的人发现“人圈”失火了，赶来救火。可是，日军却把“人圈”的大门关闭了，不让救。时值春季，风大，火势又猛，大火熊熊地燃烧起来，越烧越旺，整个“人圈”是一片火海，人们眼睁睁地看着“人圈”里 200 多户的房子全部被烧光了。1943 年 5 月的一天，偏崖子“人圈”的杜春生家因烧午饭不慎起火，烧着了房子，火起无水，无法扑救。正在这时，又刮起了西南风，顿时，全“人圈”里火光冲天，居民的所有房屋和物品全部被烧毁，有的孩子被烧死，有的老人被烧伤，这使已经贫困到极点的民众更是雪上加霜。

以上这些还不算，日伪还强迫“人圈”里的民众缴纳十分沉重的租税。当时流传着这样的民谣：“‘人圈’里的穷人没法熬，租税重、利息高、苛捐赛如毛，逼死穷人的三把刀！”“人圈”里的租税、利息、苛捐杂税把民众逼得走投无路，民众的贫困化已经到了极点。

"人圈"内各种苛捐杂税和强制摊派一览表

项目		捐税及摊派数额
主项	分项	
粮食租税	1. 粮谷出荷粮	每亩缴粮1斗，每亩下等地缴粮0.77斗
	2. 民生积谷粮	每亩缴1斗,1943年每亩缴1.2斗
	3. 义仓粮	每亩缴1升
	4. 米谷株式会社粮	每亩缴2升
	5. 地亩捐粮	每亩缴2升
	6. 地亩附加粮	每亩缴1升
说明	以上6项合计为每亩缴粮2斗6升,约合78斤。当时,耕作粗放,又经常遭遇自然灾害,平均亩产粮食大约都在120斤左右,有的只有80斤,缴纳了苛捐,就无隔夜粮了。	
正项税	1. 民生税	每亩2角4分
	2. 地亩税	每亩5角
	3. 地亩附加税	每亩2角5分
	4. 门牌税	每户1元
	5. 协和会税	每个成年人2元
	6. 牲畜费	每头驴4元,每只羊7角5分,牛、马、骡每头5元
	7. 出生费和死亡费	各2角
	8. 宰杀费	每口猪4元,每只羊2元
	9. 材料费	每亩2角
	10. 兴农合作社股金	每户1元
	11. 义款	每户6角
杂项税(主要是慰劳日伪军伪官吏的)	1. 送菜	每甲3天1次,每次50～100斤
	2. 送柴	每甲3天1次,每次500斤
	3. 送猪	每甲每月3～10口,每口猪至少杀肉80斤
	4. 送鸡	每甲每月5～20只
	5. 送草	每甲3天10次,每次50～100斤
	6. 送礼	宪兵队长结婚、寿辰,每甲70元,讨伐队和警察中队长以上官员,每甲30元
	7. 团员费	每甲经常派2名自卫团员到村公所听差,每月需150～200元
	8. 棍团费	每甲每月抽10人专门受训,每月需100元
	9. 劳工费	每甲每月抽10～300人,名曰"勤劳奉仕",需200元
	10. 村甲职员费	村甲职员每人每月100～150元

由此可以看出，日本侵略者对“人圈”内民众的剥削和掠夺已经到了敲骨吸髓的程度，甚至连出生和死亡也要纳税，民众被掠夺得一无所有。同时，日伪还在一些地方强迫群众种大烟，交“烟干”。“烟干”又被制成毒品，用来毒害中国人民。

日伪当局也不得不承认“人圈”的统治对民众的侵害。日军军事部在《西南地区治安问题之考察》(摘录)中写道：“集团部落……在政治经济方面，又可分为有利与不利两个方面。前者是，可作为实施行政、经济各项政策的桥梁，进行启蒙、教育、训练的据点；后者则是，使住地与耕地相距太远，以致耕地面积缩小，赋役加重，需用建设资金及资财增多，因此群众受到经济上的打击很大，更加贫困化，等等。”“对在极端薄弱经济基础上生活的居民来说，因搬迁和房屋修建、构筑防卫设施等所需的人力物力，确有不堪负担之苦。且近几年来由于该地区治安不良，成为彼我双方争夺对象的居民，牺牲很大，再将建设集团部落的负担加在他们肩上，致使民力枯竭更为严重。”①

（三）环境恶劣，各种传染病泛滥

“集家并村”后，一个“人圈”少则几百人，多则几千人。如蓝旗地、偏桥子、偏崖子等“人圈”，人口都在 2 000～4 000 人。但是，“人圈”里的卫生根本就没人管，人们出门就大小便。再加上牲畜与人住在一起，“人圈”里臭气熏天。尤其是到了夏天，污泥浊水满地乱流，人畜粪便到处都是，苍蝇、臭虫、蚊子、蟑螂等满屋乱爬，致使“人圈”里经常闹瘟疫，鼠疫、伤寒、天花、霍乱、疟疾、疥疮、脑炎、痢疾等时有发生。新华社记者厂民在“人圈”刚刚解放时，这样描述“人圈”的情况：“房子像鸽子笼一样挤紧着，那么凌乱，那么肮脏，人和猪和鸡挤在一起。因为没有院子，也没有空地，到处是粪便和垃圾，是恶心的臭气。炕上是臭虫，身上是虱子，墙上是这些小动物的血印子。在这儿，繁荣的不是人，是细菌。这不是人的家，是疾病、瘟疫和死亡的家——这就是‘人圈’。”②在“人圈”里，民众无医无药，到外面去请大夫，也没有经济能力。再说，日伪也不允许民众出“人圈”去请医生。因此，人们只要患上了传染病，只有死路一条。宽城是日伪“集家并村”的重点地区，全县当时共修筑了 117 个“人圈”。据历史记载、党史部门调查，特别是近两年的调查，当时宽城的瘟疫情况十分严重。“人们把瘟疫病叫‘窝子病’。‘人圈’里因患‘窝子病’就死了 100 多口人。孙国春的母亲是得‘窝子病’死的，张其友一家 5 口人，全都死于‘窝子病’，瓦房沟王士申

---

① 中央档案馆等编：《日本帝国主义侵华档案资料选编·东北“大讨伐”》，北京：中华书局，1991 年版，第 610～612 页。

② 中共河北省委党史研究室编：《长城线上千里无人区》，第二卷，北京：中央编译出版社，2005 年版，第 93 页。

一家3口人，翁全一家3口人，全都得传染病死了。”菜子峪“人圈”共900人，“年年闹瘟疫，每年都死100人以上，总计死去近400人”。

1943年，宽城多数“人圈”都闹瘟疫，一个“人圈”每天都有10多人死去。如蓝旗地“人圈”，一天死了十几个人。刘振山一家4人、刘振福一家4人、万兴洲三伯父家一家3人全都死去。这一年里，蓝旗地“人圈”里死去的就超过500人。东李杖子“人圈”这一年里死了200多人。孤山子“人圈”最多时一天就死了30多人，多数都是老人和孩子，这30多人都被埋在了一个坑里。关石“人圈”这一年因传染病死了120多人，化皮溜子“人圈”有300余人死于瘟疫。偏桥子“人圈”死了400多人，最多的时候，一天就死了27人。九虎岭自然村的赵怀、赵洪兴、张奎等15户，搬进“人圈”以后，先后死了32人，王圣会一家连续死了6人，原来有几十户的一个小小自然村，一年内就死了47人①。榆林“人圈”只有190人，因患传染病死了70多人。刘善一家6人，全都病死。南沟门“人圈”闹传染病死了200多人，王志和的母亲、二哥、小妹3人先后死去，孙有齐一家5人，两个大人都死了，只剩下了3个孩子。老羿家一家就死了4口人……

在“集家并村”那几年，“人圈”里年年闹瘟疫。那时，往往是“今天我抬你出去，第二天又轮到了自己被人抬”。再后来，人们知道传染病传染性特别强，人死了也就没有人抬了，只用苇席一卷，就埋在自家的院子里或窗台下。当时，孩子因传染病死的特别多，人们只好把小孩的尸体用干草捆上，丢弃在“人圈”外的河滩上或山坡上，漫山遍野到处都是。据当年生活在偏崖子“人圈”的杜长河老人回忆：在当年的偏崖子“人圈”，饥饿和瘟疫不知道夺去了多少人的生命。“人圈”里不管是白天还是黑夜，始终都有哭声和狗叫声。“人圈”外的山坡上、沟渠里及河套两岸，到处都是人的尸体。他10岁那年去点胡沟拾柴，一次就发现7个孩子的尸体堆放在一起。在西沟，他看见了本村赵珍的尸体，一条大腿不知是被狼还是狗啃得就剩下骨头了。在东边的杨树林里，发现了经常讨饭的阎木匠的尸体，两条狗正在撕咬……

因为“人圈”里瘟疫传染性特别强，又无医无药，人一旦患上就必死无疑。因此，有的人自己患了传染病，怕传染给家人，就嘱咐家人千万不要管他，然后自己独自走到河岸边、山沟里或进入深山，默默地去等死。据生活在将屯子“人圈”的张景贵回忆，当时将屯子“人圈”里有一个姓张的得了瘟疫后，怕传染给全家，就独自一人躺在“人圈”外的河滩上，直至死亡。最可恨的是东梨园“人圈”的日伪警察，他们要在“人圈”里建警察分驻所，看中了王魁的房子。王魁不愿意给，恰巧这时王魁又得了传染病，还没等到王魁病重，日伪军和警察就把他活活地扔出了“人圈”围墙外，喂了狼狗，王魁的房子也被日伪军强行霸占了。

---

① 中共宽城满族自治县委员会文史资料工作委员会编：《宽城文史资料》（内部发行），第一辑，1990年版，第65页。

据杨树沟“人圈”的李秀英回忆：那会儿最怕的是疫病。到了夏天，一害疫病，人是一家一家地死。人死了，干草一包，就扔到外边去。他们住的“人圈”外有一处扔死孩子的集中地，小孩子得了疫病死后就被扔到那个地方，死的小孩子多了，人们就管那个地方叫“死孩子包”。新中国成立后据县党史部门的调查统计，在1937—1945年抗战时期，宽城全县因各种瘟疫及冻饿而死的有8 500多人①。据我们的调查，实际人数远远超过此数，死亡人数应该在万人以上。这是由日本侵略者“集家并村”、制造“无人区”而一手造成的。

（四）进行“大检举”和大屠杀

日军把村民驱赶到村头，进行检举

日军“集家并村”、制造“无人区”的过程，也是施行罪恶累累的“大检举”、大屠杀过程。日伪强行把民众赶进“人圈”以后，施行各种形式的大、小“检举”非常频繁。罪名有所谓的“思想犯”“国事犯”“经济犯”“密输犯”等。在“检举”内容上，有“通匪家族大检举”“匪团组织大检举”，等等。具体方式如下：“用武力来威胁群众，把群众围起来，用枪尖比着，一个一个地逼你供出‘通匪’（指八路军）或‘检举’别人‘通匪’。如果不说话，便用皮鞋木棒乱打一阵，有的灌凉水、灌煤油、灌辣椒水，有的用开水往身上浇，用炭火烧，冬天用冷水浇，有的跪在烧得通红的铁板上。种种非刑，不一而足。”②在日伪施行的“大检举”中，许多无辜民众遭到屠杀。随着“集家并村”大规模地进行，“检举”范围也随之扩大。1943年，西南防卫委员会策划了两次全省性的“大检举”，军警宪特、法院、检察等共同行动，对民众进行了大规模的屠杀。

1943年9月11日，日伪开始实施第一次“大检举”，军警、宪、特一齐出动。“检举”范围涉及青龙西南部（宽城当时属伪青龙县管辖，青龙西南部主要指宽城地区——编者注）、兴隆东部、承德南部地区。此次“大检举”，“一共逮捕了985名中国革命志士及爱国人

① 中共河北省委党史研究室编：《长城线上千里无人区》，第三卷，北京：中央编译出版社，2005年版，第137页。

② 郭士杰：《日寇侵华暴行录》，北京：联合书店，1951年版，第62页。

民”,其中“这三个地区被起诉的人数456名”。“在青龙审判之革命志士及爱国人民185名中,死刑4名;无期徒刑及十年以上有期徒刑约120名;十年以下有期徒刑约61名。”“在兴隆审判之41名革命志士及爱国人民中,死刑1名;无期徒刑及十年以上有期徒刑约30名;十年以下有期徒刑约10名。”①

第一次“大检举”之后,10月16—19日,日伪紧接着进行了第二次“大检举”。“检举”地点选在承德县东南部地区、滦平县的古北口地区以及迁西县,包括宽城在内的喜峰口附近地区。此次“检举”共逮捕297人,其中死刑32人,无期徒刑及十年以上有期徒刑185人,十年以下有期徒刑80人。

“以上第一、二次伪热河省西南地区的‘大检举’事件,共审判中共革命志士及爱国人民524名(误,应为523名)。其中死刑38名(应为37名);无期徒刑30名;十年以上有期徒刑305名;十年以下有期徒刑151名。”②

除了以上两次大规模的“检举”外,日伪在“无人区”范围内各县也实施了多次规模不等的各类“检举”活动。

青龙县是日伪“集家并村”的重点地区。因此,日伪在这个县的“检举”活动也比较频繁。“尤其恶毒的是,日伪在‘人圈’里安插密探,发展特务,暗地监视群众的抗日活动。什么‘思想不良’‘反满抗日’‘私通八路’‘行为不端’等都逐级上报,然后分期分批地逮捕、屠杀,这就是‘大检举’。”“检举”,有局部“小检举”,也有全县统一行动的“大检举”,有一次抓十人八人的,也有一次抓几十、几百人的,长年不断。1942年,仅施行全县性的“大检举”就有三次。1943年8月13—15日全县范围的“大检举”,一次就抓了1 000多人,这些被抓的人,经吊打、压板子、狗咬、筷子夹、烙铁烙、灌汽油、灌凉水、灌辣椒水等酷刑之后,一部分当即死亡,一部分被送往承德杀害,余者送往东北供做细菌实验或服苦役。经考察,“检举”中被抓捕侥幸生还者,不过十之一二。据统计,仅“大检举”中全县就有3 000多人被杀害。“除了对参加抗日的群众实行抓捕外,对于抗日人员家属也进行了全县性的‘检举’,不论男女,不管老少,一律抓捕、刑讯,有的直接杀害,有的送往外地监押,还有的妇女儿童被驱出‘国境’。”③

宽城当时属伪青龙县管辖,是“西南国境线”的中心区域、核心地段,也是日伪“治安肃正”“集家并村”的重点地区。日伪在宽城施行的各种名目的“检举”更加频繁,表现也更加突出。

---

①② 中央档案馆等编:《日本帝国主义侵华档案资料选编·东北“大讨伐”》,第四卷,北京:中华书局,1991年版,第751～754页。

③ 中共河北省委党史研究室编:《长城线上千里无人区》,第三卷,北京:中央编译出版社,2005年版,第68页。

为扫清“集家并村”的障碍，1942年3月，日伪在宽城范围内搞了一次“大检举”，抓走了800多人，其中315人被押往承德杀害。4月，日伪在宽城境内又搞了一次“大检举”，从榆木岭、艾峪口、熊虎斗、唐杖子等24个村抓捕了422人，其中有342人惨遭杀害①。

5月、10月和11月，日伪在宽城又连续搞了3次“大检举”，抓捕了213人，在宽城街南山根杀死了164人，其余送往承德、鞍山等地关押。

更为荒唐透顶的是，1942年春，驻亮甲台日伪军在当地搞“检举”，让所有人都张着嘴，日伪军逐个检查，谁牙白就抓谁。他们认为凡是牙白的都是八路军，因为八路军爱刷牙。

1942年7月30日，宽城龙须门警察分驻所的伪警察和日军守备队到柳树底下大块地村搞“检举”。他们把“部落”里的人都集中到村中的一块场地上，逐人审问谁家男人是八路军、共产党，对不回答的马上就是一阵拳打脚踢。可是，所有人没有一个吭声的。后在伪甲长、汉奸张文义(新中国成立后被人民政府判处死刑)的指认下，妇救会主任王素珍，党员杨树芬、王兰艺、李玉琴及地下党员家属等7人被敌人推了出来。在审讯中，她们受到了严刑拷打，但王素珍、杨树芬等没有暴露自己的身份，更没有暴露共产党和八路军的秘密。王兰艺被吊起来打得死去活来，还被灌了煤油，但她始终没有屈服。于是，日伪军就用烧红的烙铁烙她的乳房，把王兰艺活活地烙死了②。

1942年10月至11月，为报复“破交”活动，日伪开始在伪青龙县全境进行“大检举”。参加“检举”行动的有平泉宪兵分队、宽城宪兵分遣队、中根守备队、冷口宪兵分遣队、宽城特务班、峪耳崖安如一宪兵分遣队、青龙宪兵分队、喜峰口宪兵分队以及承德高等法院等，总指挥是日本人水川。驻宽城的日本宪兵分遣队、中根守备队及平泉宪兵分队，由宽城小野率领，到下板城、小前坡峪、骆驼厂、双洞子、丁家沟、药王庙、石佛、王家店等十几个村庄施行“检举”，抓走群众100多人。驻青龙、峪耳崖、冷口等日伪军，到大转岭、长沟、峪耳崖等地抓捕100多人。300多人全部被押在宽城警察署和中街一户群众院内。经过审讯，80多人被判处死刑，由中根守备队在宽城南关山根执行枪杀，其余送往承德监押③。

1942年冬，日本驻喜峰口宪兵分队带领警察讨伐队从宽城出来，沿路进行“检举”，抓走了60多人，押到宽城警察署刑讯逼供后，除极个别的被侥幸放回外，其中有的被酷刑折磨而死，有的在宽城被枪杀，还有一部分被转押到承德，许贵珍、杨廷秀、刘文洲等人被杀

---

① 中共河北省委党史研究室编：《长城线上千里无人区》，第四卷，北京：中央编译出版社，2005年版，第68页。

② 宽城抗战文化丛书编委会编：《宽城抗日斗争史》，北京：解放军出版社，2015年版，第64页。

③ 中共河北省委党史研究室编：《长城线上千里无人区》，第四卷，北京：中共编译出版社，2005年版，第69页。

害在承德水泉沟[1]。

随着"集家并村"范围的扩大，日伪实施"大检举"的次数也逐渐增多。每当敌伪据点或人员被袭击，日伪便进行疯狂的"检举"。例如，大地据点被八路军、游击队袭击后，没过3天日伪就在大地"人圈"逮捕了十几个人，被送往承德和锦州监狱关押。

日军的"检举"纯属把中国人的生命当儿戏。1943年1月13日，宽城日本宪兵分遣队带着相面先生到洪杖子搞"检举"，把全庄人集中到东沟门，让相面先生通过长相认定谁是八路军，谁是共产党。结果，相面先生当场胡乱点名，抓走27人，杀害8人，其余全部判刑。同月，伪热河省警务厅特高课长高石(日本人)亲临宽城指挥"检举"，逮捕了1 500多人，就地杀害了410人，630人被送往东北做劳工。1943年12月，日军在宽城全境"人圈"里搞"大检举"，残杀了2 000余人，仅塌山一带就杀害了800余人。山家湾子两个部落从1943年到1945年"检举"了46次，被检举341人，被杀害70人[2]。

1943年农历腊月初八早晨，日伪到冯杖子"人圈"搞"检举"，抓捕共产党八路军办事人员张品清(村妇救会主任)和祁全(武委会人员)。日伪军一大早就把冯杖子"人圈"里的男女老少全部集中在"人圈"中心的一棵大柳树下，架上机枪，点起了几堆大火，指名道姓地叫张品清出来。因为是大冬天，在外时间太长了，人们寒冷难耐，有一位叫苏礼的老人就想到火堆旁烤一烤火。日军不但不让他烤火，反而把正在燃烧的木棒向苏礼的脸上打去，把苏礼满脸都烧成了火泡，胡子也被烧光了。随后，日军又把普通百姓杨廷林、杨老伍拉出来，让他们跪倒在离会场不远的一个大炕沿上，在他们每人的大腿上都打了两枪。之后，日军再次要"人圈"里的人交出张品清，但还是无人回答。因为张品清是曹文的妻子，既然张品清没有抓到，就先拿曹姓人顶替。当时姓曹的只有曹士祥在场，日伪军就把曹士祥五花大绑，然后把绳子拴在马鞍上，日本人骑着马，把曹士祥拖在地上，一直拖到十几里远的龙须门警察分驻所，把曹士祥的两个后脚跟、大腿肚子、后背等处拖得血肉模糊。最后，曹世祥又被转到东北鞍山监狱残害致死。

1944年最后一批"人圈"建成后，日军为了威胁、恫吓民众，由承德日本宪兵队本部亲自率领，开着十辆大汽车，东起冷口，西至喜峰口外，对冷口、肖营子、凉水河、八道河、大地、孤山子、峪耳崖、板城、宽城、横城子等"人圈"进行了一次毁灭性的"大检举"。所过之处，见到青壮年，日军就不问青红皂白立即逮捕，将所抓之人的手足用铁丝拧上，然后朝汽车上一扔就拉走，全部运往承德和锦州监狱处决。这次被抓的有三四百人之多，凡是没有

---

① 中共河北省委党史研究室编：《长城线上千里无人区》，第四卷，北京：中央编译出版社，2005年版，第69页。

② 宽城抗战文化丛书编委会编：《宽城抗日斗争史》，北京：解放军出版社，2005年版，第65～66页。

逃脱的青年都无辜殒命①。

1944 年 5 月 8 日，大地日本宪兵分遣队长吉尾下乡“检举”“讨伐”，将青山口村干部王福抓捕后，带到大地村楸木沟的桲椤树林内严刑拷打，追问八路军的相关情况。王福至死不说，并破口大骂。吉尾恼羞成怒，随后就将王福开膛取出心肝，像禽兽一样生吃了。

日伪在“大检举”中，在许多地方专门设置了拘禁和屠杀抗日人员和群众的“置留场”(临时拘留所)与监狱，用以处置在频繁的“检举”中抓捕的抗日人员和所谓的“人犯”。而一旦进入“置留场”或者监狱之后，下场更加凄惨。这些“置留场”和监狱是杀人的魔窟，许多抗日人员及无辜群众在这里饱经非人的折磨后被残忍地杀害。

这些“置留场”的开庭地点约 25 个，主要设置在长城沿线的县城以及重要的据点附近。三年多的时间里，承德、包括宽城民众在“‘特别治安庭’处死的就有 1 700 多名。几年里，有 2 600 多名爱国人士被处以无期徒刑，有期徒刑 20 年、15 年、10 年、8 年等重刑投狱监禁”②，其中投入监狱的大部分人都被折磨致死，能够活着出狱的只是极少数人。

日伪在初期的“大检举”中，还装模作样地立些“罪名”，如“国事犯”“思想犯”“经济犯”等，民众动辄就被扣上某种“罪名”，施以刑罚，治以“重罪”，甚至惨遭杀戮。而到后来，日军干脆就直接出动军、警、宪、特人员肆意包围“人圈”，随意抓捕青壮年和群众，男性被捕者或就地刑讯屠杀，或押往他处判刑，然后送往外地充当劳工或送去东北进行细菌试验，对女性被捕者则肆意凌辱。实际上，后来的“大检举”变成了残酷的赤裸裸的大屠杀。

（五）宽城县尖山子“人圈”人口变化情况的调查统计

在日本法西斯的统治和奴役之下，民众在“人圈”中居无房、食无粮、身缺衣、病无医，无吃少穿，饥寒交迫，贫病交加，再加上日伪敲骨吸髓般地经济盘剥，人们的贫困化程度已经达到了极点，逃荒、要饭、冻死、饿死的比比皆是。“人圈”中人们居住地十分密集、拥挤，人畜混居，卫生条件极差，环境十分恶劣，导致各种传染病每年都普遍地发生并大肆蔓延，更造成了居民的大量死亡。因此，在“集家并村”的几年中，“人圈”中的人口不但没有增长，反而大量地减少。

2013 年到 2015 年两年多的时间，作者在对全县“人圈”情况进行实地考察时，选择了规模比较小、人口比较少、相对比较容易调查了解的尖山子“人圈”作为调查对象，对其“集家并村”时和日军投降时的人口变化情况，进行了全面的调查和统计。在

---

① 宽城抗战文化丛书编委会编:《宽城抗日故事》，北京:解放军出版社，2015 年版，第 65 页。

② 中共河北省委党史研究室编:《长城线上千里无人区》，第四卷，北京:中央编译出版社，2005 年版，第281 页。

调查中，作者采取了单独了解与集中座谈相结合的形式，对当时生活在尖山子“人圈”，调查时已经是 91 岁的沈清海、87 岁的张树荣、83 岁的刘天然、81 岁的宣凤阁等亲历者，进行了单独了解和集体座谈，对当时居住在“人圈”的每户人口的变化情况，都由他们几人逐户地进行了回忆，基本上调查清楚了该“人圈”的人口变化情况。尖山子“人圈”的调查结果，虽然不一定能够代表其他“人圈”的全部情况，但人口减少是最具普遍性的现象。

详细调查结果见下表：

尖山子“人圈”人口变化情况调查表

自然村	户主姓名	搬进时的人口	人口变动情况（人）								日军投降时的人口
			被杀	杀于何地	被抓	瘟病死	外逃	娶进	出嫁	改嫁	
原黄土梁子自然村	张凌云	7						1			8
	张海云	8				1					7
	张呈云	7				2					5
	张凤云	2									2
	张树珍	6				2	4				0
	张爱云	6				3	3				0
	张连忠	5				2			1		2
	张连智	5				2					3
	张宝云	3				1					2
	张连宽	2				1				1	0
	张连海	3									3
	张连财	4									4
	张连安	3									3
	张连贵	7				2		1		1	5
	张二占	1				1					0
	张连佐	4				3			1		0
	张连有	2									2
	张彩云	5				2			2	1	0
	焦云贵	8				1					7

续表

自然村	户主姓名	搬进时的人口	人口变动情况(人)								日军投降时的人口
			被杀	杀于何地	被抓	瘟病死	外逃	娶进	出嫁	改嫁	
原黄土梁子自然村	焦文有	1					1				0
	焦文忠	2				1					1
	焦文保	4									4
	焦文成	3					3				0
	焦文玉	3					3				0
	焦文胜	1									1
	焦文林	1									1
	焦云福	3							1		2
	焦云发	3					3				0
	焦云贺	1									1
	焦文荣	3									3
	刘万才	6							2		4
	张江云	4				1					3
	合　计	123				25	17	2	7	3	73
原尖山子自然村	刘天如	5									5
	刘天顺	2									2
	刘天兴	4									4
	刘天修	5									5
	刘玉会	4	1	枪杀在下窝铺		1					2
	刘玉凤	2					2				0
	刘天太	2					2				0
	刘天来	6	1	承德水泉沟万人坑							5
	刘天有	2									2
	刘福仁	5							1		4
	刘福喜	5									5
	刘福庆	3									3

续表

自然村	户主姓名	搬进时的人口	人口变动情况(人)								日军投降时的人口
			被杀	杀于何地	被抓	瘟病死	外逃	娶进	出嫁	改嫁	
原尖山子自然村	刘天佑	2									2
	刘福生	5							2		3
	刘凤刚	3				1			1		1
	刘凤义	3					3				0
	刘凤岐	3									3
	刘凤桐	3				1					2
	刘天福	7				1			2		4
	刘天东	4								2	2
	刘天信	4									4
	刘天平	4									4
	刘福礼	5				1					4
	刘天起	5				1	4				0
	刘天增	4			1		3				0
	刘福山	6							1		5
	姚　振	5									5
	王振东	2				2					0
	刘凤林	5				3					2
	孙　明	3					1			2	0
	孙　堂	3									3
	三木匠	2									2
	刘天雨	6									6
	刘天元	5									5
	刘天祥	3	1	承德水泉沟万人坑							2
	沈仲发	7							2		5
	沈清云	5				1					4
	沈清山	8							1		7
	沈清海	6									6

续表

自然村	户主姓名	搬进时的人口	人口变动情况(人)								日军投降时的人口
			被杀	杀于何地	被抓	瘟病死	外逃	娶进	出嫁	改嫁	
原尖山子自然村	沈清和	5									5
	徐成有	4									4
	徐成太	2									2
	徐成林	1									1
	徐成富	6				1			1		4
	石家老娘	1									1
	徐成信	1									1
	苏长春	2	1	承德水泉沟万人坑		1					0
	马唤超	1			1						0
	申长春	4				1					3
	任丰贵	6									6
	赵金山	5				2					3
	吴秉章	3				2					1
	吴云章	4									4
	刘福存	1					1				0
	孙　成	4									4
	李德生	1									1
	李德永	4									4
	李文章	1					1				0
	李文龙	5			1	1					3
	李文斋	2				1					1
	徐宝林	7	1	承德水泉沟万人坑						2	4
	合　计	233	5		3	21	17		11	6	170

续表

自然村	户主姓名	搬进时的人口	人口变动情况（人）								日军投降时的人口
			被杀	杀于何地	被抓	瘟病死	外逃	娶进	出嫁	改嫁	
原山湾子自然村	唐万荣	7							1		6
	刘福林	2				2					0
	刘天相	3					3				0
	刘天富	5							1		4
	刘麻经	5									5
	合　计	22				2	3		2		15
原下窝铺自然村	赵　恩	2	被杀 1	龙须门警察分驻所							1
	王瑞恒	3					2				1
	宣永禄	3				1					2
	李富哥	1	烧死 1	烧死在下窝铺							0
	合计	9	2			1	2				4
原西沟自然村	张起云	7				1					6
	任丰玉	9									9
	任丰禄	6				1		1			6
	任丰喜	6									6
	任成树	6									6
	任成玉	6									6
	任成福	5				1					4
	任成如	5	刑讯死 1								4
	任成荣	8								1	7
	孙维本	8							2		6
	侯振生	3									3
	侯振刚	2									2
	侯振铎	4									4
	王　秀	4									4

续表

自然村	户主姓名	搬进时的人口	人口变动情况(人)								日军投降时的人口
			被杀	杀于何地	被抓	瘟病死	外逃	娶进	出嫁	改嫁	
原西沟自然村	王树兰	5									5
	王树贵	2									2
	任密轩	5									5
	王树合	2									2
	合　计	93	1			3		1	2	1	87
总计	120 户	480	8		3	52	39	3	22	10	96 户/349 人

此表由张明云、张树荣调查整理。调查时间为 2015 年 3 月 5 日—19 日。

(六)反映“人圈”及“集家并村”的歌谣

“诗言志,歌咏言。”在中国的文化传统里,没有什么比诗歌更能直抒胸臆、抒情言志的了。产生于民间的歌谣,则是诗歌的一种,是在老百姓中形成的、更能抒发老百姓心声的一种诗歌形式。本章从搜集的一百余首“人圈”歌谣中,精选出了 24 首。这些歌谣,揭露了日军在“集家并村”及“人圈”中的暴行,反映了人民群众在“人圈”中的悲惨遭遇,表达了人民群众对“人圈”中悲惨生活的血泪控诉以及重返故土的强烈愿望,抒发了人民群众对日军“集家并村”、制造千里“无人区”的强烈反抗心声,是人民群众悲愤情感的强烈迸发。

“集家”真可怕

小日本,心太恶,
害得百姓没法活。
烧杀奸淫带抢掠,
“集家”又组合!

说“集家”,真可怕,
强盗鬼子命令下。
好好的房子烧趴架,
硬把“人圈”搭!

修“人圈”,万人愁,
拿着百姓当马牛。
群众的生活如罪囚,
哪能得自由!

得自由,不“集家”,
坚持山地人人夸。
八路军带领我们反击敌人,
智勇结合猛攻打。

猛攻打,求解放,
不管七九六十三,
拆了“人圈”毁了路,

看它怎么办!

"集家"修"人圈"

四周修据点,
外边"围子"圈,
临近老百姓,
一起往里搬。

百姓无住处,
四围搭草铺,
七家子,八家子,
住在一个屋。

屋子也不大,
住也住不下,
外边下小雨,
屋里捉蛤蟆。

百姓苦难言

1943 年,
百姓苦难言,
眼含辛酸泪,
强逼修"人圈"。

日受皮鞭苦,
夜伴星月眠,
有地不能种,
房被熊火燃。

身无遮体布,
肠子整根闲。
枝头乌鸦叫,
同胞命归天。
梦中救星现,
期盼国土圆。

"人圈"里家家陈尸骨

两间马架房,
四面没有墙,
天上飘雪花,
身上无衣裳。

家家陈尸骨,
户户有哭声。
无村不戴孝,
处处见新坟。

百姓无出路

百姓无出路,
拆房盖草庐。
七家子,八家子,
同住一个屋。

两间马架房,
四面没有墙。
早上菜、晌午汤,
晚上稀粥照月亮。

大好河山敌侵占

大好河山敌侵占,
烧杀抢掠修"人圈"。
死走逃亡家破产,
十七八姑娘没裤穿。

"人圈"真凄惨

"人圈"真凄惨,
鸡鸭狗猫什么都要捐。
要想不给捐,
就得拿命换。

“人圈”里的穷人没法熬

“人圈”里的穷人没法熬，
租税重，利息高，
苛捐赛牛毛，
逼死穷人的三把刀。

“人圈”大得真惊人

“人圈”大得真惊人，
出入只有一个门。
半夜警察来敲门，
发现生人杀满门。

日本鬼子豺狼性

日本鬼子豺狼性，
分分秒秒在杀人。
村村谁人不戴孝，
家家户户闻哭声。

牲畜财物劫掠尽，
房屋树木全烧光。
百里无人虫鸟稀，
狼烟遍地泣鬼神。

都山“人圈”歌谣

都山高又高，
长河水长流。
都山云雾蒙悠悠，
“人圈”里人们日日愁。

到处都荒凉，
无人敢种田。
可恨小鬼子，
强逼进“人圈”。
“人圈”租税重如山，
啥时得安然。

穷哥们扛起枪，
跟着共产党。
赶跑小日本，
都山得解放。
都山人民做主人，
幸福长又长。

长河川歌谣

一间破草房，
烧剩了两面墙。
冷风吹雪花，
飘呀飘身旁。

爹娘被打死，
东西被抢光。
参加八路军，
报仇求解放。

快活峪里不快活

快活峪里不快活，
一场“扫荡”一场祸。
百姓不去住“人圈”，
男女老幼深山躲。

鬼子杀人又放火，
血染荒草赤满坡。
高山密林藏八路，
军民情深难割舍。

是谁烧了我们房

是谁烧了我们房？

是谁赶咱进“人圈”？
天皇派兵打中国，
背井离乡去逃亡。

是谁杀了牛和羊？
是谁抓咱进牢房？
奸淫姐妹烧杀抢，
奇耻大辱岂能忘！

“人圈”死杀惨

“人圈”死杀惨，
百姓哭皇天。
只盼八路军，
救咱出“人圈”。

又冷又饿怎么当

日本强盗霸占我地方，
“集家并村”又烧房。
拿着我们当牛羊，
男女老少“人圈”装。

立好组合抢去粮，
一天配给几两糠。
三尺麻布怎么做衣裳，
又冷又饿怎么当？

小日本割庄稼

小日本没爹妈，
带着汉奸割庄稼，
刺刀镰刀一齐上，
毁了青苗长什么？
回头百姓吃什么？

誓死不下山

“人圈”杀戮惨，
百姓哭皇天。
盼来八路军，
拆围杀汉奸。
同甘苦，共患难，
誓死不下山。

不进“人圈”当奴隶

敌人多了围山转，
敌人少了跟他干。
坚持深山战顽敌，
不进“人圈”当奴隶。

我们绝不进“人圈”

背起孩子走进山，
我们绝不进“人圈”。
高高山上做菜饭，
八路军来了好“打尖”。

铺着地盖着天

铺着地，盖着天，
星星月亮照经年。
宁愿忍受山里苦，
不做奴隶进“人圈”。

好汉子反“集家”

好汉子，
反“集家”，
抗日英雄人人夸。
说打咱就打。

打鬼子，推围墙，
坚决反对大并乡。
鬼子阴谋一扫光，
看他怎么样。

打鬼子

小日本，心不公，
一心要把中国征。
夺去东三省，
又来占我热河城。

“三光”政策灭人性，
日伪军警更横行。
热河人民水火中，
七百万人民盼天明！

来了救星八路军，
一心一意打日本。
拆“人圈”，救群众，
打鬼子，逞英雄，
个个刺刀血染红！

伪警察像条狗

伪警察，像条狗，
持着洋刀胡乱走。
见着洋爸爸，
猫腰又点头，
真给中国人丢了丑。

（七）非人的“无人区”生活

侵华日军实行“集家并村”以后，把千里长城线及其附近地区划为“无人区”。在“无人区”中，日军把老百姓世代居住的房子拆毁、烧光，在刺刀威逼之下，把民众赶进了“人圈”之中。而对不愿进“人圈”的民众，则实行疯狂的军事“围剿”和惨无人道的烧光、杀光和抢光的“三光”政策，进行残酷和野蛮的屠杀。在日伪划定的“无人区”内，上到老人，下到孩童，不论男女一律遭到残杀。驻军密云县白马关的船生退助在《无人区》一文中说：“为了使共产匪徒不能进行军事行动，消灭敌人的根据地，所以把这个地域搞成完整的无人区；同时还要对共产匪区的居民防止赤化，要完全切断他们和共产党、八路军的联系。”“长城以南和这个地域一样，一间房子也不留，全部烧掉，不允许种任何庄稼，就是一个中国人也不许住。如果发现情况，当作敌人枪毙。”“为了建立无人区，我们要进行讨伐作战，把所有房屋统统烧掉，追赶射击中国人。”①因此，“无人区”里的民众每天都在日军的频繁“围剿”和反复的“扫荡”之中生活，在日伪军的追杀和无休止的“躲兵”“跑兵”的残酷恶劣环境之

① 〔日〕船生退助：《无人区》，转引自中共河北省委党史资料征集编审委员会，《侵华日军暴行录——河北惨案史料选编（二）》（内部发行），1985 年版，第 361 页。

下周旋。为了生存,他们不得不逃进深山老林,过着非人的悲惨生活。

在“无人区”中生活的民众,首先失去了生存的基本条件。由于在“集家并村”时,日伪军把居民的房屋全部拆烧,“无人区”里的村庄和房屋已经变成了一片废墟。开始时,部分民众还能在原来断壁残垣的旧房框子里一面坡地搭上树枝、玉米秸、高粱秸等居住。但是,由于日军反复烧杀,就连这样的树枝“房”、秫秸“房”也被焚烧。原来的“房子”没有了,人们只能再换个地方搭“房”,结果又被烧毁。再后来,日军三天一“围剿”,五天一“扫荡”,有的时候甚至每天都进行追杀、“围剿”和烧杀抢掠,人们已经无法再盖“房”了,只能躲进深山老林,住在天然的山洞或自挖的洞穴内。没有洞穴可住的,只有住在山崖根、石坎下或树林之中。被子也被日伪军焚烧或抢走,即使有的还剩下一床破被,在“跑兵”“躲兵”时也无法携带。所以,“无人区”里的民众普遍没有被子盖。到了夜间,人们只能弄些树叶或乱草堆放在一起,钻进树叶、乱草堆里取暖。夏天还好说,一到冬季,特别是塞外的冬天,气温都在零下二三十摄氏度,天气异常寒冷。人被冻得上牙打下牙,直打牙巴骨。有的人冻得实在忍受不住了,就不顾危险,偶尔点起火来烤一烤,但又必须迅速熄灭。不然的话,就会暴露目标,被日伪军发现后,引来杀身之祸。就这样,“无人区”的人们被日伪军这样烧来烧去、追杀来追杀去,根本就居无定所、无房可住了。如塌山村的王德贵家,全家共有5口人,父亲、母亲、姐姐,13岁的王德贵和6岁的妹妹。在日军的反复追杀下,全家根本就没有安身之处。没办法,只好在一处偏僻而又狭窄的小河沟上搭上两根圆木,在圆木上面再铺上一些树枝或秫秸,然后撒上土,全家5口人就在下面勉强居住。他们不敢仰头睡觉,因为上面随时会掉下碎石或土块儿。他们睡的地面附近还有水坑,十分潮湿,一不小心就会掉进水里。由于经常住在这样潮湿的环境中,王德贵的大腿都变形了,落下了毛病,一直干不了重活。为了及时逃避日伪军的追杀,全家5口人由父亲做了明确分工:母亲负责背小妹妹,父亲背着做饭的小铁锅和粮食,姐姐用小筐挎着2个破碗,王德贵负责背着全家仅有的一条破烂不堪的小被子(其实长宽也只有二三尺)。一有敌情,全家人就按照分工,带上东西立即逃走。因为妹妹太小,看到凶恶的日本兵会害怕得哭叫,成了全家的累赘。因此,父亲几次让母亲把她掐死,可母亲宁可自己受累,始终不忍心这样做。

其次就是没有粮食吃。由于日军惨无人道的“三光”政策,很多“无人区”里的老百姓根本就没有粮食可吃,只有靠吃野菜、野果、草根生存。如王厂沟的李桂珍一家5口人,长年吃野菜、草根,吃得全家人全身浮肿,嘴里直吐青水汤。春、夏、秋三季还能有野菜、草根、树叶吃,到了冬季,天寒地冻,数九寒天,这些东西都没有了,人们只有采摘树上剩下的野果。这些有限的野果,根本就无法满足“无人区”里这么多人的生活所需,大家只好吃枯树叶、草籽、枕头糠等,有的人实在饿得没有办法,甚至吞服破棉絮来充饥。

“无人区”里有大片的土地,人们为了生存,只好冒着生命危险,利用日伪军“扫荡”的间隙，偷偷地耕种，但又随时有被日军发现而惨遭杀害的危险。如塌山北场村的吴振生、王友增、赵玉龙等8户人家不进"人圈"，躲居在李麻子沟的一个山洞里。1943年7月15日(农历)，吴振生以为这天日军不会来烧杀，就出洞到地里偷偷地劳作。因为他穿着白羊皮衩裤，目标明显，日军和讨伐队发现后向他连开了3枪。吴振生一时无处躲藏，就慌不择路地逃回了山洞。日军和讨伐队跟踪而至，发现山洞里藏着吴振生等8家老小共18人，随即把这18人全部带至塌山北场的西南山。第二天早晨，日军又把这18人全部枪杀。像这样因偷偷耕种土地而被日军枪杀的例子，举不胜举。

耕种庄稼需要农具。刚刚"集家并村"时，尽管人们已把一部分农具埋藏、转移起来，但大多数农具都被日军焚烧、毁坏，所剩无几了。人们只有用这些剩下和毁坏的残破农具进行耕作。有的连这些都没有，只能与"猫山"的人们一起轮流使用。但是，即使侥幸种上了庄稼，还未等成熟，日伪军又会组织人员到耕地里捣毁青苗，把长出的庄稼踩踏、压倒，或者予以砍伐，使"无人区"里的人们根本收获不到粮食。

1943年8月27日，伪热河省警务厅在日本关东军西南防卫司令官安藤忠一郎及承德日本宪兵本部特高课长木村光明的策划部署下，纠集承德上谷宪兵分队，宽城孤山子于友三讨伐队，龙须门朱盛林讨伐队，孟子岭、喜峰口日本守备队，兴隆日本宪兵队等，对宽城王厂沟实施了拔根断源式的8天"割青"、"扫荡"和大屠杀。是日天刚放亮，日伪军就向王厂沟扑来，杨树沟、石头沟、料坡沟、南沟4条沟，也都漫山遍野地布满了日伪军。敌人用刺刀逼着从孟子岭、南天门、九虎岭、三异井等十几个"人圈"里抓来的3 000多名群众，对没有成熟的庄稼强行"割青"、损毁。这些被抓来的群众舍不得割毁还没有成熟的庄稼，日伪军就拳打脚踢，强行逼着他们下手。日伪军头目还命令士兵到地里乱踩乱踹，放出军犬，到地里乱跑乱窜、满地打滚，把军马赶到地里恶吃乱踩。就这样人割畜毁，即将成熟的庄稼眼睁睁地被一群豺狼糟蹋掉了。"据参加那次割青大屠杀的讨伐大队长于友三(新中国成立后被镇压)供认：'割青8天，方圆10华里近10 000亩庄稼被毁。我队重点负责割青，我亲自命令，杀害了反割青的刘殿术等5人，还抢耕牛86头、驴25头。"①

生活在"无人区"里，环境如此恶劣，人们哪有不生病之理？尽管像"人圈"里的传染病在"无人区"里还较少出现，但是，由于人们在无粮、无房、无衣和常年"跑兵""躲兵"的恶劣环境下生活，各种各样的疾病经常发生。一旦发生疾病，到哪里去找医生？又到哪里去找药品呢？在"无人区"里，人们一旦患病，只能是听天由命。大人还好一点，那些老人、孩子一旦患病，就只有死路一条了。因为缺衣挨饿，再加上疾病，在"无人区"里死去的人根本

① 中共宽城满族自治县委办公室、中共宽城满族自治县委党史研究室等编：《宽城历次大惨案》(内部发行)，2007年版，第43～44页。

就无法统计。还有那些哺乳的妇女，因为长期吃不到粮食、蔬菜，再加上冻饿、疾病，普遍都没有奶水。孩子吃不到东西，常常冻饿得哭闹。日伪军听到孩子的哭声，很快就会循声而至，往往都会发生屠杀事件。尤其是在“猫山”时，多数都是几家、十几家甚至几十家住在一个山洞里或不易发现的地方。因为人多、孩子也多，很容易暴露目标。为了不暴露目标，不少母亲只好忍着剧痛，把自己的孩子用乳头、胸部捂死，稍大一点儿的用手掐死或摔死。仅仅在王厂沟一个村，被母亲用奶头、胸部捂死的就达 34 人，在其他地方，这种情况也非常普遍。

穿衣更难。日军在“无人区”里见人就杀，见“房子”就烧，这样频繁地烧杀抢掠，凡是能烧的东西都烧光了。“无人区”里除了自然生物和冒着被杀危险的“猫山”群众、抗日军民外，其他什么也没有了。那些小商小贩更不可能冒着生命危险到“无人区”来售卖物品。所以，在“无人区”里生活，人们很难穿上衣服。有衣穿的也是破衣烂衫，缝了又缝，补了又补。没有衣穿的，只好用兽皮、树叶、树皮等遮身。小孩子普遍都不穿衣服，就连绝大多数十几岁的少男少女也光着身子，赤着脚，能穿上个肚兜就不错了。

由于长年生活在“无人区”中，很多男人根本就不理发，到日军投降时，都已经须发飘飘了。还因为“无人区”里的人们根本就吃不到盐，很多人的头发已经变白，成了白毛女、白毛男。

总之，在“无人区”中生活，日军烧杀抢掠、实行“三光”政策，人们既要“跑兵”“躲兵”，躲避日伪军的追杀，又无吃无穿、无医无药，长年生活在山洞内、窑洞里、石崖下、堤坝边，整日提心吊胆地过着非人的悲惨生活。

四

宽城“人圈”的惨案和刑罚

侵华日军在宽城“集家并村”、制造“无人区”，把民众强行赶进了117个“人圈”以后，就利用各种形式在“人圈”内进行“大检举”，大肆杀戮民众；对不进“人圈”的民众，则实行烧光、杀光、抢光的“三光”政策，疯狂地进行“围剿”和屠杀，在“人圈”内外制造了很多起惨案。同时，日军在“集家并村”、制造“无人区”期间，还对人民群众施行了各种灭绝人性、十分残酷的刑罚，有的甚至闻所未闻，令人发指。本章所列举的，只是日军在宽城“集家并村”期间所制造的一部分惨案和施行的一部分刑罚。

（一）日军在宽城“集家并村”期间制造的部分惨案

1. 日军在1941年制造的几起惨案

大屯惨案

河北省宽城县碾子峪乡大屯村，坐落在燕山深处、长城脚下的长河北岸，位于县城南部76华里，东距青(龙)宽(城)公路20华里，西离宽(城)迁(西)公路10华里。村前有京建公路(北京到建昌)通过，交通十分便利。南邻董家口，西靠铁门关、喜峰口，是长城内外交通要塞。抗战时期，大屯村原属迁青平第五区。1933年日本侵略者占领后，对这一地区的武力镇压愈演愈烈。这是因为，日益发展壮大的八路军开始进入这一地区，群众抗日活动非常活跃。日军为实施武力镇压计划，加强所谓“治安肃正”，在这一带修筑了许多据点，警察署、所林立。大屯村，东有三道关警察分驻所、孤山子警察分驻所、大地警察署；南有董家口警察分驻所；西有白台子警察分驻所、宽甸子警察分驻所、喜峰口国境警察署。特务、警察、宪兵、日本鬼子随时出没,“清剿”“扫荡”,抓人抢物,搜捕地下工作人员,围追堵截八路军、游击队,“集家并村”,修“人圈”,制造“无人区”,百里“无人烟”,烧杀抢掠,无恶不作,劳苦大众处于水深火热之中。

一

有压迫就有反抗,不堪忍受日寇铁蹄蹂躏、汉奸特务淫威恫吓的大屯人民,怒火中烧,奋起反抗了。

大屯民众在中共地下党组织的领导下,同敌人展开了英勇斗争。1939 年,坚持敌后抗日斗争的冀东军区李运昌部派人来到大屯。从此,大屯人民便同八路军并肩战斗,破交通、割电线、劫敌车、侦察敌情、传递情报、袭击敌人据点……积极投身于抗日救国斗争中,给敌人以严重威胁。同年,大屯村在冀东抗日游击队队长周治国的帮助下,组建了以田保林、田成福、吴景荣为首的“反满抗日救国会”。翌年,大屯村成立了中共党支部。

1941 年正月初三,在大屯人民的配合下,周治国率领游击队一举拿掉了三道关据点,击毙日军 3 人,俘虏伪军 30 多人,缴获大枪 20 余支、机枪 1 挺。

游击队拔掉三道关据点,给了日本侵略者有力的回击,震慑了忠实于日寇、甘心充当走狗的汉奸、特务。从此,英勇的大屯人民像一把锋利的钢刀插入敌人心脏。然而,敌人也把大屯看成极为“不良地区”,时刻伺机报复。

二

三道关警察分驻所被八路军游击队拔掉的消息传到青龙县警务科长、日本人铃木耳朵里时,他立时气了个半死。随即,铃木打电话通知喜峰口“国境”警察署,把日本署长松岛臭骂了一顿,并命令他立即带队出发“扫荡”。松岛遂派便衣特务彭守玉、沈恩福、李国顺等 4 人到大屯去刺探情况。

1941 年农历正月十五日,沈恩福、彭守玉、李国顺等 4 名特务身穿长袍大褂,头戴毡帽,化装成八路军地下工作人员,悄悄地窜入了大屯。沈恩福等人在庄头碰上一个叫田贵的拾粪老头,就问他:“周治国来过没有?”田贵说:“没有!”随后他们就进了村,在庄里遇到一个小孩儿,沈恩福就说:“你们庄来八路军了吗?”小孩害怕,回答说:“来八路军吃饭着。”后又遇到牌长刘文山,刘文山又领着他们到刘廷付(中共地下党员)家。特务假惺惺地向刘廷付说:“我们是周治国队的,丢在这里两袋子弹。”刘廷付说:“周治国根本就没到这里来过。”特务就说刘廷付不说实话,将刘廷付毒打一顿,又把刘廷付带到地主才海峰家。用井绳把刘廷付绑到才家的梯子上,严刑拷打,灌凉水、煤油,折腾得死去活来。后来有人把宽甸子警察分驻所的警士田广树(当时有病,请病假在家休养)找来。田广树认识这几个特务,于是就上前为刘廷付求情,在场的几个牌长也都纷纷上前为刘廷付求情说好话。彭守玉、沈恩福等特务见身份暴露,也就顺坎儿下驴,住了手。

为了不把事情闹大，免得全村人受连累，几个牌长把沈恩福、彭守玉等4名特务请到才海峰的屋里，上炕点上大烟灯，抽大烟(鸦片)。几个特务抽足大烟，又被请到伪甲长地主才国田家吃了个酒足饭饱。

下午，4名特务待够了。临走时，为了让几个特务能说好话，答应给他们150元伪币(田广树和几个甲牌长早已识破了他们一是刺探军情、二是勒索民财的来意)，但是因手里没有现成钱，当时交不出，经商定正月十六日下午把钱送到喜峰口警察署，交到他们手里。就这样，临走时还把副甲长翁桂臣(贫苦农民)带走作人质，去向他们的主子日寇铃木交账去了。

然而，这4名特务回到董家口警察分驻所，除了把副甲长翁桂臣交给铃木外，还向铃木汇报说："大屯有八路，问小孩子说有，问大人说没有，大屯无论男女老幼都通八路，给八路办事，家家户户都管八路饭。"铃木听完汇报后，就把翁桂臣带回青龙去了。

三

正月十六，铃木来到了董家口鬼子据点，随即给喜峰口伪满警察署署长松岛打电话，让他带人迅速赶到了董家口。紧接着，伪青龙县警务科送来两汽车日本宪兵和警察。铃木又从喜峰口据点调来伪满洲国军一个连、警察20多人，还有不少日本宪兵。同时，孤山子、大地、牛心山、董家口以及姜大祥讨伐队等300多日伪军纷纷赶来董家口集结。一场骇人听闻的血腥大屠杀就要开始了，白色恐怖笼罩着大屯。

朴实善良的大屯人民哪能想象到敌人就要向他们开刀啊！天黑以后，家家户户关门闭户，人们陆续进入梦乡，全村一片宁静。这时候，田成福家却还亮着灯，原来是抗日地下工作人员张永宝、张万明等同大屯党支部成员田成福、吴景荣、田保林、李金才等人正在开会，研究工作，部署任务，准备迎接新的战斗。也就在这个时候，铃木指挥集结在董家口据点里的300多名日伪军从四面八方鬼鬼祟祟地向大屯逼进，大屯被敌人包围了。敌人指挥所就设在大屯庄前长河南岸的山头下边，警务科长铃木亲自坐镇指挥，两门小炮就架在指挥所旁边的山头上，炮口对准了大屯。夜间11点多钟，3声炮响，顿时枪声四起，响成一片，机枪、步枪一齐向大屯开火，村子里立刻浓烟滚滚，火光冲天。夜风卷着大火，火乘风势，从东西两头向村中扑来，村里顷刻大乱。人们的哭喊声、牲畜的嘶叫声、房倒屋塌声混在一起，响成一片，乱作一团。

敌人进村以后，荷枪实弹，挨家逐户地搜查屠杀手无寸铁的人们，碰到没有着火的房屋倒上汽油就点，遇人就杀，大屯成了一片火海，成了一片血腥的世界。

富有革命传统的大屯人民，并没有被敌人的屠刀吓倒。愤怒的人们随手抓起一件什么东西，扑向敌人，同敌人展开拼死格斗。他们有的抄起菜刀，有的举起斧头，有的拿起镐把，还有的抓起铁锹……

几个穷凶极恶的鬼子端着刺刀闯进了田庆兴的院子里，17 岁的田三友面对敌人明晃晃的刺刀，怒火中烧，立刻抄起一把镐头冲出屋外，并对全家人说："咱们豁出去了，跟狗日的拼！"于是，全家老小跟敌人厮打成一团，有的咬住敌人的手指，有的掐住敌人的脖子，有的抱住敌人的双腿。但是，终因寡不敌众，全家 9 口人全部壮烈牺牲。

陈永海一家 15 口人，被敌人杀害了 8 口，面对杀人的魔鬼，陈永海仇恨满腔，直奔鬼子扑去，和敌人扭打在一起。不料，从后面上来一个鬼子，举起刺刀向陈永海的后背猛刺下去，陈永海昏倒在血泊里。至今他的身上还留下两块仇恨的伤疤。

当敌人的血腥屠杀开始后，刘风兰的母亲抱着刚满周岁的刘风兰冲出村子跑到长河岸边，被敌人的子弹击中头部，含恨死去。刘风兰被甩出去很远。第二天早晨，当乡亲们发现她时，她那幼小的身躯把那长河的冰雪融化了一个大窟窿。见她还有一口气，乡亲们就把她抱回家，放在炕头上，蒙上被子，小风兰慢慢苏醒得救了，成为大屯的一名幸存者。

13 岁的侯永会被敌人从背后一刀刺中，趴在地上，他父亲一见急得直喊，鬼子却一刀接着一刀，一连捅了 7 刀，直到侯永会叫不出声来。随后，鬼子又回身一刺刀刺中他父亲的咽喉，他父亲倒下了，再也没有爬起来。敌人扬长而去。然而，身负重伤的侯永会却幸存下来，至今背上仍留有 7 处伤痕。

刘凤鸣家被敌人屠杀了 4 口人，刘凤鸣的叔叔刘老窝(乳名)同他哥哥冲出村庄，来到长河套里，被一颗子弹击中，刘老窝随手捡起一块石头，并说："狗日的，打吧！不痛，枪子冰凉的！"又一颗子弹射来，夺去了他那年轻的生命。哥哥扑过去要背弟弟一起跑，见弟弟已经停止了呼吸，才不得不擦一把眼泪，离开弟弟逃出了虎口。

当敌人来到陈阳家时，陈阳家的几间瓦房尚未烧着，敌人爬上房，倒上汽油正准备点火，陈阳几步扑过去，拽住敌人的双腿，从房上拽下来，扭打在一起。

当敌人进村后，住在村东头的秦永厚一家 7 口人，来不及跑就躲进了地窖里，敌人发现后，把柴禾点着扔进地窖，全家人都被活活烧死了。

王贵的妻子身怀有孕，被敌人抓住后挑腹惨死。七八个月的胎儿从娘肚子里被挑出来后还"哇哇"哭叫呢，也被敌人残杀了。

在宽甸子警察分驻所当伪警察的田广树，当时因病正在家休养。鬼子闯进他家，田广树的妻子对敌人说："我们家的也在外边干那个(即当警察)呢。"话没说完就被鬼子一刺刀捅死了。他父亲见敌人进来了，就急忙跑出屋，上了当院的棚子，打算跳出去逃命，也被敌人开枪打死，滚落到猪圈里。田广树什么也顾不得了，急急忙忙从屋里往外跑，刚一出门，敌人又"叭"的一枪打在他左脚根下，他扭身回屋，跑到后院，翻过后院墙跑了出去。从此，田广树再也不去给日本鬼子卖命了。

万恶的日本鬼子来到地主才海峰家，首先杀死了长工、伙计、奶妈子，仍不罢休，还是见人就捅,遇人就杀,一连杀死了才海峰家 18 口人,仅有 1 人侥幸未死。

在这生死存亡的紧要关头,共产党的地下工作者张永宝,毫不考虑个人安危,沉着地组织大屯群众突围。不屈不挠的大屯人民举起扁担、铁锹、棍棒……勇敢地向敌人冲杀。不幸,张永宝中弹牺牲。为了大屯人民,为了民族的解放事业,他献出了自己宝贵的生命。前面的倒下了,后面的跟上来。大屯党支部成员吴景荣、田成福等立即挺身而出,继续带领群众向敌人冲去。终于,从村西北角冲开一条血路,突出重围。

冲出村外的人们,眼睁睁地望着村里的滚滚浓烟,房倒屋塌。杀人成性的刽子手还在继续残杀无辜的亲人,耳听着亲人们一阵阵惨叫声、牲畜的哀鸣声,人们拳头攥得嘎巴嘎巴直响。

日伪军 300 多人在大屯杀人、放火、烧房、抢掠,整整折腾了 5 个多小时,于次日黎明 4 点多钟才滚蛋离开。

四

敌人走了,天渐渐亮了,跑出去的群众陆陆续续地赶回来了,庄里,除了伪甲长地主才国田一户的房屋完好无损(敌人进村后派人在才国田院子四周站岗保护)外,其余房屋几乎全部被敌人焚烧殆尽。残墙断壁到处都是,庄里庄外尸横遍野。其惨状目不忍睹,令人发指。

这次惨案,田庆兴、田庆堂、孙振东等 14 户 50 多口人全部被烧死杀绝。侯永清、王春、刘万成等 19 户被烧杀得每户只剩了 1 口人;刘凤兰一家老小 11 口,只剩下了爷爷、二叔、二婶、哥哥和她 5 口,父亲、母亲、奶奶、四叔等 6 位亲人惨遭敌人杀害;刘廷付一家 12 口人被敌人杀害了 6 口;田庆发一家 4 口人被敌人杀死 3 口,仅有 1 人幸免;刘振久全家 10 口被敌人用刺刀挑死 5 口。仅这 4 户 37 口人,就被敌人残杀了 20 口,占半数以上。

大屯,这个仅有 140 户 460 口人的村庄里,仅这一次日寇血腥屠杀,就死了 187 口人。其中,大屯 173 人,来大屯串亲访友留宿的、路过大屯而借宿的 9 人;地下工作者 2 人;地下党员 5 人。这些遇难的亲人,有上至七八十岁的老人,下至刚刚出生的婴儿,还有即将临产的孕妇和即将问世的胎儿。年迈的老人丧失了唯一的儿子,没过满月的婴儿失去了妈妈。多少人无家可归,多少人无依无靠!

满村尸骨满村恨,满街血水满街仇。幸存下来的大屯人民,目睹着化为灰烬、冒着浓烟、满目凄凉的村庄,整理着一具具亲人残缺不全的尸体,在附近各村群众帮助下,含着悲愤的泪水,怀着与敌人不共戴天的仇恨,掩埋了亲人的尸骨。

这次惨案给大屯人民造成了极其严重的灾难。烧毁房屋 535 间,其中瓦房 75 间、草房 460 间;烧死毛驴 10 头、猪 120 头、羊 350 只;损失粮食 30 万斤、猪肉 1 500 多斤;生产工具、生活用品等人们赖以生存的一切全都没有了。这是日寇推行“三光”政策的铁证。这次惨案致使大屯人民在以后的10余年中，也一直未能恢复原状。

五

屠杀和镇压都不能使英勇的大屯人民屈服，反而更激起了大屯人民抗击日本侵略者的坚强斗志。他们牢牢地记下了这笔血海深仇，继承父兄的遗志，踏着先烈的足迹，又投入了新的战斗。

大屯党支部在那极端困难的日子里，仍不辜负乡亲们的厚望，勇敢地站起来，挺直腰杆，组织领导全村人民，一方面重建家园，另一方面走家串户安抚群众，鼓励他们坚强起来，继续开展对敌斗争。

抗日救国会很快恢复了。妇救会在女共产党员吴志国、佟治国等的积极组织下成立了。

惨案刚刚发生后的第三天，田广林、田广云、才清镇、才清满等5名青年（占劫后余生全村青年的半数）光荣地参加了八路军，并从此驰骋在燕山深处，战斗在长城内外。

大屯人民在那极端艰苦的岁月里，紧密地团结在党支部和各抗日组织的周围，冲破重重阻挠，更加积极地投身到抗日救国斗争中去。他们站岗放哨、切断电线、挖沟破路、锄奸除特、跑交通、当向导、传情报、做军衣、护理伤病员、转运物资、反"集家"、拆"人圈"、打入"部落"瓦解敌人。

为了纪念死难烈士，学习前辈们的斗争精神，激励后人永志不忘民族恨，大屯人民于1966年12月在村中央的公路边上修建了一座"大屯惨案纪念碑"，还建立了大屯惨案展览室。每逢正月十六惨案纪念日，大屯人民都扶老携幼自动来到纪念碑前凭吊、悼念亲人的亡灵，献上朵朵鲜花，以表无限哀思和敬仰。在惨案碑前大家一致表示：继承先烈志，永远跟党走。

调查整理：李炳山　杜青怀

选自中共河北省委党史研究室编：《长城线上千里无人区》，第四卷，北京：中央编译出版社，2005年版，第136～141页。

暖河塘惨案

暖河塘是河北省宽城县西部一个小村，抗日战争初期仅有17户人家、90多口人。它坐落在滦河岸边，前有滦河，后靠大山，原属迁青平联合县七区，现属承德宽城县独石沟乡。

1933年日军占领宽城之后，八路军的一支游击队就经常在长城沿线一带活动，寻机打击日伪军。这就是何子桥独立大队。这支队伍约有200多人，队长是何子桥。

1941年4月26日(农历四月初一),何子桥部队接到情报,说是驻扎在兴隆县柳河川的日军约有80多人,押送5只货船,走滦河途经暖河塘,到迁西县的澈河桥(地名)去。部队决定在暖河塘上游3里的贾家安村截歼这股敌人。

当天晚上,部队到达伏击地点。第二天天一亮,部队就动员暖河塘村及附近的群众迅速转移到安全地方。民兵们主动要求留下协助部队作战。部队沿贾家安村北的山梁布置了三四华里长的埋伏线,做好了战斗准备。

时近中午,敌船果真从滦河上游开来了,待敌船全部进入伏击圈,机枪、步枪一齐开了火。日军被这突如其来的埋伏打蒙了,乱作一团,纷纷跳入水中。一阵慌乱之后,日军重新整顿好队伍,在猛烈的火力掩护下,向八路军阵地反扑。经过激烈的战斗,八路军未能阻止住敌人的进攻,为避免伤亡过重,部队主动撤出了战斗。

日军遭到八路军阻击后,恼羞成怒,便疯狂扑向暖河塘村,抓住了协助部队作战没来得及转移的胥景印、胥景堂、胥景孝、胥景文、胥景贵、胥景存、胥景全、胥俊起、胥俊海、胥殿安、胥殿中、胥殿赢、胥殿有、胥殿付、张振太、李永朝16名群众,把他们带到庄里一个空场上。日军强迫他们排成两行,又逼着胥俊海从河里挑来凉水,放在人群旁边,四周架起了机枪,被荷枪实弹的日军包围着。一切准备好后,上来两个日军,首先把胥景孝拉出来,吼叫道:“八路哪里去了?说!”胥景孝瞪了他一眼,扭过头去说:“不知道!”一个日军端着枪,朝他的后背猛刺过来。当时,胥景孝只有30多岁,身强力壮,他强忍着剧痛,转身抓住了日军的刺刀,同日军夺起枪来,双手被拉得鲜血淋淋。几个日军一起上来,连捅几刺刀,胥景孝呻吟着倒在了地上。

胥景孝被杀害后,日军继续追问八路军去向。人们眼看着自己的亲人被杀死,怒火满腔,以沉默回答敌人。一阵沉默之后,又大声喊道:“不知道!就是不知道!”日军恼羞成怒,端着沾过凉水的刺刀,饿狼般扑向人群。霎时,前排的七八名群众,随着一声声惨叫,一个个倒在血泊里。紧接着一阵枪响,后排的群众也倒下了。日军唯恐群众不死,又向倒在地上的人堆里一阵乱刺。然后,把附近的一堆柴禾搬来,堆放在人堆上放火焚尸。顿时,浓烟滚滚,火光冲天。

当时,胥俊海、胥殿有、胥殿付、李永朝4人并没有死,只是身负重伤,倒在死人堆里。他们忍受着伤痛,一声不响,打算等敌人走后再爬出来。敌人放火焚尸后,被烈火灼烤得难以忍受。他们瞅见靠河一边没有日军,浓烟向东边刮去,东边的日军也都躲开了。于是,他们从火堆里爬出来,胥俊海、胥殿有顺着烟雾向东边跑去,胥殿付、李永朝二人朝河边跑去。由于浓重的烟雾掩护,等到日军发现,他们已经跑出很远了,日军朝他们一阵猛烈地扫射,但并未打中。胥俊海和李永朝跳入水中,拼命游到对岸,脱离险境。

日军在屠杀群众之后,又对全村的禽畜进行捕捉残害。一时间,鸡飞猪叫,牛羊东奔西逃。临走前,又把全村的房子点着。鬼子一直闹腾到下午六七点钟,才拖上几具死尸,带着伤兵爬到船上,奔潵河桥方向而去。

次日天明,转移出去的群众陆续返回了村庄。庄里房屋大部分被烧毁,到处是残垣断壁、牲畜尸体。被烧毁的衣服、被褥的碎片处处可见;烧焦的粮食这里一堆,那里一摊;锅碗缸盆全被砸毁;禽畜、什物烧焦后发出的煳腥味儿,更使人难以忍受。在空场上,被鬼子杀死的群众尸体横躺竖卧,焦煳难辨,其状惨不忍睹。失去亲人的老人、妇女、孩子,扑倒在还冒着黑烟的尸堆里放声大哭,拼命地往外扒着尸体,辨认着自己的亲人。一个个哭哑了嗓子,哭肿了眼睛,哭干了眼泪。贾家安的群众闻讯赶来,帮忙把尸体抬出去掩埋了。抗日政府的七区区长程书堂也赶来慰问遇难群众的家属,号召大家团结起来,互相帮助,共渡难关,并表示:血债要用血来还,这仇一定要报!

跑出去的胥俊海等 4 名群众,虽然逃出了虎口,但由于伤势过重,流血过多,除胥殿付幸存下来之外,其他 3 人在三五天内也都相继死去了。

这样,一个仅有 17 户人家、90 多口人的小村庄,在这次日军的血腥屠杀中,一下子就失去了 15 口人,成了当时远近闻名的"寡妇庄"。

调查整理:李炳山　杜青怀

选自中共承德市委党史研究室编:《承德抗日斗争史料选》,北京:人民日报出版社,1997 年版,第 325～327 页。

艾峪口惨案

河北省宽城县的艾峪口,地处长城脚下,与关内董家口一水之隔,是共产党抗日人员出入关内关外、展开抗日工作的必经之地。

1941 年 6 月,日伪在这里制造了一起令人发指的惨案。

"七·七"事变后,在抗日政府的区干部赵祝华、赵明月、诸成万、陈国昌等亲自组织下,艾峪口村的党小组、报国会、武委会等抗日组织相继建立,群众的抗日活动十分活跃。所以,敌人对这一地区也倍加注意。

艾峪口村恶霸乡绅刘茂林,人称"刘四疯子"。他依仗其子在日伪青龙县警务科干事儿的权势,欺压百姓,无恶不作。尤其让人切齿的是,他充当了青龙、董家口、喜峰口一带日伪的密探,经常搜集抗日活动情报,人们对他恨之入骨。

1941 年 1 月 29 日(农历正月初三)夜,"刘四疯子"终于被我攻打三道关敌据点的抗日部队抓获镇压。因此,其子刘爽怀恨在心,伺机报复。

一天，报国会成员正在开会，研究破坏敌人的交通和支援前线等问题，被地痞叶德顺看见，于是他就鬼鬼祟祟地到处传播。

刘爽探知此情后，立即将叶德顺叫到家中，酒宴招待，问个究竟。叶德顺就将所知情况向刘爽报告了一番，刘爽如获至宝，立即报告了日本青龙宪兵分队。

一场灾难降临了。

1941年5月25日(农历五月三十)的深夜，满载5辆汽车150余人的荷枪实弹的日军和警察，包围了艾峪口、河西、东沟等5个自然村，会同艾峪口的敌人，如狼似虎地闯入各户，抓捕了诸成平、诸清林、刘成海、沈福棠、赵振明、赵振生、赵振香、赵振方、刘桐、刘永昌、关长青、刘明、刘广、吴增海、周玉泽、诸贺林、赵连举、吴庆林18人，当夜被五花大绑地关在艾峪口日本宪兵班后，于拂晓又被押往了青龙日本宪兵分队。

3天后，日本高级法官佐藤正一、青龙县警务科警防股长松崎、宪兵队头目于冢等，对被抓捕人员进行了刑讯。刑讯室周围架起了4挺机枪，室内皮鞭、木棒、烙铁、绞索、竹签等摆布遍地。日军20多人，对这些人员动用了压杠子、灌煤油、灌凉水、猪鬃插入生殖器、烙铁烙小腹、十指钉竹签等刑罚，将刘桐、刘明、赵振明、刘广、周玉泽、诸成平等折磨得死去活来。在3天的刑讯中，被捕的18名群众，个个被打得皮开肉绽，遍体鳞伤。其中刘明在遭受日伪压杠子、烙小腹、十指被钉上竹签等刑罚残酷折磨后，当场就死在了刑讯室内，其余人被判了死刑和无期徒刑。

7月24日(农历闰六月初一)下午4时，由青龙县警务科、日本青龙宪兵分队，满载着8辆汽车日军和警察，再次开到艾峪口西地警察分驻所。稍停了一会儿之后，日军和警察很快又向董家口开去，佯称到关里“扫荡”，以麻痹善良的人民。哪知，深夜10点，敌人突然又把艾峪口、西地、东沟几个村庄团团地围住，挨户搜查，再次进行了疯狂的大逮捕。这次大搜捕又抓走了刘振祥、刘贺祥、沈福和、沈福万、张立、刘永录、刘恩、赵成友、刘宽、吴永栋、周俊、秦桂等40余人。

通过这两次抓捕，艾峪口5个自然村的18岁至45岁的男人，除极个别人因在外未回侥幸躲过这两次抓捕以外，其余的无一幸免。

7月25日(农历闰六月初二)上午，敌人开始审讯。审讯室布置得阴森恐怖，杀气腾腾。刑讯开始后，刘贺祥、周俊等3人当场被杀。其余的人于7月30日被分别判处死刑和无期徒刑，押往了承德、沈阳、丹东、抚顺等地。

选自中共承德地委党史资料征集办公室编:《暴行与血泪》(内部发行)，1985年。

2. 日军在 1942 年制造的部分惨案

九虎岭惨案

1942 年 1 月 17 日早晨,驻喜峰口日本宪兵到九虎岭村抓捕了无辜村民刘文贵、刘文远、刘文学、关仁玉、赵相阁等 19 人。当场就杀害了其中 6 人,把赵润的下巴颏打碎;赵相阁被按在地上,挖去心和双眼;把刘凤贵带到大石磨沟,用 1 寸多粗 2 尺长的三角木桩给活活钉死,小孩刘双河被摔死。刘谦、刘文远等 5 人被带到孟子岭河套枪杀。刘春、关仁玉等 3 人死于酷刑。

1942 年 7 月 4 日,承德宪兵队本部特高课长木村光明(日本人)带领喜峰口宪兵分队和宽城警察大队,在九虎岭村抓捕抗日工作人员和无辜村民陈祥、杨宝万、张升、王印、孙广安、刘殿福、何凤国等 103 人 ,带到宽城警察署拘留所看押。随即送往承德法院,并对这 103 人实施了灌凉水、灌煤油、殴打等酷刑 。是年 9 月 5 日,锦州高等法院对这 103 名无辜村民进行了判决。其中 3 人被判为死刑,100 人被判为无期徒刑或有期徒刑后,分别被送往东北营口、辽阳、抚顺等地。

选自宽城抗战文化丛书编委会编:《宽城抗日斗争史》,北京:解放军出版社,2015 年版。

椅子圈惨案

椅子圈是抗日战争时期的革命根据地。1940 年,周治国在宽城建立游击队时,孙景华就帮助周治国游击队筹集了大量的枪支和弹药,还变卖家产为游击队购买枪支等。

1941 年春,由于叛徒告密,孙景华在峪耳崖壮烈牺牲。因为椅子圈是八路军和游击队经常活动的地区,又是孙景华烈士的老家。因此,日伪把椅子圈当作重点地区,经常到椅子圈进行“扫荡”和“检举”。

椅子圈的胡凤、耿廷余、耿殿如、于占宽 4 人是八路军的办事员,经常为八路军筹集物资,配合八路军和游击队开展抗日活动。因此,1942 年初,日军和刘琪讨伐队到椅子圈抓走了他们 4 人,把他们全部枪杀在了安达石。

1942 年 3 月 25 日,由于汉奸魏长秀告密,日军调集 140 余人,把椅子圈包围了起来。全村人不管男女老少,全部被日军集中到村庄里的一个开阔地上。日军在四周架起了机枪,进行“大检举”。日军叫谁的名字,就把谁抓走,当场抓走了孙广如、孙广瑞、赵永庆、孙广、胡顺、胡俊学、郑永年、孙广玉、孙广仲、胡振生、赵永清、赵永存等 13 人。日军把这 13 人捆绑起来后押送到青龙,经过非人折磨后,又分别转往承德、奉天(沈阳)监狱关押。最后，这些人在监狱里遭受了各种酷刑折磨后死去。

以上，日军共杀害了椅子圈民众17人。

口述：胡振清87岁　赵连民83岁　孙玉琴83岁

调查：张明云　袁瑞昀　尹桂生　张焕生

整理：张明云　袁瑞昀　调查时间：2014年11月27日

尖宝山惨案

宽城满族自治县塌山乡尖宝山村坐落在燕山深处，位于清河流域上游，这里峰峦叠嶂，松青柏翠，流水潺潺，景色宜人。1942年，日本侵略者占领后践踏了这风景如画的小山村。日军在尖宝山实行惨无人道的杀光、烧光、抢光的“三光”政策，烧杀抢掠，无恶不作，对这里的人民进行武力镇压和血腥屠杀，劳苦大众处于水深火热之中。

1942年4月，尖宝山村成立报国会，配合李运昌领导的八路军与敌人展开英勇顽强的斗争。他们站岗放哨、传送情报、送粮、做军衣、抢救伤员，群众抗日活动如火如荼。

日军对尖宝山的抗日军民恨之入骨，视为眼中钉、肉中刺，穷凶极恶地抢粮食、抢牲畜、烧房屋，更可恨的是日军实行灭绝人性的大“毁青”。日军调集张金祥讨伐队与驻承德县城、宽城县城的日军一共150多人到尖宝山、北场一带毁割庄稼，妄想从粮食问题上卡死八路军和老百姓。不进“人圈”的老百姓住进了潮湿的山洞里、躲进地窖里、藏进深山老峪里；没有饭吃就靠吃野菜、山果，喝山水度日。

1942年9月上旬，敌人搜山、“扫荡”更加猖狂，见人就杀、见东西就抢，见年轻的妇女就侮辱。

孟宪博的大奶张氏，70多岁，正躲在山洞里，被敌人发现后在洞口堆上柴禾点燃，把老太太活活熏死；吴殿生老人、孟昭田和他6岁的小女儿、孟昭一、顺喜子、李占芳、徐永林等被敌人抓住后用刺刀捅死；吴家一个小女儿才5岁，“猫”在山上，被鬼子发现后凶狠地把她踢下山崖，活生生地摔死；孟昭瑞全家5口人、孟广来全家4口人、孟昭顺全家3口人、孟广义全家5口人、孟昭中全家3口人全部被杀。更有甚者，孟昭强一家3口藏在小黄沟山洞里，被日军发现后用绳子绑起来，逼迫他们说出八路军下落。他们咬紧牙关，宁死不说。日军便把他们3人的胸膛豁开，摘下心肝扔在地上。徐永清全家7口人，被杀6人，仅剩一名6岁小女孩幸免。

这个小山村，在敌人连续几天的“扫荡”中，有38人死于日寇的屠刀下，其中有6户被杀绝。还抢走山羊502只、牛113头、驴46头、猪100多头。400多间房屋被烧为灰烬。

日本强盗的野蛮行径，给尖宝山人民带来了极大的伤害，留下了斑斑血泪。敌人走后，乡亲们含着悲愤的泪水掩埋了亲人的尸体。

口　述：孟宪博　孟宪荣　孟昭怀　周作宪　周作兴　周淑莲

调查整理：郭振龙　袁瑞昀　调查时间：2013 年 3 月 17 日

葫芦峪惨案

葫芦峪是抗日战争时期的革命根据地，日军经常到葫芦峪“扫荡”，屠杀民众。

1942 年夏，日军 30 余人到葫芦峪“扫荡”。村民刘新民、马永宽、耿廷瑞 3 人都被日军杀害。其中刘新民和马永宽被日军用刺刀豁开了胸膛，挖出了心肝。耿廷瑞被日军开枪打死。

1942 年冬，为了扫清“集家并村”的障碍，逼迫葫芦峪的群众进入“人圈”，刘琪讨伐队到葫芦峪进行“检举”，抓走了胡凤、耿殿如、于振宽、耿廷玉他爹 4 人，在安达石用机枪射杀。

1943 年初，日军逼迫葫芦峪村的群众“集家”到山家湾子、东川等“人圈”后，把葫芦峪划为了“无人区”，不允许老百姓再进入葫芦峪。因此，日军经常到葫芦峪进行烧杀抢掠，见人就杀，见房就烧。

1943 年的春天，葫芦峪下沟自然村的曹晓峰、耿殿文、耿廷立、耿廷满等 6 人回老家种地和寻找食物时，在沟外的东洼台子被日军枪杀。

1943 年 7 月，葫芦峪张文庆媳妇和她的老儿子，一起回葫芦峪的东沟山上拣杏核，被日军发现后用机枪射杀。

以上几起，日军共杀死民众 15 人。

口述：耿廷来 91 岁　于文海 87 岁

调查：张明云　袁瑞昀　尹桂生　张焕生

整理：张明云　调查时间：2014 年 11 月 27 日

杨树沟惨案

1942 年农历十月，杨树沟村开始“集家并村”。“集家并村”时，部分民众被逼进了杨树沟“人圈”。但是，有很多户不愿意进“人圈”。日军就把这些不愿意进“人圈”户的房子全部烧毁，被烧的房屋约二三百间。日军还把丁然等 20 多人抓走，其中丁然抓走前即被日军杀害，其他人被抓走后，都被残杀。

1943 年 9 月，日军在杨树沟“人圈”进行“大检举”。把张树、商景贵、郎玉春、刘永年、郎士昌、刘永存、陈文秀、刘永发等 20 多人“检举”抓捕。郎士昌从人群内被抓出时，就被日军用刺刀挑死。其他人被抓走后，张树被押到别处，一直没有音讯；商景贵、刘永存、刘永发等人都被杀死在宽城、承德等地。刘永发被抓走时就和一同被抓的人说:“这次我肯定是不可能回来了,因为叛徒赵军和我非常熟悉,就是别人可能回来,我也不可能回来。”到了宽城后,他就被日军一杠子打在头上而打死了。被抓的20多人中,只有陈文秀侥幸被放回。

以上两次,日军共杀死群众40余人。

口述:王杰93岁　刘中华82岁　刘国华86岁

调查:张明云　袁瑞昀　尹桂生　张焕生　袁桂金　刘彩霞　朱妍　方孝民

整理:张明云　调查时间:2015年1月6日

宽城惨案

1942年2月,冀东区党委召开“大破交”动员会后,迁青平联合县宽城境内各地下党组织及报国会遵照上级指示,组织万余名群众积极开展“大破交”活动。几夜之间,将喜峰口至平泉、宽城至青龙的400华里的几条主要公路干线两侧电线割断、电线杆砍倒,道路挖沟摧毁,使敌人的交通运输和通信联络一度中断,处于瘫痪状态。“大破交”活动,触怒了侵华日军,日军疯狂地对民众进行报复,进行“检举”和屠杀。

1942年10月15日,承德宪兵总部命令驻青龙、宽城、喜峰口宪兵分队联合平泉特高课、冷口日本宪兵派遣队、峪耳崖宪兵派遣队、铁门关宪兵派遣队及驻宽城境内讨伐队等对青龙至宽城、喜峰口至宽城公路两侧的地下抗日组织工作人员及当地居民实行拉网式的“检举”、屠杀。宽城日本宪兵分遣队长小野带领平泉、喜峰口等地日伪军到孟子岭、大小前坡峪、药王庙、骆驼厂、王家店、龙须门、安达石、下板城等地“检举”抓捕了150多人。由喜峰口宪兵分队长水川带领青龙、冷口、峪耳崖等日伪军到大转岭、长沟、熊虎斗、大地、山家湾子、北大岭等地抓捕抗日群众170多人。这次“检举”共抓捕了320多人,全部被押送到宽城警察署及西街张昭大院。这些被捕群众,经毒刑审讯后,审讯供词交给伪锦州高等法院驻承德分院,有88人被判死刑,由驻宽城中根守备队在宽城街南关东山根执行枪决,其余全部押送去承德监狱。

1942年11月3日,驻孤山子日军及于友三讨伐队到山家湾子、椅子圈、葫芦峪、篆字台等地“检举”抓捕王再甫、陆殿甲等79名群众,除半路逃走3人外,其余全部被押送至宽城,由伪承德法院授权就地在南关枪杀47人,其余29人被分别转送到鞍山、本溪、营口等地关押。

1942年11月15日,由投敌叛变分子原迁青平联合县六区民政助理赵军带领喜峰口日本宪兵队和宽城讨伐队到老亮子、骆驼厂、药王庙、龙须门等地抓捕村干部、地下党员杨云庆、杨云祥、杨云阁及群众等200多人，全部押送至宽城警察署。敌人按叛徒赵军早已提交的党组织及骨干人员名单一一进行过堂审讯，用尽各种酷刑，给在押人员一一定了“反满抗日”“破坏治安”等罪名后，于1943年1月17日，在宽城南关山根枪杀35人，其余全部送往承德关押。

以上3次大屠杀共杀害抗日人员及群众170人。

（在不影响原意的情况下，本文做了简化处理——编者注）

选自中共宽城满族自治县委办公室等编：《宽城历次大惨案》（内部发行），2007年版。

大石柱子“大检举”惨案

1942年农历腊月十一，特务班长关利文带着特务十几人，化装成八路军，悄悄地窜入大石柱子。上午10点钟左右，他们钻进地主王力豆腐房。关利文问王力长子王世明：“你们庄来过八路军没有？给八路军办过啥事？”王世明说：“我们庄没来过八路军，只是给八路军送过鞋、袜子和棉衣服。”又问：“你们甲长和牌长都是谁？”王世明一一报名，关利文都记下后，就去梨园村等其他八个甲（东梨园甲、双松汀甲、拉拉岭甲、张杖子甲、老岭湾甲、曹碾甲、石杖子甲等）。

1942年农历腊月二十一夜间，特务股长石荣洁、所长潘江和关利文带领日军50余人，天未亮就到了大石柱子，把整个村庄包围后，架起了机枪，然后按照王世明提供的名单，共抓走了王银、郭庆喜、郭昆、郭万增、郭连功、刘发、田余、饶洪如、王祥、王士福、刘银、曹万甲、王世昌13人。晚饭前，他们把这13人分别都绑上一只胳膊，联到一起，押送到汤道河警察署后，同其他村被抓来的人一同用汽车押送往青龙县公署。

这些人被抓到青龙后，被逐个地过堂：“你给八路军干过啥事？你是不是八路军？在八路军里是啥官？”不说就用皮鞭子沾凉水打得几人直翻滚，然后又吊起来打，直至打昏过去。等这些人醒来后，日伪军又逐个地灌凉水，用烧红的烙铁烙，头顶开水碗，走煎饼鏊子、过电、灌头发茬子掺火油、挟竹签子、压杠子、跪石子，等等。

这13人中只有刘银、曹万甲、王世昌过堂后被侥幸地放了，其余10人在狱中度过了1943年的春节。1943年农历正月初九，在青龙县公署，甲长王银被拉出来枪毙了。初十，其余9人被押送往承德西大街监狱，后又把他们押往了辽阳监狱。

这9人到了辽阳后，警察手拿3棱木刀，看谁不顺眼在后就是一刀，他们9人身上被砍得青一条紫一条的。他们每天都干着繁重的体力劳动，一天要干10多个小时，晚上还要“交待”问题。他们一天只吃两顿饭，每顿2两粮食，根本没有菜，饿得把棉花套子都吃了，还抓地上的虫子、墙上的苍蝇吃了。他们住在又湿又潮的小屋子里，稍有“不对”，警察就把他们单独地关在四面没有窗户，只能站着不能坐下的小屋里，用炭火烤、竹签子扎、皮鞭子打等。由于非人的折磨，几个月后，饶洪如、王世福、王祥、郭连功、刘发、郭庆喜、田余 7 人相继死去。他们有的还带着气息，就被拉出去喂狼狗了。郭昆身体虽好，但挺到 1944 年春天也死了，最后只剩下郭万增 1 人，侥幸地活着回来了。

（在不影响原意的情况下，本文做了简化处理——编者注）

调查整理：郭银

选自宽城满族自治县政协文史资料委员会：《宽城文史资料》（内部发行），第一辑，1991 年。

3. 日军在 1943 年制造的部分惨案

柏木塘惨案

柏木塘与抗日堡垒村——王厂沟只是一山之隔，在 8 年抗战中，饱受日军“三光”政策的残害。日军在这里制造了几起惨案，共杀害村民 241 人。

在抗战时期，柏木塘 13 个自然村分布在 3 条大沟里，共有 167 户，798 口人。该村 1942 年 2 月建党支部，支部书记是霍玉丰。支部建立后，团结带领村民进行艰苦卓绝的抗日斗争。他们积极组织转运物资、护理伤员、递送情报、站岗放哨、锄奸除特，战时抬担架、背伤员、藏军粮、运子弹、打鬼子，既是抗日的可靠后方，又是前线的桥头堡。敌人早已把这里视为“极不良”地区，总想连根拔掉，彻底切断所谓的“匪民”关系。

1942 年正月初十，敌人二次实施大“集家”，武力强迫柏木塘、大桑园、石柱子、王厂沟一带村民搬入孟子岭、蓝旗地、南天门等“人圈”。柏木塘绝大多数村民誓死不进“人圈”，坚持“猫山”斗争。驻孟子岭日伪军多次烧山讨伐，驱赶“猫山”群众下山进“人圈”，结果每次都是扫兴而归，根本不见“猫山”群众踪影。

当地特务刘井华，煞费苦心地把“猫山”群众住的山洞绘成图、编成号，连同户主名单、人员身份、政治面貌、“通匪”情况等印成册，交给主子，主子欣喜若狂，如获至宝，大加赞赏，立即将其升为特务分队长，陈玉恒、任杰等特务不甘人后，也千方百计地搜索村民情报，以求升个一官半职。

驻孟子岭日伪军得知我军民活动情况后，立即上报喜峰口宪兵分队所属宽城宪兵分遣队，分遣队根据承德宪兵队本部特高课长木村光明早已下达的“灭共镇压抗日军民要坚决彻底不留后患，拉网式检举刑讯致死人员，以战斗中射杀名义上报备案不予追究”的批示精神，于 1943 年 2 月至 5 月，纠集宽城警察讨伐队、孤山子讨伐队、伪满宪兵队和驻孟子岭日军守备队、日军讨伐队，对柏木塘、王厂沟、九虎岭等抗日非常活跃的地区进行了为期一百多天的疯狂大“扫荡”。

敌人搜山时，拿着图纸和人员名单，逐洞搜捕，走一洞用石头堵一洞，然后放火烧山。共产党员关元仲，下山给“猫山”群众取水，半路被敌人发现，抓到小桑园沟门，一连被捅了11刀，还被挖出了心肝。“猫山”村民尹富、尹作迁、尹作友被敌人抓住后，被刺刀一刀一刀割掉身上的皮肉致死。任克勇被敌人用大石头活活砸死，砸得脑浆迸裂。关元山被按在河里活活浸死。任克举的妻子下山弄食盐，半路被日本鬼子强奸后又挑死在大栗树沟。

1943年1月20日，日军在一天之内的“检举”和“围剿”中就抓了200多人，用10多辆汽车拉往宽城，其中有6人被处死，15人被释放，其余都送往辽阳、抚顺、锦州关押。送往外地的人员除3名侥幸逃回外，其余全部死在了东北各监狱。牢房里不但不给水喝，还强行灌他们马尿。共产党员关元明大骂鬼子，敌人用枪托把关元明下巴打碎，尹作瑞质问：“通八路有什么罪，你们随意杀害良民算什么罪?”敌人恼羞成怒，当场用铁棍把尹作瑞的双臂打折。这次“检举”“扫荡”共杀害村民241人，具体情况如下：

被害户主名单	被害户原有人口	被害人口数	被害户主名单	被害户原有人口	被害人口数
任克举	9	8	蔡振明	7	3
任克成	3	1	蔡振朝	7	1
任克顺	4	2	蔡长平	7	4
任守迁	4	2	蔡振英	3	1
任克桂	5	4	蔡振青	3	2
任克恩	11	3	蔡广申	3	2
任守勤	6	4	蔡振山	3	1
任守富	6	4	蔡　昆	6	1
任克喜	3	1	蔡广元	7	1
任万俊	4	3	蔡振华	6	1
任克起	5	2	蔡振勤	7	1
任守民	20	6	蔡广成	6	2
蔡振存	5	4	蔡振顺	5	4
蔡　云	3	3	刘成荣	7	6
张万忠	5	4	刘凤秀	5	2
张　桂	2	2	刘国明	4	3
张　信	3	2	董志勇	4	3
张　顺	4	1	刘国华	7	4

续表

被害户主名单	被害户原有人口	被害人口数	被害户主名单	被害户原有人口	被害人口数
蔡　庆	7	2	刘国义	7	3
蔡　友	3	2	刘凤勇	11	6
蔡广玉	4	1	董志春	4	2
蔡文学	6	3	董殿臣	4	1
董业春	4	2	商井臣	5	2
董殿生	5	1	商殿勤	7	1
董殿顺	4	2	商殿仓	8	2
董业荣	4	2	商殿友	5	2
董志会	8	1	商殿云	12	3
李永发	1	1	商殿佑	6	2
尹桂芳	5	8	商殿甲	2	1
尹作祥	6	4	张文华	4	2
尹作海	6	3	张玉田	3	1
尹桂亭	7	2	张玉良	6	1
尹　富	6	6	张春勇	4	1
尹桂树	7	3	张殿成	3	2
尹作喜	7	5	尹桂远	8	5
尹作堂	22	14	尹春秀	6	3
尹作宽	9	5	尹春瑞	5	3
商志来	7	4	尹春井	5	2
商殿君	3	3	李希珍	5	2
商殿富	4	2	李长安	1	1
商殿德	5	2	霍玉丰	8	3
商殿德	6	1	关元仲	8	6
商殿仲	6	2	关元胜	3	2
商殿功	3	2	关元明	4	1

全村共有798口人,这次被杀害了241口人,占全村总人口的30%,全村被杀绝的有6户,全家被杀剩1口的有17户。共产党员被杀15人,其中支委以上7人,包括两任支部书记。

(在不影响原意的情况下,本文进行了简化处理——编者注)

选自中共宽城满族自治县委办公室等编:《宽城历次大惨案》(内部发行),2007年。

冯杖子惨案

1942年初冬，驻龙须门日军守备队和朱盛林讨伐队到冯杖子“人圈”进行“检举”，抓走了曹文(武委会主任)、刘海(武装班长)、苏品生(八路军苏庆山的近亲属)、张志学(因抗日人员常去他家吃住并开展工作)、刘天左、刘福(八路军的办事员)6人。1943年春节前，驻龙须门日本宪兵队、警察分驻所人员到冯杖子“人圈”又一次进行“检举”，抓走了张桂兴(抗日人员张会民父亲)、张申、张桂林父子(因张桂林的内兄弟刘海、刘江为抗日人员)4人。这10人中，除刘天左是1945年日军投降后，被解救出狱侥幸存活的以外，其余9人全部惨死在了承德和鞍山等地。这9人中有4人是被日军枪杀的，其余5人受尽了日伪人员的严刑拷打后惨死在监狱中。据大块地“人圈”出狱的杨洪如(被日军从大块地“人圈”“检举”入狱)介绍说，日军几次把铁桶生上炭火，叫曹文等人背上，把他们后背上的肉都烧没了。有的人还没有断气，就被日军扔到了承德的水泉沟万人坑喂了狼狗。

口述：曹永82岁　苏雨89岁　苏庆春88岁

调查：张明云　袁瑞昀　尹桂生　陈国仁　张焕生　田晓峰

整理：张明云　调查时间：2013年4月22日　2014年9月14日

山家湾子惨案

1943年1月26日，日伪军到山家湾子“围剿”未进“人圈”的“猫山”民众，当场杀死了张秀川、邓桂福、王树毕、王树玉、王树和5人，又抓捕带走了10人，其中有5人侥幸被放回，其余5人下落不明。

1943年11月，日军峪耳崖宪兵分遣队到山家湾子“人圈”进行“检举”，一次就抓走了马铎、陆永秀、王再贺等33人。其中宁俊波、邓永方被抓到宽城的峪耳崖后，即被日军活活地打死，马余在峪耳崖被日军枪杀；马铎、陆永秀、王再贺3人死在了宽城；张文成、孙振元、孙振方、陆殿复、邓永来、王树军、王焕忠、胡振生、胡振海、胡振顺、赵永连、赵永成、苏广玉等都死在了鞍山监狱。

日伪军和讨伐队多次在山家湾子“人圈”和“无人区”对群众进行“检举”和“围剿”，制造了多起惨案。仅在上面的惨案中，就屠杀和残害致死38人，下落不明的有5人。

口述：邓永明92岁　赵翠芬84岁

调查：张明云　袁瑞昀　黄凤　尹桂生　张焕生　邓国庆

整理：张明云　调查时间：2014年4月11日

下坎子惨案

赵军原是共产党的地下工作人员，后来被日军抓捕入狱。在狱中，赵军经受不住日军的刑罚，叛变投敌。赵军叛变后，在各地指认共产党的地下工作人员和为八路军办事的人员，使大量的地下工作人员和为八路军办事的人员被抓捕和屠杀。

1942 年农历年底(公历 1943 年 1 月)，赵军带领日军到下坎子“人圈”进行“检举”，抓走了为八路军办事的杨占荣、唐保存、张明、杨占廷、张耀和、王普、乔凤文等 60 多人。这些人被抓捕后，全部押至鞍山监狱。后来，只有杨占荣、杨占廷 2 人生还，其余的都死在了鞍山监狱。

口述：杨占荣 95 岁　朱凤廷 91 岁

调查：张明云　黄凤　张焕生　刘俊学　梁中来

整理：张明云　袁瑞昀　调查时间：2014 年 4 月 14 日

石柱子惨案

日伪“集家并村”时，把石柱子村划为“无人区”。从此，日军经常到石柱子村烧杀抢掠。

1943 年初，石柱子村民陈连成的大儿子、1 个女儿、二儿媳妇、孙子 4 人，被日军用刺刀挑死在了葛条洼。陈连成的妹子当时虽然没有死，但身上被刺得到处都是伤口，侥幸地活了下来。之后不久，把他们一家 4 口杀死的日军小队长又来石柱子烧杀抢掠。陈连成看见后，乘其不备，一下子就把日军小队长摔倒了，并压在了身下。然后，呼叫他的二儿子赶紧用大石头把日军小队长砸死。还没等他二儿子反应过来，日军小队长就翻过身来，又把他们爷俩开枪打死。陈连成一家先后被杀死了 6 人，杀伤了 1 人。

1943 年春，李春友、李西堂 2 人，被“集家”到了下石梯子“人圈”，在回石柱子老家的横条洼种地时，被日军发现后开枪打死，其中李西堂只有 18 岁。

1943 年夏，孟子岭日军守备队到石柱子村“扫荡”，杀死了陈凤钢的大儿子、陈凤琴的二儿子和媳妇。陈林秀在张苏子沟干活时，被日军用刺刀挑死，陈祥也被日军打死。孙贵被日军带走后，杀死在了杨树湾。这次共杀死了村民 6 人。

1943 年 10 月，陈连昆、陈连春、陈连英、何殿国、何殿举、何殿宽、马乔云的哥哥、陈连久、陈连洼、马春成的大伯、杨永富、杨永宽、郭英军等 19 人被日军“检举”抓走后，用汽车拉往宽城。只有陈连久在汽车行驶到九虎岭梁上时，乘汽车上坡速度减慢、押车的日军不注意时，跳下汽车逃跑了。其他人被抓走后，分别在宽城、承德、东北等地杀害。

1943年10月下旬,李长群他爹和陈连胜2人,被打死在杨木沟。

何玉昆给八路军办事,经常组织群众为八路军做鞋袜,安排筹集公粮等。一次,何玉昆等4人正在何庆礼家开会时,被日军和讨伐队发现后,全部枪杀。

地下党员关元贵、陈凤林、关元军、杨永富、何春喜的大伯、孙贵等7人在小东沟开会时,被"扫荡"的日军发现后,也全部枪杀。

以上几次,日军共杀死了46人,杀伤1人。

口述:陈凤礼92岁　何玉忠85岁　马玉山89岁　马玉柱85岁

调查:张明云　尹桂生　陈国仁　张焕生　李艳

整理:张明云　调查时间:2015年6月4日

马尾沟惨案

1943年农历正月十六,日伪纠集小马坪、铧尖、二道门子、大地几处的日伪军,到宽城县马尾沟"围剿""猫山"的群众,将村民侯庆武、张满、剧英海等5人抓获后,带到现在的马尾沟村部旁边的一个萝卜窖旁,用刺刀把5人刺杀后,又逐一地推进了萝卜窖内。日伪军怕5人不死,又把柴禾点燃,扔进了萝卜窖里,盖上窖门,一直到日军认为几人确已死亡后才离开。

1943年春,日军到马尾沟"扫荡"时,把马尾沟村潘家台子自然村的石振华一家5口,堵在了西山的山洞里。然后,日军将山洞洞口堆满柴禾,放火熏烧山洞,将石振华一家5口活活地熏死在了洞中。

1943年农历七月十五,驻宽城铧尖的日军到马尾沟"围剿""猫山"群众,将村民王明和王文举开枪打死。

1943年秋冬之际,日伪军到关石"人圈"进行"大检举",抓走了从马尾沟搬进"人圈"的叶荣、叶春生、王兆、刘丰存、郭民、李福生等21人,全部在承德杀害。

1943年冬,马尾沟为八路军办事的办事员金玉丰叛变投敌。第二天,金玉丰就带领日军抓走了刘宗文、郭民2人,把2人残害致死。

以上几次,日军共残杀马尾沟民众35人。

口述:潘胜华90岁　叶振龙87岁　叶振凤85岁　叶振玉82岁

调查:张明云　何继涛　袁瑞昫　尹桂生　陈国仁　张焕生

整理:张明云　何继涛　调查时间:2014年11月11日　2015年3月25日

西川惨案

日本宪兵队峪耳崖派遣队经常纠集驻孤山子于友三讨伐队到西川"人圈"进行"检

举”。1943 年春天，峪耳崖日本派遣队和于友三讨伐队到西川“人圈”进行“检举”，抓走了袁瑞春、袁景贺、袁麻子、袁景春等 6 人，当日就押到了宽城，在宽城被折磨而死。在当日的“检举”中，峪耳崖日本派遣队和于友三讨伐队还把另一村民刘庆宽烧死在了他家的房子里。

口述：刘庆臣 88 岁　刘景贵 92 岁

调查：张明云　袁瑞昀　黄凤　尹桂生　张焕生　刘桂莲　纪国

整理：张明云　袁瑞昀　调查时间：2014 年 4 月 10 日

岔沟惨案

1943 年 4 月，日军及讨伐队到板城岔沟“人圈”进行“大检举”，抓走了李振阁、张振秀的三哥等 18 人，这些人全部被日军杀害在宽城、承德等地。

1943 年 11 月上旬，年仅 10 岁的张三儿，在南沟门的山中找水果等吃的东西，日军发现后，向张三儿连刺了几刀，把张三儿刺死。同一天，刘老殿在南沟门梁上割柴时，也被日军开枪打死。

以上 2 次，日军共杀害了普通民众 20 人。

口述：张世敬 84 岁　李春普 87 岁　张振山 90 岁

调查：张明云　袁瑞昀　尹桂生　张焕生　杨树胤　苏玉红

整理：张明云　袁瑞昀　调查时间：2014 年 5 月 8 日

下孟子岭惨案

日军“集家并村”制造“无人区”期间，在孟子岭驻扎着日军守备队 30 多人，队长是小久经。小久经经常纠集喜峰口宪兵队、宽城于友三讨伐队等，在孟子岭附近的“人圈”进行各种名目的“检举”，到王厂沟、柏木塘、石柱子等“无人区”进行“扫荡”，屠杀无辜群众，无恶不作。

1943 年 4 月，日军在孟子岭“人圈”进行“检举”，把高焕文、刘天德、于庆春等 7 人抓走后在宽城和承德等地残害致死。

1943 年 5 月，孟子岭“人圈”的任克举被叛徒告密，他与儿子及父亲 3 人都被日军抓捕带走。当日军把他们带到孟子岭的小南沟门后，就用机枪将祖孙 3 人同时枪杀。

1943 年冬，迁青平联合县第七区的工作人员张维政，在宽城瀑河口开展工作时，被日军包围。在突围中，张维政不慎将装有秘密文件、全区部分党组织及办事人员花名册的文件包丢失，落入了日军的手中。于是，驻孟子岭、喜峰口的日军及宽城于友三讨伐队等，在孟子岭及附近“人圈”进行了“大检举”，共在孟子岭、上石梯子、下石梯子、南杖子等“人圈”抓捕了柏木塘、王厂沟、南杖子等村的村民 90 多人，仅搬入孟子岭“人圈”的王厂沟村的村民就被抓捕了20多名。这些人同孟子岭"人圈"所抓之人一起被押往了宽城、承德等地，其中有40多人被杀于承德水泉沟万人坑，其余判刑。在被判刑人员中，除极个别人员侥幸生还外，其余的人都惨死在了日伪的监狱之中。

口述：吴守业 92 岁　吴守义 87 岁　庞凤桐 80 岁　刘素霞 90 岁　李希凡 89 岁
李西安 84 岁

调查：张明云　袁瑞昀　尹桂生　张焕生　孙玉宽　张福荣　冯素梅

整理：张明云　调查时间：2014 年 6 月 6 日　2014 年 10 月 21 日

塌山惨案

塌山是革命老区之一。早在1934年前后，抗日民族英雄孙永勤的救国军就经常在这里活动。1940年春，冀东军分区司令员李运昌来到塌山，组织和领导这里的抗日斗争。日军在长城沿线"集家并村"、制造千里"无人区"后，把塌山划为"无住禁作地带"，对塌山地区实行烧光、杀光、抢光的"三光"政策，见人就杀，见房就烧。

但是，富有革命斗争精神的塌山人民不畏强暴，不甘心当亡国奴，在共产党的领导下，坚持"猫山"斗争。因此，日军把这一地区视为眼中钉、肉中刺，对塌山人民进行了多次的"围剿"和屠杀。

1943年4月18日，驻承德县八家日军100多人，一路沿塌山村到老郝家下于家的前山"扫荡"。当时，崔杖子杨永和家5口人还在老房窝铺里藏着，被日军抓住后当场杀死。三岔口自然村20人在西山白沙梁土窖里躲藏，百姓发现搜山的日军后，吓得顺着山梁朝山上逃跑。结果，张振荣一家和张振祥的母亲等11人被日军杀死；张振富左胸被日军刺了2刀，昏死过去；关振银妻子的肠子被日军用刺刀挑出来后，她倒在了血泊里。日军走后，关振银的妻子用手将肠子塞回肚内，用破布裹上，侥幸存活。随后，日军又翻过山梁到西沟老郝家、于家前山搜山。那天，下了点小雨，许多百姓在洒漏洼西筒子藏着。日军先把王德勇的父亲一刺刀挑死。王德勇才七八岁，躲在他爸的大衣下，顺山坡滚下，才侥幸存活。李桂兰脖子中了一枪，子弹从左边耳台子穿出来；于永宽的妻子和他三女儿被打伤。于永宽的大女儿(小名叫马跟子)被日军枪杀。于永宽的二女儿(小名叫秀子)和王太真的妻子被子弹打伤。于永宽的四女儿，子弹从后背打进去，肠子都被炸了出来。4月18日这一日，日军杀死了21人，杀伤6人。

1943年5月，塌山小东山、河东自然村许多进"人圈"的百姓因没有吃的、烧的，回老家找点粮食、挖点野菜、摘些桑葚、拾些柴禾，借以维持生计。结果碰到了搜山的日军，日军把这些人围到李国英家门前的一块空地上，除张福玲1人倒在死人堆里幸存外，王占年大女儿、张福田二姐、刘德兴夫妇及儿子（小名二傻子）、刘德明女儿（小名大傻子）、张凤宽夫妇共 8 人全部被日军用刺刀刺死。同一天，河东李国堂病死于“人圈”，李文勇、张近荣、张近生等 4 人在河沟南埋葬李国堂时，也被日军抓住，4 人均被日军用刺刀刺死。另一路日军在大东山烂石窖将张文才、张文起抓获后带到河东。随后又将李文胜、郝永利夫妇抓住，把 5 人带到河西后山一小井旁，逼迫 5 人跪倒在地，杀完一人朝小井扔一人，最后要杀张文起时，他说是从“人圈”回家接 84 岁老母，苦苦哀求，才侥幸生存。3 个月后，张文起被日军杀死在河西荒甸子。这次惨案，共被日军杀死的无辜百姓有 16 人。

1943 年 5 月中旬，由驻承德县上谷、八家的黑田日本宪兵队和驻宽城的中根日本守备队，纠集于友三讨伐队、警察等 700 余人，从东西两路向塌山进犯，制造了一起骇人听闻的惨案。

这天拂晓，日军兵分两路，将三岔口、塌山、榆树底下、西南山、小东山等 7 个自然村团团围住。在刺刀的逼迫下，各村“猫”在马棚、茅草棚中的人们全部被日军赶到塌山李文轩家的门前和小东山河西一片开阔地上，被荷枪实弹的日军包围得严严实实。

开始，日军问八路军藏在哪里，八路军的给养放在什么地方，人群里鸦雀无声。然后，日军逼迫人们都跪下。可是，郝生利站而不跪。这时特务于清秀指着郝生利对日军说：“他就是通匪的土八路。”于是，日军放开两只狼狗，它们扑向郝生利乱撕乱咬。郝生利一脚踢翻了一条狼狗。几个鬼子用木棒将郝生利打倒在地，并朝他连刺数刀。敌人又把张振兴、李文永从人群中拖出，把他们打得遍体鳞伤，然后将他们头朝下投进了路旁的井内。

接着，日军开始屠杀。当即，李春海、李春玉、李春玉的母亲及两个妹妹，张君瑞的母亲及弟妹 3 人，李愣子、李二曼、张增柱、张凤林的妻子等全部被敌人用刺刀挑死。几条红了眼的狼狗撕着人们的衣服，撕咬孩子的脖子，其状惨不忍睹。

在杀害李国金的时候，他 7 岁的儿子柱儿抱着父亲的大腿痛哭。万恶的日本强盗对这 7 岁的孩子连捅了 4 刀后，又把孩子推入了熊熊的烈火之中。当身挨 4 刀，并遭大火烧烤的孩子痛苦地从火堆里爬出来时，日本鬼子却丧尽天良地又把他踢了回去，并用刺刀把孩子挑进了火堆。为防止孩子再次爬出，日本鬼子用刺刀把孩子肢体穿透，死死地刺在火堆之中直至烧死。张钱江正护着他的小侄子双儿，被敌人一刀刺进胸膛，敌人又将双儿用刺刀挑起甩出，双儿摔得口鼻出血而死。张文正因用身体挡着小弟，被鬼子踩翻在地，鬼子将他踩得口吐血沫后，又把他小弟的两腿活活劈断。小弟鲜血淋漓，然后死去。

顷刻之间，100 名百姓，除了李春玉的妻子、二姐、张福儿、张铁生等 7 人乘乱滚进坎棱下的蒿子丛中逃命、李海玉身挨 11 刀未死外，其余 92 名群众全部惨遭杀害。

一部分日军在村子里杀戮，另一部分日军和讨伐队在双洞子、大阴坑、背阴坑、南大梁、韭菜沟进行烧山和搜山。李文有在背阴坑山林中躲避，见满山大火，就背起七旬老母向东大岭奔逃，仍被日军抓住。日军将他的两耳用刺刀穿透后，又穿上绳索向山上拉拽。

其母上前拽住日本兵的胳膊,被日本兵一脚踹到山下,丧身峡谷。李文有怒不可遏,挣脱绳索,抱住一个鬼子滚下万丈悬崖。李国晌的腿瘸,耳朵又聋。被敌人抓住后,日军逼着他带路找八路军,因他走不动,日军就用燃烧的木棒猛捅他的脸和脖子,李国晌忍无可忍,一把夺下木棒,被日军当场打死。4 岁的儿子也被抛下山去。李国顺一家 3 口躲在黑洞子沟山洞内,日军抱来柴禾熏烧山洞,将李国顺一家熏出洞外。日军将 3 人又带到大阴坡,一刀将儿子大娃胸部刺透。李国顺一见,扑上去与日军抢夺枪支,群敌将他脑袋砸碎。其妻被鬼子掠去上衣、撕扯下衣,她一头撞倒一个鬼子,自己也顺坡滚下,不料却卡在了树上。鬼子割去她的乳房,剁去她的双手。李国福、李国太一家在双洞子山中被抓,鬼子一刀一个地将李国太及女儿劈死,这群野兽又将李国太的妻子摁在地上扒她的裤子。李国福见死了哥哥和侄女,抄起一根木棒朝鬼子的头上打去,把鬼子打翻在地,未等他打第二棒,已身中数弹。鬼子把他的首级割下挂在树上,李国太妻乘机跳涧而死。

老爷庙一名年轻妇女被日军轮奸之后,又被活活掐死。塌山韭菜沟一个老大娘正在给逃山的儿子煮菜粥,突然闯进两个鬼子,见她有一副镯子,伸手就抢。这位老人举起滚开的一马勺菜粥,浇在鬼子的头上,烫得敌人满地打滚,一头扎进泔水盆内。这位老大娘也被敌人开膛摘心。张殿贵被打成血人,鬼子仍逼他去找八路军,无奈跳井自杀,万恶的敌人唯恐他不死,还向井内连开数枪。

张作昌、李国孝、张宪宽等数十户人家躲在双洞子阴坡一个山洞内。日军在山中窜来窜去。张作昌、李国孝等 5 人的妻子怀抱着孩子,与十几户人家藏在山洞中。因怕自己的孩子啼哭招来杀身之祸,连累乡亲,她们忍痛用乳房、胸部将孩子压在怀内,5 个孩子全部窒息而死。

这次大屠杀,日军一直折腾了一天一夜,李春海、李四海、李四喜、张凤宽等 18 户 61 口被全部杀绝。张福山、张福金、张胜利、李国维、李国太等 10 余家 49 口被杀了 37 口,一家只剩了 1 口。

这次大屠杀,日军共杀害民众 134 人。

1943 年 7 月,日军到清河口、瀑河口等地"扫荡",将杨万林、杨印和、杨万红一家及村里共 20 人,从桃树洼围到现兴隆县老郝家上地,除杨万红跳入滦河,后脖梗被子弹穿了一溜沟侥幸逃生外,其他 19 人全部被日军杀死。

北场村吴振生、王友增、赵玉龙等 8 户人家坚持不进偏桥子"人圈",躲进化皮溜子乡任杖子村李麻子沟的山洞里。1943 年 7 月 15 日(农历),吴振生出洞劳作,穿的是白色羊皮棉裤,被讨伐队发现,讨伐队向他连开了 3 枪。吴振生慌不择路,逃回山洞。讨伐队跟踪而至,发现这里藏着 18 人,就把他们全部驱赶至塌山乡北场的西南山。第二天早晨,讨伐队把吴振生、赵玉龙、王友增、孟连会、孟昭存、孟昭仁、孟昭福、孟昭阳、孟昭增,还有他们的老人、孩子等 18 人围成一个半圆形,用机枪予以射杀。

1943年8月上旬,日军又到塌山村"扫荡",将塌山小东山、河东、八道河等地"猫山"和从"人圈"回来的百姓抓住,围到塌山村河西场院,逼迫这些人跪在那里,外面围上日军,端起机枪准备向这些手无寸铁的百姓身上扫射。张福臣的母亲胆子比较大,说他们这些人都是回来收拾东西,准备带老人、孩子去"人圈"的。日军嘀咕了一阵,放走了妇女、孩子,让男人全部留下,当场杀死了12人。又把小东山张文起带到河东荒甸子杀死。同一天,河东张进贵跑到六道河子庄头,被日军杀死。这一天,日军共杀死百姓14人。

1943年8月下旬,驻承德县八家日军100余人,从五道梁子过来,到塌山北场村的苇子沟"扫荡"。上午10点钟,孟宪伶想过梁"躲兵",不幸遇到日军,当场被杀死。孟召顺夫妇从"人圈"回家,到四道沟老牛道找寻日军割剩下的谷穗,也同样被日军当场杀死,他的妻子被日军抢走。日军"扫荡"到油鲁山时,将王吉堂妻子及4个孩子围下山。在山根下,将王占生的父母及3个孩子从窝棚里拉出来。到水库外庄,许多百姓都在孟广金的房子里藏着,这些人全部被日军带到金洞子山上。孟召会、孟召横、张月明等24人,除孟宪阁乘日军不注意时滚下山坡,藏在了一棵大梈椤树墩下才侥幸存活外,其余全部被杀死在金洞子。这一天,日军在北场村苇子沟共杀害百姓35人,还抢走妇女1人。

1943年秋天,日军到塌山村清河塘"扫荡",将"猫山"的百姓抓到大石湖沟门。杨春明夫妇、杨印柱母亲及弟弟、杨印勤二哥被日军用刺刀当场挑死。杨桂香二姐身怀有孕,藏在一个山洞里。日军发现后,向洞里连开两枪,又把她拖出洞外,开膛破肚。杨春林父亲被日军抓住后被带到滦河边,被活活浸死。杨春林女儿、王福胜女儿都是17岁,她们被日军抓住后又带到劈缝沟门轮奸后杀死。这一次,凶残的日军杀死百姓9人,其中2名年轻妇女,被日军轮奸后杀死。

1943年9月14日,塌山村四道沟上洼李文凤夫妇、李国太的妻子及孩子、李国增儿子、李泽荣叔叔李牛子全部藏在小东湾子内,被日军抓住后全部用刺刀刺死。同一天,八道河5人"跑兵"跑到东大梁山根,被日军全部枪杀。之后,日军又到三道沟上洼,将张君海老叔枪杀。张君海母亲也中一弹,后因伤势过重而死。张君海小腹被打中一枪后,侥幸存活。在四道沟上洼,日军将那里"猫山"的百姓抓住,棍棒相加后,又逼问共产党八路军的下落。结果,将李文轩奶奶、张叶存夫妇、张君瑞夫妇、张君义以及李春玉的母亲和1个弟弟1个妹妹共9人杀死。其中李春玉身中7刀、李春海身中8刀后未死,侥幸存活。这次屠杀,共杀死百姓20人,伤2人。

在不到半年时间内,日军、讨伐队等共杀死塌山民众287人,杀伤杀残2人。

根据《宽城历次大惨案》《集团部落——日军侵华暴行的又一铁证》、实际调查以及相关资料汇编整理　汇编整理:张明云　2014年11月15日

东川惨案

1943年秋，日军到东川“人圈”进行“大检举”，把张永宽、任万余、任万奎、张品、张学、魏永清等9人抓走。这些人被抓走后，在监狱等地受尽了摧残，有的死在了宽城，有的死在了承德。

口述：李永革84岁　李宗贺80岁　李宗海84岁

调查：张明云　袁瑞昀　尹桂生　张焕生　杨瑞莲　王来超　张淑春

整理：张明云　袁瑞昀　调查时间：2014年5月28日

下窝铺惨案

石云成是蒋杖子村人，经常在共产党地下工作人员的领导下，开展各种形式的抗日活动。后来，他也成为一名地下工作人员，并一直在蒋杖子一带开展抗日工作。

1943年春天，石云成与蒋杖子的群众许保林一起住在小野鸡峪山上。早晨，他们烧火做饭时，有烟从山上冒出。日军发现后，调集了日伪军100多人，把他们包围了起来。结果，石云成被日伪军抓捕，被带到了龙须门日军守备队。与此同时，日军在山上又打死了群众4人，还抓捕了陈凤山、石炳文、方文德等5人，把他们带去了宽城审讯。日军对石云成严刑拷打，让他说出地下党、八路军的下落以及为八路军办事人的情况等，石云成宁死不说。后来，日军又把他五花大绑地绑了起来，并把他带到下窝铺“人圈”。然后，日军把老百姓赶到一起，强迫石云成指认谁是共产党员、地下工作人员及办事人员。石云成却把伪警察说成是为八路军办事的人员，指名道姓地把他们指认出来。日军气得暴跳如雷，狠狠地毒打石云成。最后，石云成被活活地打死。后来，这些被抓的人中，石丙文死在了鞍山，方文德死在了营口，其他3人也被折磨而死。

1944年1月，孙立胜一家3人给地下工作人员送饭时，被日军抓住后就地枪杀。

以上，日军共杀害和残害致死了13人。

口述：徐德明89岁

调查：张明云　袁瑞昀　黄凤　尹桂生　陈国仁　张焕生　张晨

整理：张明云　调查时间：2014年6月10日

安家峪惨案

1943年春，宽城安家峪参加八路军的边占清，因病回安家峪老家休养。于友三讨伐队探知这一情况后，就率讨伐队到安家峪，把边占清全家堵在了家里。边占清的母亲、边占清夫妻俩和3岁的儿子等5人，都被日军杀害。当天，人们发现边占清全家被杀时，看到小孩子还有一口气。孩子的肠子都流到了肚子外边，还有气无力地喊着："妈妈、妈妈……"当天，于友三讨伐队还在安家峪的后山山坡上打死了村民高庆满。

1943年夏，安家峪的高永生等几名党员在东河套的一间屋子里开会，被驻孟子岭的日军包围，并抓走了地下党员高永真和群众高永生、高永付、高永林、高占明、高西仪、高庆葵、刘圣财、小和尚等20多人。这些人被抓到宽城后，只有高西仪、刘圣财、高永生3人侥幸被放回，高永真被押到鞍山后死在了鞍山，其余的人都死在了承德水泉沟万人坑。

口述：才建国 91岁　张殿会 82岁　魏翠琴 81岁　申秀莲 81岁

调查：张明云　袁瑞昀　尹桂生　陈国仁　张焕生　王才　赵林

整理：张明云　高永荣

调查时间：2013年4月19日　2014年9月18日　2014年10月5日

菜子峪惨案

1943年5月，菜子峪"人圈"的群众周占同，在"人圈"外面的地里干活，他妻子给周占同送饭，被日军发现后全部用刺刀刺死。周占利、周占秀、周占奇、周素珍的二舅、刘庆华的二叔等7人在地里干活，也被日军用刺刀刺死。其中，周占利、周占秀、周占奇分别被日军捅了30多刀而死。周素珍的二舅在地里干活，被日本兵用刺刀从后背捅到前胸死去。刘庆华的二叔，在椴木峪种地时，也被日本兵发现，当场用刺刀杀死。

1943年8月中旬，菜子峪"人圈"的2名妇女在地里干活时，被日军轮奸后，又用刺刀把她们2人挑死。

口述：章子武 87岁　周素珍 84岁

调查：张明云　袁瑞昀　黄凤　尹桂生　陈国仁

整理：张明云　调查时间：2013年4月19日

关石惨案

日军经常到关石"人圈"进行"检举"，每次都有人被"检举"抓走。1943年7月中下旬，日军到关石"人圈"进行"检举"，把"人圈"里的老百姓都赶到了"人圈"内的一片开阔地上，"检举"出了张义金、胡守长、胡连荣、胡连成、王凤、胡连香等11人，并把他们的手脚捆绑起来，都扔到卡车上，他们在车上横躺竖卧地被拉到了承德监狱。在监狱中，日军又对他们用尽了各种刑罚，全部被悲惨地折磨致死。

口述:胡玉明 84 岁　刘树奎 85 岁　胡翠莲 80 岁

调查:张明云　袁瑞昀　尹桂生　陈国仁　张焕生　袁昊

整理:张明云　调查时间:2014 年 6 月 5 日

尖山子惨案

1943 年 8 月初,尖山子报国会主任刘天来写了一封信,派尖山子“人圈”的刘天太送往联系地点——石洞沟的高家庄。为了不被日伪发现,刘天太把信藏在了锄把与锄头联结处的缝隙里。可是,到了高家庄庄外时,正好遇见了朱盛林讨伐队在高家庄讨伐。讨伐队人员发现刘天太后,二话不说,夺过刘天太的锄就毒打他。结果,把锄头打落下来,藏在里边的信也掉了出来。因为信内的人名和地名都是化名,朱盛林他们怎么也看不出来,就用尽各种刑罚拷问刘天太。刘天太忍受不了酷刑,就把尖山子“人圈”里给八路军办事的人员的名字都告诉了讨伐队。第二天,朱盛林讨伐队 30 余人就奔赴尖山子“人圈”,抓走了报国会主任刘天来、地下联络处联络员马欢超以及刘天增、刘福君、徐富、苏长春、李文龙、任成如 8 人。当天,这 8 人都被送往了承德。在承德严刑审讯后,刘天增、任成如侥幸被放回。任成如因在关押期间多次受到严刑拷打,身心受到残酷的折磨,回来不久就死去了。刘天来、刘福君、徐富、苏长春 4 人死在了承德水泉沟万人坑。马欢超和李文龙 2 人被判刑后,转往了沈阳监狱监押。

1943 年农历 9 月中旬,尖山子下窝铺自然村的赵恩被人谎报说家中藏有八路军。驻龙须门的朱盛林讨伐队就开着车,到尖山子的下窝铺自然村抓走了赵恩,随后又上山搜查,把正在山上放羊的刘玉会开枪打死;放羊的李富的大哥被打得半死不活后,又被扔在了柴禾垛上,讨伐队点燃柴禾垛,将李富的大哥活活地烧死。赵恩被抓后,被带往了龙须门警察分驻所。日军用从房子上拆下来的带有钉子的椽子把赵恩活活地打死。

尖山子惨案中,日军和讨伐队共杀死了 7 人,严刑拷打放回后死去 1 人,判刑后转往沈阳关押的有 2 人。

口述:张树荣 86 岁　沈清林 91 岁　宣凤阁 81 岁　刘天然 83 岁

调查:张明云　张焕生

整理:张明云　调查时间:2014 年 10 月 11 日

牛心山惨案

日伪时期,日军在铧尖设有金选厂,并在牛心山的千金沟开了金矿。地下工作人员邢海洲经常在牛心山附近开展抗日活动,把叶生林、张连清等人发展为党员,并在牛心山建立了党支部，成立了报国会。成立报国会后，报国会人员张连清、叶生林等人以做小工为名进入日伪金矿，秘密结识矿井和炸药库看管人员，为八路军偷运出一批批的雷管、炸药，送到冀东八路军的军工厂。

由于炸药大量缺失，引起了敌人的怀疑。于是，日军守备队就进行了严查。随后，汉奸付景余就把叶生林、张连清等偷运炸药情况向敌伪告密。

1943 年 8 月 24 日的清晨，铧尖日本守备队和宽城日本宪兵派遣队包围了牛心山“人圈”，将“人圈”里的老百姓全部集中到“人圈”大门外的广场上，由汉奸付景余进行指认。在汉奸付景余的指认下，叶生林、张连清、叶汉林、叶千林、叶秀林、叶文福、叶振才、叶振如 8 人从人群中被拉了出来。日军把 8 人拉出来以后，就用碗口粗的木杠子，毒打他们，杠子都打断了两三截。尽管如此，这 8 人没有一人屈服。当日，8 人都被送往了承德监狱，被杀害在了承德水泉沟万人坑。新中国成立后，这 8 人被民政部追认为革命烈士。

口述：叶友林 84 岁　刘贺存 86 岁　张义和（张连清烈士之子）73 岁

叶振平（叶汉林烈士之子）71 岁

调查：张明云　袁瑞昀　尹桂生　张焕生

整理：张明云　调查时间：2014 年 11 月 17 日

王厂沟惨案

王厂沟是中国共产党在长城沿线创建的一块重要的抗日根据地，冀东军分区司令员李运昌把这里誉为“革命堡垒，英雄人民”。

随着王厂沟抗日游击队的日益巩固壮大，抗日力量越发强大。因此，敌人把这里看作是眼中钉、肉中刺，视为“极不良”地区，恨得要死，怕得要命，妄图以血的屠杀、毁灭性的打击，彻底地摧毁这块抗日根据地。

1943 年农历 7 月 15 日，热河省警务厅在日本关东军防卫司令官安藤忠一朗及承德日本宪兵队本部特高课长木村光明的策划部署下，纠集承德上谷宪兵队，宽城孤山子于友三讨伐队，龙须门朱盛林讨伐队，孟子岭、喜峰口日本守备队，兴隆日本宪兵分队等 3 000 多人，对王厂沟 9 个自然村及沿途十几个村庄实行拔根断源式的灭绝人性的 8 天“割青”、“扫荡”和大屠杀。“扫荡”中，日军对庄稼逐块割，山林逐处烧，“猫山”抗日的村民逐洞杀，制造了骇人听闻的王厂沟大惨案。

7 月 15 日，天刚放亮，3 000 多日伪军就凶神恶煞般地向王厂沟扑来，杨树沟、石头沟、料坡沟、南沟 4 条沟都满山遍野地布满了日伪军。敌人在周围大小山头架起了机关枪，向山下胡乱扫射。为了彻底毁坏庄稼，敌人从孟子岭、南天门、九虎岭、三异井等十几个“人圈”里抓来了300多名割青人员，用刺刀威逼这些群众强行割青。许多割青人员舍不得下手，敌人就拳打脚踢。有的割青人员被打了也不动手。日伪人员干脆就命令部下亲自动手，到地里乱踹乱踩，还放出军犬到地里打滚乱窜，把军骡军马赶到地里恶吃乱踩。就这样人割畜毁，即将成熟的庄稼，眼睁睁地被一群豺狼野兽给糟蹋掉了，日伪军妄图用毁青断粮的方法把抗日军民卡死。“据参加那次割青大屠杀的讨伐大队长于友三(新中国成立后被镇压)供认：‘割青8天，方圆10华里近10 000亩庄稼被毁。我队重点负责割青，我亲自命令，杀害了反割青的刘殿术等5人，抢牛86头，驴25头。’”①“割青”“扫荡”之后，一场血腥的大屠杀开始了。

敌人未进村时，党支部迅速通知各庄转移上山，特别是老弱病残、妇女儿童要提前走，武装民兵、青壮年男女到险要地段隐蔽待命，但还没有来得及全部转移，敌人就进村了。

进村的敌人见房就烧，见物就抢，见人就杀，整个王厂沟被折腾得鸡犬不宁，户户碧血殷殷，烈焰腾腾，整个王厂沟全部化成了灰烬。

共产党员关元奇和妻子在组织群众转移过程中不幸被捕。敌人端着明晃晃的刺刀威逼关元奇：“你是不是共产党员，八路军到哪里去了，村干部藏在哪了。说出来放了你，否则……”敌人用刺刀蹭了一下关元奇的脖子。关元奇斩钉截铁地回答：“我是共产党员，你问的事我全知道，就是不告诉你们这些狗东西！”敌人气急败坏，恶狠狠地向关元奇连刺了好几刀。英勇的关元奇在生命的最后瞬间，还奋力高呼口号，英勇就义。

关元印和赵起在跑上山的途中被鬼子抓住。敌人逼问他们村干部在哪里，二人半字不吐，最后被敌人活活地浸死在瀑河里。棒槌崖有3名妇女被敌人抓住，被日军蹂躏后又吊在大树上，倒上汽油，将她们三人活活地烧死。刘殿喜的老母亲和一个有病的孙子被抓住后，日军先把刘殿喜的母亲踹进火场，然后又将小孙子的鼻子、耳朵割下后也推入了火场。面对日军的暴行，老奶奶气得眼睛冒火，挣扎着从火堆里向敌人扑去。杀人成性的豺狼又用刺刀将老奶奶的脖子扎住，活活地烧死在火堆里。关界庄一个自然村共31口人，只杀剩下了7岁的关贞瑞1人。关贞瑞全家6口人，父亲被敌人枪杀，爷爷为保护3个孙子，大骂敌人，双眼被挖掉，然后又被连刺几刀死去；母亲被野兽侮辱后又被剖腹致死；11岁的哥哥被刺刀活活地挑死；4岁的弟弟被敌人大劈叉后又被扔下山崖摔死；关贞瑞被身刺3刀后幸存下来，至今留有仇恨的伤疤。

血洗村庄后，王厂沟死一样的寂静。红了眼的恶狼还嫌杀人不够，妄想把藏在山洞里的人们通通地斩尽杀绝。敌人逐洞地寻找，找了半天也没找到。于是，就放火烧山。顿

① 中共宽城满族自治县委办公室、中共满族自治县委党史研究室等部门编：《宽城历次大惨案》，内部出版，2007年，第43～44页。

时，漫山遍野浓烟滚滚，火光冲天，人们再也忍不下去了。一位长者跳出洞口高喊："乡亲们，鬼子上山了，我们要和敌人决一死战，血战到底的时候到了！乡亲们有的凭着悬崖峭壁的险要地形，向山下敌人抛下大石头，撞得敌人东倒西歪；有的冲上敌群，搂住敌人，抱住大腿，向大石头上撞击；有的掐敌人的脖子，有的咬敌人的耳朵，厮打搏斗在一起。血战不久，远处民兵的枪声，转移了鬼子的视线，血洗王厂沟才结束。

这次8天"割青"、"扫荡"和大屠杀，王厂沟全村被割青700多亩，被杀害112人，其中杀绝的有45户，杀死90多人；加上柏木塘、大桑园等附近十几个村庄，共"割青"近10 000亩，残杀村民362人。据战犯木村光明在供词中供认："这些罪行都是事实，我对此负全部责任，并向中国人民谢罪。"

面对日本帝国主义的这种血腥屠杀，英勇的王厂沟人民不但没有低头，相反，抗日的信心更足了，灭敌的斗志更强了，复仇的怒火更旺了。人们一面掩埋好亲人的遗体，一面组织自己的武装，踏着死难者的血迹，高举"抗战到底"的旗帜，在争取民族彻底解放的道路上继续英勇前进，为保卫家乡、保卫中华民族而血战到底！

选自中共宽城满族自治县委党史研究室等：《宽城历次大惨案》，内部出版，2007年。

王家店惨案

1943年冬天，驻龙须门日本宪兵派遣队和朱盛林讨伐队到王家店"人圈"进行"检举"，抓走了徐宝、徐凤义、何存、何友、徐凯、刘玉山、徐凤瑞、王秀、刘永起、刘志付大伯、高山的兄弟、王振、李永的大伯、王安志大伯等17人。这些人都被日军杀害在了宽城、承德等地。

口述：徐振发 90岁

调查：张明云　袁瑞昀　尹桂生　黄凤　张焕生　田晓峰

整理：张明云　袁瑞昀　调查时间：2014年5月23日

4. 日军1944年制造的2起惨案

清河塘惨案

"集家并村"以后，清河塘和塌山所有清河川一样，都被划为"无人区"，日军和讨伐队经常到清河塘进行"扫荡"，见人就抓、就杀。

1944年3月，驻承德县八家日军到清河塘进行"扫荡"。当日军发现张振峰一家后，就将张振锋的母亲捅死在了滦河边上，然后又将张振锋大哥张振坤、四弟、还有张振坤的两个女儿和儿子等6人带到清河口二道壕枪杀。

1944 年的秋天,杨印树的母亲、杨春明、杨印勤的二兄弟、杨万隆的二闺女(叫二老扁)等 7 人,被日军抓住以后又在清河塘杀害。

日军从 1942 年到 1944 年的几年中,经常到清河塘进行"扫荡",屠杀"猫山"群众。仅 1944 年的上述 2 次,日军就残杀了清河塘群众 13 人。

口述:杨吉如 93 岁

调查:张明云　袁瑞昀　尹桂生　张焕生

整理:张明云　袁瑞昀　调查时间:2014 年 11 月 14 日

西沟大庙惨案

1944 年春天,宽城境域西沟大庙村的屈胜全、李春发、屈凤存等 10 人从"人圈"回老家偷着种地。几个人忙忙活活地赶着进度,心里却一直默默祈祷,千万不要遇到日军。干着干着,屈胜全猛地抬头一看,日军已经出现在眼前了。荷枪实弹的日军把屈胜全、李春发、屈凤存等 10 人围到西沟大庙的一片空地上,并强迫这些人跪下,逼问八路军的情况及这些人在这一带种地的目的是什么等,10 名无辜百姓闭口不答。屈胜全、屈占廷、李春发、屈庄柱和屈胜武的 3 个儿子,当场被日军枪杀。李春树、屈凤存年龄太小,屈凤存母亲年龄太大,才侥幸存活下来。这次西沟大庙惨案共有百姓 7 人被杀死。

调查整理:刘宝川

选自《集团部落——日军侵华暴行的又一铁证》编写组编:《集团部落——日军侵华暴行的又一铁证》(内部发行),2013 年。

(二)日军的部分屠杀手段和刑罚

日军在屠杀、镇压"人圈"和"无人区"中的人民群众时,使用了各种残酷的手段和刑罚,世所罕见。经实际调查和查阅相关资料统计,日军在千里"无人区"使用的屠杀手段和刑罚有 200 余种。现将其中主要部分列表如下:

日军的部分屠杀手段和刑罚一览表

刑罚种类	具体实施情况
断肠空腹	不给所抓及关押之人饭吃,再予以吊打等,把人活活吊死、饿死。
皮鞭沾凉水或电线拧成绳抽打	在审讯时,扒掉所审之人的衣服,用皮鞭沾上冷水或用电线拧成绳进行抽打。

续表

刑罚种类	具体实施情况
木棍戳肋骨	用木棍猛戳被抓者的肋骨，把人的肋骨一根一根地戳断，使人疼痛难忍，逼其招供。
灌煤油、冷水、辣椒水，甚至掺上头发茬子，压杠子	在审讯时，使所抓之人仰卧在地面或反绑在梯子、木凳上，强行给所抓之人灌冷水、辣椒水、煤油，甚至掺上头发茬子，待肚子灌满后，再用木杠压在胸腹部来回滚动，把水压出，然后再灌、再压，反复灌压，摧残和折磨所抓之人。或者直接踩在所抓之人的肚子上，把水踩出，再灌、再踩，反复进行，逼问口供，甚至将人灌死。这种刑罚在日军监狱、关押地及审讯场所等地随处可见。
裸体焐冰	寒冬腊月把所抓之人的衣服扒光，再用绳索把四肢等捆上，放在冰上或雪地上数小时，直至把冰、雪焐化。
马蹄踢人	把人捆绑后，用战马对被捆绑的人乱踢、乱踩，直至把人踢死、踢残。
马拉活人	把所抓之人的四肢捆上，用绳索拖于马后，把人拖死或拖残。
铁丝穿肩胛骨	用粗铅丝穿过所抓之人的肩胛骨，把多人串在一起，以防止所抓之人逃跑。这种刑罚在日本宪兵、伪警察中非常普遍。
背碾盘跪石子	把所抓之人的背上压上石头碾盘，逼其长时间跪在石子或木杠之上。
坐老虎凳	在审讯所抓之人时，在凳子上反钉上铁钉，或通上电源，强行让所抓之人坐上，折磨审讯。
香火、烟火烧	把整盒的香烟或整捆的香烛点燃，在人的身上长时间烧烫。
四马倒蹄	将人用绳索捆上，胸腹朝下把四肢倒吊在房梁、树枝、门框上进行毒打、下压等，折磨所抓之人。
喷石灰	把人关在屋内，向屋内喷撒生石灰粉，呛得人打喷嚏、流眼泪、呼吸困难等，进行逼供。
跪铁蒺藜	把铅丝制作的铁蒺藜网放于地面，强迫被抓之人长时间跪于其上。
口含木炭	逼迫所抓之人张口，把烧红的木炭硬塞进口中。
竹签、钢针刺骨	日伪在审讯所抓之人时，用钢针或竹签子刺入或钉入其手指、咽喉、头顶、胸口或致命处等。
打油锤	一种是把人装入麻袋从高空摔下，直接摔死；一种是把人装进布袋后朝地上反复地摔打，把人摔死，称为“打油锤”。
上大挂	把人吊在门框、房梁或树枝上，折磨致死。
开水浇	把水烧开后，从人的头顶倒下，把人烫残或烫残后再杀害。
扁担或木棒压脖子	用扁担或木棒压在所抓之人的脖子上，再让人踩着或用手压着扁担或木棒的两头，直至把人踩得窒息、死亡。
木桩勒人	把所抓之人捆绑在木桩上，用绳子活活将人勒死。
军犬狂舞	将所抓之人的双脚用绳索捆上或把人捆于树上，然后放开驯养的狼狗，一纵一跳地扑到人的身上狂撕乱咬，或放出狼狗直接冲向人群，在人群内对人狂撕乱咬，把人咬伤、咬残或咬死。
梁上悬人	把所抓之人悬吊在房梁上审问或长期吊之，并长时间不给饭吃，使人窒息或冻饿而死。

续表

刑罚种类	具体实施情况
双耳穿绳	用刺刀把人两耳穿透，再用绳索从两耳中穿过，像拉牲畜一样，拉着所抓之人行走。
砍断上下肢	把所抓之人的上下肢砍断或只砍掉上肢或下肢。
割掉乳房	把妇女的乳房直接割去或强奸妇女以及强奸妇女未遂后，割去妇女的乳房。
刺刀、木棍捅生殖器	日本兵强奸、轮奸妇女后，再用刺刀或木棍乱捅妇女生殖器，直至捅死。
剜眼削鼻割耳	把人眼球挖出，把鼻子、耳朵用刺刀或战刀砍掉。
直罗锅	使抓到的有佝偻病的人仰卧在地上，再在他的头和腿部坐上人，用力向下压，把罗锅“压直”，直至把脊骨压断、把人压死。
浓烟或毒气熏	将所抓之人关在屋子里或地窖内，用浓烟或毒气把人熏死；或在“扫荡”、搜捕中发现人们躲藏在山洞里、地窖内，然后用浓烟或毒气把人熏死。
倒栽莲花，也叫倒头活埋	把人的双手用绳索捆绑后，把人头朝下推进坑里，用土活埋，叫倒头活埋；活埋时，使人头在下、腿在外，痛苦得双脚乱蹬，就像“莲花开放”一样，叫“倒栽莲花”。
砍死	用刀砍掉头部或把人抓住后直接砍死。
开枪射击	用手枪、步枪、机枪等把人枪杀。
刺刀捅、战刀砍	用刺刀或战刀将人刺死或砍死。
枪刺布袋	一种是把人装进麻袋后，让日伪新兵用刺刀练习刺杀，称之为“试胆量”；一种是日伪军抓到民众后装进麻袋内直接刺死。
打活人靶	把所抓之人绑在树上，日伪军用活人练习射击。
“虾公见龙王”	把被抓之人的手脚从背后倒捆起来，像虾一样弯曲，然后扔入河中将人淹死。
刀铡活人	将人放在铡刀上铡去头部，或把身体铡成两段致死。
石块砸死	把人抓住后，直接用石块将人砸死。
推入地窖烧死或熏死	把人推入地窖内，再扔进柴禾、秸秆等易燃物点燃，把人烧死或熏死。
冰冻活人	把人用绳索捆上，塞进冰窟窿淹死；或者在冬天把人塞进冰窟窿后再拉出来，过了一定时间，待身上结了一层冰后再塞进冰窟窿，再拉出来，如此反复多次，直至把人变成冰人，冰冻而死。
刺刀、木棍插肛门或用烧红的铁棍、铅丝插肛门	把刺刀、木棍插入肛门，或将铁棍、铅丝烧红后，插入肛门后把人折磨致死。
把孩童摔死、刺死、挑死、烧死	日军将抓到的孩子摔死在碾盘上、碌碡上或悬崖下；或者用刺刀直接刺死、挑死以及用火烧死。
大劈叉	把小孩两腿强行拉向两边，将两腿拉断、劈死。
刺刀挑小孩	用刺刀直接将小孩挑死，或者把婴孩用刺刀高高挑起后摔死。

续表

刑罚种类	具体实施情况
树桩转小孩	把生长着的树木在一米多高处锯断后削尖，然后像葫芦一样使小孩子从肛门处插坐在尖木桩上，再把孩子旋转起来折磨致死。
大树劈小孩	将两棵几年生相聚一定距离的树木用绳子先拢在一起，再把小孩的两腿分别绑在两棵树上，再将捆着树木的绳索猛然松开，利用树的反弹力把小孩子两腿拉断、把孩子拉死。
把炭火倒入裤腿	把正在燃烧的炭火倒入所抓之人的裤子内，把人烧残或烧死。
用猪鬃或烧红的铁条等插入男人的生殖器	用猪鬃绑成刷子强行插入男人的生殖器，使人疼痛难忍；或用烧红的铁条等强行插入男人的生殖器，把人摧残致死。
走煎饼鏊子	把几只摊煎饼用的铁鏊子烧红后，让所抓之人在烧红的铁鏊子上行走。
点天灯	将人吊在树上或搭好的架子上，身下堆上柴禾或在人的身上浇上汽油后点燃，把人活活烧死。
戴铁围脖	把铁链烧红后立即套在被抓之人的脖子上。
汽油烧人	在人身上倒上汽油，把人烧死。
穿火背心	把铁线两端各绑上一把或几把成捆香烛，挂在所抓之人的前胸及后背处点燃，让人疼痛难忍，逼问口供，直至烧焦、烧烂、烧死。
炭火扣背	扒下所抓之人的衣服，把人脸朝下压倒在地上，强行把正在燃烧的炭火倒在人的后背之上，把人烧死。
背炭火炉	把铁桶或铁炉烧红，背于所抓之人的后背上，让其背着跑步或行走，把人烤焦、烤死。
铁器烙人	用烧红的烙铁、火钩、铁铲、铁锨等铁器烙所抓之人的肉体，直至把人烙残、烙死。
炭火烤人	在地上点起两堆炭火，把人置于两堆炭火之间；或在两个火盆中点上炭火，放于被抓之人的前、后等，把人活活地烤死。
将人扔置在柴禾堆上烧死	把所抓之人扔在柴禾堆上，然后把柴火堆点燃后把人烧死。这种方式是日军经常使用的屠杀民众的方式。
三绞废命	在所抓之人的脖子上套上绳子，把绳子系紧，然后在脖子后边的绳子内插入木棍，再朝着一个方向用力地绞动，把人活活绞死。其刑罚相当恐怖、残酷。
剖腹	把所抓之人的胸腹用刺刀或战刀剖开。
剖腹取婴	一种是日军把所抓妇女强奸后，再剖开胸腹掏出内脏；一种是把所抓孕妇腹部剖开，再取出婴孩摔死。
开膛取心	日军用战刀或刺刀挑开所抓之人的胸腹，取出人心扔掉或把心脏取出后当场生吃，有的日军把人的胸腹剖开后，取出心脏带回驻地后煮熟吃掉。
木桩钉人	用削尖的木桩把人直接钉死。
肉滚绣球	把被抓的人衣服扒光，塞进特制的内部钉满钢钉或钢筋的大木笼内，然后盖上盖子，滚动木笼，将人在木笼内活活滚死、滚残。
电磨粉身	日军专门在河边或拘留所、监狱等地设置一种磨人的电磨，把被抓之人放在电磨里磨成肉酱。

续表

刑罚种类	具体实施情况
活剥人皮或活割人肉	将所抓之人强行扒去衣服，绑上四肢，然后一刀一刀地活剥人的皮或一块一块地活割人肉。
电动绞死	把所抓之人放在特制的绞刑架上，将脖子套入绳套内，然后扳动按钮，脚下木板一翻，使人悬空，绞索勒紧颈部致死。此刑罚多在监狱和日伪的置留场中使用。
电刑	把人的手脚通上高压电流致死。此刑罚一般都是在监狱中或日军设置的置留场内使用。

（三）证词证言与控诉

1. 证词证言

刘振德等证词

（1956 年 1 月 3 日）

我们是河北省青龙县(伪满时期青龙县属热河省)第九区大屯村的居民，为伪满时期日本宪兵、守备队及警察在我们村残杀人民、烧毁房屋的罪行作证。

1941 年旧历正月十六日晚上，有喜峰口日本宪兵队、日本守备队、伪满警察讨伐队将我们村包围，向村里开枪和刺杀，从十六日晚一直杀到第二天早晨。

第二天早晨，当日本宪兵队、日本守备队、伪满警察讨伐队走后，逃出去的老百姓才陆续回到村里。大家把被害的群众一一清点，这次日本鬼子共杀害韩瑞、王春、田庆成等老幼 178 口人。其中被杀绝的户有田庆堂、秦起、刘文成、王海等 14 户 50 多口人。烧毁房屋 500 多间，财产难以计数。造成我们村一片凄惨，男女老幼哭天喊地，无家可归，生活无着落。

以上情况，是我们亲身经历、亲眼所见的日寇在我们村杀人放火的罪恶事实。特此证明。

附:被害人数统计表 1 份

证明人:刘振德、田保林、田广山、陈玉然、陈永生、刘延顺、田广树、田广闰、田蔗林

被害人数统计表(这仅是我们现能记起的，并不是当时统计，故表中人数不足 178 人)

孙振东家 3 人	王春家 2 人	韩瑞家 3 人
马六家 3 人	田庆堂家 3 人	田庆城家 3 人

田庆兴家 8 人	田树林家 1 人	田庆禄家 2 人
田庆丰家 2 人	田庆泽家 2 人	田庆发家 3 人
田广树家 6 人	田庆贺家 1 人	王　贵家 1 人
王　坤家 2 人	才海丰家 18 人	才国华家 1 人
田　树家 3 人	王　海家 7 人	周　苍家 1 人
钟孝宏家 4 人	刘文成家 3 人	侯　祥家 1 人
侯德来家 3 人	侯永忠家 1 人	刘文山家 1 人
刘廷海家 1 人	刘廷章家 4 人	刘振德家 5 人
刘廷付家 5 人	田广金家 2 人	陈永恩家 8 人
才国祯家 1 人	才青连家 2 人	张永宝家 1 人
老　道家 1 人	翁近海家 2 人	才　树家 1 人
李　平家 1 人	李　太家 1 人	老　翁家 1 人
王瞎子家 1 人	田广凤家 3 人	田广永家 3 人

选自中共宽城满族自治县委党史研究室等编:《宽城历次大惨案》(内部发行),2007 年。

王盛德等证词

(1956 年 1 月 3 日)

我们是河北省青龙县宽城区九虎岭的居民,为日本鬼子抓捕我村居民的罪恶事实作证。

1942 年旧历五月二十一日(公历 1942 年 7 月 4 日)喜峰口日本宪兵队和宽城警察大队来我村抓捕了孙永林、赵奎、杨顺有、刘殿福、陈祥、陈广安、孙广生、孙广和、孙广成、杨春山、孙广喜、孙广顺、孙广瑞、杨保才、何凤国、王印、张升、刘万福、王盛会、杨殿有等 100 余人,押在宽城日本宪兵队,送至伪满承德监狱。同年 8 月,赵奎、孙广和、孙广安、张升、孙永林、刘殿福、杨顺有、何凤国、王印、王盛会、杨殿等 12 人由伪满承德法院判处无期徒刑和有期徒刑,分别送往东北营口、辽阳、抚顺等监狱关押。这 12 人中,除赵奎一人回来外,其他 11 人均死在东北伪满监狱。以上事实,都是我们知道的,特此作证。

证明人:王盛德　王盛君　王奎　李永福　张贵　刘万秀

何凤福　何凤岐　杨殿春　邓永生　王盛华　何安信

选自中共宽城满族自治县委党史研究室等编:《宽城历次大惨案》(内部发行),2007 年。

高义证言

抗战时期宽城县人口伤亡、财产损失课题调查

我叫高义，今年 80 岁，1927 年 8 月 29 日出生，汤道河镇冰沟村人。

1942 年，日军推行“集家并村”政策，将冰沟村划为“无人区”。这年秋季，日军率领讨伐队在“无人区”搜查时，在冰沟村东边小庙里发现韩老帽，盘问其是干什么的，韩老帽耳聋，未能回答，被枪毙。同一日，冰沟村陈台子的陈瑞林和冰沟村河西的王祥都被日军以刺刀杀害。

1942 年春，在冰沟村四棱山，日军与抗日部队之间有一次战役，当地人称为“四棱山战役”。据说刘光涛(抗日部队首领)率部队向东北转移，大概有 1 000 人，大部队撤退至都山娘娘庙，留下一个班(8 个人)掩护，与日军发生激战，这 8 个人全部牺牲。

我村在“部落”里因病而死、饿死的大约有 100 人。“集家”时全村约有 500 间房被拆烧；“无人区”土地荒芜有 130 多亩；畜禽损失 60 余头(只)。

调查人：王金国

调查单位：冰沟村村委会

调查日期：2006 年 8 月 29 日

选自中共承德市委党史研究室编：《历史作证》下卷(内部发行)。

黄宝顺证言

抗战时期宽城县人口伤亡、财产损失课题调查

我叫黄宝顺，今年 78 岁，是宽城镇大前坡峪村第三组村民，日军侵占我们这里后，杀人放火，我为此作证。

那是 1943 年 5 月，我 13 岁在山梁后面放牲口。5 月 1 日我回来一看，日本鬼子闯进我家，把我父亲黄振平和我大爷黄振生、黄振荣一起抓到宽城用刑、拷打，也没有招供，于是就将我大爷黄振生砍头。6 月 1 日，日本鬼子又把我父亲和黄振荣带到北石湖杀死。

当时我村有 170 户人家，日军把房子烧的烧，拆的拆，烧拆的房子有 500 余间，把全村的人都集在下坝子去住。

调查人：宋艳秋

调查单位：大前坡峪村村委会

调查日期：2006 年 9 月 3 日

选自中共承德市委党史研究室编：《历史作证》下卷(内部发行)。

庞士海证言

抗战时期宽城县人口伤亡、财产损失课题调查

我叫庞士海，今年 80 岁，现住宽城镇西梁村下梁庄。我就日军在我村制造的罪恶作证。1942 年 12 月，日军在我村黑小沟白树洼打死青平县政府工作人员 11 人。1943 年正月初三，日军将我村刘成轩杀死。5 月 4 日，日军将马宝山妻子轮奸后用刺刀刺死，其腹内还怀有婴儿。同天，被杀死的还有马云旺的母亲，被刺了 7 刀后死亡。李云阁被日军杀死在椴树洼梁上。日军将张继元的奶奶一枪打死了。庞福德和他妻子也是这天被日军杀死的。还有鲍凤瑞，也被日军枪杀。在 1942 年被日军抓走的人有鲍恩俊、鲍凤久、鲍恩堂、王存、张元护、李文全、李广合、郑维新、郑秃子、李长春、鞠汉臣、宝印、鲍奎章 13 人。可能还有我不知道的。“集家并村”中我村有 90 多人死亡。当时我村有 100 多户 680 多口人，日军把所有的房子都烧光了；羊、猪、鸡，杀的杀，赶走的无数；把所有的生产工具、生活用品都给毁了，损失按当时的满洲票子算少说也有 6 万余元。日本鬼子真是惨无人道到了极点。

调查人：庞士华

调查单位：西梁村村委会

调查日期：2006 年 9 月 4 日

选自中共承德市委党史研究室编：《历史作证》下卷（内部发行）。

2. 控　　诉

刘廷海控诉书

（1956 年 1 月 3 日）

我叫刘廷海，今年 47 岁，农民，现住河北省青龙县第九区大屯村。1941 年农历正月十六日夜里，喜峰口日本宪兵队、日本守备队和伪满警察讨伐队来到我们大屯村，将村子团团围住，并向村里开枪开炮，当时，村中百姓不知何事，有的哭，有的叫。不一会儿日本鬼子又放起火来，人们这时开始往村外逃，日本鬼子就对准逃跑的人开枪。当晚就打死村中百姓 100 多人，其中我母亲就是当晚被打死的。

选自中共宽城满族自治县委党史研究室等编：《宽城历次大惨案》（内部发行），2007 年。

侯永朝控诉书

（1956 年 1 月 3 日）

我叫侯永朝，今年 29 岁，农民，现住河北省青龙县第九区大屯村。控诉日本鬼子杀害我祖父、父亲、叔叔的罪行。

1941 年农历正月十六日夜间，喜峰口日本宪兵队、日本守备队、伪满警察讨伐队来到大屯村，将村子包围，开枪开炮。这时听到枪响的村中百姓，不知发生何事，纷纷向村外跑。日本鬼子见人就开枪射击，我的祖父、父亲、叔叔就这样被日本鬼子给杀害了。日本鬼子不仅杀害了全村许多老百姓，而且还放火烧了全村的房子。

选自中共宽城满族自治县委党史研究室等编：《宽城历次大惨案》（内部发行），2007 年。

钟孝宏控诉书

（1956 年 1 月 3 日）

我叫钟孝宏，今年 52 岁，农民，现住河北省青龙县第九区大屯村，1941 年农历正月十六日夜里，喜峰口日本宪兵队、日本守备队、伪满警察讨伐队来到大屯村，又烧房子又杀人。当晚，就在我们大屯村烧了 500 多间房子，杀了 100 多人。

日本鬼子在大屯村制造的这起惨案中，我家就被杀死 4 人，有我母亲、妻子、两个女儿。房屋、财产全被烧光。

选自中共宽城满族自治县委党史研究室等编：《宽城历次大惨案》（内部发行），2007 年。

陈永恩控诉书

（1956 年 1 月 3 日）

我叫陈永恩，今年 65 岁，农民，现住河北省青龙县第九区大屯村。1941 年农历正月十六日晚上，喜峰口宪兵队、日本守备队、伪满警察讨伐队来到大屯村，将村子包围，杀人放火，170 多名老百姓被杀死，全村房屋、财产化为灰烬。就在这一次大惨案中，我家也遭受日本鬼子的极大残害，8 口人被杀死，其中有母亲、妻子、2 个侄子、侄女、2 个弟妹、儿子 8 人。房屋、财产全部被烧光。

选自中共宽城满族自治县委党史研究室等编：《宽城历次大惨案》（内部发行），2007 年。

侯永忠控诉书

（1956 年 1 月 3 日）

我叫侯永忠，今年 38 岁，农民，现住河北省青龙县大屯村。控诉日寇杀害我父亲侯万的罪行。

1941 年农历正月十六日夜里，喜峰口宪兵队、日本守备队和伪满警察讨伐队来到大屯村，将村子四面包围后，就向村里开枪射击，当人们向村外逃跑时，日本鬼子就向他们开枪，我父亲侯万就是这样被日本鬼子杀害的。同时，日本鬼子还将我家的三间房子也烧光了。

选自中共宽城满族自治县委党史研究室等编：《宽城历次大惨案》（内部发行），2007 年。

田广树控诉书

（1956 年 1 月 3 日）

我叫田广树，今年 44 岁，农民，现住河北省青龙县大屯村。1941 年农历正月十六日夜里，喜峰口日本宪兵队、日本守备队和伪满警察讨伐队来到大屯村，将村子包围后，就向村里开枪，并放火烧房子。这时村中大乱，人们有的往村外逃，有的躲起来，日本鬼子开始了大屠杀。就在这天晚上，日本鬼子在我村杀死 170 多人，烧毁房屋 500 多间，制造了一起骇人听闻的惨案。在这一起惨案中，我家遭受了巨大灾害。日本鬼子杀死我家 6 口人，有我父亲田庆林、叔父田庆成、婶母、弟弟、妻子、女儿 6 人，同时还将我家 8 间房子全部烧光。

选自中共宽城满族自治县委党史研究室等编：《宽城历次大惨案》（内部发行），2007 年。

刘廷付控诉书

（1956 年 1 月 3 日）

我叫刘廷付，今年 41 岁，农民，现住河北省青龙县第九区大屯村。1941 年农历正月十六日夜里，喜峰口日本宪兵队、日本守备队、伪满警察讨伐队来到大屯村，将我村团团围住。之后，日本鬼子就用机枪、步枪向村里射击。当时，人们就往村外跑，日本鬼子见一个打一个，接着就点火烧房子。当晚，村里的人有的被日本鬼子打死，有的逃往村外。第二天早晨，当日本鬼子走后，逃出去的人才陆续回村。回村一看，大屯村完全成了一片焦土。这次惨案中，我父亲刘成云、母亲、伯母、妻子和侄子共 5 口人被日本鬼子杀害。我家房屋和全部财产被烧光。

选自中共宽城满族自治县委党史研究室等编:《宽城历次大惨案》(内部发行),2007年。

陈祥控诉书

(1956年1月3日)

我叫陈祥,今年57岁,农民,现住河北省青龙县宽城区九虎岭村,控诉日本鬼子抓捕和迫害我的罪行。

1942年农历五月二十一日,我在家睡觉还没起床时,就被喜峰口日本宪兵队和宽城警察大队抓捕。捕去后,被押在宽城日本宪兵队。过堂时,问我给八路军干过什么事情,我始终没有承认,因此,日本鬼子用木棍打、鞭子抽、烟火烧、灌凉水等酷刑,把我折磨得死去活来,打断我两条肋骨。日本鬼子看我快不行了才将我释放,释放后,我进行了很长时间的医治和调养,好在活了一条生命,但已成了残废,干不了重活。现在,我身上的伤痕还明显可见,这就是日本鬼子迫害我的证据。

选自中共宽城满族自治县委党史研究室等编:《宽城历次大惨案》(内部发行),2007年。

张久春控诉书

(1956年1月3日)

我叫张久春,今年26岁,农民,现住河北省青龙县宽城区九虎岭村。控诉日本鬼子迫害我父亲、迫害我兄嫂的罪行。

1942年农历五月二十一日,天未亮,睡觉的人都还未起床时,喜峰口日本宪兵队和宽城警察大队就来我们村抓人,将我父亲张升和我兄张久泉抓到宽城日本宪兵队之后,我嫂子给他们送鞋去,又被日本鬼子押起来审讯,还把我嫂子的头发翻开,看是长发还是短发,要是短发就是女工作人员。幸好我嫂子长发,被押数日后,和我兄一起被释放,我父亲却被日本鬼子残酷审讯后,送到伪满承德法院被判无期徒刑。判刑后,又被送到东北营口监狱关押,最后被害死在监狱里。

选自中共宽城满族自治县委党史研究室等编:《宽城历次大惨案》(内部发行),2007年。

王树春控诉书

（1956年1月3日）

我叫王树春，今年26岁，农民，现住河北省青龙县宽城区九虎岭村。控诉日本鬼子迫害我父亲王印的罪行。

1942年农历五月二十一日，天还未亮的时候，喜峰口日本宪兵队和宽城警察大队就来我村抓人，将我父亲王印抓去带到宽城，押在日本宪兵队过堂拷问，把我父亲打得头破血流，全身是伤。在宽城关押拷问12天之后，又被送到伪满承德法院，被判无期徒刑，判刑后，在当年的7月初又被送往东北营口大石桥劳动队关押，强制服劳役，活活地给累死了。

选自中共宽城满族自治县委党史研究室等编：《宽城历次大惨案》（内部发行），2007年。

杨保玉控诉书

（1956年1月3日）

我叫杨保玉，今年30岁，农民，现住在河北省青龙县宽城区九虎岭村。控诉日本鬼子迫害我父亲致死的罪行。

1942年农历五月二十一日，我父亲睡觉还没起床时，就被喜峰口日本宪兵队和宽城警察大队抓去，押在宽城日本宪兵队过堂，问我父亲给八路军干过啥事，因不承认，日本鬼子就用灌凉水、灌煤油等手段进行拷问，打得死去活来。之后，被日本宪兵队送到承德地方法院判处12年徒刑，后又被送到东北海龙监狱，死在监狱里。

选自中共宽城满族自治县委党史研究室等编：《宽城历次大惨案》（内部发行），2007年。

刘文贵等控诉书

（1954年7月14日）

1943年1月17日，喜峰口日本宪兵队抓去我们村19人，有刘文贵、刘文远、刘文学、刘迁、刘隐、赵文和、赵四瞎子、赵有之女、刘春、刘双河、关仁玉、关元祥、赵荣、赵相阁、赵润、刘凤贵、张洪喜、赵裕富、赵志19人，其中关仁玉、赵荣、刘春3人被日本鬼子严刑拷打后，关押在孟子岭一个仓库里，仓库里放有卤水，他们3人不堪忍受日寇的毒刑，都喝卤水死去了。被日本宪兵残杀的还有刘文远、刘文学、刘迁、赵裕富、赵志等人，均被杀死在孟子岭村。赵润被日本宪兵将下巴颏打碎而死。刘双河是个刚满8个月的孩子，被日本宪兵从他妈的怀里夺去活活地给摔死了。赵有的女儿被活活地给冻死了。赵四瞎子被日本鬼子绑上塞入冰窟窿里活活淹死了。赵相阁被日寇抓住后，被挖去双眼，扒出心来活活痛死。刘凤贵被日寇用刺刀刺死在梁南大落石沟。刘文和被日本宪兵抓去后，处以长期徒刑。这次共有刘文学、刘文远、刘迁、刘文和、赵相阁、刘凤贵、赵裕富 7 户被杀绝。我们村被抓的 19 人中，被杀死、逼死的无辜百姓 14 人，被判长期徒刑 1 人，释放 4 人。

控诉人：刘文贵、刘文振、徐春、赵三顺、关元顺、赵秀荣、赵有。

选自中共宽城满族自治县委党史研究室等编：《宽城历次大惨案》（内部发行），2007 年。

赵奎控诉书

（1956 年 3 月 6 日）

1942 年农历五月二十一日，喜峰口宪兵队来九虎岭村涯子庄和九虎岭庄抓人，当日被抓的有陈祥、杨宝才、张升、王印和我等 100 多人，被捕后押送到宽城警察署拘留所。第二天早晨，把陈祥、杨宝才和我等 15 人，带到审讯室过堂，问我在救国会里担任什么职务，我说什么也没担任。日本鬼子将我按在地上，把我身上的衣服扒下来，用皮鞭子和木棒子毒打，我被打得在地上乱翻乱滚，浑身又紫又青，我们这 15 人都和我受同样的刑罚，一直打到下半夜，又被押回拘留所里，23 日又把我们 15 人带到警察署房后井沿跟前，我到那一看，放着个梯子，梯子下面有个水坑，日本鬼子就叫我头朝下躺在梯子上，把我的两条腿在梯子的横杠上一上一下放着，把我胳膊背到梯子下面去，然后给戴上手铐和脚镣，还把我的脖子用绳子绑在梯子上，灌我凉水，把我灌昏过去，用香火烧我。苏醒过来后，我见陈祥也和我一样在梯子上躺着，也被灌凉水，昏过去也用香火烧，一连把陈祥灌昏过去 3 次，把肚子灌涨后，日本鬼子就用脚踩他肚子，把水踩得顺嘴和鼻子往外流，一个鬼子踩，一个鬼子灌，这样反复进行。另一个鬼子掐着杨宝才的脖子向水坑里按，一连几次把杨宝才浸昏过去，我们 15 人都受过这些刑罚，就这样一连折腾了几天。5 月 28 日，从拘留所里提出杨顺友、刘广福、孙广安、孙广和、孙永林、张升、王印和我等 12 人送往平泉县法院过堂，在那里押了 3 天，给了我两碗粥吃，6 月初，把我们押送到承德监狱里。6 月末，把我们 12 人带到南营子法院过堂，来回十五六里地，回到监房一看，脚脖子皮都磨没了，有的露出骨头来。到七月二十五日，伪满锦州高等法院到承德监狱来对我们 103 人进行宣判。判处死刑的 3 名，其余 100 名被判无期徒刑和有期徒刑，最少的也判 10 年徒刑。我们这 12 人，孙广和被判无期徒刑，我被判 15 年徒刑，孙家林被判 12 年徒刑，其余都被判有期徒刑。判刑后不几天，孙广和、王盛忠、孙永林就死在承德监狱。在那里不给我们吃饱饭，还得干重活，住的房子冬天不生火，屋子里墙上的冰霜有 2 指厚，杨顺友、孙广安等 8 人连冻带饿都死在了营口监狱。只有我 1 个，没被折磨死，真是命长，今天才有机会作为日本鬼子残害中国人民的见证人，在中华人民共和国政府审判日本战犯的庄严法庭上，清算日本鬼子残害中国人民的这笔血债。同时，我还要指出，日本鬼子不仅仅是迫害我1个人，而是我全家人都受害。我在监狱长期被关押，我老婆被伪讨伐队霸占去了，两个女儿也被抢去了，两个小儿子被活活地饿死了，只剩下我1人无家可奔，无亲可投，日本鬼子害得我妻离子散，家破人亡。这种苦难都是他们这些杀人强盗造成的，我要求法院对这些杀人强盗严加惩处，给我们报仇。

选自中共宽城满族自治县委党史研究室等编：《宽城历次大惨案》（内部发行），2007年。

（四）日伪战犯供述

木村光明笔供(1)

（一九五六年六月四日）

一九四三年一月，喜峰口宪兵分队所属宽城宪兵分遣队（又称临时派遣队）的密探侦知，在青龙县的九虎岭村，有八路军迁青平县政府的工作人员举行会议，组织当地居民进行抗日救国工作。喜峰口宪兵分队长笠井向承德宪兵队报告了上述情况。于是，宪兵队长和我即由承德前往宽城。当时关东宪兵司令部的长发大佐也来到承德地区巡视，了解宪兵活动情况及对付共产党的策略等，他也同我们一起到了宽城。由于抗日力量强大，队长命令我统一领导指挥进行镇压。我打电话将承德宪兵分队调来分队长生田和宪兵六十名，古北口宪兵分队长长岛玉次郎及部下宪兵四十名，加上喜峰口宪兵分队长笠井及其部下宪兵六十名，共一百六十名宪兵，分批前往九虎岭地区。我和笠井分队长率部下由西方前进，南方是长岛分队，东方是生田分队，都伪装成去捕鱼的样子。第二天拂晓到达目的地，因天未亮，我用电筒指挥包围了居民房屋，按计划进行抓捕，共抓了一百五十名左右的当地居民。在搜捕时，八路军工作人员逃跑，被枪杀了五名，是在九虎岭的北方。当天晚上，我在宽城命令笠井分队长负责领导拷问，我就回到喜峰口。这些被捕的人全部押在宽城进行拷问。事后据笠井报告，因严刑拷问致死十一人，我告部下，以“战斗中射杀”名义报告上去。一个月后，被捕的人大约七十名左右被送到伪承德检察厅，交法院审理判决，结果不详。

以上是由我亲自指挥或参加指挥所犯下的罪行。

中共河北省委党史研究室编：《长城线上千里无人区》，第四卷，北京：中央编译出版社，2005年版，第226～227页。

木村光明笔供(2)

(一九五六年六月十五日)

被害人赵奎等七人和被害人亲属杨保玉等七人的控诉书及当地居民王盛德、王盛君等十二人的书面证词和查问笔录十四份,通过翻译读给我听了。没有差错,全部都是事实。

我于一九四二年七月四日(农历五月二十一日)在承德宪兵队本部任特高课长时,正如上述材料所载,捕杀中国人民,命令喜峰口宪兵分队长的同时,我也亲自到当地指挥喜峰口宪兵分队、宽城派遣宪兵队、宽城警察讨伐队、满军宪兵和协同宽城日本军讨伐队,在青龙县九虎岭村抓捕了中国抗日工作人员和中国和平居民刘殿福等百余人,带到宽城派遣宪兵分队扣押,经灌凉水、灌煤油、殴打等拷问后送承德法院加以迫害。此事实,我负全部责任。

关于我以上所犯罪行,请被害人给予我严厉的处分。

中共河北省委党史研究室编:《长城线上千里无人区》,第四卷,北京:中央编译出版社,2005 年版,第 226 页。

横山光彦笔供

(1954 年 6 月 28 日)

一九四三年五月至一九四四年五月,我任伪锦州高等法院次长期间,组织治安庭,或在特别治安庭自任审判长,或令其他审判官任审判长所审判之思想案件,如下:

1. 喀喇沁右旗、中旗、兴隆、承德、围场、隆化、丰宁、青龙、翁右、敖汉地区的案件。(略)

2. 光头山地区事件。(略)

3. 热河西南地区防卫委员会决定进行之“大检举”事件。

(1) 第一次“大检举”事件。

此系一九四三年八月,根据热河西南地区防卫委员会,以热河西南地区治安“肃正”委员会名义进行的“大检举”。

同年九月十一日至九月二十六日,在青龙县(宽城当时隶属伪青龙县管辖——编者注)西南部地区,由伪满喜峰口宪兵队及青龙驻防军逮捕了三百二十四名;在兴隆县东部一带地区,由古北口宪兵队逮捕了九十八名;在承德南部地区,由承德宪兵队及热河省警务厅特务、司法警察队逮捕了五百三十六名,一共逮捕了九百五十八名中国革命志士及爱国人民。其中在青龙县地区,将一百八十五名经过在青龙的锦州高等检察厅思想检察官起诉至锦州高等法院特别治安庭，此外有四十九名送至承德。在兴隆县地区，包括承德县南部地区，逮捕约四十一名，在兴隆经过锦州高等检察厅思想检察官起诉到锦州高等法院特别治安庭。结果，这三个地区被起诉的人数，共四百五十六名。我派遣到青龙之特别治安庭，在青龙接到起诉后随时开庭审判(约审判了六十件)。此后又移动到兴隆，在兴隆接到起诉后，随时开庭进行了审判(约审判了十二件)。被起诉到承德的部分，和第二次“检举”的部分，共有二百六十名。其中，除一名在锦州高等法院治安庭审判外，全部于同年十月末至十一月在承德地方法院公审庭由特别治安庭审判。

我派遣到青龙及兴隆的特别治安庭的组成：审判长，承德地方法院次长兼锦州高等法院审判官内藤某；审判官，田场川、山田或畠山。

案件内容：八路军干部、革命志士，到一九四三年九月为止，在热河省西南地区各处指挥部队，同日、满军宪兵队、热河省警务厅特务、司法警察队作战；八路军同日、满军宪兵队、热河省警务厅特务、司法警察队作战；中国共产党负责人、党员协助八路军，组织抗日救国会，进行宣传、联络、搜集情报；爱国人民则通过抗日救国会，供给八路军战士食宿、情报，担任领路等，从事抗日爱国活动。

判决结果：在青龙审判之革命志士及爱国人民一百八十五名中，死刑四名；无期徒刑及十年以上有期徒刑约一百二十名；十年以下有期徒刑约六十一名。

在兴隆审判之四十一名革命志士及爱国人民中，死刑一名；无期徒刑及十年以上有期徒刑约三十名；十年以下有期徒刑约十名。

(2) 第二次“检举”事件。

此系第一次检举机关，在一九四三年十月决定的继第一次“大检举”之后的又一次“检举”事件。

同年十月六日至十月十九日，在承德县东南部地区，伪满宪兵队及热河省警务厅特务、司法警察队，分头在古北口、喜峰口等地区(即青龙县一部分及河北省一部分地区)进行了“检举”，被逮捕的人数共达二百九十二名。其中，在承德县地区，经在承德之锦州高等检察厅思想检察官，将三十名起诉至锦州高等法院特别治安庭。在古北口地区，经在古北口之锦州高等检察厅思想检察官，将约十二名起诉至锦州高等法院特别治安庭。在喜峰口一带地区，经在平泉之锦州高等检察厅思想检察官，将约二十六名起诉至锦州高等法院特别治安庭。结果，在以上三地区被起诉之中国革命志士及爱国人民共计六十八名。我派遣到平泉的特别治安庭，在平泉接到起诉后，随时开庭审判。以后移动到古北口，在该处接到起诉后，随时开庭审判，共处理约十二件。在承德被起诉之三十名，和上面所述第一次“大检举”中被起诉的一百八十一名，及由青龙送来被起诉的四十九名，一共二百六十名，其中除一人被送往锦州高等法院治安庭进行审判外，均于同年十月末至十一月之间，在承德地方法院公审庭,由特别治安庭进行审判。在承德审判的人数中有六十名,由我作为审判长分三四次进行审判。其余的一百九十九名,由承德地方法院次长兼锦州高等法院审判官内藤某为审判长,分数十次进行了审判(一共约有八十件,其中我审判的约有二十件)。

我所组织的特别治安庭其构成如下:平泉及古北口之特别治安庭,审判长为锦州地方法院次长兼锦州高等法院审判官江上某,审判官为山田某及畠山某。承德之特别治安庭:① 审判长是我,审判官是内藤某及田场川某;② 审判长是内藤某,审判官是田场川某、山田某及畠山某。

案件之内容:八路军干部、革命志士,到一九四三年十月为止,在热河省西南地区各处指挥其部队,同日、满军宪兵队、热河省警务厅特务、司法警察队作战;中国共产党负责人、党员、革命志士协助八路军,组织抗日救国会,宣传、联络,搜集情报;爱国人民则通过抗日救国会,供给八路军革命战士食宿、情报,担任领路等,进行抗日爱国活动。

判决结果:在平泉和古北口,由江上任特别治安庭审判长,审判共三十八名(平泉有二十六名、古北口有十二名),其中死刑二名;无期徒刑及十年以上有期徒刑二十五名;十年以下有期徒刑十一名。

在承德,我亲自任特别治安庭审判长,审判六十名,其中死刑十五名;无期徒刑十五名;十年以上有期徒刑三十名。在承德,由内藤任特别治安庭审判长,审判一百九十九名,其中死刑十五名;无期徒刑十五名;十年以上有期徒刑约一百名;十年以下有期徒刑约六十九名。

以上第一、二次伪热河省西南地区"大检举"事件,共审判中国革命志士及爱国人民五百二十三名。其中,死刑三十七名;无期徒刑三十名;十年以上有期徒刑三百零五名;十年以下有期徒刑一百五十一名。在这些被惨杀及被镇压之革命志士、爱国人民中,除前述之八路军干部、战士、中国共产党负责人、党员、一般爱国人民外,还有河北省迁遵兴、迁青平、青绥凌、承平宁各县之县、区、村各级政府之负责干部、采粮员、助理员、农会主席、农会会员、游击队干部及队员等爱国人民。并且,上述各县的县政府,也都被检举机关所破坏。宣判的各种徒刑,均未上诉而确定。其后,在锦州高等检察厅的指挥下,一部分在承德、锦州各监狱,一部分在安东及北满各地监狱执刑。

中共河北省委党史研究室编:《长城线上千里无人区》,第四卷,北京:中央编译出版社,2005 年版,第 289~293 页。

五 宽城"人圈"采访实录

本章共收入回忆文章51篇，其中有49篇是在近两年的调查中，组织当年生活在"人圈"和"无人区"中的亲历者，或由他们亲自起草，或因身体原因、文化程度所限，本人不能亲自起草的，则由他们亲自口述，本书作者再进行全程的录像、录音后，再根据录像、录音资料进行整理而成的。

这些回忆和口述文章的内容比较全面，有对"人圈"生活的回忆，有对"无人区""猫山"生活的记述，还有的是对被抓捕、监押、残杀、饱受摧残经历的回忆以及对当时所发生的历史事件的介绍，等等，涵盖了当时"人圈"和"无人区"的方方面面，既是对日军在千里"无人区"残暴罪行的血泪控诉，也是对日本侵略者在千里长城线上"集家并村"、制造"无人区"罪行的客观、真实的记录，是一部血迹斑斑的苦难、屈辱史。

需要说明的是，本书作者对这些文章的整理，全部都本着真实性的准则，以实事求是的态度，按照回忆者的本意进行整理的，在内容上未做任何改动。在绝大多数回忆文章中，甚至连小标题都没有加，以确保回忆的真实性、准确性。

（一）对宽城"人圈"生活亲历者的采访实录

岭西"集家并村"前后遭遇的回忆

碾子峪镇岭西村　白玉春（100岁）

我今年已经100岁了，说起"集家并村"的事，真是让人一言难尽！下面，就把我还能想起来的事儿说说。

1. 第一次“集家”

我们这里第一次“集家”是春天，是小“集家”，秋天又进行了大“集家”。春天刚耪头一遍地时，副甲长鲁峰就领着一帮人进庄了，有10多个人。他们路过我耪地的地方时，鲁峰就和我说：“走吧，拆你们房子去！”我心里一惊，就赶紧回家了。到家一看，3间房子已经拆了2间了，把房子上的草都扒了。房子扒了后，我们就没地方住了。柳志福是牌长，在柳家店庄住，后来我们就搬到了柳志福家。我兄弟在大屯扛活，家里还有我兄弟媳妇、我母亲和我媳妇、孩子全家几口子就在柳志福家挤着住。住得挺紧张的，也没处呆。我母亲就在大街上哭了起来。正好遇上鲁志存路过，就问我妈是怎么回事。我妈就向他介绍了情况。鲁志存说：“别哭了，上我们家住去吧。”鲁志存是新搬来的，也没房子，住的是鲁志清的房子。他们家后院的窗外有一个小炕，我们就在他们家里住下了。后来我母亲病了，差一点病死，连大小便都不知道了。等我妈的病好一点以后，我们就把已经拆的房子收拾收拾，又搬回去住了。

2. 第二次“集家”及“人圈”的生活

那年秋天，又进行大“集家”。那时候遭老罪了，住了3年才又散的“家”。到了岭西“人圈”更没地方住，盖的是卡杈房，四周夹的秫秸杖子，里边抹上泥就是墙了。日本鬼子投降后，我们才回老家。不然的话房子眼看就塌了。卡杈房四角的4根木柱子，根部都烂了，就剩一根心了，旋棒棰了，就要烂没了。那时的卡杈房，四面一点都不挡风，要是不“散家”，根本就没办法住下去了。

我们搬进岭西“人圈”去的时候，有我妈、我们哥俩、两个妹妹、我媳妇、兄弟媳妇、我闺女八口人。我们那儿的院里本来就很挤了，又住进了一个警察，叫刘万友。我们只能把住的一间半房子给他们了，又在另外的一个角落里搭了一个小炕凑合着住。

我们刚进“人圈”时，日本鬼子就逼着我们修围墙，快修完了，又让八路军给推倒了。炮楼也修成了，石头的，都推倒了。后来又打土围墙，每天早晨一起来，人们就开始修围墙。那时候也没有粮食吃，有黄瓜的吃两根黄瓜，吃点菜，哪有粮食吃啊。修围墙时，不管大人还是小孩，谁不去也不行。负责管理“人圈”的是甲长和自卫团的团长。警察的头儿是李清瑞，讨伐队队长是于友三。当时日伪又在岭西“人圈”外建了一个警防所，于友三讨伐队也在警防所住。在后山上还修了炮楼，建了营房，自卫团团员都给站岗去。

那时候晚上站岗后，白天照样修围墙，根本就没时间睡觉，真是困哪！自卫团的团长是鲁志山。警防所警察的各种吃用物资等，都是先从“人圈”中有牲畜的户里抓来牲畜作为运输工具，然后到孤山子“人圈”里去驮。只要是警防所驮运物资的时候，讨伐队和警察就不让站岗的开“人圈”大门了，怕出现意外。那天早晨正赶上我站岗，自卫团长的哥哥鲁志安要到地里干活去，让我给他开大门，好出去干活。我不愿意开大门，但是经不住他一再的要求，就把大门偷偷打开，把他放出去了。可是，这事却让警防所的警察看见了，下来就把我毒打了一顿。用枪把子打我，左肩一下右肩一下，狠狠地打，把我打得连动弹都不能了。

3. 丢枪事件

我被打的10多天后，伤口还没有好呢，日伪又让我去孤山子领枪去，自卫团员要统一训练。可是，把枪领到手还不到40天呢，“人圈”里的枪就被八路军全部给缴走了。那天，八路军夜间来了不少人，连枪带子弹都给缴走了。

后来，日本鬼子就在夜间把我们20多人都抓走了，拉走了一汽车。他们把我们拉到大地警察署，逐个地过堂审讯，拷问我们是谁把八路军引来的，枪支的去向等，把我们关了45天，也没问出个结果，最后日军分两次把我们又放了回来。

虽然把我们20多人抓走后又放了回来，可是，日军还是追查这件事儿，了解“人圈”的大门是谁开的。因为张万忠是八路军的家属，日军硬说是张万忠把八路军引来的。于是，日军就把张万忠抓走了。抓到大地警察署后，日军用头发茬子和洋油灌凉水，好一个折腾，啥罪都受了。把张万忠打得一瘸一拐的，连路都无法走了。然后，日军就安排大地警察署在第二天早晨去青山口把张万忠枪毙了。因为大地警察署的署长当时已经40多岁了，一直都没有孩子，正好那天夜里他老婆生了一个胖小子，感觉着枪毙人不吉利，才在青山口故意朝天放了几枪，没有枪毙张万忠。后来，侥幸活下来的张万忠偷偷地逃到了口里上营村的姐姐家。

4. “人圈”里的情况

我那时是八路军的专职交通员，是跑专信的。当时跑专信的送平信可以，跑平信的送专信不行。我那时跑“白草洼—贾庄子—白草林”的地下交通线。游击队的葛春生经常在白草林。所以我送信时多数都送到白草林。这是在“集家”前，“集家”时就不行了，没办法跑。在“人圈”里被圈起来了，没办法联系，与八路军确实断了关系。

“集家”时，我们附近的房子、窝铺等全部都让日伪烧了。老百姓在老家放的农具等也烧了。“人圈”大门都由日伪军、警察和自卫团员站岗，谁也不能早出晚归，只能是开大门出去，关大门前就必须回来。你要是出去早一点儿，被警察分驻所的警察居高临下地看见后，还要问你一个究竟，说你给八路军送信去了，等等。他要是不向头头汇报还算万幸，只要是向头头一汇报,你的小命也就没有了。

一次,日本鬼子把装文件的包丢了,他们就把岭西“人圈”的大门紧紧地关闭了,前后山上都架了机枪。张万忠的媳妇是八路军的家属,日本鬼子把柴禾垛点着后,把她扔在烧着的柴禾垛上,准备把她烧死。我三舅母拼命地把她给拉了出来,才侥幸地没被烧死。后来,日本鬼子把包也找着了,大家才算躲过了一劫。

那时候“人圈”里卫生太差,苍蝇、臭虫、跳蚤等啥东西都有,臭虫哪儿都爬,经常闹传染病,特别是孩子死得非常多。赵永山一家死了5口人,翁宪义家两口子都死了,说不清到底死了多少人了。

峪耳崖、大地的警察、讨伐队经常到岭西“人圈”来,日本鬼子隔三岔五地来,到“人圈”里敲诈老百姓,还经常进行“检举”等。

那时候的老百姓,过的是啥日子啊?日本鬼子根本不把老百姓当人看!

调查采访:张明云　尹桂生　陈国仁　张焕生

整　　理:张明云　调查采访时间:2015年6月5日

不堪回首的“人圈”生活

宽城镇洪杖子村　李占增(99岁)

我叫李占增,今年99岁了。因为时间太长,再加上年岁太大了,有的事儿也记不十分清楚了。我就把我还能想起来的情况说说。

1.“集家并村”的情况

1943年初,日本鬼子逼迫我们这里的老百姓“集家并村”,让老百姓把房子拆了,不拆的就把房子烧了,把东西给抢了,把人们折腾得啥也不像啥。“集家”后我们就在于杖子“人圈”打围墙。那时候真是受气呀,受了三年多的气。搬家的时候,人们都不愿意搬走,把被拆的破房子收拾收拾还想住下去。可是,汉奸就给报告了,鬼子把人都抓去了,说你跟八路军是一条腿,把人打得跟肉饼似的。一说那事,我就忍不住地掉眼泪(说着说着,老人就大哭起来)。“集家”的时候,我们这里都搬于杖子“人圈”去了。开始说让我们搬到洪杖子去住,后来黄了,把洪杖子的“人圈”点又给取消了,都让搬到于杖子“人圈”去。

“人圈”修好后,出入“人圈”控制得非常严格。出“人圈”的话,要严格地检查,晚上如果回来晚了,警察就狠狠地打你。如果不进“人圈”的话,也得挨打。我们一家9口人都进了“人圈”,有爷爷、爸爸、妈妈、哥哥、嫂子、侄子等。进入“人圈”后,盖不起大房子,也根本没材料盖。于是,我们家就支了一个马架子房子。房子小,炕也小,炕上睡不开,就在地上铺上干草睡，能遮点雨就行了。那时候在“人圈”里，打的粮食很少，还要向日本鬼子缴粮食，大一仓小一仓的，都交给他们了。交完后，就剩下点糠了。就是剩下的这一点糠，你要想拿回来日本鬼子也不让，你一拿他就打你。日本鬼子跟老百姓要的东西多了。烧柴禾都得老百姓供给，老百姓还得给他们送到那儿。送柴禾还不算，什么猪肉、鸡、鸡蛋等啥的都得给送，还要送钱、物，等等。

老百姓饿死了许多。李凤廷没啥本事，又困难，饿死了，媳妇也走了，一家人都绝了。李凤兴一家3口子，李凤兴有病饿死了，儿子要饭去了，媳妇也死了。鲍振祥的大哥饿死了。想起这些，心里忒难受。

“人圈”里经常闹瘟疫，多的时候一天就死了7口人。李凤廷家死绝了，蔡生一家3口也都死了。李占跃一家3口人，夫妻2人都得瘟疫病死了，女儿也不知道嫁哪去了。

在“人圈”里全仗吃山菜，到山上挖马山菜，捋榆树叶子、榆树狗子、椴树叶子吃。这些树叶子都捋光了，就把山里一种叫地管子(一种根类草药)的刨回家，到家里炸着吃(并没有油，其实是煮——编者注)。地管子炸前必须先泡一泡，不泡的话有毒。那时候啥都吃，能吃的都吃了，还有吃野菜的，比如刺菜等，把人吃得身上都浮肿了。

那时候，有条件穿上一件的，也是天气热的时候把棉衣服拆开，把棉花掏出来，就是单衣，到天冷了还把棉花塞回去，就是棉衣。很多人冬天根本就穿不上棉衣服，冻得直叫唤。因为没有被子盖，有的把锅盖、簸箕盖在身上。

进出“人圈”的话有站岗的，晚上必须按时回来，回来晚了站岗的就不给开大门了。我叔伯侄子就是回来晚了不让进大门，冻死在“人圈”外，他的小名叫长聪，才18岁。在“人圈”里，鲍家庄搬进去的有个叫鲍振太的，他媳妇被3个日本鬼子给祸害轮奸了。

李凤祥当八路军去了，还没说媳妇呢，后来也没回来。李占增给八路军送信。李占举、李凤合是我们庄的，都给八路军办事。给地下党八路军办事的人多了。蔡家庄蔡顺是个老实人，还有乔凤原、陈克林、鲍长清、鲍凤池、鲍振普、鲍凤歧都是给八路军办事的。葛家洼鲍凤祥，和我哥哥都给八路军办事。

1945年7月就有信儿了，说共产党八路军把日本鬼子打倒了，让散“家”了。日本鬼子投降后，人们都回到老家。哪怕在原来的旧房壳楞里搭个小窝棚也早就盼着回家了，可不受日本鬼子的气了。

2. 关于“大检举”情况

1942年，日本鬼子就开始在我们这里进行“大检举”。日本鬼子“集家”时，先通知把房子拆了，村里的人都搬走了。不走的话，日伪军就把房子给烧了，把东西给抢走了。那时日伪军到我们这里抓人，让人们都跪在那里，他们一个一个地检查，看面目，瞅着谁不顺眼就拽出去杀了、砍了。有一次，我们这里还有其他地方抓来的老百姓，都给送到宽城杀了。后来又在我们这里进行"大检举"，"检举"抓走后一直没回来的有姓蔡的，还有蔡文才抓走后没回来，东沟的陈克林、陈克荣、乔凤原，洪杖子的张树里、鲍长清抓走后都没回来，抓去的人多了。我哥哥李占举被抓去后，日本鬼子用烧红的烙铁在他浑身上下烙，但他一直啥也没招，后来侥幸放回来了。那次把李凤阁的胳膊打折了，把鲍凤祥打得都不知道东南西北。

有一个是党坝的家，叫赵军的，原来是八路军人员，后来，他投降叛变了，谁干啥谁干啥，他都向日本鬼子说了。于是，在第二天早晨起大早，日伪军就把这些人都抓走了，那次抓走了不少人。我那时候不给八路军和地下党干别的，就叫我送信，给我起的化名叫尤文金。那时候，我们给地下党和八路军送信，想啥办法也得送到。我送信时从东沟过梁，到石洞沟有个姓丁的，老丁家，送到那。不管啥困难也得送到，朝沟里送到团瓢沟。干地下工作的，有一个人叫霍占亮，一个叫举成章。送信送到黑小子沟那两个人，一个叫齐凤春，一个叫齐文章，我把信都给送到那儿。朝塌山送要送到椴树洼，到那儿要签上字，没签字是没送到地方，那可不中。那时候都是经赵军手安置的。他叛变后就到处找我，找尤文金，找不着。我那时候啥都装，装成放牛的，等等，就是没抓着我。赵军叛变后，把报国会的人员按着名字逐个抓。我表叔鲍凤祥也是报国会会员，我哥哥、李凤合都是报国会会员，在料虎沟开会时成立的。这一片一共是 10 多人。乔凤原是报国会会员，后来被抓走了，张树礼也被抓走了。我是报国会会员，一个月有一毛钱的会费。敌人在宽城南关有个杀人场。我们这里那次被抓走的，包括在别处被抓走的一共有 82 个人被枪杀了。那时候，日本鬼子不管是谁，只要瞅着不顺眼的就抓。现在看电影、电视，一看到日本鬼子抓中国人、打中国人、杀中国人，我立刻就流泪。我就不爱看这些镜头，也不敢看，忒瞅着惨哪，忒惨忒惨的。

1942 年腊八的时候"大检举"，是在我们沟外进行的。那时候地下党人员正在黑小子沟开会就被抓了。后来，又"检举"了几次。小前坡峪的举汉辰、于杖子的于殿起、料子沟的王春生，这几个人都被抓走了，一直都没回来，给抓到了青龙后饿死的。李连仲体格壮，没被折磨死，解放时还万幸地回来了，也是那次"检举"浮浪者时被抓走的。

调查采访：张明云　尹桂生　张焕生　杨春莲

整　　理：张明云　调查采访时间：2015 年 1 月 5 日

"集家并村"时期的点滴回忆

桲罗台镇永屯村　才建国（女 91 岁）

1940 年，我出嫁来到安家峪。1942 年，在区妇女主任李治国的介绍下，我加入了中国共产党，组织妇女们做军鞋、军用品等，积极投身到抗日斗争之中。

1943年，日伪在宽城实行“集家并村”。我们安家峪上下庄，有的搬到南天门“人圈”，有的搬到南杖子“人圈”，我们搬到了沙窝店“人圈”。搬到那里后没房子住，找的是别人家的一间小棚子。我们一家7口人住在了一间房子里，当时有公公、婆婆、小姑子、小叔子、我和我男人，还有一个孩子，可是怎么住啊？

吃的更难，都是靠亲友周济。在“人圈”的那几年中，沙窝店“人圈”里因没有粮食吃，饿死了很多人。我们安家峪庄搬到沙窝店“人圈”的人，就先后饿死了10多口子。

到“人圈”外种地要回老家。当时的老家安家峪已被划为半“无人区”（“无住地带”——编者注）。按照规定，只能白天在那里种地，晚上不能住。在“人圈”里，就是平时从“人圈”出来，也必须由甲长开条。晚上不到5点必须回去，回去晚了就要遭到一顿毒打。“人圈”里如果关上了大门，你就不用想进大门了，只有在“人圈”外边过夜。有一次，高庆堂去安家峪种地，回“人圈”晚了，日本鬼子、伪警察硬说他给八路军办事去了，挨了一顿毒打后，经别人说情才侥幸脱身。

在“人圈”里卫生特别不好，瘟疫经常流行。得了瘟疫病，其症状是发热、疼痛、吐泻等。那时，根本没处求药就医。从我们安家峪搬去“人圈”的人就死了10多口子，有高永生、高永福的妻子、高庆春、郊子（乳名）等。桃树峪、二河店搬到沙窝店“人圈”的人死了30多口人。南杖子“人圈”也死了不少人。

当时，“人圈”里的日伪管理人员有甲长、司计、牌长、管财粮的，还有警察。讨伐大队长姓姜，还有于友三讨伐队，经常到各地去“讨伐”，扒我们藏粮的粮食窖。日伪军和讨伐队看谁不顺眼就抓。他们对“人圈”里的群众打骂是家常便饭，有的被说成是“通共产党”“八路军”等予以枪毙。

那时，我们安家峪被划为半“无人区”，只让在那里种地，不让人们居住。在那艰苦的条件下，人们还是坚持斗争，为八路军、共产党捐粮食、物品，在地下党组织的领导下艰苦抗日。

当时，安家峪被地下党组织化名为“吉林”，安家峪的两个庄，分“上吉林”“下吉林”，疙瘩地化名为“凤天”。我们安家峪的交通员负责送“凤天”、北大岭、王厂沟一带的信件等。

当时，上级派来的地下党人员有常野，他的警卫员叫纪成树。有金福臣，他的警卫员姓才，不知叫什么了，还有张建国。李治国是妇女主任，还有葛春生，他的警卫员叫吴成文。李克勤是基干队队长，领导着十几个基干兵。他经常组织游击队和人们铲除叛徒、抓奸细。我们安家峪还有一个报社，共有6个人。报社的两个负责人叫大郝和二郝，负责印刷和发放党的文件、传单，印刷党报等。我们党小组安排群众和儿童团员为他们站岗放哨。

我是妇救会主任，负责组织妇女藏粮食、给八路军筹集粮食、支援地下党的工作。我自己用大缸藏粮食，有一次被日本鬼子翻出来了，大缸被砸坏了，到现在我还保存着。粮食窖也被日伪军给扒了,里外庄被日伪军扒的粮食窖有20多个,粮食全部被抢走,还赶走了大牲畜30多头,全村的房屋也都给烧光了。

在地下党的领导下,我村建立了党小组,苏东坡(化名)任组长,还有高永付(化名柱三)、才秀英(化名才建国)、高永真(后来是12军分区宣传干事)、高庆春(交通员)、高庆葵、高永增(化名于建华)、高永林(化名张子凡)、边占清,下庄高永全、高圣余。高亚财是儿童团长。

在党小组的领导下,我们组织群众,筹集粮食,做军鞋,站岗放哨。

那时,安家峪发生了两大惨案。一是党员边占清参加了八路军,因闹瘟疫病,在家休养。被峪耳崖的讨伐队发现后,把他们全家堵在了家里,一家6口人,抓住了4口人,他母亲、边占清两口子,还有一个3岁的儿子,都被鬼子杀害了。人们发现后,看到小孩子还有一口气,肠子都流到了肚子外边,还有气无力地喊着:"妈妈……"当天,还打死了老百姓高庆满,打死在了后山坡上。

二是我们这里党小组在东河套的一间小屋里开会,被孟子岭的日伪军包围。抓走了地下党员高永真(脱产的八路军,任军分区交通员),还有高永生、高永付、高占明、高西仪、高庆葵、刘圣财、小和尚等20多人。抓到宽城后,高西仪、刘圣财、高永生3人侥幸被放回,高永真被押到鞍山后壮烈牺牲,其余的人都死在了承德。

一次激烈的战斗。1945年3月21日,我们正在安家峪种地的时候,李运昌部队的一个青年连来到安家峪,住在高庆思的家中。峪耳崖的日本鬼子得到情报后,当夜就赶了过来。那天,天还没亮,村民高庆春招呼家人吃饭时,听到了皮鞋响的声音,知道是鬼子来了,赶紧大声喊:"不好了,日本鬼子来了!"然后,日本鬼子开枪打死了2名哨兵,双方展开了激战。八路军边打边退,没造成重大伤亡,还打死了一个日军小队长。日军用干柴把日军小队长火化后运走了。

下庄的高永利去宽城办事,走到九虎岭梁上,碰上一个日军要打他,高永利看看四下没有人,冷不防就把日本鬼子打晕在地,抢走了他的大枪,回来后交给了地下党组织。

那时,尽管日本鬼子残酷地镇压人民,仍然有很多的青年参加了八路军,参加八路军的有高永真、边占清、高永增(化名于建华)等。

我们安家峪在抗日斗争中,有人的出人,有粮的出粮,有枪的出枪,参加地下党的有10多人,当八路军的有3人。民兵负责为地下党站岗放哨,开展各种形式的抗日斗争,为抗日斗争的胜利、为宽城的解放做出了不可磨灭的贡献。

调查采访:张明云　尹桂生　张焕生

整　　理:张明云　高永荣　调查采访时间:2014年10月1日

大地“人圈”的回忆

大地乡松树沟村　张清义(87 岁)

大地实行“集家并村”实际上在 1940 年的冬季就开始了,搞得三起三落,先是小“集家”,后是大“集家”,就我们松树沟村来说,先集到瓦房沟,后又搬回去,折腾了两三回,最后是伪青龙县政府在大地搞的试点,大约在 1941 年 8 月。这次“集家”,大地附近的村都集中在一起,有 20 多个自然村,还有青龙县王厂乡所辖的从二道沟到大转岭的几个村庄,县内县外共 310 多户,再加上大地原有的 40 多户,一共是 350 多户,近 2 000 口人,是个不小的“人圈”。

大地“人圈”的建设规格、标准、要求,当时设计者王子合(新中国成立后被政府关押判刑 15 年)在狱中交代的与群众揭发的差不多,20 多年前我在上级组织的座谈会上都说过了,这次不必再重复,总之是个武装部落。日伪时期搞特别“肃正”,把这里搞得挺邪乎。那时新名词叫“部落”,实际上就是“人圈”。人有人屋,牲口有牲口圈,哪有把人当牲口圈起来的呢,不叫“人圈”叫啥圈,根本一点自由都没有,看管还特别严,恐怕让群众和八路军联系上。

首先,就种地来说,“人圈”里控制得就相当严。那时规定,离“人圈”三里以外的地方不许耕作,更不准居住。那时候打死人无数。地是农民的命根子,庄稼人不让种地吃啥呀,“无人区”扩大得没边没沿了。“人圈”里有个叫司宏路的,在家闹病下不了地,家里地离“人圈”又远,妻子没办法像做贼似地偷着侍弄地。有一次,正是蹚地时节,妻子下地干活,不幸被“人圈”里的巡警(日本鬼子)发现,一枪打死在地里。农民不让种地,没粮食吃啥呀,靠那点配给啥事不顶。当时实行“组合配给制”,规定每个居民 6 尺半布,2 斤白面,3 两豆油,还有盐、碱、糖、火柴。说的倒挺好,实际样样抽条,以次充好,粮食掺沙子。端午节吃粽子没糖只好蘸酱吃。后来配给制搞的是老太太上台阶——一年不如一年了。那时官家说的那些话全是屁话,欺骗百姓,层层扒皮,级级卡油。俗话说,民以食为天,人是铁,饭是钢,一顿不吃饿得慌。庄稼人一家老小没吃的怎么行呢,大人愁孩子哭,那真叫人心焦啊。没办法,出路只有一条,把眼睛盯在山川野地上,挖野菜,啃树皮,因常年吃,脸都肿得像弥勒佛似的,人人拉憋堵(便秘)。瓦房沟王玉忠一家 4 口人全都饿死了。“人圈”饿死饿绝的总共有 10 多户,家家揭不开锅,户户没粮吃是个极为普遍的现象。

那年头,穿也难。一件衣服全家轮着穿,棉翻单,单翻棉,一年四季老是这样捣鼓。十七八的大姑娘没衣穿,来客登门躲在避羞坑里并不新鲜。“人圈”里有个姓王的老人,没衣服穿,身患重病出外找破烂衣服去,还没等找到破衣服,就死在半路上了。住的啥也不是,群众编成顺口溜说:“三间马架房,四面没有墙,夜里看星月,白天瞅太阳,两家挤一屋,睡在对面炕。"说的就是老百姓在"人圈"里的真实情况。夏天好过,冬天难熬。一入三九天,西北风呜呜乱叫,冻得跟猫咬似的。全家只好围坐在一个泥火盆旁挤着烤火,烟熏火燎,特别是小孩子,烤得肚子圈罗圈,活像聚聚花(一种野花),红一块,紫一块的。这样的户,"人圈"里不在少数。

有啥别有病,人病了医生难请难求。那时居住条件太差,环境不好,非常容易得流行性的传染病,像鼠疫、伤寒、霍乱、痢疾、疟疾、潮湿病、疥疮等,谁得上瘟疫病,谁就没个好。即使有先生,一来难求,二来也无钱医治,一个天价的药方子,把你绊个大跟头。瓦房沟王士申一家 3 口人,翁全一家 3 口人,全染上传染病死绝了。大地"人圈"前后因传染病死去了 300 多口人。

"人圈"里苛捐杂税,名目繁多。我算了一下,近 30 种。农业税每人每年 15 元(伪币),人头税每人 5 元,屠宰税每头 5 元,养犬挂牌税每条 10 元,种类多多,不一一列举。群众编成歌谣:"人圈真凄惨,鸡鸭猫狗什么都要捐,要想不给捐,就得拿命换。"

日本投降后,我们村统计了一下,仅我们松树沟一个村搬进大地"人圈"后,在"人圈"遭屠杀及冻、饿、传染病而死的就有 100 多口人,比刚搬进"人圈"时的人口减少了一半,大地"人圈"当时就死了几百口人。这就是日本帝国主义所谓"建设部落,自兴乡土"的"人圈"生活。

调查整理:杜青怀　调查采访时间:2010 年 8 月 11 日

尖山子"人圈"的痛苦回忆

宽城镇离休干部　张树荣(85 岁)

我今年 85 岁,是一名离休干部。"集家并村"那段历史,实在是不堪回首。那段辛酸的历史,我是打心眼里不愿提起了,真是刻骨铭心啊!

1. 日军在尖山子"人圈"制造的惨案

1943 年夏秋季,尖山子报国会主任刘天来写了一封信,派尖山子"人圈"的刘天太送往石洞沟的联系地点高家庄。为了不被日伪军发现,刘天太把这封信放在了锄头和锄把连接处的缝隙里。到了高家庄庄外时,刘天太正好遇见了驻龙须门的朱盛林讨伐队在高家庄讨伐。讨伐队的人看见刘天太后,二话不说,夺过刘天太的锄就朝刘天太打去,把刘天太打得死去活来。因为连续击打,锄头脱落了下来,藏在锄头与锄把中间的信件也掉了出来。因为信内的人名和地名都是化名,朱盛林(朱盛林讨伐队队长——编者注)他们怎么看也看不出来。讨伐队就用尽各种刑罚拷问刘天太,并千方百计地引诱他说出这些人。

刘天太受刑不过，就把尖山子“人圈”里给地下党办事人员的名字都告诉了敌伪人员。朱盛林讨伐队就按照刘天太提供的名单，把尖山子“人圈”团团围住后进“人圈”抓人。8名地下工作人员都被抓走了。其中有报国会主任刘天来，地下联系处的联络员马欢超，还有刘天增、刘福君、徐富、苏长春、李文龙、任成如等。讨伐队把这8名地下工作者送往承德(热河省会)。在承德审讯后，刘天增、任成如2人侥幸被放回，刘天来、刘福君、徐富、苏长春4人死在了承德的水泉沟万人坑，马欢超和李文龙2人被判刑后，转往沈阳监狱监押。

在承德水泉沟万人坑死去的4人中，只有刘天来有后人，新中国成立后党和政府给了一些照顾。刘福君和徐富因被敌伪处死，他二人的妻子改嫁，女儿也随母亲去了外地。苏长春还没有成家，他死后，父亲苏跃东一人独自生活，在实在没有办法的情况下也逃离了尖山子“人圈”，至今不知去处。在承德放回的2人中，任成如因为在监狱受尽了折磨，身体受到了严重摧残，不久就死去了；刘天增虽然被放回，因为在“人圈”里居住，日伪军还事事找他的麻烦，自己感到不知何时还会被抓，为了逃避灾难，当年冬天全家都搬到东北去了，一直到日本投降后，才返回尖山子村。孙明因当时讨伐队没有抓到，一直逃跑在外，始终不知去向。新中国成立以后，孙明的妻子也改嫁他人。当时抓走的8人加上孙明共9人中，就有4家绝户了。这是日伪在尖山子制造的第一大案。

1943年农历九月中旬，沈清海、张树荣亲眼所见，日伪讨伐队又抓走了赵恩。因为沈清海是我的房东，帮我家一起去收秋。那天午后4时左右，我和沈清海二人回到了尖山子“人圈”的北大门外。这时，“人圈”的大门已关。门楼上站岗的人穿着黄衣服，背着大枪，不让我们进大门。我们二人在门外躲了两三个小时，把赵恩抓走后，大门才开，我们才借机进了大门。所以，讨伐队抓走赵恩是我们亲眼所见。

造成此案的原因是，按照日伪的要求，赵恩全家人1943年春季都应该搬进尖山子“人圈”。因为赵恩没有儿子，只有两个女儿，招的女婿一个叫王瑞恒，一个叫宣永禄。一家人进“人圈”时，因为家里有牛、羊和驴，进了“人圈”这些牲畜没地方圈养，所以，赵恩一人没有进“人圈”，就和一个小放羊的在老家吃住。实际上，如刘治久、马兆贤、安民、周治国等地下工作人员根本不常在他们家。一天，小放羊的放羊时，羊吃了不少青苗。回来后，赵恩把小放羊的打了一顿。第二天，小放羊的为了报复他，把羊撒出去后，就跑到龙须门警察分驻所，谎报说赵恩家住着八路军。讨伐队就开着车抓捕了赵恩，随后又上山搜查。这时，尖山子“人圈”里的刘玉会正在山上放自家的山羊，顺便拣点蘑菇。刘玉会发现讨伐队后赶紧就跑，被讨伐队一枪打死。另一人是李富的大哥，也在山上放羊，被日伪讨伐队抓住打得半死不活后，又扔在柴禾垛上，再将柴禾跺点燃，把他活活地烧死了。

赵恩被讨伐队带到龙须门警察分驻所后就被打死了。他是被日伪讨伐队员用拆房子时拆下来的带有钉子的旧椽子打死的。

此案使赵恩家破人亡。大女婿带着妻儿逃往他乡，小女婿宣永禄一病而亡，妻子也改嫁他人。这是日伪在尖山子“人圈”制造的第二大案。

2. “人圈”里的苦难生活

尖山子“集家并村”时，从外庄“集家”到“人圈”的，有黄土梁子自然村 32 户，西沟自然村 18 户，下窝铺自然村 4 户，山湾子自然村 5 户，共 59 户。拆了房子近 200 间。其中黄土梁子 106 间，西沟 55 间，山湾子和下窝铺 27 间。进入“人圈”以后，天灾、人祸非常严重。1943 年，从春天到秋天一直是阴雨连绵，日伪还硬逼着老百姓都去修“人圈”围墙，不让出大门种地和秋收，大多数耕地都撂荒了。

在拆房时，伪警察逼着拆，拆完后警察、讨伐队、协和会等敌伪人员开着汽车，把拆房的木头都拉到龙须门修村公所去了。特别是我们黄土梁子自然村，就住在公路边上，大部分的旧房木料都被敌伪拉走了。有一天，我家找几个人朝“人圈”抬旧房木头，被日伪军发现后，用枪把子毒打了我们一顿，木料也没有抬走。修完“人圈”围墙后，日伪控制得非常严格，早不让出，晚上又不能晚归，人们一点自由都没有。

我家在 1943 年的春天从黄土梁子自然村搬到尖山子“人圈”，一直在沈清海家居住。我们全家一共 7 口人，上有 80 岁的祖母，下有不满一周岁的小妹，居住在不足 9 尺宽的一个炕上，特别是天热时，挤在一起，真是苦不堪言。同时，沈清海一家 6 口人，原来住在两个屋里，我们一去，他们就腾出了一个屋，只剩下一个屋子了，也跟我们一样，全家人也是拥挤不堪。

1943 年的夏秋季节，“人圈”里闹瘟疫病，我父亲和我母亲同时卧床不起。因为没钱，请不起先生，也接不来先生。那时，因为敌伪人员经常抓人，所以先生也不敢出门。我们全家人都时刻提心吊胆，唯恐父母死去。结果，父亲得瘟疫病后到底还是死去了。没办法，我到处求人，为父亲办理了丧事。那时，全家只有我一个人(虚 15 岁)还能跑跑。因此，我既要扶持父母和祖母，为全家人做饭，还得拉扯不满一岁的妹子。妹子因为没有奶吃，还得到处给小妹求奶吃。真是欲哭无泪，叫天不应。

因为我们在尖山子“人圈”里没有房子住，一直找房子，所以搬了几次家。第一次是在沈清海家。第二次是 1943 年的冬天，从沈清海家搬到刘福礼家(我姥姥家)。第三次是 1944 年夏天，搬到我三叔张凤云新盖的三间马架子草房里。第四次是 1945 年的春天，我自己在尖山子“人圈”里的后地上盖了三间卡叉草房，从此才住进自己家的房子。

我们家在“人圈”里死去的有我父亲和我祖母，都是因病、饿而死。同时还有叔伯弟弟张树珍，也因瘟疫病而死去，他是我二叔的儿子。还有一个舅爷叫张均发，在“人圈”里住了一段时间，也因闹瘟疫而患病死了。我二叔去世早，我二婶招了一个姓高的丈夫，他是平泉县人，所以后来他们带着一儿一女，搬到了平泉老家(平泉双洞子“人圈”)，把大儿子张树珍留在了我三叔张凤云家，不久因闹瘟疫病死了。还有张树山给当地一家富户扛活，临死时还不足20岁。张爱云——我的远房叔叔，一家5口搬入“人圈”不久，他妻子因瘟疫病而死，后来他又娶了一个老伴儿，一年多一点时间，夫妻二人也因瘟疫病全都死去，只剩下了一儿二女，都还幼小，被送到三异井石灰窑庄的姥姥吕茂林家收养。1944年秋，张连智因生活走投无路，上吊而死。他的小儿子小名叫海头，刚刚10岁，得了瘟疫病死去。大儿子张德云白天修“人圈”围墙，早晚日伪也不让出大门，加上又阴雨连绵，到了秋天几乎没有收成，连糠菜都不能填饱肚子。又赶上刚刚入秋时，二儿子也病死，还有债主逼债，在万般无奈的情况下张连智上吊自尽。焦云发，全家只有3口人，因为在“人圈”里找不到房子住，只好在本庄的小庙里住了4个多月。到了夏天，天气变暖了，他就将一床破被子，做成三件遮体衣，全家逃荒去外地了，至今没有下落。

就我们自然村的情况，仅举以上几例。那时，稍好点的人家也是糠菜半年粮，而很多户是吃了上顿没有下顿。有的是冬天“猫冬”混日子，开春以后只能以吃野菜、树叶为主。有的是男的扛活养家糊口，女的给地主薅苗挣点维持生活。在尖山子“人圈”里，我们黄土梁子自然村是搬进户数最多的。搬进去的32户中，绝户的就有10户。进入“人圈”时是121人，在“人圈”中患瘟疫病而死的就有25人，死了五分之一还多。

“集家”入“人圈”的牲畜有牛13头、羊80余只、驴7头。人闹瘟疫病，牲畜也不得活，三户有羊的，因圈养条件不好，加上阴雨连绵，圈小无土垫圈，所有羊只都长癞(皮肤病，浑身白皮)，瘦得皮包骨，到羊死的时候不但没有肉，连皮都没有用，有的羊死了以后扔在荒郊喂狼、喂狗了，80多只羊一只未剩。牛也是如此，回到老家一头牛也没有了，只有张连贵家剩了一头驴，后来也被人偷走了。

回忆那时候的悲惨遭遇，实在是使人痛心。但是，在日伪那样残酷镇压的情况下，我们的地下武装和共产党的工作人员仍然组织人民英勇抗战。我们中华民族在中国共产党的坚强领导下，终于打倒了日本侵略者，全国人民得到解放，接着，又成立了中华人民共和国，人民自己当家做主了。这个成就是来之不易的！我们不能忘记历史，特别是不能忘记中国人当亡国奴的国耻。

整理:张明云　2014年9月19日

冯杖子“人圈”悲惨生活的回忆

龙须门镇退休干部　曹　永(83岁)

日军为了长期统治中国，彻底分离抗日人员与当地老百姓的血肉联系，实行了“集家并村”的政策。下面将我所了解和亲眼见到的冯杖子“人圈”情况，简单地介绍如下：

1. 冯杖子“集家并村”的情况

我们冯杖子是1941年8月开始“集家并村”的。“集家”时,板城沟一条沟五个自然村和九龙沟的里外庄及零散户,都被日伪人员强制赶进了冯杖子“人圈”。当时,冯杖子庄只不过是一个户不足30、房不足150间的小村庄,又增加了板城沟、九龙沟这几十户人家的几百口人,居住非常紧张。没办法,有的坐地户一处院子就要住上三四户人家,房子住不开了,搬进来的户只好住羊圈、驴棚、碾道、磨坊。人们没炕睡觉,就在锅台、碾盘、磨盘或在地上铺上点干草睡。人们在吃不好、睡不好的情况下,白天还要在伪甲长(甲长景义)、警察、自卫团的监视下去修“人圈”的围墙。这些日伪人员十分凶恶,不是打就是骂,被打骂的事例数不胜数。日伪情报特务苏择及其长子刚子,长期去宽城日伪宪兵队报告共产党八路军在冯杖子的情况(苏氏父子后来被共产党八路军抓捕后分别被处决)。还有自卫团,团长是赵永,副团长是裴殿英,他们的主要任务是为日本人站岗放哨,对自卫团员进行训练,负责把守“人圈”的大门,检查过往行人等。

为了开展抗日活动,共产党八路军在“人圈”里也建有武委会。曹文为武委会主任,刘海为武装班长,妇救会主任是苏庆春的母亲杨氏,交通员是苏海丰(在“人圈”里的公开身份是副甲长,是八路军和地下党组织特意安排的)。儿童团长是苏庆春,他经常给八路军共产党站岗放哨,指引路线(在“人圈”围墙的南侧留有一个供人们挑水用的便门),地下党和抗日人员经常从这个便门进出“人圈”,从没有发生过差错。

2. 日军的“大检举”和烧杀

从1942年至1943年的二年间,日军先后几次在“人圈”里进行“大检举”,“检举”入狱的人员及其家属有曹文(武委会主任)、刘海(武装班长)、苏品生(八路军苏庆山的近亲属)、张志学(因抗日人员常去他家吃住并开展工作)、刘天左、刘福(八路军的办事员)、张桂兴(抗日人员张会民父亲)、张申、张桂林父子(因张桂林的内兄弟刘海、刘江分别为抗日人员)还有曹士祥等10人。这10人中除了刘天左是日本投降后被共产党八路军解救出狱的以外,其余9人全部惨死在承德、平泉黑山口,东北的鞍山、阜新等地。这9人中有4人是被日军枪杀的,其余5人受尽了日伪人员的严刑拷打后活活地惨死在监狱中。据一同被“检举”的大块地村出狱的杨洪如介绍说,日伪人员多次把洋铁桶生上炭火,叫曹文等人背上,把他们后背上的肉都烧没了。有的人还没有断气,就被日军扔到了承德的万人坑里喂了狼狗。1944年,甲长张忠又把刘海的媳妇曹氏强行卖给了崖门子的苏玉强做了二房夫人。这还不算,日军又把抗日人员张会民、祁全等人的家属十几人,全部集中到龙须门药王庙的一个大庙里拘禁起来(叫共匪家属“集中营”),一直到日本投降以后,这些人才走出了这个“集中营”。

1943年初，驻守在宽城、龙须门等地的日伪宪兵、讨伐队纠集了当地伪警察和自卫团，对石洞沟的蔡家庄至板城沟大庄进行拉网式搜山活动。在搜查中，只要见到在山中的石洞、土洞中有粮食以及枪支弹药、牲畜，哪怕是一双鞋，他们统统都要抢走，发现有人“猫山”就立即抓走。石洞沟村榆树沟的抗日堡垒户丛文永，一直不进“人圈”，全家人都搬进了山洞里。他把自家仅有的粮食和生活用品拿给地下工作人员和部队，负责给抗日人员存放枪支弹药等，不少抗日人员及伤病员也常去他所住的山洞里养伤养病。一次，就在日伪搜山人员将要到达丛文永所住的山洞附近时，他的不满一周岁的小女儿突然要啼哭。为了不暴露目标，丛文永用手掐住小女儿的脖子，不让她出声，这才未暴露目标，保住了八路军伤病员和一家人的性命，也使八路军存放的粮食和枪支弹药未受任何损失。在这次搜捕中，板城沟、九龙沟等所有牲畜、粮食和衣物等都被日伪军抢走。

1943年春，为彻底摧毁“无人区”民众赖以居住和抗日人员活动的条件，住在宽城、龙须门的日军和地方警察、民团及特务等，对板城沟5个自然村和九龙沟里的房屋多次进行烧毁。先是深山老区的零散户，后是较为集中的几户、几十户人家。有的还把山场大地上的柴禾垛点燃，把水井填平，不给这些“无人区”老百姓一息生存的条件。经过连续几次的焚烧，板城沟十里长沟及九龙沟的一二百间房屋全部被烧毁，人们只好“集家”到冯杖子“人圈”居住，过着牛马不如的生活。

1944年，日军把老百姓赶进冯杖子“人圈”以后，又向居民摊派了缴纳生铁的任务(供日本人制造武器用)，如果不缴纳生铁，就要砸群众的火盆和大锅等物品。人们被迫把锅、火盆等缴纳给日军，没有火盆生火就只好用泥火盆代替，没有铁锅就用砂锅、砂吊子代替做饭。更为可恨的是1945年上半年，伪甲长张忠又强迫每人捐大满洲帝国壹角的崩子十枚，没有钱的就交二升小米顶替，没有小米的出工做杂务也得交上(说给日伪制造飞机大炮)。老百姓把这种捐献叫作扩捐杂税。1945年下半年日本鬼子投降后，这些捐的钱全部落在了伪甲长张忠的手中，他用这些钱财在冯杖子盖了一座6间大瓦房。1946年还在张忠家中搜出其贪占的大满洲帝国壹角钱币三铁桶和部分前清大铜子、银元等数千枚以及下窖的各种粮食若干斤。

3. “人圈”里的悲惨生活

其一是无人身自由。“集家并村”后，日伪人员经常在夜间到我们冯杖子抓捕共产党地下工作人员、八路军伤病员和劳工。因此，受到株连、毒打和被抓走的事件随时发生。如1942年夏季，因村民苏海林未去修围墙，在下坎子麻地里干活，日伪人员发现后立即把他抓到宽城警察署，严刑拷打后又关押了三个多月，放回时苏海林的头发长有半尺多，虱子都成蛋了(苏海林实际上是个非常老实的庄稼人)。

1943年农历初八这天的早晨,日伪人员到冯杖子"人圈"抓捕给共产党八路军办事的人员张品清(村妇救会主任)和祁全(武委会成员),一大早就把居住在冯杖子"人圈"里的男女老少全部集中在村中心的一棵大柳树下,指名道姓地叫张品清出来。因为"人圈"里苏海清的妻子偷偷地把张品清藏了起来,所以没有抓到张品清。于是,日伪军就在"人圈"周围架上机枪,并点燃了几堆大火。因大冬天人们在外时间太长了,冻得实在忍耐不住,有一位老人名叫苏礼的想到火堆旁烤一烤火。日本鬼子不但不让他烤火,反而把正在燃烧的一尺多长的木棒向苏礼的脸上打去,把苏礼满脸烧成了大泡,胡子也被烧光了。随后敌人又把普通百姓杨廷林、杨老伍拉出来,让他们跪倒在离会场不远的一个大炕沿上,在每人的大腿上都打了两枪。之后,日军再次要"人圈"里的人们交出张品清,还是无人回答。日伪人员就向在场的人大声说:"你们这里有没有姓曹的?"因为张品清是被"检举"的曹文的妻子,既然张品清没有抓到,就先拿曹姓人顶替。当时在场姓曹的只有曹士祥,日伪人员就把曹士祥五花大绑地捆了起来,然后拴在马后,日本鬼子骑着马,把曹士祥拖在地上,一直拖到十几里远的龙须门警察分驻所,曹士祥的两个后脚跟、大腿肚子、后背等多处都被拖得血肉模糊。后来,曹世祥被押到平泉的日伪监狱后又转到东北鞍山监狱,被残害致死。

"人圈"实际上就是一个"集中营","集中营"内人们的一切行动都要受到严格控制,"人圈"外大道、小路多少条,却是无人行走。人们早晨出去,晚上归来要随身携带"住民证"才能通过大门,进出大门时,浑身上下搜个遍,早晨出去得请示,晚上归来得报告,如同过鬼门关。

其二是吃无粮。因为日军把板城沟和九龙沟都划为"无人区",把那里的老百姓都赶入"人圈",不允许他们再回"无人区"种地。在"无人区"里,日伪军只要见到人就抓、就杀,进入"人圈"的这些群众不得已,只有租种大地主王神奇(宽城上河西人)、刘广林(板城沟大庄人)在冯杖子范围内的一点点土地,去了租税,一年到头只能剩下点粗糠秕花和微不足道的一点点粮食。"集家并村"以后,人们的生活更是苦不堪言,都过着夏吃野菜冬吃糠的生活,野菜吃完了,就扒树皮吃,实在过不下去了,有的就远离家乡去逃荒、要饭。1941年冬,冯杖子"人圈"的苏宽、曹士福、苏庆云、苏庆昌等户20多口人,逃往了内蒙古的乌丹城西沼等地。到了那里,有头脑的苏庆云、苏庆昌给蒙古人做点棉皮鞋、熟皮子或行汉医为生。苏宽、曹士福等只得以出卖劳动力给蒙古人打工种地。天下乌鸦一般黑。到那里后,虽然地域辽阔人烟稀少,但他们也只能给地主耪青种地,扛活度日,维持着糠菜半年粮的生活。这还得是好年景,遇上灾年,就更没法生活了。1943年,因天旱少雨,耪青户曹士福一家种的地没长好,到秋后蒙古地主竟把曹士福的场院给封上了,不让他们使用。没有粮食揭不开锅,他们只得到蒙古人家乞讨。那时候蒙古人家有养狗的习惯,一户少者十几只，多者养二三十只。有一次曹士福到一户蒙古人家要饭，不但没要到东西，还被狗咬得全身是伤。走投无路，曹士福就想卖掉自己还不满两三岁的五子曹生和六子曹和，给蒙古人的无儿无女户。曹士福都已经和抱养孩子的蒙古人以一台花轱辘车和一头牛的价码讲妥了。但是，这件事被曹士福的长子曹宽发觉后制止了。眼看着在那里也生活不下去了，他们一家又搬回冯杖子"人圈"。

其三是穿无衣。进入"人圈"后，人们在穿衣问题上更是苦不堪言。那时，口里人偶尔到这里贩卖点小布，一旦被日伪人员看到，轻则是被抓或没收物品，重则是把你定为八路军的"秘探"，抓去坐牢、杀头。一次，口里迁安一个卖小布的小贩，路过孤山子"人圈"时，被日伪人员发现，孤山子"人圈"的甲长景文就带领着团丁持枪追赶。当这个卖布的跑到板城沟附近的河心时，被开枪打死。因为当时正暴发山洪，尸体被洪水冲到了冯杖子"人圈"外的一片小树林后淤在了泥沙里，时间一长，尸体都腐烂了。因此，口里人很少有人来这里贩卖布匹和棉花等。如果人们偷偷到口里买点棉花织布纺线，日伪人员也会把你说成是"八路匪"等。因此，"人圈"里的人们多是冬天把破旧的单衣塞上棉花当棉衣、夏天又把棉花掏出来当单衣。有的一家人也只有一两件破旧衣服，全家人轮换着穿。如现在 89 岁的刘彩霞在"集家并村"那年，因为家庭困难，家里就把她这个不足 15 岁的女儿嫁给了裴殿英家当童养媳，但裴家也很困难，一连三年都没穿上棉衣棉裤。现已 90 岁的张彩云在"集家"时已是大姑娘了，在"人圈"生活的几年里，冬天都没有穿上棉裤。村民丑子(姓刘)没衣裳穿，披着破麻包片满大街地跑。还有曹士福，无论寒冬立夏都穿着从内蒙古逃荒要饭时要来的那件破旧皮袄过冬度夏。王权的老婆已是中年妇女，因无衣服穿，出门抱柴禾时只能用块破布围在腰间遮体，见人都不敢抬头。"人圈"里生活的那些年，许多孩子都是浑身上下连一个线头都没有，只能是光着身。夏天还好说，到了冬天，这些孩子就只有守着火盆烤火取暖，烤了前胸烤后背，身上都烤出"花"来了。对这样的生活，我是亲身经历过来的。

其四是住无房。"集家并村"后，人畜挤在一起，夏季臭味熏天，严冬陋室飘雪。因为无房可住，很多人都只有住在碾棚、磨坊、门洞子或柴棚子等地方。现任党支部书记李井云的父亲李桂田、叔父李桂福、大伯李桂勤、祖父李××一家 4 口人，在苏海丰家园子的水井边用几棵树杈盖了 1 间草棚子，锅台连着炕。苏海龙家的 6 间破草房，就住进了 11 户，几十口人挤在一起住，因为锅灶少，只能轮着做饭。炕少人多，晚上睡觉一铺炕就得住十来口人，炕上实在住不开了，只有把锅台、碾台、磨盘和屋地铺上干草睡觉。裴殿英的媳妇刘彩霞在"集家并村"的那一年，在苏庆雨他们家锅台上睡了三四个月，夜里没有被子盖，就用破麻包片、簸箕、锅盖盖在身上抵御风寒。她的公公跟二儿子过，因"集家并村"后和儿媳等生活在一起，穿的又少，晚上又无盖的被子，住在一起觉得太不方便，一直未入"人圈”，只有在板城沟里野人似地独自生活，大冬天被活活地冻、饿死在山里。

在“集家并村”的那段时间里，日伪人员经常来冯杖子“人圈”搞“检举”（一般都是夜间），抓劳工，被棍棒打伤、打死和枪杀的情况时有发生。人们住在“人圈”里，每天都过着身不由己、提心吊胆的生活。因此，居住在冯杖子“人圈”里的成年男人，夜里长年累月地不敢在家睡觉，到了晚上“人圈”的大门已经锁上了，他们就偷偷地从角门（供人们挑水吃的便门），或者是猪狗出没的猪狗洞、排水沟爬出“人圈”。还有一部分人到鸡冠山下的一个山洞里去住，早晨“人圈”开大门后再回家吃饭出去干活。年已 87 岁的苏庆春，他的父亲叫苏海丰，那时给八路军当办事员，妈妈是杨氏（妇救会副主任），苏庆春是儿童团团长，一家 5 口人有 3 人为八路军办事。八路军常来他家吃住，了解“人圈”里的一些情况，日伪人员也知道他们家是地下党人员的联系点。所以，日军来了就先奔他们家去。后来，他们考虑到冯杖子“人圈”里给八路军办事的曹文等十多个人都已被日本鬼子抓走了，说不定哪天一家人也得被日本鬼子“检举”抓走，不如暂时到外地避一避吧。于是，他们全家偷偷地绕路逃到了平泉苏庆春爸爸的干爹家去住了。

其五是菜无盐。没粮食吃，人们就得吃野菜，野菜不好吃，没有油盐更难吃。可是，我们这地方不产盐，那时全靠口里的人贩运一点盐，供口外人食用，但是日军竟以密探、通匪等罪名毒打或杀害贩盐人。所以，贩盐的人很少来我们这里，少数盐贩就是卖也不敢公开卖。因此，“人圈”里的人根本就吃不到盐，“集家”前有咸菜汤的户，吃菜时可以放点咸菜汤，没有咸菜汤的户也就只好那么吃。由于长期吃野菜没有油盐，很多人都吃伤了，一些老人一闻到野菜的味就恶心。

其六是病无医。在“人圈”居住期间，由于卫生太差，一到夏季，污泥浊水满地都是，苍蝇、臭虫、跳蚤、蚊子、蟑螂炕上跑，地上爬，再加上老鼠，所以和其他“人圈”一样，我们冯杖子“人圈”什么鼠疫、伤寒、霍乱、疟疾、痢疾、天花等传染病时有发生。那时候一无医，二无药，得了病就只有等死。1943 年，“人圈”里得上传染病的大约有 100 多人，死去的就有八九十人。张来云一家 10 口人，得霍乱的就有 7 口人，死去了 6 口。王权的父亲一家 3 口人死光了。死了人开始的时候还有人往外抬，抬了这个抬那个，后来人们听说会传人，怕被传染上，就没有人敢再抬了，只有本家人用干草、秫秸把死人一捆，放在土坑里一埋了事。得传染病未死的，为了不受罪，有的就扎点大烟来缓解疼痛。后来，一个传两、两个传三的都这样，有三四十人又染上了大烟瘾，一上瘾就什么也干不了，烟民们宁可饭不吃也得抽大烟。原来我们这里不种大烟，都是大烟贩子卖。后来，当地人员也从外地弄点大烟籽，自己种起了大烟，因扎大烟死去的人非常多。有一个小名叫刘丑子的青年烟民，就是因为家境贫寒无力买大烟，身披麻包片连冻带饿而死去的。苏海民本人没有大烟瘾，因犯气管炎时特别厉害，他父亲为了缓解他的痛苦，给他打了一针大烟就不喘了。但是，一睡睡过去了就没起来，人们都说他是中大烟毒死去的。

整理：张明云　2014 年 9 月 14 日

在日伪奴化教育和恐怖环境下的童年生活

县农牧局离休干部　刘国福(83 岁)

我是 1933 年出生的，那一年也正是日军占领宽城的时候，出生以后就处在日本鬼子的殖民统治之下。日军占领宽城之后，在这么一个小地方，就驻有日本关东军两个中队的警备部队(相当于两个连 200 多人)，设有伪满警察署、日本宪兵队、侦缉队(由汉奸组成的特务队)、伪村公所、日满协和会、伪满军的一个团(1 000 人左右)。日本鬼子为了实行殖民统治，逐步把伪满洲国变成日本的一部分，从一开始就对伪满洲国进行严格的控制。伪满洲国的警察署、村公所、协和会、伪国军的连以上职务，虽有满洲人(中国人)任正职，但都有日本人做副职。日本人虽然任副职，但都有绝对的控制权，一切都由日本人说了算。在日伪统治初期，他们向群众宣传说"日满协和"，建立"大东亚共荣圈"，实际上实行奴化教育，把日军美化得非常好。但是，日军实行灭绝人性的烧光、杀光、抢光的"三光"政策，在长城沿线制造了千里"无人区"，充分暴露了日军狰狞的侵略者面孔。我就是在这样的恐怖环境下度过了童年。

1. 从一年级上学开始就接受了殖民地的奴化教育

(1) 让生活用语日语化

日本鬼子想要逐步把伪满洲国变成日本国土的一部分，首先要像朝鲜一样，逐步消灭本民族语言，让被统治民族的日常生活用语都日语化。为了做到这一点，从小学一年级开始就实行日、满双语教育。我是伪满康德九年(1942 年)上的宽城国民优级学校一年级的。上学第一年就学日语、满语(汉语)、算术三本书。上的第一课就是学习日本语的五十音图的片假名。我念书时最怕学日语、背日语，经常因背不下来日语而挨手板子。学校为了加强日语练习，每天都安排了两节日语课。每天朝会做早操的节拍也要用日语喊一、二、三、四、五、六、七、八。做完满洲操后，还要做日本操，以加强对日本语的记忆。每天早晨看到老师、同学们也要用日语说："早晨好。"每天中午、晚上放学回家，从一年级到六年级的学生，一路都按高矮编成队，放学后从学校出来分成两队，向北一队，向南一队，每个方向又按路段分成若干个小组，每一小组由路长带领，学生到家门口离队时都要向本队同学用日语说："再见。"

(2) 在每一天的任何时候，不管在哪里见到日本兵，都要行举手礼，用日语说："你好"，以感谢他们帮助我们实现“大东亚共荣”。如果遇到日本兵不行礼，被人举报后，学校会对老师进行处罚，严重的还要被抓捕，甚至屠杀。

(3) 背诵伪满洲国皇帝的献媚诏书

为了加强奴化教育，每个学校的老师办公室，都设有一个供俸，保存伪满洲国皇帝爱新觉罗・溥仪诏书的柜龛。每个月的第一个星期一的朝会，校长都从柜龛中毕恭毕敬地捧出诏书，用手举过头顶，到操场向全体老师、学生宣读溥仪皇帝访问日本的回銮训民诏书。回銮训民诏书的大意：我满洲国国民，要永远感谢大日本帝国帮助建立满洲国，要永远坚持日满协和，创建满洲新天地，建立“大东亚共荣圈”。我们满洲国民永远是大日本帝国的臣民，要遵从日本人的领导，要孝忠日本天皇……。到小学三年级以后，每个学生都要会背这个皇帝诏书，每个月的第一个星期朝会，由老师领着学生背诵诏书。

2. 在恐怖的气氛中生活

从我上小学一年级开始(1942 年)，宽城各地就有共产党组织的各种抗日活动。1941 年，日本偷袭美国珍珠港，1942 年美国对日宣战。太平洋战争爆发后，日本侵略者为了加强对伪满洲国南部的控制，在长城沿线大搞千里“无人区”。日伪在宽城除原有驻军外，又从满洲国北部调来两个讨伐队(400 多人)。在宽城这个小地方，还驻有日本关东军、宪兵队、伪国军、讨伐队等日伪武装人员 1 500 多人。1942—1943 年在宽城境内，日军进行血腥的“大检举”，到处烧杀抢掠，人民在血腥的屠杀下生活。我经常在中午、晚上放学回家的路上，看到日本鬼子、讨伐队、伪国兵抓捕为八路军办事人员和游击队人员，把这些人员押进警察署、宪兵队的监狱。每当看到这种情况，我的心中都特别恐惧。

1943 年夏天，我抗日军民在王厂沟和日本鬼子打了一个大胜仗，消灭日本鬼子 150 多人，日本鬼子把尸体拉回宽城火化。因当时没有火化设备，都用干柴倒上煤油火化，把骨灰用坛子装上运回日本。100 多个日本兵尸体火化了半个多月。在火化期间，在宽城到处都能闻到烧人的腥臭味。

1942 年农历正月十五到 1943 年正月十五，伪满洲国热河省西南地区防卫司令部，在宽城进行了大屠杀。其中 1942 年正月十五集中屠杀 80 人，1942 年农历十一月初三集中屠杀 47 人，1943 年正月十五集中屠杀 35 人。先后在宽城县城杀害我抗日人员和居民就有 224 人。在屠杀过程中，宽城街内枪声不断，人们个个胆战心惊。就连我们小学生一见日本兵就害怕，天天提心吊胆地过日子，没有一点安全感。

日本鬼子除了搞“大检举”、大屠杀外，还在经济上对普通民众实行严格控制。对棉布、棉花、煤油、火柴等生活必需品，实行按户、按人配给。如每人一年 5 尺布，每月只给半斤点灯的煤油，火柴每户 10 天才供应一小盒(80 支左右)，晚上点灯每次只能用一支火柴。

开始供应的白头火柴，遇到砖、石片等硬物都能划着，到 1942 年以后，为防止把火柴给八路军，开始供应离开砼片划不着的褐色安全火柴。因火柴不够用，有吸旱烟习惯的人，都准备些麻秆保存火种。人们一年四季都在火盆中保存做饭时烧柴的火炭，用作抽烟、做饭用的火种，以便把省下的火柴供给八路军用。因煤油供应得太少，一般人家晚上不点灯，都摸黑待着，每家都准备些“松明子”留作做饭、照明用。

因棉布供应不足，人们不得不在私人小贩手中购买。当时有人从口里买来用手工织的土布来卖。当时做这种买卖是犯法的，日本鬼子把做买卖的人叫“密输犯”，他们看到这些人就给抓走。有一次，我们家来了两个卖布的，在讲好价钱正在丈量布时，进来两个特务。特务说他们口音不是本地人，是八路军探子，当时就把他俩抓走了。还对我们说以后来了生人要报告，不让随便买生人的东西。我当时看到这种情况后非常害怕。

日本鬼子不但从政治上进行统治，在经济上还掳掠搜刮。在太平洋战争期间，不但把我国的战略资源都用于战争，还向群众敲诈，说是捐献。实际上是日军向群众逼摊，不交不行，连小学生都不放过。1942—1943 年连续两年让每个学生为大东亚圣战捐献三斤废铁、半斤羊毛。说是捐献，实际上不交不中，完不成任务的话，学校还要受到惩罚。为了完成学校布置的任务，我把家中能用的大锅当作废铁给交上去了。

整理：张明云　2014 年 10 月 15 日

“集家并村”时期的几点回忆

离休干部　于　申（89 岁）

我们这里是 1943 年初开始“集家并村”的。当时，我们这里的抗日活动非常的活跃。1942 年，抗日组织就很健全了，建立了报国会、村政权、党支部等。我们这里是迁青平抗日联合县第七区，书记是石新，后来李西云也当过书记。区长开始是张永年，张永年牺牲后是张振国、张维正、关新元、关新行。1943 年“集家并村”以后，春天的大“破交”，我都参加了。那时候有向日伪自首的，但是任佐相非常坚决。那时，我和任佐相都在这里做抗日工作。上级给我们俩的任务是做“两面政权”的工作。任佐相的任务是做任士贵的工作，任士贵当时是甲长。我的任务是做警防所人员的工作，警防所人多时有 20 多人，少的时候十一二个人。到 1945 年春天，我们把工作都做了。警尉补、警长一个是许荣选，一个是于清泉。我把许荣选叫姐夫，通过许荣选，我把警员李梦春的工作也做了。所以，后来警察把守“人圈”大门时也松了，外面来人也不那么盘问了。那时，“人圈”外边的敌人“扫荡”得十分厉害，所以，有不少抗日人员在“人圈”外面没法坚持了，就被逼到“人圈”里来了。

1943 年，日伪组织群众白天修筑“人圈”围墙，夜间八路军又组织人们拆毁“人圈”围墙。那时，一名地下工作人员负责组织拆“人圈”围墙，以延缓敌人的“集家并村”计划。为此，日军为了恐吓百姓，又是组织自卫团，又是发枪的，不断地加强“人圈”的防备。紧接着，正赶上迁青平联合县文一峰区长，工作人员李维元、桑炎三人被日本鬼子杀害，日军就把他们三人的人头挂在了偏桥子“人圈”的大门口，用来震慑老百姓。

后来，日伪组织在“人圈”里又进行“大检举”，大量地抓人、杀人，老百姓哪还有活路啊！这以后的一段时间，日伪的活动十分猖狂。协和会的协和队那时都挺凶的，老百姓都把协和队叫车轱辘队，因为他们袖章上的标志像车轱辘似的。在那之前我们还在“人圈”外的“无住地带”住着。这时日军把我们这里附近的房子都给拆了、烧了，逼着老百姓都进了“人圈”。进“人圈”时都没有房子，就在石崖子根下搭一个偏岔子房。塌山那里是“无人区”，人们就更待不下去了，绝大多数都搬来偏桥子“人圈”。那时，人们也盖不起房子，于是就有亲的投亲，有友的投友。当时我们的院子里就新住了 20 多人。来了没处住，就又搭了 2 铺炕。我姐他们一家没处住也搬来偏桥子“人圈”。进“人圈”时，我姐没房子住，生孩子就生在了石崖子根下。后来，他们 4 口，还有他们的亲戚都挤在了我们这里。搬进这么多人怎么住啊？我们就把大锅摘下来，锅腔子里还住了几个人，因为锅腔子里待着还热乎。就这么糊弄了很长一段时间，后来大家凑合着，在我们窝棚附近又搭了一个棚子，搬去了那里几口子，再加上后来得瘟疫病，死了不少人，这样人口就少了点。

那时候，“人圈”里的日伪组织已经很健全，甲长是任士贵，部落长是赵梦荣，还有不少的牌长。自卫团团长是孟昭林，下面还有中队长、小队长。自卫团有一般的自卫团，还有武装的自卫团，发枪的是武装自卫团。

1941—1942 年，原先给八路军办事的于青秀、于清和，叛变当特务了，于青秀还当上了团长。这两人日本投降后都被政府镇压。任佐相是最坚决的，给八路军办事也最积极，八路军到我们这里来了都是他安排。到 1945 年，在“人圈”里为共产党做工作的就剩我们两个了，还要继续发展“两面政权”。任佐相和部队的人员如李运昌等都熟悉，和党的地方组织人员也熟悉，包括迁青平联合县 7 区的那些领导。我 1941 年就给八路军办事，塌山那次常胜队打胜仗的情报就是我送的，但我一直没说过。那次是于清和我们两人站岗，就在偏桥子一个粮场窝棚的草垛里，监视着周围的情况。那天，我一觉睡醒后不久，就发现黑压压的日伪军从宽城方向过来朝塌山方向去了。我赶紧起来，不顾穿鞋就抄近路奔向我们这边的桲罗台，一直跑到刘凤桐他们家大院，把情况告诉八路军常胜部队。这时候常胜队的人员还没有起来呢，听到情况后赶紧行动起来。等我回来时，枪声大作，炮声隆隆，火光冲天地就打起来了。再后来日本鬼子的伤员就下来了，有日军的一个小队长受伤了，在担架上抬着呢。这次送信起到了很大的作用，最起码使常胜队做好了准备。

任佐相抗日战争的时候在我们黑马沟一带(现在化皮溜子这一带，当时不叫化皮溜子，叫黑马沟）功劳挺大的。任佐相是中共党支部书记，三家的王政，马架沟的袁自强，塌山的李占元、李占奎，这些人我们联系得都比较多。那时候搞“破交”，在公路上挖壕、砍电线杆。我一夜最多时送过8封信，挂火柴的信到手就必须立即送出去。还有一次，张景文他爹和我去洒河桥弄盐、药等，就是“集家”那年冬天，送到塌山李占久家和石洞沟郑兰军家等，累苦了，3天后才回来。

“集家”那几年，偏桥子“人圈”里死的人约有30%之多。有病死的，还有被日伪抓走的。在“人圈”里日伪共进行了4次大的“检举”，1942年2次，1943年1次，1945年1次。1945年那一次，日伪军就在“人圈”里大喊：“瀑河川的都到前边集合。”到了集合地点，日伪军又喊：“瀑河的向前走3步，给你们开身份证。”于清斋、我姐夫孟昭付那次都被抓走了，共抓走了27人，一直都没有回来。于振的大儿子抓走后也没回来。当时日伪宣布被抓的有27人，这是我在现场亲眼所见。惨哪，我姐夫那一次抓走后也被杀害了。他死后，他们的一个闺女、一个儿子都是我们管着。那几年，光几次“检举”抓走的就有100多人。

死人很多，还有就是传染病。偏桥子“人圈”得传染病死的人多了，高峰时，“人圈”里一天就抬出好几个人。因为人们住的地方又挤、又潮、又脏，再加上又冷又饿。“人圈”里一家子都死绝的有很多，名字已记不清。总之，那时候死的人太多，日本鬼子丧尽天良！

（于申离休前为青龙县政协主席，籍贯为宽城满族自治县的化皮溜子乡北杖子村，离休后一直生活在宽城）

调查采访及整理：张明云　调查采访时间：2014年12月25日

当年“人圈”生活的点滴记忆

县信息化局离休干部　张景贵（83岁）

我于1932年出生，正赶上1933年日寇入侵热河（承德），真是国无宁日。日军侵略中国后，中国人不当亡国奴，奋起斗争，抗战救国。从我记事起，经常有八路军及地下工作者，到我们将屯子庄做宣传鼓动工作，号召民众参加抗日活动。我亲眼看到的有身材高大魁梧的刘大疙瘩（绰号）、身经百战的长城（化名），等等。我们村做地下工作的有马仑、张景云、张清显、马殿贵等，其中马仑做小买卖（货郎担），常出入口里（迁西等地）、口外，接触八路军的人员较多，参加抗日活动也比较频繁。他发动本村的一部分人秘密做地下工作，宣传抗日、筹粮集款、传递秘信、站岗放哨等，一直到“集家并村”时都没有中断过。

1942年秋季，因为有人告发，于友三讨伐队将我们将屯子“人圈”围得水泄不通，挨家逐户地进行搜查，抓捕地下工作者马仑。结果，马仑在人们的掩护下，脱离了危险，致使于友三讨伐队空跑了一趟。时隔不长，于友三讨伐队又第二次到将屯子“人圈”进行抓捕。

那天，于友三讨伐队和日本鬼子天不亮就把将屯子“人圈”围上了，三步一岗，五步一哨的，还架起了机枪，上了刺刀。这次日本鬼子亲自上阵，有宪兵队、警察等，来势凶猛。搜查中，他们连一个可疑地点都不放过，逐户地进行搜查，非要找到马仑不可。第一次搜过以后，没有找到马仑。他们又到各家的柴草垛等隐蔽地点进行更严密的第二次搜查。日本鬼子用刺刀向柴草垛里乱刺乱挑，终于在河沟东的张家草垛里搜到了马仑。当敌人询问时，马仑说他姓张，敌人也没有认出他来。可是，当日伪军把他带到北河套时，马仑见到了两个弟弟(马迎、马云)和很多乡亲也被五花大绑地站在北河套里。见此情景，为了使两个弟弟和乡亲们不受伤害，马仑就承认自己是马仑。日本鬼子把马仑押送到青龙县城，经百般折磨，马仑都坚贞不屈，一直都没有出卖自己的人，最后英勇地牺牲了。

1942 年腊月中旬，日伪军又到将屯子“人圈”进行“检举”，将男人都赶到马殿满北园子内，逐人进行刑讯，当场杀害了无辜百姓 5 人。随后，他们又抓走了马余、马贺等 10 人，其中马余在鹿圈沟挣脱绳索逃跑后，又被日伪军追杀了。马贺等 9 人被带到鞍山，经百般折磨后被枪杀。日寇不仅杀害男性青壮年，还丧尽天良，对女人也不放过，经常对妇女进行奸淫。一次，他们将“人圈”里的女人全部集中到马汝凤家，随后日本鬼子就从炕上拽走马有的女儿马玉莲(年仅 14 岁)，欲进行奸淫，马玉莲当场就被惊吓而死。提起日本鬼子，真叫人咬牙切齿，他们残害中国人都不择手段。他们以救贫为名，还经常从将屯子“人圈”及附近“人圈”搞移民，然后送往东北。日本人名义上说是移民，实际上有很多移民是被作为试验品，进行细菌试验。原将爷屯四拨子庄搬进“人圈”的马占巨，一家 3 口被强迫移到东北的克山，至今一直都没有下落。

日本鬼子为了断绝老百姓与共产党八路军的联系，推行“集家并村”，强迫人们限期拆房、搬迁，逼迫人们搬进“人圈”，到期未搬的就烧毁。将屯子上下 7 个自然村(鹿圈沟、大凹坑、四拨子、上北沟、下北沟、红石崖、南沟)都集中到将爷屯庄，搬进了“人圈”。全村约有 180 多户 800 多口人，居住在东西长 300 米，南北宽 160 米的狭窄的“人圈”内，东、北各一道门，围墙外挖了约一米多深的壕沟。当时人们都不愿意搬，也没有长远打算，大多数户盖的是卡杈房，秫秸墙，冬天冷夏不凉，挨饿受冻闹饥荒。因为居住得拥挤，再加上人、牲畜等都住在一起，“人圈”里经常闹瘟疫。由于“人圈”里根本就没有任何医疗的条件，再加上都是五六月时闹瘟疫，传染得快，所以只要是得了传染病，无医无药只好等待死亡。有一个姓张的(时间太长已经记不清他的名字了)得了瘟疫后又怕传染给全家，他就自己躺在北河滩里等死，最后孤身一人默默地死去了。

日伪军逼着“人圈”里成立自卫团组织，对自卫团队员进行军事训练，然后发给水连珠大盖枪，由这些队员站岗放哨看守“人圈”的大门。“人圈”里都是日出开大门，日落关大门。老百姓有史以来都是抓早晚凉快干农活，“集家”后离自己耕作的耕地远了，最近的二三里，远的达五六里，这个时间开关门对群众极为不便，回来晚的常常被关在门外。如鹿圈沟的许如田、许如正等6人，一次回来晚了一点，大门已经关上了，只好在“人圈”外的柴草垛里住了一夜，蚊虫叮咬受了一夜的罪。

将屯子原名叫将爷屯，因为修“人圈”，将爷屯丢了一个“爷”字，增加个“子”字。大约在1943年秋末冬初时，将爷屯的闫老三担着谷草去峪耳崖赶集，把守城门的伪警察在盘查过往行人时对他说：“你是哪个屯的？”闫老三说：“将爷屯的。”伪警察又第二次问闫老三：“什么，你是哪个屯的？”闫老三说：“将爷屯的！”于是，伪警察十分恼怒，上去就打了闫老三两个耳光。然后说：“他妈的，你这么辈大，爷爷的。”从此将爷屯的人再去峪耳崖时，就再也不说将爷屯的，只说是“将屯子”的了。因此，将屯子的叫法一直沿用至今。

整理：张明云　2014年8月20日

幼时“人圈”生活的回忆

板城职业高中退休干部　张海云(82岁)

我叫张海云，今年82岁。日本鬼子在板城附近实行“集家并村”时，我已经10多岁了，那时有些事情我还能知道些，我就把当时亲身经历的一些情况回忆如下。

1941年左右，日本鬼子在板城附近搞“集家并村”。河东庄、河西庄搬到东杖子“人圈”，也有的搬到岔沟“人圈”去了。岭根庄的住户都搬到了北沟和下板城“人圈”。从此以后，日本鬼子就在他们划定的“无人区”内施行了“三光”政策。日军在“无人区”内见人就杀，见房子就烧，见牲口、粮食就抢。河东王鸿家还没等搬走，日军就把房子给点着了，烧得什么都没有了，全家人只有靠讨饭来勉强度日。

1942年春天，日本鬼子在荞麦峪搜山时，杀了人，把人头用荆条编的大浅子(一种用荆条编织的不到20厘米深的生活用具)装着，顺着姚沟庄抬到板城局子(警察所)去了。日本鬼子在王福祥家跟前建的“局子”，头目叫高乔。“局子”周围垒着高墙，外边就是大道。凡是从“无人区”和附近“人圈”抓来的人都被监押到“局子”里边，严刑拷打，叫他们说出哪里有八路军，哪里有粮食，都谁给八路军办过事，不说的话就用刑。来回路过“局子”的人从外边都能听到受刑人的惨叫，“局子”里经常拖出被打死人的尸体出来。

有一次，日军抓来12个小孩子，我也是被抓的一个。在“局子”外边排成一队，挨个问哪里有八路军，有的孩子当时都吓得尿裤子了。但谁也没说话，日军没办法只好又把我们放了。

日伪军经常带着大黄狗，到山沟里搜山抢粮食，挖粮窖，想方设法不让八路军吃上粮食。一次，一个小分队的日军到板城沟和荞麦峪挖粮食窖。正在山西岭根庄开会的八路军知道情况后，立即顺山坡绕到山后的北梁上，向日本鬼子开了枪。当场打死日本兵1

人，打伤了几人，保住了板城沟的几个粮食窖。

1943 年左右，日军可能知道自己迟早必败的命运，就在下板城二道河子的东山顶上埋下了“毒瓦斯”，用三口大锅扣着。他们准备随时让“毒瓦斯”散发到空气中，毒害中国人民。八路军告诉老百姓，每人准备一条毛巾，到时用水弄湿了捂在嘴上，趴在地上就死不了。日本鬼子想把老百姓毒死，可老天救了老百姓。日军投降那年，快到秋天了，一连下了 40 多天的雨，还发了洪水，大水从南山延至北山，日本鬼子埋的“毒瓦斯”未起作用，让大雨浇得全部失效了。

“集家”时，“人圈”里的老百姓过着十分悲惨的生活。吃不上穿不上，连猪、狗都不如，记得我都十二三岁了，全身连个布条条都没有。冬天在灶火坑边烤火取暖，前胸都烤出泡来。日军投降的前一年，我们全家 7 天没吃过一粒粮食，饿得大人哭小孩叫。有一次，我用一个铁盘子炒了一点山杏仁吃，差点没被毒死。三哥在家饿跑了，逃去外地讨饭吃。北沟有个叫吴庆丰的孩子，饿得没办法了，从“人圈”的水沟爬出去挖野菜，被日本鬼子看见后，把他拖回“人圈”里，差点被打死。那时“人圈”里的甲长叫吴子龙，他一边应付日本鬼子，一面为八路军办事，是个“两面人”。老百姓没柴烧，他就叫牌长夜里把围墙顶上的墙冒(木头的墙顶)拆掉给老百姓烧火做饭用，白天当着日军的面再修上。老百姓对日军恨之入骨。在那种艰难的环境下，大家积极地给八路军做鞋子、送信等。李春云和刘恒、王凤林他们几人，夜间从围墙下的水沟爬出去，把军鞋和信件送到峡沟和南沟等地。

1942 年左右，日本鬼子到处抓劳工，把抓到的人集中到一起送到阜新、北票等地挖煤。在我们岭根庄抓了 2 人，一人叫李通江，一人小名叫羊子。那个小名叫羊子的被送到阜新煤矿干活，一直到现在也没回来，连个信儿也没有。李通江被送到北票，在北票干了二三年。后来他看到在那里挖煤的劳工没有几个活着回来的，心想无论如何自己也得想办法逃出去，不然就得死在煤矿。于是，他就在一个晚上，趁看门的日本兵睡着了的时机，偷偷地溜到高粱地里，后来逃回了家里，半路上差点饿死在山上。回来后，白天不敢在家里待着，就到山上躲着。据李通江回来说，被日本鬼子抓到北票的劳工死的太多了，能活着回来的是极个别人。在那里，只要你有了病干不了活，就会被日军扔到大坑里饿死。有个叫杨老四的人，是宽城西边的人，在挖煤时不小心把腿摔坏了，不能走路，更干不了活。于是，日军就强行让他干活，他后来实在干不动了，就被日军用棍子打死在了矿井里。1974 年，县里组织县直教育部门负责人到北票参观时，发现确实像李通江说的那样，大沟里、空房子里到处都是死人的尸骸。北票那个煤矿有个西山，我们走在半山坡时，随地可以看到人的骨头和骨头碎片。在山根下有十几间空房子，里边垛着的全是死人，长有 50 米，宽约 3 米，高大概在 2.5 米，就剩下骨头和头发了。在北票西山后面还有一个 40 米深、100 米长、50 多米宽的大沟，当时日军专门用来扔干不了活的劳工。据介绍说，当地有个赶马车的，每天都要朝大坑里拉两三趟死尸或者还未死之人，凡是干不了活的劳工，都被他的马车拉到大坑里，扔到坑里就爬不上来。在那个坑里死的人不知有多少，在上边看着都是人的骨头。

整理：张明云　2014 年 11 月 7 日

回忆我苦难的童年

县发展改革局退休干部　刘振远（80 岁）

我出生后正赶上日伪统治的时期，所以亲身经历了日伪的迫害和奴化教育。"集家并村"修"人圈"那年，我只有 7 岁，在幼小的心灵里，留下了终生难忘的仇恨。

龙须门"人圈"是个村（相当于现在的乡镇），管辖着龙须门川、柳树底下川、尖山子等 24 个达到甲级的"人圈"。当时，日伪把上店庄作为修建"人圈"的地点。可是龙须门村村长程书平，家住在奄拉洼子自然村。他怕自己搬家，就依仗村长的权势，私自把伪满旗插在他家所在地的奄拉洼子庄的后山上。那时，旗插在哪里，哪儿就是修"人圈"的地点。这样，我们上店庄的人必须搬进龙须门和奄拉洼子两个"人圈"里去。

当时，人们不愿搬进"人圈"，日伪人员就持枪逼着群众挨家挨户地拆房子，推倒院墙。当拆到刘合家后院墙时，有一个叫刘琦的正在后院墙的里边，没有听清墙外推墙的喊声，就被活活砸死在了院墙里，把眼珠子都砸出来了，满嘴是血，我看到那种惨状后都吓哭了。

上店东沟、石佛湾子北沟的两条沟和我们上店庄的人，都被强行搬进了上店"人圈"里。因为人多"人圈"又小，坐地户的房子也少住不下，我家和王林两家老少三辈 11 口人，都挤住在程文中家的两间羊棚里。当时两家人用一个锅轮流着做饭吃。夏天羊棚不但漏雨，而且羊圈的疝气味非常难闻，还有各种飞虫、蚊子乱飞，直扑人的脸。冬天四面透风，冻得浑身直打哆嗦，只好靠泥火盆取暖，把肚皮都烤成花点子了。

在"人圈"里，我家盖房地址原来确定在庄当中的平地里，都已埋上了木头标桩。我们搬到"人圈"的外庄人受欺负，结果让本地的程家人把我们给挤走了，最后我家只好在"围墙"北大门下盖了三间草房。

上店"人圈"的四周都修上了围墙，只留东西两个大门，由"部落"警把守。大门太阳出了才开，不等太阳落山又关上了大门。出入大门要有"住民证"，关上大门就不让进"人圈"了。有一次我和父亲回"人圈"晚了一点，怎么叫也不给开大门，只好从围墙下的水沟钻了进去。圈在"人圈"里的农民受开关大门的限制，不能随便下地干农活，造成了大片的土地荒芜，粮食减产。农户有好一点的地不让种菜，摊派这些户种大烟，从大烟疙瘩上割出的白色奶汁都要上交官家的烟馆。宽城设有鸦片专卖所，那时很多人吸大烟后，失去劳动能力和反抗精神，成为了东亚病夫。

搬进"人圈"里的农户由于天灾人祸，再加上干不上农活，粮食逐年大量减产，人们过着吃不上、穿不上的苦难生活。那年月没有粮食吃，只好挖野菜和扒树皮吃。什么地边的架架菜，山上的马山菜、人性菜、横子芽(以上都是当地野菜名称)等什么野菜都采。野菜抢光了，我就和母亲上山去采饭花子和护龙针叶(有刺的荆条的小嫩叶)，手都扎肿了。那时人们吃不上豆腐，就到山上拣橡子，回家用水泡后，经石磨磨碎做成豆腐吃，又苦又涩，很不好吃。有一年春节，我三大伯在我们自然村的小河边把冰凿开，用笊篱捞冰下的泥鳅和蛤蟆，回家用热水烫后，没有盐用咸菜水熬着吃，是我印象中很难忘的一次。秋天我家地里的红高粱刚晒青，还没有定浆，我爸就顶着雨，剪下来未成熟的高粱穗子，回家用锅烘干后，再磨成高粱粥吃。秋天打了谷子，也是连皮磨成粥喝。肚子里没油水，又吃糠，解不出大便只好用手抠。常吃野菜把脸和腿都吃得浮肿了，经常闹肚子。那时，生了病没地方买药，也没钱买药，都是硬挺着活受罪。那时，基本上都是一家人合盖一床破被子。被子里生了很多虱子，咬得人睡不好觉，妈妈常常白天打开被子抓虱子。那年月"人圈"里的物资十分缺乏，龙须门的"组合"点凭证限量供应少量盐、火柴、煤油，根本就不够用。用火时，人们就用原始的打火镰取火。心眼灵活的人就去偷电线杆子上的电线葫芦，把里面的硫黄化成水沾在麻秸秆上，在火炭上取火做饭点灯。还有人把油松树劈成小瓣儿点着照明，还有的户种大麻子熬成油熬菜吃，还可以用小瓷油灯照亮。日寇搞经济封锁，群众买不到布做衣服，有时候做小买卖的从口里偷运过来点儿土布，偷偷地卖给"人圈"里的人们做衣服。

"人圈"里的人们非常地受气。有一天，驻"人圈"的左辰警官到我家故意找碴儿，说院里不干净，就狠狠地打我爸爸三棍子。我 9 岁那年的春天，就被强逼着到距离我家 6 里地远的下店子伪满学校去上学。伪满学校头一堂课先学日语，背 50 多个单词。我们放学回家时，要对老师说："三油拿蜡。"与我同位的同学比我大，据说他是龙须门宪兵队长的干儿子。他不断向同学们灌输学会日本话，就把洋刀挎(当官)。吃饭叫"咪西"，骂人叫"八嘎"。放学路过龙须门宪兵队驻地岗哨时都得脱帽敬礼。

真是老天有眼，1945 年夏天普降大雨，时断时续地连下了 48 天，把日本鬼子撤退时埋在中国各地的毒蛋都泡臭了，使中国人才免受毒害。现如今，日本军国主义分子否认我国对钓鱼岛的主权，在钓鱼岛周围部署军事力量，大搞针对性演习，企图卷土重来，妄想再称霸亚洲。我们决不允许，绝不能让历史重演！

整理：张明云　2014 年 10 月 5 日

七铺炕“人圈”的回忆

龙须门镇中心校退休教师　张文廷(80 岁)

七铺炕“人圈”包括七铺炕大庄和金宝沟、椁罗台沟、孤山沟、茧场沟、骆驼沟、李三沟 6 个山沟。

1942 年的腊月初八，日伪军威逼着老百姓搬到七铺炕“人圈”，并规定了时间，不得拖延，违抗者轻的就会遭到一顿毒打，重者就会被抓，甚至被杀，而且把房子全部烧掉。所以老百姓不得不离开自己的老家，携老带幼地朝七铺炕“人圈”搬。比较明智一点的就按时搬了，房子也没有被烧。不搬或者晚一点搬的，房子都被烧毁了，仅仅几天的时间，七铺炕村民的房屋就被日伪人员烧了 26 间。

第二年(1943 年)3 月，日伪军就开始逼迫群众修“人圈”的围墙。修围墙时，“人圈”里的人们就在日伪人员的监督之下，搬运土石修筑围墙。在修围墙的过程中，日伪军只要看谁不顺眼，就是一顿毒打。七铺炕“人圈”的围墙东西长是 450 米，南北宽 150 米，南面设有 2 个大门，东西各有 1 个角门，北面还建有 2 个炮楼。“人圈”的大门日夜有人轮番把守，出入需检查“住民证”，人们就像囚犯一样被监禁在“人圈”里。

“人圈”里没有什么好一点的房子，搬进来的人更是没地方住，有的跟关系比较好的人家挤住在两三间房子里，有的拆了自己的房子，盖两间没有椽子的顺笆房，有的搭个马架子窝棚，还有的户住在人家的偏棚子或羊圈里，这些简陋的住所，冬不挡风，夏不遮雨。“人圈”里的宋才媳妇大冬天把孩子生在了张桂荣家院子外面的一个小柴禾棚子里。

吃穿情况更是艰难。比较好的人家是糠菜半年粮，一般的人家只能是吃糠咽菜，勉强度日。“人圈”里的人们穿的是补丁摞补丁的破衣服。如李春山的母亲，衣服的补丁都数不过来。在“人圈”生活的几年中，她冬天的衣服从未絮过一丝棉花。李春祥搬进“人圈”时，已是一个十四五岁的半大小子了，但他身上却从没挂过一丝布条。有个叫“四角瓜”的，还有个叫刘四的，他们都是二十几岁的小伙子了，却被活生生地冻饿而死。

“人圈”里的控制非常严，每天日出才开门，日不落就关了大门，回来晚的只好偷偷地从围墙下水沟爬进“人圈”。郑连峰、李连荣、刘文林、孟吉生等人都多次爬过水沟。“人圈”里由于居住条件太差，潮湿阴冷等，得窝子病(热病)的，如疟疾、霍乱、痢疾病的人很多。大人有的侥幸熬过来了，可小孩子抵抗力太差，加上没医没药，只有等死。所以，“集家并村”的那几年，小孩子没少死。“人圈”四周的山坡上，随处可见一捆捆裹着死孩子的草捆，遍山都是，隔三差五地就听见山坡上孩子妈妈的哭声。

尽管日军实行“集家并村”，修筑“人圈”，制造“无人区”，想隔断共产党、八路军与人民群众的联系，借此消灭八路军和共产党。但是，党的地下工作者、八路军人员和“无人区”

的民众，对敌斗争却一直没有停止过。特别是地下党人员，为团结百姓共同抗日，经常一个人或几个人吃住在深山沟里，住在没有搬进“人圈”的老百姓的家里或山洞里。

1942年，党的地下工作者王建华就经常吃住在小块地农民王景作的家里。腊月初八的这天早饭后，一伙日本鬼子巡逻队从北向南追赶一个他们认为是八路军探子的人，来到小块地北山梁上，嘴里咿哩哇啦地乱叫着。王建华听到动静后，立即打开后门察看情况，准备应对的办法，不料却被日军发现，追赶的日军很快朝他跑来。王建华立刻插上后门，跑进屋内，抄枪就准备冲出去。王景作之妻忙说：“来不及了！”她灵机一动，立刻打开板柜，让王建华钻进板柜里躲了起来，随后用一把大锁把柜锁上，又从地上捡起一个小柴禾棍，塞在了柜盖下面。

这时，日本鬼子踹开门闯进了屋，指手画脚地朝王景作媳妇要人。王景作媳妇背靠着板柜，一直装作没有看见。鬼子拿起刺刀吓唬她，王景作媳妇坚持说，什么也没看见。这时，藏在柜里的王建华怕连累老乡，宁可舍身也要保护老百姓，就从板柜里向外连打了两枪，可惜没打到鬼子。于是，鬼子气急败坏，向柜里连开数枪。过了一会，他们看到柜里没有动静，就打开了板柜，发现王建华已经牺牲了。鬼子恼羞成怒，把王景作一家及全庄的百姓都集中在羊圈外的场地上，问还有没有八路军，赶紧都交出来，再不交出来，这就是你们的下场。大家都说只有这一个八路，还被你们打死了，哪还有什么其他八路呀。鬼子见问不出什么结果来，就把大多数群众放了，却绑走了王景作、刘占元、刘占铎、刘占春、刘万、刘福等人，把他们一直押到了下板城警察分驻所。这时正是十冬腊月，这些日军又把他们押到下板城北部的河套冰上，扒光了他们的衣服，让他们卧在冰上，之后又押到下板城街，实施了更残酷的刑罚，对他们灌洋油、压杠子等。经过反复的审讯后，又把刘占元、刘福押往了平泉。王景作因窝藏八路，被日军押到峡沟门的一个老坟圈子后，在王景作身上连刺了七刀。王景作就这样惨死在了日本鬼子的屠刀之下。

1942年秋季的一天，有7名做买卖模样的小商贩(其真实身份不详)，路过离韩杖子一里地远的槐树沟门(木鱼子山下)，被一群巡逻的日本兵发现后用刺刀逼着他们说：“你们是八路军的密探，还是给八路军送情报的?”当时他们争辩说：“我们只是做买卖的，别的什么也不知道。”鬼子见他们不肯招认，不容分说，举起刺刀，刺向了7人。

不知过了多长时间，1名最年轻(据说才18岁)的小伙子苏醒了过来。他浑身是血，一直爬呀爬，想爬进庄里，不料又被日军发现。可怜这个小伙子，终究未能逃出鬼子的魔掌，第二次又被鬼子杀害。就这样，7名无辜的生命都惨死在了鬼子的屠刀之下。事后，这7具尸体被当地的老百姓掩埋了，至今也无人查找。

我们七铺炕这一带，无辜的百姓遭受日军枪杀的事件非常多。刘军、王树山就是其中典型的例子。刘军是一个典型的老实巴交的农民，一天，他在桲罗树沟北山上放羊，忽然看见北面山梁上有日本鬼子，他非常害怕，丢下羊群就跑，被日本鬼子发现后开枪就打，打中了他的腹部。后来,他被人们抬往七铺炕。日军见他实在是老实人,也找不到什么其他证据才走了,刘军侥幸逃过一劫。王树山是骆驼沟人,也曾给八路军送过信,一天他串门到沟外刘老五家。当时日军正在搜查八路军,搜查到刘老五家,王树山被日本兵堵在了屋里,不容分说,一枪就打在了他的肚子上,没过多长时间就死去了。

整理:张明云　2015 年 9 月 1 日

上店“人圈”的回忆

离休干部　程英杰(86 岁)

我们上店“集家并村”是在 1943 年:“集家”到“人圈”的有西沟、北沟、草爬沟、刘家庄、孙家庄、东沟等自然村,“人圈”的坐落是南北走向,有 2 个大门,围墙上有 4 个炮楼。

人们搬到“人圈”后,日伪不让盖房子,先逼迫民众修“人圈”围墙。“人圈”里的房子啥样的都有,有点木料的就盖了一个 3 檩的房子,绝大多数是没有木料的,都是简单的卡杈房子,再用草苫的。还有比较幸运的,在坐地户的亲朋家挤着住。我们家是坐地户,连我们的 2 间羊圈都打扫出来,给搬进来的我三叔他们住了。而绝大多数搬进来的居民都是没有亲戚的,只好想办法盖一个卡杈房将就着。还有很多户根本就没房子住。

在“人圈”里,无吃少穿,生活极为困苦,绝大多数户都吃树叶子、野菜子,基本上都是无粮可吃,个别条件好一点儿的户,也只能是在树叶子、野菜里掺上点儿粮食混着吃。在穿衣上,都是破破烂烂的。有钱的偶而偷偷地从口里来的商贩手里买点儿家织的粗布,绝大多数都买不起,都只能是补丁摞补丁地对付着穿。

“集家并村”时,搬来一户姓李的,一家哥六个,分别叫大虎、二虎,一直排到六虎。他们哥六个只有三虎李文和娶了一个要饭的媳妇,生了一个男孩叫李淑民,在“人圈”里闹传染病时得了大脑炎。那时得了病连条件好一点儿的户都治不起,何况他们家啊!没钱治,硬是任其疼死了。老虎他们一大家子由一个瞎老娘领着维持着生活。因为“人圈”里缺衣无食,生活极为困苦不堪,“集家”后没有多长时间,瞎老娘就连冻带饿地死了,她死了以后,那几虎在“人圈”里无法生存也相继死去了,一家子成了绝户。在“人圈”里还有一个叫海生子的姓托,都十四五岁了,因为居住环境恶劣,卫生太差,得了痢疾,病死了。

在“人圈”里有一个日伪警防所,所长叫李权芳,常驻的有五六个部落警察,记不清他们的具体名字了。还有自卫团,团长是程玉秀,托复团员有十二三个人,都是从各甲抽上来的,在“人圈”里站岗放哨。还有甲公所,甲长是丁林,甲公所还有旗子,是五色的旗子。在“人圈”里,成年人都有住民证,出入“人圈”必须带着住民证。警防所和自卫团负责维护

"人圈"的"安全",防止共产党和八路军人员进入"人圈"。

上店"人圈"里,我们村的地下党员有托坤、刘广峰、张文佑等,他们主要是为八路军和地下党人员筹粮筹款,传递情报,安排为八路军做军鞋、军袜等,送给八路军部队,他们还负责除奸工作,对那些中华民族的败类汉奸特务等予以处决。"人圈"里有一个叫托魁的,他老婆满脸的大麻子,动不动就向龙须门朱盛林讨伐队告密,被这些地下工作人员给处决了。

在修"人圈"时,为延缓日伪的"集家并村"计划,八路军部队、游击队的地下工作人员经常把日伪逼迫群众修的围墙刨毁、拆倒,先后刨倒了两三次。刨倒之后日伪又逼迫老百姓再把围墙修起来。后来群众向地下工作人员不断地反映意见,大家都说这样一来,群众的负担太大了。后来,也就不再拆围墙了。

在那时,龙须门"人圈"设有村公所,管理着我们龙须门川、柳树底下川、尖山子等"人圈"。村公所就相当于现在的乡镇政府,一般都管着几个、十几个甚至更多的"人圈"。我们上店"人圈"归龙须门的"人圈"管,在龙须门"人圈"里还驻有日军守备队、朱盛林讨伐队、警察分驻所,还有一个连的伪满兵。

我们"人圈"里那时有不少是被伪满移民和抓劳工抓走的。程玉生一家 3 口是伪满移民走的,不知移到哪里去了。程玉富、程玉星、程玉中、程玉海是被抓劳工走的,都给抓到阜新那里下煤窑了。有一个叫程玉珩的,被抓到阜新下煤窑时把腿砸坏了,最后成了残废。还有在窑厂挑窑货的,有托文、托义等。还有二户被日伪抓走的劳工叫托武、托奎,他们的媳妇在他们二人被抓后,在"人圈"里连地都种不上,全家的生活苦不堪言。

整理:张照云　2014 年 8 月 13 日

北大杖子"人圈"的回忆

峪耳崖镇北大杖子村　张印廷(83 岁)

我叫张印廷,日寇 1942 年"集家并村"后,我在北大杖子"人圈"里居住。提起日本鬼子"集家并村"修"人圈",真让人一言难尽。下面,说说我知道的北大杖子"人圈"里发生的几件事情。

1. "集家并村"进"人圈"

1941 年农历十二月二十四日,阴云密布,北风刺骨,天空飘着雪花,家家正准备着过春节。可是,人们所面临的却是一场天塌的大祸,就是"集家并村"进"人圈"。日军逼着人们在三天内必须全部"集家"到北大杖子,否则见人就杀,见房子就烧。人们哭天喊地,真是叫天天不应，喊地地不语。在那天寒地冻的三九天，人们只好顶着凛冽刺骨的北风，冒着大雪，扶老携幼地搬到了八九里地远的北大杖子“人圈”。

北大杖子是一个11华里长的一条山沟，全村800多口人住在七沟八岔的12个自然村里。离“人圈”最远的是何家庄，距“人圈”有9华里。在这数九寒天风雪交加的季节里，除了坐地户以外，这些搬来北大杖子“人圈”的人们，却连一间房子都没有。人们没有房子住，上哪去筹集盖房的材料，又到哪里去住啊！就是筹集到木料，这数九寒天的，也没有办法盖房啊！没办法，人们只好有亲的投亲，有友的投友，有的住进了坐地户的亲戚朋友家，有几户比较幸运地住进了小学教室。教室只有3间，就住进了8户，而大部分人家住进了碾子棚、驴马棚、坐地户的墙角边或房檐下，在地下铺点谷草，四周围上点干草过夜，人们就是这样度过了这年的春节。

最可怜的是农民贾连发，他们全家4口人，有60多岁的夫妻俩和2个姑娘，全家最能取暖的只有1张羊皮，1个簸箕，两块半截炕席头儿。睡觉时贾连发身下铺着干草，身上盖着那一张羊皮，他的妻子身下铺着谷草，身上扣着簸箕，两个姑娘每人一块炕席头儿，他们的大部分时间都是依靠烤火过夜。这样的生活没坚持多久，他的妻子就被冻饿而死。

到了第二年的春天，因为残酷的生活环境，很多老年人和孩子都死去了，炕席、破烂衣服包裹的死孩子卷在北大杖子“人圈”的北山坡上扔得到处都是。在“人圈”里，人们每天都能听到悲惨的哭声，一直都没有间断过。

2. 日军威逼修围墙

1942年春，日本鬼子命令群众修“人圈”的围墙。“人圈”的围墙高4米左右，周围还修了两个大门，大门上修有城楼，日夜都有“岗哨”站岗巡逻。“人圈”里的大门每天都是等到早晨日出以后才开，晚上太阳还没有落山就又关上了。

“人圈”围墙的修筑是有期限的，不按期完成的就要判死刑。可是，北大杖子“人圈”周围因为土料缺乏，影响到了完成的期限。夏季的一天，来了一车全副武装的日军，他们将“人圈”内男女老小都集中到了“人圈”外的北河套上，800多口人跪了一大片。日军在前面架上机枪，枪上上了刺刀。面对着手无寸铁的群众，一军官模样的鬼子说：“你们北大杖子的人私通八路，不积极修围墙，今天我们要把你们全部枪毙，让你们鸡犬不留。”当时，人们的哭声一片。后来，“人圈”里的甲长和自卫团团长都跪下了，村公所所长和协和会会长也上前讲情，日军才答应再宽限半个月，如果半个月内不完成绝对不饶。

3. “刘大胆子”夜遇狼群

北大杖子村刘恒瑞，人称“刘大胆子”。刘恒瑞五短身材，身体健壮，爱说爱笑。他1941

年入党，长期从事地下工作，经常夜间出去，从事抗日活动。在修北大杖子“人圈”围墙时，他就想：“人圈”围墙修完后日夜有人站岗放哨，大门还要上锁，夜间从事地下活动无法出入怎么办呢？他想了很久，突然蹦出了一个办法，何不在距我家比较近的围墙根下留一个过水的水眼呢。这样，晚上能够进出，就是有谁看见，我也有借口可以搪塞。所以，在修围墙时他就在“人圈”围墙的东角下偷偷地留了一个水眼。当时有人发现后问他：“你留个大水眼干啥？”他说：“留一个水眼，是为了防雨，万一雨水多的年月里，可以避免里边存水啊。”

1943年的秋季，上级来了一封密信，让刘恒瑞转送到葫芦峪八路军的部队。这天夜间，他把信藏在了帽子里，手持镰刀从水眼爬出后直奔葫芦峪而去。半夜后，刘恒瑞向部队交了信件后离开了葫芦峪。为防严寒，刘恒瑞顺便拿了3捆线麻秸秆儿就朝家走去。这时，天还不亮，距北大杖子“人圈”还有15里左右，隔着一道大山，路两边都是高大的柴草，荒无人烟。当他从山梁上往下走时，听到后面好像有什么东西在动。他回头一看，一只大灰狼正跟着自己，距自己不足2米远。刘恒瑞想：在这十几里的荒无人烟的山沟里，柴草又这么深，遇到了这只狼，我应该怎么对付它呢？他想干脆停下来抽一袋烟吧，狼见到火后也许会跑掉。其实不然，刘恒瑞停下来抽烟，这只狼也蹲在距刘恒瑞2米多远的地方，直直地看着他。刘恒瑞想：这样僵持下去不行，还是走吧，你敢上前的话，毕竟我手中还有镰刀，怕它何来！一直走到了娄子店自然村的下边，这只大灰狼才朝南边方向去了。刘恒瑞大喜，距北大杖子“人圈”还有4里多路，快走吧！意想不到的是，这只狼朝南走后，嚎叫了几声。刘恒瑞想：这回可能要坏事，狼叫是为了勾引伙伴。刘恒瑞猛一抬头，这下可不得了了，旁边又窜出了两只大灰狼，毫不畏惧地站在了小道的中间挡住去路。刘恒瑞看到前边有几棵大杨树，他迅速跑到树下，想爬到树上，可到了树下自己又不会爬树。这下，刘恒瑞的心里真没底了。他想：我一生都胆子大，人称我是“刘大胆子”，这次是胆大吃了胆大亏，可能是必死无疑了。想着想着，只见前面两只狼掉过头去，屁股对着刘恒瑞，两只狼的后腿就刨起了沙土，后面跟来的一群狼也这样，一起向刘恒瑞刨起了沙土。霎时间，路上的沙土像暴雨似的打在刘恒瑞的帽子上。这时的刘恒瑞只有一个念头：实在不行手持镰刀和它们死拼吧！危急时刻，他急中生智，忽然想起了身上背着的几捆线麻秸秆儿，他赶紧取出火来，点燃了麻秸秆儿。几只狼正刨着沙土，得意忘形，忽的一股大火烧起，它们吓得“嗷”的一声蹿进地里去了。刘恒瑞侥幸脱险，拉着正在燃烧的半截子麻秆儿，跑到北大杖子“人圈”的围墙水沟，钻进了“人圈”。

4. 送信抢敌粮

1945年夏季，日本鬼子计划修“小庙岭”的公路，运来了8 000斤高粱米存放在“人圈”里。“刘大胆子”刘恒瑞心想：这些高粱米如果给八路军部队送去多好，现在他们正缺粮食呢！想啥办法能把这些粮食弄到手呢？想来想去，还是没有别的办法，只有找到八路军的首长们商量。一天夜里，他又从“人圈”围墙的水眼下出了“人圈”，身上带了一把镰刀，翻山越岭，半夜时赶到了葫芦峪，找到了部队的首长，把“人圈”内存放高粱米之事向首长做了汇报。部队首长听到这一消息后非常高兴，说：“你先回去吧，你为我们的事情操心受累了，我们商量一下。”

几天后的夜里，自卫队员张殿清、马清二人正在门楼上站岗，他们听到远方传来的脚步声越来越近，发现八路军部队来到了门口。八路军首长让站岗的张殿清和马清二人找到“人圈”里的甲长，向他说明了来意，要求他们配合这次行动。找到了藏粮地点后，八路军把这些粮食除多数带走以外，又留下了一部分，分给了“人圈”里的群众，然后出城。8 000斤高粱米只用两个小时就解决了。

次日一早，甲长何有林早饭都没有吃，赶紧到守备队报告去了。他见到太君后就哭了：“太君，我的脑袋不要了！”“什么事？”“昨天夜里来了很多的八路，把高粱米都抢走了！”“多少人？”“不知有多少。”日寇军官打了甲长两个嘴巴，然后说：“滚！”

整理：张明云　2014 年 7 月 13 日

亮甲台“人圈”的回忆

亮甲台镇亮甲台村　李春友(80 岁)

我们亮甲台“人圈”是 1942 年 3 月开始“集家”的。搬进“人圈”的有北五沟的 5 条沟，再加上小西沟、小汉沟、张安沟、团山子等共 10 个自然村。

“集家”到亮甲台“人圈”的户没有房子住，只好有亲戚的挤在一处院里，无亲戚的盖个小树杈子房，生活都十分困难。人们是穿无衣，吃无粮，腹内无食，加之瘟疫，到 1943 年春天，全“人圈”就死了 200 多人，有的是全家病死。

在修“人圈”围墙时，多数群众大冬天还穿着单衣服，日本鬼子天天逼着人们扛石头砌围墙，真是牛马不如。

日军在“人圈”里有严格的统治系统，在亮甲台“人圈”驻有日军的一个中队，并设有警察分驻所，驻有警察，村下设甲，有甲长、副甲长，还有由青壮年组成的自卫团。“人圈”里的成年人都发“住民证”，持“住民证”才能进出大门，但不许去远处“无人区”的地方，控制得非常严格。

亮甲台“人圈”设有东、北、西 3 个大门，墙上的四角都有炮楼，日军直接检查人们的出入，日军中队部也设有炮楼，由日军亲自监视八路军和地下党的活动。亮甲台村子的中心地点很早以前就有一棵大槐树，日军建上中队部后，因为靠北方向的一个树杈影响了他们的瞭望视线，就被日军锯去了。这棵大槐树现在还在，锯去的树枝的痕迹依稀可见，这是现存的日军“集家并村”修建“人圈”时为所欲为的铁证。

被“集家”民众的所有山沟里的土地都不能耕种，房子都烧了，被划成了“无人区”，任何人到“无人区”，一经发现就直接杀死。杨树沟的郎士昌，就因为他是报国会武装班长，去“无人区”和八路军联系被日军枪杀了。

大汉沟河西设有一个“人圈”，搬进“人圈”的有大汉沟、上沟、北沟、东西罗圈沟、下杖子东沟、杨台子 7 个自然村。

杨树沟设有一个“人圈”，搬进“人圈”的有杨树沟、南庄、北庄、柏树沟、岔沟、半壁山、大川 7 个自然村。

每个“人圈”都有一个日军的小队和日本宪兵驻守，还设有甲长等日伪头目管制着。

1942 年 8 月，日军在“人圈”里进行“大检举”，被抓走的有地下交通员及地下党员。杨树沟有山景瑞，当时是交通员，亮甲台有王殿杰、王殿俊，他们俩都在口里做买卖，因怀疑他们“通共”，在山家湾子被抓捕。当时群众看见日军军车拉着一车被捕人员，大约有 20 多人，全部用铅丝串着肩胛骨，把人横垛在车上，看见的人们都落泪了。日军将这些人全部拉到了辽宁省的辽阳监狱进行刑讯逼供，用各种残酷的刑罚将这些人活活地折磨死了，有的用铁丝烧红后，插入生殖器致死。

日军在“集家并村”的几年里，对民众实行惨无人道的统治，丧尽天良，甚至连野兽都不如。在北五沟里，日本鬼子 20 多人抓到了一名年轻妇女，就对这名妇女进行了轮奸。在亮甲台“人圈”，一名姓孔的妻子，同样也被日军 20 多人轮奸了，致使这名年轻妇女终生未孕。

1940 年至 1943 年，上级党组织的负责人张真理、李大夫、张子江、山珍(化名)、平北(化名)等到亮甲台发展党员，当时发展的党员有李凤春，任报国会武装班长；王殿成、唐会合为交通员，还有王殿义、王彩章等。杨树沟的鲁学千，为了工作把名字改成了雅贤，其长女鲁清莲也经常给八路军、地下党送信，鲁宪瑞、郎士昌，北五沟任永明等都是报国会的基干队员。

1943 年 10 月，任永明因为汉奸告密，被日军抓到了亮甲台东门外，用洋刀将头颅砍了下来，还有 2 名基干队的战士也一起被杀害。

郎士昌被日本鬼子杀了，大汉沟河西“人圈”的王英也被日军杀死了。

当时在亮甲台一带活动的党组织负责人有周治国、李大夫、张真理、江崇池(都山道士)、山珍(化名)、平北(化名)等人。

1942 年 3 月，基干队 20 多人在当地党组织的协助下，在夜间袭击了亮甲台分驻所，打死了所长的老婆，所长逃跑了。基干队员鲁宪瑞在撤退时，牺牲在了亮甲台南街。

1944年8月的一天,日军"围剿"基干队,日军中队长在都山被打死,火化在了亮甲台南山。

1944年10月28日,基干队派了4名同志,在地下党组织的协助下,将伪甲长吕占一处死在亮甲台东门外的王友家门外。

采访:张明云　张焕生

整理:张明云　采访时间:2014年8月20日

药王庙"人圈"的片段回忆

龙须门镇药王庙村　杨忠祥(90岁)

日军"集家并村"修"人圈"时,我们家搬到了药王庙"人圈",那时我已经十七八岁了。因为过去的时间太长了,再加上上了年纪,很多情况现在已经想不起来了,我只能把现在能够回忆起来的一些情况说说。

我们药王庙"人圈"迁入的村庄有老院庄、河西、庙底下、破窑庄、丁家沟门等庄。修建"人圈"的地点原来定在了西庄,但由于东局子庄的大地主杨春香和负责"集家"的徐普斋势力大,他们把"人圈"的地址改在了东局子庄。"人圈"里简直就是人间地狱,吃不上,穿不上,还经常闹瘟疫,不是人过的日子。当时种地都是租种地主家的地,远处的不许耕种,近处可以耕种的一点地也十分有限,一年下来,打的粮食除交租外没有剩下多少,绝大多数人家都没有吃的。因为没有吃的,有的就偷偷地到外地去买一点或者千方百计地换一点,回来时却被日伪军给没收了。这其中就有我父亲。我父亲那时七凑八凑、千方百计地集了一点钱,买了70斤玉米,回来后却让日伪军给没收了,气得他得了霍乱。多数人家因为没有粮食,只好靠吃糠、挖野菜来过活。穿的更谈不上了,多数人一年四季只穿一身衣服。冬天,人们把棉花塞在破衣服里就是棉衣,春夏把棉花掏出来就是单衣,轮流着穿。有的把棉花穿烂了,又把破被子里的棉花掏出来,再塞进破夹袄里,倒来倒去的。那时候"人圈"里实行的是配给制,听人家说,日伪可能给每家也发下一点布票,但都被那些有权有势的给贪污了,反正普通的老百姓根本就没有见着过。人们吃不上、穿不上,可照样要去修"人圈"围墙。老家的房子拆了,在"人圈"里多数都是搭的窝铺,有的根本就无处可住。

我们这里的"人圈"是一个甲,龙须门"人圈"是村,设有村公所,一个村公所管好几个"人圈",我们这里属龙须门村公所管。

"人圈"里设有自卫团,团长是杨廷发,日军看着他积极,就给他们自卫团发了20多支枪。自卫团团员主要是配合日伪军站岗、放哨等。日伪军和自卫团长杨廷发对这些团员十分凶恶，不是打就是骂，集合时稍稍晚到一点，轻的是打、罚，让自卫团员互相打嘴巴，重的是棍棒相加，打伤打残的不是一个两个。

日军经常在“人圈”里抓劳工，具体都是谁，因为年岁大也都叫不上名字了，反正几年里抓走的人很多，抓到东北和其他地方的都有。

日本鬼子在中国那些年丧尽天良，罪恶滔天。1943 年，他们在“人圈”里进行“大检举”，在我们周围的几个“人圈”里抓走了 100 多人，一直关了 3 个多月，有 90 多人都被杀了。我们“人圈”里的共产党办事员杨廷全、杨廷喜、杨廷兰等都被杀了。其中杨廷喜、杨廷兰是亲哥俩，他们一同被杀了。当时正是腊月二十几，眼看就过年了，两口棺材停在院子里，你说这年怎么过，这以后的日子怎么过啊！

我 17 岁就担任八路军地下关系处办事员，我们的处长是杨廷全。我的职责是在药王庙“人圈”里为地下工作人员和部队人员派饭，筹集报国粮、鞋袜，派人转送来往信件、宣传刊物等。特别是来往信件，比如“鸡毛”信、带火柴的信，都必须由我亲自送到联络地点，多数时候都是送到石洞沟。这样，我从 1942 年春一直干到 1945 年日本鬼子完蛋为止，共干了近 4 年，做了很多地下工作。

1945 年春的一天，区长马兆贤，还有区里的刘志久、何山、武彩云等多位同志，要在龙须门打消耗战。因为龙须门的街北头是日本的宪兵队，街南头是日本的守备队，街里还有警察分驻所、村公所、协和会、讨伐队等，他们的力量比较强大，不能硬打，只能是骚扰敌人、打消耗战。这次我也参加了，任务是在药王庙“人圈”里组织人员砍龙须门至宽城一带的电线杆子、割电线。区小队的任务是打几下就换个地方，朝警备队、宪兵队、分驻所、协和会等地方打枪，主要是骚扰他们，消耗他们的弹药，机枪步枪一直打了半宿。日本鬼子也弄不清周围的情况，光朝外放枪，一直没敢出来。这天夜里，我们把下店子山梁到宽城山后这一段十几里的电线杆子都砍了，电线也都割了。周围“人圈”里也有很多人破坏敌人的交通，组织联络“人圈”里的人员，筹集军粮等抗日活动，参加的人员也有很多。

因为我参加抗日活动较多，家里的事基本顾不上了，在家更是很少干农活。我妈也不知道我具体是干啥的，总之不在家劳动，给我起了一个外号叫“懒汉”。她还经常对我说：“人家的爹都还年轻，你爹都 70 多岁了，你不侍弄庄稼，咱们吃啥啊！”

因为我参加抗日活动较多，所以也引起了坏人的注意，不知谁把我给出卖了，供出了我从事抗日活动的一些情况。1945 年的一天，我被日军抓去了，押在了龙须们警察分驻所，押了 28 天，天天过堂。我不知道负责审我的日军的官儿叫啥，记得他留有八字胡。当时被抓的有十几个人，有时候是给我一个人过堂(指日军审问)，有时候是十几个人一块儿过堂。最后，因为他们没有掌握我更多的抗日事实，家里又托了人，最后由协和会的杨香普把我保了出来。

我再说说我知道的其他“人圈”的一些情况。

一个是骆驼场杨家庄“人圈”的杨文禄，当时只有 20 来岁，有点文化，给地下党办事。他们家就他跟爸爸爷俩，家里很穷。可是儿子大了，需要成家立业，得给儿子张罗一个媳妇啊。他爸辛辛苦苦地给儿子张罗了媳妇，准备了结婚的东西，通知了亲友，万事俱备就等着办喜事了。可是，晴天霹雳，杨文禄突然被鬼子给抓走了。他被抓走后只关了两天多就被杀害。他父亲听到儿子的死讯后就疯了，时间不长也死去了。这样，一家两口，全部死绝。

再一个是骆驼厂半拉山发生的事件。

1943 年初，由于汉奸告密，日军出动了 30 多人包围了半拉山，当时，杨廷瑞的二儿子杨瑞廷参军还不到 3 天，就牺牲在了半拉山。还有一位队员叫何山，也牺牲了。当时日军来的人较多，连日军的翻译都来着。

还有一件事，也是 1943 年，日军包围了骆驼厂的王家庄“人圈”，我们这里的地下工作人员都撤退了，只有刘志久没有跑出去。这时，日军还在疯狂地搜捕这些人。王家庄“人圈”里的朱荣媳妇，看到情况紧急，赶紧把刘志久拉到了屋里，把被子胡乱地铺在炕上，然后一把就把刘志久也拉进了被子里，假装刚生完孩子躺在炕上。日军进屋搜查时，看到朱荣媳妇正捂在大被子里“猫月子”，就走了。这样，刘志久才得以逃脱。

还有一个人叫刘志学，他给区里姓韩的当通讯员，白天藏在大石湖的一个山洞里，由于坏蛋告密，被日本鬼子包围后，牺牲在了山洞里。这个人脾气不好，但是工作特别认真，我的很多联系户、联系人都是通过他安排的。他牺牲后就被埋在了山崖下面。

采访：张明云　张焕生

整理：张明云　采访时间：2014 年 9 月 17 日

蓝旗地“人圈”生活的辛酸回忆

龙须门镇梁前院村　万兴洲（83 岁）

1942 年我们蓝旗地开始“集家并村”，定为“人圈”点，邻近的村都朝蓝旗地“人圈”搬。如贾家安、西安峪、小河口、燕子峪、造字岭、车厂沟等 7 个村的全部，还有王厂沟、柏木塘、清河口、瀑河口等村的零散户。这些零散户，全是投亲靠友来的。“人圈”里设立了 3 个甲，蓝旗地的甲长是刘井清、刘凤，西安峪的甲长是李长发，燕子峪的甲长是梁荣。

我们这里“集家”时盖房和修围墙同时进行，“集家”户先盖上房子好有个住处，每户除留一人盖房外，其余的男女老幼都去修围墙。

“集家”户盖房比较简单，用几个树杈挖坑埋上，放上几根横木，上面铺上干草，没有草的用秫秸、玉米秧等，把周围一围就行了，一块大石头都没有，那也不叫房子，就是牲畜棚子。还有漏着天的，夏天死热，冬天死冷，再加上没有衣服穿，到了冬天，大人小孩冻得直打牙巴骨。大部分农户吃不上饭，一天吃三顿饭的是少数，吃两顿饭的户多，要粮没粮，要菜没菜，只能上山挖野菜吃，吃一顿饭的户也有，盐都吃不上，大部分户没有粮食吃。离“人圈”近的户，回家种点地还能收一点粮食。人们出去劳作一天，其实也只能是干半天活，还心惊肉跳的，怕小鬼子看见抓住，就没命了。“人圈”的大门开、关都有时间限制，早晨太阳出来后才开门，晚上不等太阳落山就关大门，大门一关就只能在外过夜。人们在“人圈”里天天过的是提心吊胆的日子，吃的都是糠和菜，真是牛马不如的生活。

修围墙时要求很严，10家的牌长按家去找，谁不去也不行，男女老少都得去干。男劳力用麻绳子抬石头，妇女用筐挎小石头，全部都得参加。人们在修围墙时特别累，稍微直直腰，让甲长、小鬼子看见后不是骂就是打。人们在吃不上饭的情况下，还饿着肚子，干那么累的活，你说当时人们是怎么承受来着。

蓝旗地“人圈”的围墙修得比较坚固，用的石料全部是没有风化的大山石。蓝旗地原来的大街就非常长，南庄和北庄的一条街有1里多长，抻出去围墙的长度大约有600米，宽也有300多米，围墙的底座4米多宽，高4米多。围墙当中有2米多宽的马道，四个墙角设有4个炮楼，有4个大门，晚上全部都锁上。

蓝旗地“人圈”的围墙修了很长时间，日军白天逼着人们修，夜间八路军组织群众拆，三起三落，后来由潘家口日本守备队调来一个小分队把守，才用两个月的时间就修上了。日本鬼子撤走后，把“人圈”的管理交给了“部落”警和自卫团，由他们轮流站岗，夜间还经常增加岗哨，怕八路军或地下党人员进“人圈”搞抗日活动。日伪派来的警察和特务还经常在“人圈”里进行监视，看有没有八路军和地下党人员进“人圈”活动。

“人圈”里的三个甲设一个甲长会，每天各甲的甲长向甲长会汇报情况，甲长会每天都有一人值班，负责向“人圈”里的牌长分摊任务，如粮食、肉、鸡蛋等物资，甲分配到牌，牌分配到户，一个“人圈”的组织机构有8大系统，其中有情报部门，其他的就想不起来了。

蓝旗地村原有250多户，人口1 000多人，加上外头迁来的256户，人口超过4 000人，真是人山人海，到处都是人，连挑水都要到井台上排队，因为人太多，一个早晨只能担一趟水。

1943年春天开始，“人圈”里瘟疫病暴发，每天有十几人死去，最多时一天就死去20多口人。我们家死了3口人，我奶奶、我母亲和我二弟弟。我三伯父一家3口人、刘振山一家4口人、刘振福一家4口人全都死绝了，外来的“集家”户死了200多人，蓝旗地村坐地户也死了200多人。一年里，蓝旗地“人圈”总计死去的就有500多人，真叫人看着悲惨。

“人圈”里住了四五千口人，卫生没人管，生活环境恶劣，尤其是到了夏天，厕所的臭味儿飞出去老远,“人圈”里臭气熏天。

潘家口“人圈”里设有村公所。我们蓝旗地“人圈”由潘家口“人圈”的村公所管辖。潘家口“人圈”里,有村长 1 人,村长是刘振达,管辖着 7 个甲,有蓝旗地、西安峪、西卜子、燕子峪、宽甸、蘑菇峪、潘家口。还有 1 个配济所,所长叫刘井如,说是配济所,其实也没有多少东西。

日军在蓝旗地“人圈”里组织“大检举”,受害的人有刘殿甲甲长,死在了鞍山;刘振亮副甲长也被害了;刘景清被抓到喜峰口,被喜峰口宪兵队杀害了;还有刘景洲的二弟给椴木峪他姐姐家种地,在地里被日本鬼子看见后用刺刀刺死了,当时只有十七八岁,肠子都流了出来,人人看见后,都同情得掉下泪来。

我们永远都不能忘记日本鬼子残害中国人民的罪行,要永远铭记在心里。这段历史,我们是忘不掉的! 我们不但要记住这段历史,以后还要代代宣传下去。

(万兴洲原籍为独石沟公社蓝旗地大队,20 世纪 80 年代初修建潘家口水库时搬迁至龙须门镇梁前院村)

采访:张明云　张焕生

整理:张明云　采访时间:2014 年 9 月 1 日

不能忘记的历史

龙须门镇东李杖子村　杨文山(90 岁)　李景龙(90 岁)
梁　忠(80 岁)　杨忠诚(90 岁)

我叫杨文山,家住东李杖子村,1925 年出生。在“集家并村”时,我在“人圈”里当过牌长,也给地下党的领导刘志国、于建国当过通讯员,亲历过在日军铁蹄下东李杖子“人圈”所发生的一些悲惨事件。下面,我把知道和了解的当年“人圈”里的一些情况和日军在东李杖子一带的暴行回忆如下。

1. 人们被逼进“人圈”

东李杖子“人圈 ”就建在现在的东李杖子村所在地。当时迁入“人圈”的有榆树沟、王杖子北沟、王杖子、小石洞沟门、石洞子沟等方圆 20 多里的 30 多个自然村,共 400 多户人家,2 300 多口人。

(1) 惨无人道的烧光政策

“集家”时,村民们故土难离,以大甸子自然村夏清元为首的村民们,集体抗议不进“人圈”。日伪军就派人点着了大甸子自然村的所有房屋。刹那间浓烟滚滚,火光冲天。居住着40多户人家的村庄，变成了一片火海，来不及抢出的财物也全部被烧毁。站在一旁眼睁睁地望着被大火吞噬的家园，村民们只能大声地哭喊。在日军刺刀的逼迫下，无家可归的人们忍痛搬进了东李杖子“人圈 ”。

(2) 刺刀下建起的围墙

方圆20多里山沟小岔的房屋被拆光、烧光，人们被迫搬进“人圈”以后，日伪军就强迫人们修“人圈”围墙。开始修围墙的时候白天由伪警察监督看管运料、砌地基、打土墙。地基是用各家被拆毁或烧毁的房屋石头砌成，地基以上打的是土墙。为了破坏日军的“集家并村”计划，夜里在迁青平抗日联合县六区区委书记高守训领导下，刘志国、于建国、杨国栋等地下党和八路军就召集人们起来偷偷地刨掉围墙。这样重复几次后，围墙总是修不起来。

于是，恼羞成怒的日军就把“人圈”里的所有人都集中在村南头后台子的山坡上，架起机枪，准备全部枪杀。当时吓得人们哭声一片。于是，日军发布了最后通牒：“限三天三夜必须修完围墙，否则把人们全部杀死。”

为了不让百姓们遭到杀害，地下党和八路军暂时决定，让人们先搬进“人圈”。三天三夜，人们备受煎熬，有的人因劳累过度实在支持不住倒下去了，残暴的日军就用棍棒狠狠地打他们，逼迫他们起来继续干活。就这样经过全体村民三天三夜不停地艰辛劳作，3米多高、1米多厚，长700多米、宽500多米的“人圈”围墙终于建成了，墙外还有一条又宽又深的堑壕。后来在围墙的四角，又建起了4个炮楼。在围墙的四周各设东、西、南、北4个大门，平时南、北大门锁着，人们只能在日伪军的监督下走东、西两个大门。

2. “人圈”里的悲惨生活

(1) 拥挤的居住环境

400多户人家都集中在东李杖子“人圈”里，拥挤不堪。特别是刚开始“集家”的时候，每家坐地户的房子、院子都住着好几户人家，柴棚、牲畜棚都住满了人。多半人家只能从山上砍来几根木头，割来些野草，在院子里搭起“马架子”窝棚。还有的人家连个窝棚都没有，只能在院子的角落里铺上干草或秸秆，就算是住处了。直到“围子”修完，日伪军才允许外来户陆续地建起简陋的房屋。那时，建的最好的房屋也只是小两间的茅草屋，大多数人家建的仍然是“马架子”窝棚 。

(2) 无粮吃、无衣穿

“集家”的时候，东李杖子村好的耕地大都被宽城大地主李秀轩买去了，从下山至广东山沟里及大榆树沟一带又被日伪军划作“无住禁作地带”，因此只有少数人家有一二亩山地，多数人家是一分地也没有。没办法，人们只有租种地主的地，到了秋天的时候，除了向地主交租，剩下的粮食远远不够一年吃的。有的靠给地主“扛活”换来点粮食，有的靠冬天割柴禾卖了买点粮食。总之，家家粮食都不够吃，只能靠野菜、树叶、米糠度日。

穿的更是破烂不堪，难以遮体。孩子们都十几岁了还穿不起衣服，光着屁股的不在少数。大冬天，衣服难以御寒，人们只能靠火盆、火炕取暖，或是天暖和了挤在墙根儿下晒太阳。

(3) 没有自由的出行

人们必须随身携带日伪发的“住民证”，出入大门时都要经过严格的检查。太阳出来很高的时候才可以出大门，太阳下山前必须回来。否则一是进不了大门，二是让日伪的巡逻兵碰见，还得遭到一顿毒打甚至被抓走。

日军的宪兵队、伪警察分驻所设在龙须门，隔三岔五地就下来搜寻一次，见到“人圈”外面的人就随便地抓、任意地打。一天，黄宝山去三道沟给地主家耪地，恰巧被下来巡逻的日伪军碰见了，就把他抓到东李杖子后台子的山坡上，召集“人圈”里的所有人开会，当着大家的面，日伪军用棍棒对他就是一阵毒打，打得他大便拉了满裤子，昏死过去后又被日军扔到河沟里。后来，黄宝山被家人抬回，抢救了大半天才慢慢地苏醒过来，总算是捡回了一条命。从那以后，就落下了病根儿，只要听到有人喊“鬼子来了”，就吓得大便失禁。

(4) 可怕的传染病

“人圈”里人员居住拥挤，人、畜混居，到处是臭水沟，尤其是到了春天以后，苍蝇、蚊子到处乱飞，各种流行疾病不断。最可怕的是闹瘟疫，人们一旦被传染了就只有等死。

1943 年春天，一场大面积的瘟疫流行，“人圈”里多数人家都得了“窝子病”，常常是东大门这边往外抬死人，西大门那边又死人了。那时人们生活贫困买不起棺材，死了人就用草围上，再用绳子打上三道结，往外一抬就草草地埋上了。先死去的人还能挖个坑埋上，后来死去的人多了，连埋都不埋了。尤其是孩子，抵抗力低，死去的特别多。那时，“人圈”外从黄土坑子到鸽子洞一带的山坡上，扔满了死去的孩子的尸体，“人圈”里每天哭声不断。狗吃死尸都吃得两眼血红，冒着凶光，还时常把小孩儿的脑瓜壳儿、胳膊、腿儿叼到大路旁、“人圈”里，惨不忍睹。东李杖子“人圈”在这场瘟疫中死去的人数超过 200 人。最惨的是广东山杨中堂一家的 11 口人，在一年里竟死去了 7 口。大甸子朱宝印家的 5 个孩子全部死光了。我的六弟也被这场瘟疫夺去了年仅 7 岁的生命。

3. 日伪在“人圈”里的组织机构

日伪军在“人圈”里实行“甲长制”，甲长负责一甲的所有事务。当时的甲长是杨廷章、任福春。甲长下设二十多个“牌长”，每“牌”有十到二十几户人家不等。牌长负责本“牌”的日常琐事，还得负责上敛各种税收。当时有“人头税”“牲畜税”“甲长税”等多种杂税，压得人们无法生活。还设有特务组织，专门“检举”给地下党和八路军办事的人。

4. 日军的暴行

日军不仅实行杀光、烧光、抢光的“三光”政策，还在“人圈”里经常搞“检举”活动，对被检举出的人非杀即打。1942 年冬天，日伪军接到举报后，抓捕了经常给八路军办事的广东山杨廷任和达子沟的金久峰。杨廷任被抓到平泉郭杖子遭到了日军的一阵毒打，审问后，看他什么也不说，就剥去了他的棉衣，数九寒天让他光着身子去河套“焐冰”。冻得他浑身缩成一团，下巴骨磕得直响，被折腾个半死他也没有说出八路军的秘密。日军没有办法又把他押回郭杖子村，后来他等到看守人员打瞌睡的时候趁着天黑逃了出来。

金久峰被抓到东李杖子“人圈”里的杨忠成家。日军把他的棉袄扒掉，双手被反绑吊在门框上面的一个大铁钩子上，双脚离地一尺多高，用木棍对他进行毒打。饥饿、寒冷、毒打使他浑身颤抖。到了晚上，日军走后，杨忠诚就跟留下来的日军李翻译官求情，经过李翻译的同意给金久峰喂了两碗高粱米饭，然后又把火盆端到金久峰的身边给他烤火，用砖垫在他的脚下。后来家人通过打点日军的李翻译，才被偷偷地放了出来。在寒冷的夜幕中，金久峰光着膀子到亲戚家，找了一件破棉衣后逃跑了。

金久峰逃跑后，日军暴跳如雷，第二天就把金久峰的父亲抓来审问，“你知道金久峰跑哪儿去了?”日军问道。“不知道。”父亲回答。“啪”的一声，日军一个耳光把金久峰的父亲打了一个大趔趄。接着又审问了很长的时间，也没问出什么情况，才侥幸地被放了出来。

日军见人就抓，见到年轻的姑娘就侮辱。刘云生的妻子当姑娘的时候下地干活，被下来巡逻的日本兵看见后，就给糟蹋了，险些丧命。

乔杖子村的王姑娘长得胖乎乎、水灵灵的，被日军糟蹋后，得了“缩骨痨”病，高高的个子被疾病折磨得缩成一团，后来瘦得皮包骨，活到 60 多岁，一生未嫁，含恨而死。

王杖子北沟村的刘姑娘也遭到日军的侮辱。

5. “人圈”内外的斗争

(1) 党领导下的对敌斗争

日军的暴行并不能阻止地下党、八路军和民众的抗日斗争。迁青平联合县第六区区委书记高守训带领于建国、刘志国、杨国栋等地下党工作人员经常神不知鬼不觉地潜入“人圈”，在龙须门至东李杖子一带进行抗日活动。他不仅智勇双全、胆略过人，还是个不可多得的奇才。由于对敌斗争环境的艰苦，高守训常常在夜里摸黑儿起草文件、书信，开会做笔记，等到白天一看，照样是字迹工整、漂亮，而且双手会写字。这在东李杖子一带至今被传为佳话。

1942年春天，他组织人员一夜之间砍倒从王家店到小寺沟的电线杆，中断了日军的通讯联络，使日伪军像无头的苍蝇一样不知所措。

1942年4月上旬，他率基干队战士袭击了龙须门伪警察分驻所，缴获了枪支、弹药，打击了日伪的嚣张气焰。

在东李杖子一带他发展了宋成文、杨昆、杨顺、杨青山、陈海、杨廷祥等多名党员。

1942年冬天，庙北沟叛徒金才春在龙须门伪警察分驻所的西屋跟那些伪警察说大话，扬言若给他三支枪他就能把龙须门到洒金沟(当时的东李杖子也叫洒金沟)的地下党和八路军全部消灭掉。这话正好被化装成商人的地下党刘志国、于建国在伪警察分驻所的东屋听见了。晚上他们二人趁着夜色直奔金才春家里，吃完饭后，说金才春思想不进步，以送他外出学习为由把他带到孤山子庄处决了。这个可恶的叛徒得到了应有的下场。

地下党员宋成文、杨忠印，团员李景龙经常组织民众秘密给八路军征粮、收军鞋、送鸡毛信，秘密联系地下党员进行抗日活动。

我也曾经给地下党的领导刘志国、于建国当过通讯员，50多天我们没在屋子里睡过觉。白天他们藏在山上，与“猫山”的地下党员、群众秘密联络，布置抗日任务，我在山头站岗放哨，晚上，睡在被日军烧过房子的废墟或漏雨的粮仓里，我们轮流站岗、放哨。我多次冒着生命危险给地下党送信进行秘密联络，并于1945年4月参加了八路军队伍，所在部队是当时驻扎在大吉口西郭杖子的八路军三旅，和我一起参军的有同村的梁贵。

(2) 永远的纪念

1941年3月，地下党员杨昆和儿子杨青山以及弟弟杨伦一家3口被捕后被日军送往鞍山监狱，在鞍山铁矿背矿石时被活活累死。

陈海被捕后也被送往鞍山监狱，累死在鞍山铁矿。

下杖子经常给地下党和八路军办事的王得厚被捕后被送进鞍山监狱，受尽了折磨，奄奄一息，被家人赎回几天后死去。

地下党员杨廷祥被捕后在宽城南关被日军杀害。

1943年11月5日清晨，迁青平联合县第六区区委书记高守训在北龙潭沟地下党员宋成文家秘密召开区小分队领导和地下党员会议，商量、布置反“集家”斗争工作，被日本宪兵队及张雪涛讨伐队包围。为了转移敌人的视线，掩护其他地下党员安全撤离，他只身退到北龙潭沟大北坡，开枪打死几个日军后，腿部不幸中弹。最后被敌人刺了3刀，献出了自己宝贵的生命，牺牲时年仅38岁。

地下党员宋成文是东李杖子地下党秘密交通站站长，也是地下党北区区长，在高守训的领导下以卖日杂货为由经常跑锦州、沈阳、平泉等地，秘密联系地下党开展抗日工作。

由于叛徒告密，在1943年12月，被两辆汽车的日本宪兵队、讨伐队从东李杖子“人圈”包围抓走后，送进承德监狱。经过严刑拷打、百般折磨后又被日军送往内蒙阜新监狱，关进水牢受尽折磨后死于狱中。

时间虽然过去了70多年，可是“人圈”里发生的那些悲惨事件却是我永远不能忘记的，现在我们村里知道这些事情的老人已经不多了，每当谈起这些往事时，仍像昨天发生的一样。是的，日军所犯下的滔天罪行我们永远都不会忘记！

调查采访：张明云　杨春莲　张焕生

整　　理：杨春莲　张明云　调查采访时间：2014年12月17日

水泉沟“集家并村”的回忆

板城镇上板城村　王　恒（87岁）王　富（83岁）

我们水泉沟“集家”的时候，是1942年农历腊月十八，日军都让集到上板城“人圈”。那时候也没有谁通知，只听说是腊月十八搬走。“集家”的前几天就听到人们议论，没走呢就让拆房子。裴振生是上板城的甲长，当时下板城有警察分驻所、村公所、协和会。这一天，裴振生到下板城开的会。他下午回来说：“开会说了，让咱们‘集家’，给3天的时间，大家就在这3天里准备好了，大家好好地安置吧。”这时还不到下午2点。可是，还没等我们拆房呢，沟里的村庄就冒上浓烟了。日本鬼子是从亮甲台过来的，把沟里的房子都烧了。沟里庄叫王八后沟，先烧了那里3户的房子，时间不长，其他20来家也给点着了，都烧了，浓烟滚滚的，连碾道的房子等，啥都烧了。我们庄的人看到沟里20多户的房子都烧了，估计日本鬼子很快就会出来烧我们庄的房子。于是，大伙儿赶紧自己上房拆房子，免得被日本鬼子给烧了。时间不长，日本鬼子就出来了。他们看到我们正在拆房子，就没有烧，还夸赞了一番。但是告诉我们明天必须搬走。

第二天，大伙听说腊月十八那天，日本鬼子不但把沟里的房子烧了，而且还把王福生、梁玉春2人杀了，都是用刺刀挑死的。我们听说后就赶紧拆房子。房子拆了没处住啊，也不敢在屋里住，万一日本鬼子回来了咋办啊。于是，人们就把各家的板柜集中到河东的东旮旯子，用2个板柜摆开，中间留出空子，底下铺点干草，上边放上2根木杆、炕席，再盖上点草，人们就在2个板柜之间住了一宿。这就是腊月十八的那天，当时，天特别冷。第二天大伙就搬到上板城“人圈”了。后来，附近的人们都被赶到上板城“人圈”去了，房子全拆了。

“集家”后，日伪人员不让人们种地，让人们打“人圈”土围墙。那一年，有很多人家都错过了农时，连地都没能种上。当时，有一个叫王云的老爷子80岁，进“人圈”后，既有儿媳妇又有孙子媳妇，一家人挤在一个矮小的屋里，穿的又少，非常不方便。1943年春天，他偷偷地跑回了老家，被日军发现后给活活烧死了。

1943年，“人圈”里的甲长是裴殿明，自卫团团长叫王明。当时有一首顺口溜：“上板城真出名，要封锁裴殿明，要说嘴八先生，好赖人裴振生，老老实实是王明。”

那时候也没有能力盖房子，进“人圈”的群众住的都是在地里挖几个坑，四个角埋上几根木头卡杈，上边搭上几根木头，苫上点草的卡杈房。修“人圈”围墙时，只要是能干活的，都必须修围墙去。围墙底下宽3米多，到上边还有1米宽左右。长500米，宽300米，2个大门，四个角有4个炮楼。共200多户，1 000多口人。人圈里还有日本鬼子1个小队。修围墙时就有日本鬼子监工，还有“部落”警察，对老百姓说打就打，那是家常便饭。当时修“人圈”围墙时，日本鬼子不在这儿住，在下板城一天一来。等“人圈”围墙修好后，日本鬼子就常驻在“人圈”里，有七八十人。

那时候人们修围墙，要是直一会儿腰，被警察看见就是一顿打。人们干活时，只有偷偷地瞄着他们，他们来了就“猫”腰干活，等他们过去了再直腰歇一会儿。那时候，哪有老百姓的活路呀！

吃就更不用说了，哪家有粮食啊，有一点儿也根本不够吃啊，实在没有办法，就去挖野菜，吃树叶子，什么榆树叶子、桑树叶子，啥都吃。

“人圈”里的王振明被日伪抓走后，扔到了雪地里，就在雪地里冰着，脚后跟冻坏了自己都不知道。在下板城过的堂，什么灌洋油、灌凉水、灌头发茬子、猪鬃插入生殖器，啥罪都受了。抓他的原因是日本鬼子在上板城“人圈”的屯粮积谷丢了一部分，日本鬼子打听说王振明的衣服上有糠，就说是王振明偷的，把他抓走了，后来又被送进大狱，去了好几个月，严刑拷打折腾了好长时间，后来也不知去哪了。

“人圈”里的王明、裴殿明是给八路军办事的。八路军经常到上板城“人圈”来，一般都是夜间来。我们这里是一条交通线，从我们这里到后峡沟、戏台子、上台子，一直到篆字台西沟。东杖子张桂川、水泉沟的王力也是给八路军办事的，还有徐世奎也是。丁家沟还有一个叫王振，在我们这里“猫山”。我们这里有一个叫王起斌的，被抓起来后，连打再被烙铁烙。日伪军说他有枪，其实他根本就没枪。他闺女给他送饭去，看到爸爸被打成那样，吓得一下子就把饭扔掉了，回来后得了惊吓病，不到七八天就吓死了。后来，王起斌被裴殿明保了出来。我们这里的徐世辉也是地下党、八路军的人，我们都给八路军送过信。

参加八路军的有王振明的兄弟，在部队打仗时牺牲了。

我们这里的刘景龙、王君有等几户，一直都没有进“人圈”，坚持到了日本鬼子投降。

我们这里瘟疫病也死了不少人，大多都是孩子。

调查采访：张明云　尹桂生　张焕生
整　　理：张明云　调查采访时间：2014 年 12 月 5 日

杨树沟“人圈”情况的回忆

亮甲台镇杨树沟村　王　杰（93 岁）　刘中华（82 岁）

我们俩都是八九十岁的人了，“集家并村”时，都生活在杨树沟“人圈”。下面就把我们所知道的杨树沟“人圈”的情况说说。

1. 成立报国会

我们这里很早以前就有共产党、八路军的工作人员来宣传抗日，组织群众开展抗日活动。如周治国、张真理、刘玉昌、韩光远、张瑞、金福臣等都不止一次地来我们杨树沟。在“集家并村”以前，我们这里就成立了报国会。报国会的人员有王永清、方永玲、刘春付、鲁有之等。那时候保密，其他人就不十分清楚。地下工作人员到我们这一带活动，一般都是先到我们杨树沟。李景祥、刘景和都是共产党的地下工作人员，还有熊虎斗的任永全、葫芦峪的姓侯的等很多人，都在我们这一带活动。我们这里的报国会及地下党员也经常开展各种形式的抗日斗争，为共产党、八路军搜集情报，筹集军粮、枪支等。我们村刘中华家当时比较富裕。有一次，地下党员翁全、一部分报国会人员，还有刘中华，大家凑了一点钱，买了几支枪，送给八路军部队，是王杰送去的。为了不被敌人发现，当时王杰还弄了一捆苇子，把枪捆在苇子里，送去豆子沟了。李景祥是板城峡沟上台子的，是地下党员，也经常来我们杨树沟。

2. 集家并村

1942 年农历十月，我们这里“集家并村”。“集家”时，日军从葫芦峪方向过来一拨子，从篆字台西沟那面过来一拨子，都是日本鬼子。南戏子沟、板城峡沟、侯家沟到小西沟，也都过来了日本鬼子，几条沟挨着往下搜查。搜完后，日本鬼子就把房子全都给烧了。洞子沟的十几户，一户也没剩。从这一天开始，就必须立即搬家。

“集家并村”时，日军先让人们搬进“人圈”的地点去。由于老百姓搬进“人圈”后日军不让盖房子，先要大家修建“人圈”围墙，所以，在“人圈”里，一部分农户是投亲靠友的，很多坐地户容纳好几家子挤在一个院子里，连仓房屋里都是人。但是，大多数的外来户还是没有房子住，只好住在碾棚里、磨棚中、坐地户的屋檐下、山根边以及露天地里等。“集家”时王和一家不进“人圈”，在山上“猫”着，“猫”到二道沟了。岔沟里有十多户不进“人圈”，没有搬，柏树沟也有十来户没搬，后来鬼子把这些户的房子都给烧了。其他自然村的很多户也不进“人圈”，被日伪烧的房屋有二三百间，还抓走了很多人，这些人最后都被打死或者杀害了。柏树沟的丁然被日军杀害了，郎士昌被抓到宽城后，由于他比较机灵，趁着看守不注意侥幸得以逃回。

在“人圈”里，因为卫生条件太差，年年闹传染病。因为一闹传染病往往就是一家一家的，所以老百姓也把传染病叫“窝子病”。闹“窝子病”时，每家都摊上了，有的全家都死绝了。“集家”时得传染病死的人太多了，死了大概有100多口人。

“人圈”里控制得非常严，进出大门都进行严格的检查，太阳出来很高了才开大门，晚上很早就关上大门了，回来晚了就不让进“人圈”了。

日伪军经常在“人圈”里搞“大检举”，“人圈”里的张树、商景贵、郎玉春、刘永年等都是被“检举”抓走的，一直都没有回来。

3. 受骗被抓

杨树沟“人圈”的王启明是个牌长，刘永存和商永贵他姑父也是牌长。一次，板城协和会通知杨树沟“人圈”的牌长，让他们与板城这一片的牌长都集中到下板城去开会。王杰替父亲王启明开会去，商永贵替他姑父开会去。他们3人和杨树沟“人圈”的其他牌长以及周围“人圈”的牌长都去了下板城协和会。可是，到了下板城协和会后，日伪就把这些人都给扣在那里了，一直折腾了8天，后来又拉到宽城警察署过堂审讯。过堂时打呀！用这么粗(指有小碗粗)的杠子狠劲儿地擂呀，真狠哪！后来大家找机会逃跑，要不然的话早就被打死了，不可能回来了。我们杨树沟“人圈”跑回来的有商贵如、刘永存和王杰3个人。这次，郎士昌被日本鬼子抓住后，当场就用刺刀给挑死了。张树也被抓走了，弄到远处监狱，一直没有音信。

当时，宽城警察署的门是双扇门，两扇门是对着的，插门时用门闩插上。王杰等人被关进去后，发现插门的门缝缝隙较大，两扇门中间的门闩露出了一段。他们就把门闩偷偷地给拨拉开了，把门打开后大家就一起跑了。这些人有亮甲台的、北五沟的、杨树沟的等好几十人，有4个人是杨树沟“人圈”的。当时王杰的头上被日本鬼子的洋刀抡了一个大包，多亏日本鬼子的军刀还没来得及出鞘，如果出鞘，那当时就没命了。

王杰当时是八路军办事人员，还有个化名，叫平敌。那时候杨树沟“人圈”里一旦有地下工作人员活动时，就需要有站岗、放哨的，都由王杰偷着找，谁白天，谁夜间，都是由王杰负责。这些活动都是地下党的李连合直接找王杰安排。那时候已经“集家并村”了。有一次，王杰被敌人怀疑后，只好跑到山上躲了半个多月，不敢回“人圈”。

商景贵被抓走了，一直都没有回来。刘永存也是那次被抓走的，也是一直都没回来。陈文秀也被抓了，后来侥幸地被放回。刘永发被抓时他就说：“这次我肯定是不能回来了，因为叛徒赵君和我非常熟,就是别人可能回来,我也不可能回来。”抓走后,他就被打死在宽城警察署,一杠子打在头上。

我们那次被抓时人数特别多,有好几十人,挨个过堂,问你给八路军、地下党送过信没有,管过他们饭没有,逐个地问。还问你谁是地下共产党,谁给他们办过事,等等,不说就打。那次还不是抓去的,是骗去的,通知去下板城开会,一去就全被抓起来了。

4. 保护地下干部

鲁有迁原来是个买卖人,他和李中舟他爹、韩老密(绰号)他们 3 个人,在亮甲台开了一个叫“三胜染”的商店。鲁有迁后来是亮甲台警察分驻所的所长。原来他不想当这个所长,青平办事处主任张真理知道后,就做他的工作,劝他一定要当这个所长,要明着给日本人办事儿,暗中却给八路军办事。张真理做了几次工作,他就答应了。当上所长以后,鲁有迁表面上为日本人办事,可暗地里却为八路军办事,保护地下工作人员。同时,他也不在警察分驻所住,仍然住在他的商店里,因为在商店里为八路军办事方便。有一次,张真理到“人圈”里的鲁有迁家开会。参加会议的有鲁有迁、陈光远、李大夫、韩老密几人。正在开会呢,日本鬼子和警察就到鲁有迁家的院子里了。当时,这些开会的人都怀疑是鲁有迁暗中告密,不然的话怎么这么巧呢?然后就用手枪对着鲁有迁。鲁有迁说:“你们都不要这样,一会儿,你们先躲起来,我出去问问是怎么回事吧。”于是,鲁有迁就出去了。鲁有迁一打听,日军说有人汇报,八路军在你们“人圈”里开会呢。鲁有迁说:“有八路军咱们搜啊!”鲁有迁就把日本鬼子和警察领到开会屋子的对面屋里去了。日本人的头儿叫滕荣。当时鲁有迁非常镇静,面不改色心不跳,还假装出来时把开会的那屋门帘挑起来,对日本鬼子的头儿滕荣说:“你们要怀疑的话,你们可以再搜一搜啊!”鲁有迁毕竟是警察分驻所的所长,得给他留点面子。于是,滕荣说:“不会的,你的大大的好的。”开会的这几人躲过了这次的搜查。

有一次,日本鬼子要在杨树沟“人圈”搞演习。因为有人早就偷偷地通知鲁有迁了。所以,他假装不知道,提前安排了一些比较强壮的青少年在围墙上站岗,并布置他们说:“等演习爬墙时,你们一定要用劲把这些演习的人打下去,狠劲地打,不用手软。”所以,演习的日伪军爬上墙来时就被站岗的打下去了,再爬上来还打下去,把这些人打得鼻青脸肿。这件事,还受到了日本人的表扬,称他是“大大的好”。

张真理经常到杨树沟“人圈”来开会,有一次有 20 多名地下工作者在杨树沟“人圈”开会,被坏人告密。日军就和讨伐队包围了“人圈”。岗哨发现后,立即通知了“人圈”里的群众。群众很快地就采取了措施,保护这些干部。刘荣华把李清坡、郭占山藏在了自己的地洞里;王友清把张真理藏在了锅台下的地道里;李海把区委书记马志青、远征 2 人藏在了院内的地洞里；还有几个人无处掩藏，人们当即把这些人带到“人圈”围墙的西南角，因为这里没有敌人包围。于是，大家用绳子一个一个地把他们系出墙外。敌人本来想把这些人抓捕起来，没承想一个也没抓住，气得暴跳如雷，把群众都赶到一个大院子里，打算全部用机枪打死。后来，“人圈”里的几户有钱人，凑了 5 000 多元伪币，交给了讨伐队，他们才撤去。

杨树沟“人圈”里给八路军办事的还有王老有(化名)，真名叫王义山。李相友是杨村沟“人圈”的甲长，也是给老百姓办事的，对日本鬼子不说真话。他白天让老百姓修围墙，夜间八路军来后又按八路军的要求拆围墙，都是他指挥的。拆完后李相友又假装去亮甲台向日军报告，说八路军来后把围墙拆了。日军问他：“来了多少人?”他说：“人数说不准，多了。”日本人就说：“你的，大大的好！”

还有一次，“人圈”里住了三名八路军战士，其中有一名女的，被坏人报告了，说是庄里住着八路军。后来这三个人在人们的帮助下逃出了“人圈”，但是日伪军紧紧地追击，围捕他们。后来，他们中的一人掩护着另外二人，把自己身上带的机密文件都吃掉后就牺牲了。

调查采访：张明云　袁瑞昀　尹桂生　张焕生

整　　理：张明云　调查采访时间：2014 年 1 月 6 日

下窝铺“人圈”情况的回忆

宽城镇蒋杖子村　徐德明(89 岁)

我叫徐德明，今年 89 岁，共产党员(1946 年入党)，1943 年担任青年报国队队长，当年 17 岁。

1942 年冬，蒋杖子开始“集家并村”，有 11 个自然村“集家”到下窝铺“人圈”里，共 138 户，不到 700 口人。

“人圈”围墙有半里多长，200 多米宽，东西北三个大门，大门有岗楼子，上有自卫团员站岗。早 8 点开大门，晚上日不落关大门，如果过了时间进“人圈”，需有“住民证”再经批准方可进去，多数情况下根本就不允许进入了，只好在外过夜。石云明的二弟是地下武装班长，叫石云成。那天，他回“人圈”晚了，被警察狠狠地毒打了一顿。

“人圈”里的房子，全是那种锅台连着炕的小马架子房。地主富农等有钱人家盖的房子是用土打的墙，用木材盖的。一般的户都是用的柴禾棍子、秸秆加上乱草的那种小马架子房，下雨时，外头下大雨，屋里下小雨。蒋杖子村有蒋杖子庄、下窝铺庄两个大的自然村。我们“集家”时是在 1942 年的冬天，天寒地冻，根本就盖不了房子，到了 1943 年春季，才能打“人圈”的围墙、盖房子等。大冷的天，人们都住在这两个自然村的破柴禾棚子里，有的住在人家的破厢房里，十分寒冷。康家沟自然村搬来的肖德才家，只有母子俩，既没房子住，又没有饭吃，母亲被冻饿而死，肖德才只好到处要饭吃。东沟里自然村石成元一家4口人，因为盖不上房子，到东北逃荒去了，至今没有下落。蒋湾子自然村有个叫蒋庆保的，搬到“人圈”后，全家3口人也是盖不起房子，也逃荒去东北了。

“人圈”里的人，大部分都是吃糠、山菜、树叶子度日，有的给地主富农家打工挣点粮食吃。每年正月十五以后，大部分的好劳力都偷偷地去了外地干零活，放牛羊去了，家里剩下的都是老弱病残。

人们穿的都是粗布，大人可能还有一身单衣，小孩子不分冬天还是夏天都不穿衣服。到了冬天，成年人把夏天穿的单衣塞上棉花补补穿，到了春天，再把旧棉花掏出去当单衣服穿。一般的是三四口人盖一床被子。蒋宝山全家6口人，只有2床破被子，房子又四面透风，硬是冻死了2口人。

蒋杖子“人圈”附近的土地，大部分是外地地主富农的，是上河西大地主王西伶、宽城南沟老于家、狮子沟老关家的。因为别处的地都被划为“无人区”了，人们只好租种他们的土地。一年下来，除去地租和其他税费，用剩下的粮食对付还凑合着勉强吃上一冬，到了春天就没有吃的了。人们只好到地主富农家去借，到秋天打了粮食再还。小野鸡峪自然村被划为“无人区”，那里有很多的土地，日伪不允许去种，如果去种，就会被抓或被枪杀。那时老百姓种地都是安排人站岗，来了鬼子就立即通知大家。没有办法，你不去种地更没饭吃。

1943年夏季，“人圈”里发生了瘟疫，死了60多口人。余殿春全家4口人在一个月内全都死了。石丙魁全家5口人，就死去了3口人。在“人圈”的几年中，先后死了90多口人。

一个“人圈”算一个甲，有甲长、常务员、自卫团长。10户算一个牌，甲长是蒋庆福，常务员是衡显荣，自卫团长是张春山。甲长负责全“人圈”里的一切事务，常务员负责协和会，团长负责管理青壮年(自卫团)。18～40岁男青年全是自卫团员，每天在“人圈”里训练，生产劳动全是老弱病残的事。“无人区”里的土地都荒废了，农户的粮食还得交税和甲里负责人的工资，等等，剩下的十分有限。日伪在“人圈”里建有协和会，他们专门负责“人圈”里的活动情况。负责人衡显荣，他是警尉补(另有警察3人)，每户来亲友等，都得报告，不报告就是私通八路，就要被抓走。每户都要为甲里准备劈好的柴禾，送到白台子警察署，还要到上孟子岭修伪警察分驻所、盖房子，这都是义务工，自己带饭，没有任何的劳动报酬。

“人圈”里的石丙会、石云成、蒋云中、李殿中、常凤仪、石云福、伊尚泽、蒋保安等都是给共产党办事的人员。石丙会、石云成是主要领导人,他二人未进“人圈”,在东沟里的小野鸡峪山上住。之后,他二人都在共产党、八路军的区政府(四区政府)工作,石丙会后来去关里工作去了,石云成一直在这一带活动。一天,他住在小野鸡峪山上,许保林给他做伴,早晨烧火做饭时有烟从山上冒出,被日本鬼子发现后,日军100多人把整个山头包围起来。许保林逃脱了,石云成却不幸被抓住。那次,在山上还打死了好几个人,石云成、陈凤山等人被抓到龙须门日本守备队过了堂(指刑讯逼供),石云成被打死在了牢房里。那时,共产党的地下工作人员都是在东沟里的松树林子里开会,不敢烧火做饭,吃饭都由“人圈”里的人偷偷地去送。当时的蒋云中在大腿肚子内裹上煎饼,外面再套上裤子给他们送饭。石云福(14岁)和石殿云两人站岗放哨,埋伏在山头上,敌人来了就把“消息树”推倒,二道岗哨看到树倒了,就知道敌人来了,立即通知地下工作人员和“猫山”人员。孙立胜一家3口人给地下工作人员送饭,被日本鬼子抓住后枪杀了。石丙文被抓后死在了鞍山,方文德被抓去死在了营口。那时候给工作人员送饭出不去,人们就让小孩子石云福、李广春、徐德明、石丙林等人轮流送饭,从围墙下的水沟爬出去。只有这样,才不会被站岗的发现。地下工作人员和八路军的东生、常野、何中孝、蒋庆余、石丙会、石云成等人经常在这一带活动,开展抗日斗争。

日伪军在“人圈”里横行霸道,自卫团员党凤仪训练时站不好队列,就被日本鬼子把腿给打坏了,连走路都十分困难。自卫团员孙保说话结巴,被日本鬼子打瞎了一只眼睛。蒋保合的妹子还是一个未出嫁的闺女,被日本鬼子看上后,非要强奸她不可,被活活地气死了。

采访:张明云　张焕生

整理:张明云　采访时间:2015年3月10日

童年“人圈”生活的回忆

孟子岭乡南天门村　谢兰星(81岁)

我家住在孟子岭乡南天门村的下石梯子自然村。我们这里从1941年开始“集家并村”,主要是大桑园、石柱子的农户都被“集家”到下石梯子“人圈”,大约有120多户,600多口人。

“人圈”围墙长400米左右,宽约300多米,围墙是用石头垒的,厚度2米多厚,高约4米,四个墙角建有4个炮楼,东、西共设有2个门,上有门楼子,供“部落”警、自卫团员站岗放哨。

“人圈”里老百姓住的房子,全是盖得简易的马架子房,都不如牛、羊的牲口棚。有的一个房子里住两三家子,人畜混住,卫生条件极差。

由于经常“躲兵”，年轻的人，有的参加八路军抗日去了，有的被日伪抓去当劳工了，只剩下老弱病残、妇女。农活无人干，大部分土地都荒废了，没有粮食吃，只能逃荒要饭。有10多户逃荒去了黑龙江一带，有的是被日军带去的，也有自己逃荒去的。“人圈”里的李成林、李成云、谢春生等户都逃荒去了东北，新中国成立后才回来。

“人圈”里太阳不出来之前不许开门，不准外出，日落之前必须回到“人圈”里，回来晚了，不准进“人圈”。回来晚的人如果被日本鬼子发现，不是被抓走就是被打死。在“人圈”里，16岁以上的男人都必须持有“住民证”。何玉富是共产党员，夜间回来时，都找没有岗哨的地方，爬墙或钻水沟进“人圈”。日子多了，被汉奸报告给日本守备队了。因此，日本守备队三次到我家抓捕。因为当时何玉富家人和孩子都住在我家，我的父亲为掩护地下党员何玉富，有一次被日军小队长哈久经洋用刀背子毒打，被打得鲜血直流，险些丧命。后来，我们全家逃回大桑园深山老林去了。何玉富的弟弟何玉贵，因回“人圈”时，没带“住民证”，被日军小队长碰见。结果，日军小队长就把开水从何玉贵的头上倒下来，又把何玉贵拉到“人圈”外枪毙了。

1942年农历腊月二十八日，日军对九虎岭西的南天门，上、下石梯子，上、下孟子岭一带进行“扫荡”，抓走了200多人，过堂审问，在下孟子岭村西头枪杀了地下党员和干部11人，其余的用三辆汽车拉到辽宁丹东去了。这次“扫荡”，我的二伯父被抓去丹东，我的叔叔被日本鬼子打了1枪，虽然没死但也残废了。

那个时候，各种税、费特别多。每户每月都要给村公所、分驻所、警察署和日本驻军送劈柴、猪、羊等，杂工月月出，还得给地主交租等，生活十分困苦。

那个时候，不是缺医少药，而是无医无药。由于“人圈”里人、畜混住，臭气难闻，饥病饿交加，突出的传染病是瘟疫、天花、疟疾，得了病，就得死，没有医生，没有药物，死了不少人。

采访：张明云　尹桂生　张焕生

整理：张明云　采访时间：2014年8月20日

牛心山“人圈”的回忆

铧尖乡牛心山村　叶友林（84岁）　刘贺存（86岁）

我们牛心山村于1942年开始“集家并村”，附近的很多村庄都搬到了我们牛心山“人圈”。在我们牛心山“集家并村”期间，王石沟自然村的刘金如家、大西沟刘玉忠家等4户的12间房子都被日本鬼子烧掉了，粮食等也被全部烧光了，他们4户无房无粮无家可归，妻儿老小都只好借住在了亲戚家。

牛心山修“人圈”围墙时，庄后有一条小河从村庄中流过。日军为扩大“人圈”的面积，硬叫老百姓将河东的土岗全部挖除。康振伶当时在土岗上居住，房子拆了后就没有地方居住了。但是，日伪根本不管这些人的死活，二话不说，就烧掉了他们的房屋，使他们一家4口无处居住，只好住在了碾棚里，十分悲惨。

日军在铧尖设有金选厂，并在牛心山千金沟开了金矿。当时金矿的大部分工人都是从朝鲜抓来的，一些小工是从当地出的。日军在水峪沟门建有炸药库，并有警察24小时严密看守。

张连清自己搞洒金。一次，在去榆木岭送矿石时，遇到了地下工作者邢海洲。经过一段时间的接触，由邢海洲介绍，张连清等几人加入了中国共产党，并在牛心山成立了党支部，建立了报国会，叶生林任报国会主任，张连清任报国会武装班长，成员有叶汉林、叶振如、叶千林、叶振才、叶秀林、叶文福、叶镇齐、于林、刘元满、李申、刘运付、耿生、张庆云、李芳、胡连成等。

成立报国会后，张连清以化名国玉海的身份，进入了日伪的矿山。他们在矿山中以做小工为名，秘密结识矿井人员，搞雷管、炸药。经过一段时间的工作，张连清又结识了在矿井看管炸药的王江、张贺，通过王江、张贺搞了一批炸药，用骡子驮着，偷偷地连夜送到了口里的冀东兵工厂。之后，他们又偷偷将5 000多斤的炸药、1 000多枚雷管送往兵工厂。后来，张连清组织报国会人员多次搞雷管、炸药，支援八路军。

由于炸药大量缺失，日军守备队就进行了严查。张贺、王江二人不能在炸药库再继续工作了。于是，经张连清联系，将张贺、王江二人送往冀东部队参加了八路军。新中国成立后王江担任了吉林省粮食厅厅长，张贺担任了部队的连长。

可是，炸药案一发，牛心山报国会所有成员的人身安全都非常危险。由于叶山林的女婿傅景余在伪村公所做事，他向守备队报告说，此事是牛心山报国会所为，是用他岳父的骡子驮走的。得知这个情况后，张连清找到了经常为八路军办事的刘翻译。刘翻译嘱咐他们，在最近一段时间里，报国会人员要减少活动，最好到外地躲一躲。叶汉林等人在附近的矿井里躲了20多天。张连清因迁西榆木岭刘玉香是地下党员，而且冀东部队的十二、十三团就在龙湾驻防，于是就躲到了龙湾附近。但是，因为张连清患了重病，不得不于8月23日晚，返回了牛心山“人圈”。

1943年8月24日清晨，铧尖守备队和宽城宪兵分遣队70余人，包围了牛心山“人圈”，将“人圈”里的老百姓全部集中在“人圈”大门外的广场上，并由汉奸傅景余指认，将张连清、叶汉林、叶千林、叶生林、叶秀林、叶文福、叶振才、叶振如8人拉了出来，并用碗口粗的木杠子，毒打他们，杠子都被打断了两三节。尽管如此，这8人没有一人屈服。当日，这些人就被送往承德监狱，最后被杀害在了承德的水泉沟。

调查采访:张明云　尹桂生　张焕生

整　　理:张明云　调查采访时间:2014 年 11 月 17 日

椅子圈"集家"前后情况的回忆

峪耳崖镇椅子圈村　孙玉琴(83 岁)　胡振清(87 岁)　赵连民(83 岁)

我们椅子圈是抗日战争时期的革命根据地。1940 年,周治国就到我们椅子圈开展抗日活动,与孙景华联系建立了周治国游击队。后来,游击队人员越来越多,但是缺少武器弹药。孙景华就帮助游击队筹集了大量的枪支和弹药,还变卖家产为游击队购买枪支。

1941 年春,由于叛徒告密,日本宪兵队和汉奸讨伐队到椅子圈把孙景华抓捕,并押往峪耳崖警察分驻所。在峪耳崖,日本宪兵队对孙景华施用了杠子压、开水烫、烙铁烙、用刀一块块地割肉,用猪鬃捅生殖器等多种酷刑,都没有使他屈服。最后,孙景华牺牲在峪耳崖。

在牺牲前,孙景华给妻子写了一封血书,嘱咐家人继续为抗日工作,开展抗日活动。孙景华牺牲后,家里人按照孙景华的遗嘱,还继续为八路军和游击队送子弹,进行各种形式的抗日活动。

因为椅子圈是八路军和游击队经常活动的地区,又是烈士孙景华的故乡,抗日活动开展得比较突出。因此,日军就把椅子圈列为"扫荡"的重点地区,经常到我们这里来进行"扫荡"和"检举"。1942 年初,刘琪讨伐队抓走了胡凤、耿廷余、耿殿如、于占宽 4 名八路军办事员,全部枪杀在了安达石。

1942 年 3 月 25 日,由于汉奸魏长秀告密,日军又调集了 140 余人把整个村庄都包围了起来。全村人不管男女老少,都被集中到了村子里的一个开阔地上。日军在四周架起了机枪,进行"大检举"。日伪叫谁的名字,就把谁抓走,当场抓走了孙广如、孙广瑞、赵永庆、孙广、胡顺、胡俊学、郑永年、孙广玉、孙广仲、胡振生、赵永清、赵永存等 13 人,押送到青龙。这些人在青龙经过酷刑折磨后,又分别被转押到承德、奉天(沈阳)监狱。最后,这些人在监狱受尽折磨而死。

我们这里没进"人圈"的还有几十户,他们誓死不进"人圈","猫山"抗日。这些人大部分都"猫"在了东沟,还有的"猫"在了大椅子圈沟、榆毛洼、椴木洼、大西沟、小东沟等。到现在这些山洞里还有当时人们"猫山"时铺的石板炕。

日伪军、讨伐队经常到我们这里进行烧杀抢掠,这些"猫山"户每天都生活在"跑兵"、躲兵的惊恐之中。只要日伪军和讨伐队来了,大家就赶紧躲进深山。为了提前发现敌人的"扫荡"和屠杀,"猫山"时夜间都安排有站岗、打更的,设了好几道岗哨。

我们这里 1942 年开始"集家并村",大部分户都去了山家湾子"人圈"。在"人圈"里,日军看管得相当严。早晨出去非要等人齐了才开大门，太阳还没下山就关上了大门，回来晚的就被关在了门外。

老孙家有个叫孙荣的，当八路军了，他在一次与日军作战中英勇牺牲。

调查采访：张明云　袁瑞昀　尹桂生　张焕生

整　　理：张明云　调查采访时间：2014 年 11 月 27 日

马尾沟“集家”前后情况的回忆

铧尖乡马尾沟村　潘胜华（90 岁）　叶振龙（87 岁）

叶振凤（85 岁）　叶振玉（82 岁）

我们这里是 1942 年底“集家并村”搬进关石“人圈”的。不进“人圈”不行，日本鬼子天天来这里逼着你，你不搬就抓，就杀。马尾沟、苋草沟距离关石“人圈”都很远，都有 20 多里。进了“人圈”以后，日伪就先让我们修“人圈”围墙，不去不行，你要不去日伪就把你杀了，要不然就活埋了。修完了围墙又修炮楼，修公路，接二连三地，人们都累折了腰，受尽了苦。“人圈”围墙的基础是石头的，地面以上是土的，有 3 个大门，建了 6 个炮楼。刚进“人圈”时，没有房子住，日本鬼子逼着人们修围墙，也不让你盖房子，把围墙、炮楼、公路等修完了以后，到了第二年夏天，才让群众盖房子。

那时候开关大门非常严，太阳出来了，才开大门，不等天黑大门又关上了。大门关上以后，回来晚的就不让进大门了。因此，冻死外面的不是一人两人，具体的已叫不上名字。关石“人圈”里，有 300 多户。这些户都是吃了上顿没下顿，穿衣也是补丁摞补丁，住房十分简陋，一间好房子都没有，不是马架子房就是卡杈房，都是锅台连着炕，生活艰难困苦。

我们马尾沟的沟里是“无人区”，日本鬼子经常到马尾沟沟里的“无人区”进行“扫荡”，烧了一次又一次，前后烧了十几次。

叶振龙的爷爷当时从事抗日活动，他大叔叫叶柱，跟着叶振龙的爷爷一起经常进行抗日宣传，让日本鬼子抓住后被押送到承德，后来死在了承德。姚桂花是地下党员，村妇救会主任。“集家并村”后，她一直不敢进“人圈”。日伪抓不到她，就把叶振龙的父亲抓走了，在关石“人圈”抓走的。后来，他父亲虽然回来了，但因为受尽折磨，坐下了毛病，回来时间不长，也死去了。

王明、王文举、张满等人都是在马尾沟被日军杀死的。我们这儿叫潘家台子，石振华一家 5 口，是在我们这里的山洞里被日本鬼子熏死的。

王兆、胡连荣被日本鬼子抓走了，刘宗文、郭民也被抓走了。这几人从被抓起，就遭受着日伪的严刑折磨，一直都没有回来。刘宗文、郭民二人被抓是因为金玉丰投降了日伪当了叛徒。金玉丰正月初四投降了日伪，初五就带着日本鬼子和讨伐队回来抓人，刘宗文、郭民二人被抓走后不久就被日军杀害了。

在关石“人圈”“大检举”抓走的还有我们马尾沟的叶荣、叶春生、王兆、刘丰存、郭明、李福生等二三十人，都死在了承德。

胡振廷、王文参加八路军了。王合、张殿喜、于福来参加八路军后，一直都没回来。胡振清、胡振云一家子，还有老石、郭保和、郭真、王真、刘福来、高殿荣也当八路军了。

关石“人圈”里经常闹瘟疫，一年就死了100多人，潘胜华一家七八口人，就死了4口。刘文才一家死了7口，王山、王云瑞家都死人了，反正是天天死人，天天朝外抬人，“人圈”外头的死尸净被狗吃了。

调查采访：张明云　陈国仁　张焕生

整　　理：张明云　调查采访时间：2014年11月11日

大块地“人圈”生活的点滴回忆

龙须门镇大块地村　高廷栋（80岁）

我叫高廷栋，今年80岁，龙须门镇大块地村人。1943年，日军搞“集家并村”时我只有9岁。因为我记事较早，那时人们生活的艰辛、日寇的残暴，我都记得清清楚楚，每当想起那时候的事情，仍然令人不寒而栗。

当年我们被集中到大块地“人圈”，集中在这个“人圈”的有高家庄、岭根等自然村的人。“人圈”用高高的围墙圈着，大门有专人轮流看守，不准人们随便出入，日头出来才能出“人圈”，日落必须回“人圈”，超过规定的时间有家也不能回了。“人圈”设有岗楼，日本鬼子在岗楼上背着枪，拿着望远镜不停地转悠，监视“人圈”里的情况。我一看见岗楼上的日本鬼子，后脊梁就感到凉飕飕的。

“人圈”里大部分农户都是找坐地户的房子住，几家人挤在一个小院儿里，住在一个房子里，一口大锅几家轮流使用。外来户都是新搭的简易棚子，冬天不避风，夏天不遮雨。盖的房子都是卡杈房，一点都不牢固，岭根的一个姓强的就是被棚子上掉下来的檀条砸死的。

由于“集家并村”，人们难以很好地经营自己的土地，打的粮食极少，吃的是稀粥、野菜、草根。小孩子吃不到母亲的奶，又没有好饭喂养，营养缺乏，慢慢地赖巴死的（北方方言，指营养不良、越来越瘦弱不堪而死——编者注）不在少数。野菜、草根吃多了，人们身上就浮肿，吃不行，不吃也不行。穿的就更糟了，大人的衣服补了又补，一件衣服有好几斤重。冬天到了，人们把单衣塞上旧棉花就算棉衣，春夏时把衣服里的棉花掏出来，就是单衣了。一件衣服分不出是一家人中谁的衣服。十几岁的小孩没有衣服穿，十二三岁的女孩也赤着脚，光着屁股，能穿上一个兜肚就算是好的了。

大块地的张忠是地下党员，白天隐蔽在萝卜窖和坯池子里，晚上出来开展抗日活动，领导群众拆围墙，传递抗日信件……

记得是 1942 年，日军又搞了一次“大检举”，把全“人圈”的人都集中到一个大场地里，让人们“检举”谁是地下党员，谁为八路军办事，谁是八路军地下党员的家属等。日本鬼子先把周张氏叫了出来，让她指认谁是八路军地下党员及其家属。周张氏站出来，擦了一下眼睛，很镇静地走进人群中，认真地看了一遍说：“没有。”实际上地下党员张忠的妻子张孙氏就在她的眼前。日本鬼子觉得她是故意不“检举”，强逼周张氏脱去鞋袜、裹脚布，强迫周张氏光着脚走了好几里路，走得脚破血流，走过的路上留下了斑斑血迹。

在柳树底下“人圈”里，八路军的区长张顺恩被日本鬼子杀害了。

那真是一段不能忘记又不愿提起的日子呀。

采访：张明云　黄　凤　张焕生

整理：张明云　调查采访时间：2014 年 9 月 27 日

“集家”前后情况的回忆

峪耳崖镇龙凤沟村　王春林（82 岁）

我们这个庄叫龙凤沟铁驴子自然村，当时只有十八九户。“集家并村”时，我们这里都让搬到山家湾子“人圈”去，不进“人圈”的话，讨伐队就把房子烧了。没办法，我们就被逼着搬到了山家湾子“人圈”。

搬到“人圈”以后，日伪就逼着我们修“人圈”围墙，不管大人还是小孩，全家都必须修围墙去，连小孩子不去都不行。“人圈”的围墙是用土打的。修围墙时，日伪打骂群众是家常便饭，弄不好还会被抓起来。围墙修好后，日伪每天都是在太阳出来后和太阳快要落山前开关大门，控制得非常严。

“集家”到山家湾子“人圈”的人特别多，葫芦峪、龙凤沟、西尖山、山湾子几条川的都搬去了。我们全家 8 口人，搬进“人圈”后盖了一个卡杈房，四周简单地打了土墙。有很多户都是用秫秸夹的杖子，再抹上点泥，就是墙了，既不挡风，又不挡寒，夏天特别热，冬天又非常冷。

“人圈”里经常闹瘟疫，一家子一家子地得瘟疫病而死。在“人圈”里的那几年，患瘟疫病死了不少人，具体死了多少人也说不清楚了。

马旭是八路军的办事员，是我们刚“集家并村”时，在龙凤沟小岭上被日本兵枪杀的。

我们附近的老百姓被抓走的也非常多,龙凤沟铁驴子庄的王力就被日军和讨伐队抓走了,被抓到承德后杀害。那天我们听说日本鬼子来了,大家都跑了。王力跑晚了一步,从后门逃跑时被日军抓住杀害的。我们龙凤沟沟里死的人就更多了。

调查采访:张明云　尹桂生　张焕生

整　　理:张明云　调查采访时间:2015 年 6 月 5 日

“人圈”生活的回忆

亮甲台镇杨树沟村　李秀英(84 岁)

“集家”时,日本鬼子进村了,我们家就赶紧拆房子。但是,拆下来的木料等还拿去修了“人圈”。那时的“人圈”,就是用围墙把人都围起来,人们只能在围墙里头住。那会儿的人都得去修墙“围子”,不去修不行。你不去日本鬼子就用刺刀顶着你,你要跑,就用刺刀把你挑了。我父亲那时就修“围子”。有一次,日本鬼子把我父亲叫去了,让我父亲牵着驴护送日本鬼子。把日本鬼子护送完之后,我父亲在回来的路上,赶着前面的马,拉着后面的骡子,在路上走着。日本鬼子在山上看到了,以为我父亲是八路军,开枪就把我父亲的大腿打断了。我父亲流了好多的血,没过多久,就死了。我记得那天是腊月二十九日。

“人圈”里头没什么好房子。我们在老家的大房子都给拆了,拆房的木料也被日本鬼子拉走建“人圈”了,哪还有钱建新房?那时候,“人圈”里的人,大部分都是搭个窝棚,不挡风不遮雨的。我两个兄弟、一个哥哥、一个嫂子、一个侄女、我父亲、我母亲 8 口子,就住在一间柴禾搭的小房子里。没床,就搭一个小炕,一大家子就那么挤着住。窝棚不隔热,不挡寒,夏天热死人,冬天冻死人。也没有多少布和棉花。那时,有一套衣服就不错了,到了冬天把棉花团子絮进去,就是棉衣,夏天把棉花团子掏出来,就是夏天的衣裳。很多人家都是这样。冬天冷的时候,大家就蹲在墙根儿晒暖儿,最多的是老人和孩子。

在“人圈”里吃什么?没好东西,吃山菜、青菜、高粱、带皮的谷子。女人吃稀的,男人吃干一点的,吃谷子粥,炒糠疙瘩。炒糠疙瘩吃的时候很香,大便时拉不下屎来。人们就用小木棍子剜,但没办法,过后还得去吃谷末粥,炒糠疙瘩,总不能饿死吧。

那会儿最怕的就是疫病,到了夏天,一害疫病,那人是一家一家地死。得了疫病,也没钱治,没药吃,只能等死。人死了,干草一包,就扔到外边去。我们那儿有个死孩子包,就是得了疫病的小孩子,没钱治,就扔到一个地方,后来大家把死了的孩子都扔到那儿去,自然形成了一个死孩子包。死的人多了,活着的人也就麻木了。

调查采访:张明云　张焕生

整　　理:张明云　调查采访时间:2015 年 1 月 7 日

（二）对宽城“无人区”（即“无住禁作地带”）生活亲历者的采访实录

1. 对王厂沟“无人区”生活亲历者的采访实录

我们一家的悲惨遭遇

孟子岭乡下孟子岭村　关贞瑞(79岁)

我叫关贞瑞,今年79岁。原来我们老家在王厂沟的关界庄住。王厂沟是1942年日伪开始“集家并村”时被划为“无人区”的。日军强迫我们搬到孟子岭或菜子峪“人圈”去。因为当时八路军和地下工作人员经常来王厂沟,我们都搬到“人圈”去,他们来了怎么生存啊?因此,我爷爷不让我们朝“人圈”里搬,和大多数王厂沟人一起“猫山”。我爷爷在王厂沟的大梁沟那里搭好了窝棚,我们一家6口就去窝棚那儿住下了。这时还是春天,正赶上王厂沟打仗。因为我们住的窝棚离当时的战场非常近,就隔着一道梁,枪炮响都能听得到。王厂沟伏击战后,我们家住了两个伤员。那时我还小,只有7岁,也不知道这两个人是干啥的,与我们家是啥关系,只看到他们两个人受伤了,一人带着一把枪,我妈伺候着他们。我们这里住着很多伤员,大部分伤员都住在了冀东分区的卫生队里。那时,冀东军分区卫生队从口里搬到了王厂沟的棒槌崖北山上和背阴坑那里。那两个安置在我们家里的伤病员,后来伤好了,都重返了抗日战场。

1943年8月,喜峰口日军、上谷日军和宽城附近的讨伐队等几千人联合到王厂沟来大“扫荡”,一部分是从清河梁来的,一部分是从孟子岭来的。一听说日本鬼子和讨伐队又来了,王厂沟的群众就四散地跑到山上藏了起来。我们关界庄的一部分人,还有我三爷(叫关恒德)他们都直接上了王厂沟的北山。后来就听到梁上的枪响了,枪声一响,那人就更乱了。我爸爸顺山的阳坡跑,日本兵在阴坡,看得非常清楚,一枪就把我爸爸打死了。后来老百姓都跑了,跑哪的都有。我爷爷在南山放哨呢,就剩我们娘四个。我妈就领着我哥哥、我弟弟和我,“猫”在河沟里的柴草里。乱了很长时间后,周围平静了下来。枪也不响了,鸦雀无声的。我们藏着的地方叫杨树梁河沟。我妈见很长时间也没动静,就出去观察这些日伪军到底走了没有,我们住的那个窝棚是不是被点着了。出去一看,原来是日本鬼子使的花招,这些日伪军并没有走,都在周围藏着呢。我妈一出去,就被鬼子抓住了。日本鬼子通过翻译问我妈:“你们家的人呢,都哪去了,只要你们都出来,我们就把你们带到孟子岭‘人圈’去,保证一个不杀。”因此,我妈就信以为真,把我们都招呼过去了。我爷爷一听我妈招呼我们,也从南山梁上跑着过来了。到了那里,看见任万胜(任万胜是瀑河口人，狗汉奸）也在那呢。之后，日本兵就通过翻译问任万胜，我们是不是好人。任万胜没有回答。然后日本鬼子就开始屠杀我们全家 5 口。头一个杀的是我妈妈，第二个是我爷爷，把我爷爷的两只眼睛都挖去了，第三个是我哥哥，后来是我、我弟弟。我当时被捅了 3 刀。他们几人当时就死了，身上的刀口无数。我是前胸一刀子，就差一层皮没捅到心脏，后肩膀有一刀，后背又有一刀。那时是日头快要落山的时候。我被杀后就歪躺在我爷爷的大腿上昏过去了。一直到了第二天的早晨，我才苏醒过来。看到我爷爷、我妈妈、我哥哥、弟弟他们都已经死了。我感到身上一点力气都没有，连动都不敢动一下。直到下午，我感到饥渴难忍，特别是嘴里干干的，就朝一个河沟艰难地爬去。哪爬得动啊！每爬一步，浑身都剧烈地疼痛，伤口的血也朝外涌。不知爬了多久，才爬到了河沟边。这时，正赶上王厂沟有一个侥幸存活下来的 10 多岁小女孩，也到河沟舀水。她就给我舀点水喝，又给我洗洗脸。之后，她说："你等着，我回去找人背你。"

我叔叔他们也正在到处找我们，找到我们后，我大伯关立春和我二叔关立成，把我背到了大东峪三道洼西边"猫山"的山洞里，逃离了敌人的包围圈。地下工作人员刘振东给我上了红伤药，正赶上王厂沟我的老姑奶也在那儿，用她腿上扎的腿带子（那时妇女扎腿用的腿带使用的是很长的二三寸宽的长布带），把我前心、后背和肩膀上的伤口都给缠上了，在山上又住了两宿后，日本鬼子和讨伐队才撤走。

那时，我姥姥正在孟子岭"人圈"里居住。孟子岭"人圈"里被逼着给日伪军带路的人回来后，向我姥姥诉说了我们的遭遇。我姥姥听到这一消息后，立即找借口从孟子岭"人圈"出来，到我大舅"猫山"的地方，找到我大舅。我大舅田庆玉那时是地下工作人员，孟子岭村的武装班班长。他没进"人圈"，在孟子岭到王厂沟一带"猫山"，负责向地下工作人员和周围"猫山"的群众传送情报和检查交通线上的岗哨情况。那会儿我们这里都有值班和站岗的。

后来，我大舅到王厂沟把我背回了孟子岭附近的王杖子庄，又从山上给我拿来了一条破被子包上我，带我来到南山跟的一个山崖下。那里有"猫山"户藏起来的板柜。我和我大舅就在板柜上住了一夜。第二天，我姥姥也偷着来看我，想方设法把我弄到了他们在孟子岭"人圈"的窝棚里。在孟子岭"人圈"里，有个日本鬼子，是个小队长，人们都叫他小久经，个子较矮，挎的大洋刀跟他差不多高。他在"人圈"里，到处乱窜，据说什么坏事都干。他看见了我，说我不是本地人，是小八路。我姥姥就撒谎说，我是椁罗台"人圈"的人，家里人得瘟疫病都死了，就剩我一个人了，也正闹着瘟疫病呢，没处去，就投奔到孟子岭"人圈"来了。日本鬼子就怕瘟疫病，听说我是瘟疫病人，小久经恐怕自己被传染上，就赶紧逃跑了，后来再也没敢来。那时，"人圈"里的房子，也就是支上几个树杈子，树杈子上再盖上点草的破棚子，只能是遮着点雨。人们就睡在地上。我姥爷、姥姥，怕我在地上着凉，睡觉时他们两人轮流驮着我。地下工作者任继安的媳妇，原来照顾过八路军的伤员，她那里有治疗“红伤”的药，在“人圈”里都是她负责给我上药。因为我被刺了3刀后，流血太多，总是恢复不过来，身体一直非常虚弱，黄皮拉瘦的。

日本鬼子真是太残忍了！我哥哥被日本鬼子刺死时还不到10岁，日本鬼子对他刺了很多刀，我苏醒时看见他的尾骶骨还在流着粪便和血。我小弟只有3岁，幼小的尸体被杀后蜷缩在那里。我爷爷的脸上是两个黑黑的窟窿，身上被刺刀刺得乱七八糟的。我妈的肚子鲜血淋淋，她的身上还有周围都是流出的大便和血。我们全家一共是6口人，杀得就剩我1个人了。这一次，我们王厂沟村被杀的有100多人。

（需要说明的是，因为人们受传统观念影响，妇女被日军强奸后，家人都不愿意对外说起，更不希望外人知晓。关贞瑞也是如此，更何况是他的妈妈。因此，他没有说出他母亲的比较详细的被杀情况，只是含糊其词而已。据我们在王厂沟的调查，知情人都一致回忆说，关贞瑞的母亲是最后一个被杀的，是被日军强奸后，又被开胸、剖腹杀害的。这一情节也与关贞瑞苏醒时见到他母亲的惨状相吻合。这一情况与县党史工作者过去的多次调查相符。）

（关贞瑞原籍为孟子岭乡王厂沟村人，20世纪80年代国家修建潘家口水库时搬迁至本乡下孟子岭村）

调查采访：张明云　袁瑞昀　尹桂生　张焕生

整　　理：张明云　调查采访时间：2014年11月19日

我被日军枪杀致残的回忆

宽城镇北局子村　关恒勋（85岁）

我原来是王厂沟村狮子沟自然村的人，今年85岁。1941年开始，我们王厂沟经常来八路军部队。部队一来就唱歌，也教老百姓唱歌。歌词是“有钱出钱，有枪出枪，出人出力上战场”“坚持抗日，不当亡国奴”等。这些人朝气蓬勃，挺活泼的。我那时虽然还小但也很积极，经常给八路军带带路，朝各家领领人等。有时，还跟着报国会人员到孟子岭割电线、砍电线杆子等。

从1942年开始，日本鬼子就开始到我们王厂沟来烧杀抢掠，逼着人们到孟子岭“人圈”。当时，我们这里为八路军办事的人很多。日本鬼子经常来王厂沟抓捕和杀害抗日干部。那时候，刘××的父亲开始也给八路军办事。有一次，几名区干部在王厂沟住着，可是，刘××的父亲被敌人抓去后经受不住严刑拷打，就实话实说了，然后他就领着讨伐队来到王厂沟。这时，一位区干部正好出来泼水，被敌人一枪打死了。那次，区干部死了好几个人，还有几个王厂沟的老百姓。其中有一个叫刘开齐的就是那次死的。

又有一次,日本鬼子找了4个老百姓带路,要到王厂沟的棒槌崖。可是,这4个人却把日本鬼子带到我们狮子沟来了。结果,日本鬼子一看地图不对,不是棒槌崖,就把那4个人关在了我老叔他们屋子里,又把房子点着,把这4个人活活地烧死了,然后,把我们5家的房子也都给点着了,烧得片甲不留。

1943年5月13日,王厂沟住了不少的八路军。那一年,日本鬼子经常来。所以,我们一直都没有种上地。正好那天我爸爸找人到超岭子我们家的地里去种地。种地的人有我大伯关元生和他大儿子关恒宇、我二大伯的儿子关恒玉、还有我老叔的儿子板圆子、我父亲和我6个人,正好是一张犁豁子。这之前我老叔关元瑞(化名叫关海峰)当八路军去了,捎回了一封信。我爸爸把信拿出来,大伙正在看信时,猛一抬头,不少日本鬼子从棒槌崖沟过来后,就快到我们跟前了。那天,实际上这些日本鬼子想直接去王厂沟"扫荡",因为有汉奸报告,说王厂沟有八路军,怕中埋伏,然后就从我们这里绕道过来了。我们这些人发现日本鬼子后赶紧朝山沟底下跑。当时山沟底下有一个水塘,我们先跑过水塘,刚一上岸,日本鬼子的子弹就打过来了。关恒宇、关恒玉、关元亮、板圆子他们4人当时就被打死了。我父亲被日军捅了4刀,肠子都被挑了出来。我的左胳膊被一枪打断了,后背也被打了几枪,但后背几枪只是打破了皮,没伤着要害。我的左胳膊被打断后,踉跄了一下就摔倒在了地上,打断的左胳膊自然地甩在了我的脸上,把脸部差不多都盖住了。日本鬼子怕我们几人不死,还到我们几人跟前检查,又用刺刀拨拉拨拉我,把我的一只脚放在了另外一只脚上,看看我们几个确实都死了,说了一句:"亚米斯!"可能是死了的意思,说完就走了。后来,不知道过了多长时间,我才苏醒过来。然后就坚持着连走带爬地到了棒槌崖庄的一家门口,又昏死过去。我叔叔关元春正在到处找他的儿子,没找着,恰巧碰上了我。他就把我背到我们"猫山" 的窝棚跟前。我那时伤口因为时间长都长蛆了。地下党的一名卫生员,赶紧给我上药,后来又换了几次药,伤口才慢慢地好起来。我的胳膊从那以后就啥也干不了了,左胳膊严重变形,整个胳膊都比右胳膊短了一大截,造成了终身残疾。

(关恒勋原籍为孟子岭乡王厂沟村人,20世纪80年代国家修建潘家口水库时搬迁至宽城镇北局子村)

调查采访:张明云　袁瑞昀　尹桂生　张焕生

整　　理:张明云　调查采访时间:2015年1月8日

对王厂沟"无人区"的片段回忆

孟子岭乡王厂沟村　刘成立(88岁)

我叫刘成立,今年已经88岁了,那段"猫山"生活的悲惨经历都已经70多年了。想起那段生活，真是不堪回首啊！下面，就有关情况，我来说说。

1. 关于七区区长张永年的情况

张永年是比较早来到我们王厂沟开展地下工作的共产党领导。他来我们王厂沟是在1941年初，正是开辟我们王厂沟根据地的时候。主要的工作是宣传群众、动员群众，开展抗日活动。同时，发展党员，建立党的组织。我爸爸叫刘殿之，被发展为共产党员。那时入党，上不传父母，下不传妻子，入党后家里谁也不知道。那时来的部队和工作人员特别多，张永年在这儿待了很长时间。后来，我们这里就有了党的组织。我父亲经常让人叫去开会、学习，参加各种抗日活动。后来，党员的数量越来越多，活动面也越来越大，我爸爸外出的时间也越来越多。张永年不但在我们王厂沟，还经常去化皮溜子、塌山、燕子峪、任杖子、宽城等地开展抗日活动。

他还负责铲除汉奸工作，对瀑河、清河川罪大恶极的汉奸等进行惩处。八路军部队也经常到我们王厂沟来。一开始，老百姓也不知道八路军啥样儿。但是，部队来了以后，不进老百姓的屋，不动老百姓一针一线，和老百姓的关系非常融洽，大家慢慢就喜欢、拥护、支持他们了。

后来，日军开始"集家并村"、制造"无人区"，逼迫我们老百姓都搬到孟子岭"人圈"去。但是，张永年就在我们这一带开展反"集家"活动。他号召我们不进"人圈"，要守土抗战，坚持"猫山"斗争。为此，日军和讨伐队等经常到王厂沟来"扫荡"，屠杀人民群众。日军把老百姓的房子都烧了，逼着老百姓搬进"人圈"。他就和大家说："现在是最困难的时期，日军拆了我们的房子，烧了我们的家。但是，将来就美好了。等我们打垮了日本鬼子，全国解放了，日军烧了草的，咱们将来盖瓦的。以后的生活是楼上楼下、电灯电话，等等。"当时别看环境艰苦，但是让他一做工作，大家还是蛮有信心的。

后来，由于日军在"无人区"烧杀抢掠，把很多老百姓都赶进了"人圈"，隔断了老百姓与八路军的联系，八路军生存的环境越来越差，伤员送到我们这里来的也越来越多。少的时候有8人、10人，多的时候有30人、50人，最多的时候曾经来我们王厂沟100多人。特别是随着日军的"扫荡"，搜山越来越频繁，这些伤员随时需要转移，想办法安排治疗，当时真是十分艰难。那时，这些伤员的藏身地点有棒槌崖、大杨树沟、大老虎沟、熊瞎子沟等山洞。有的洞住100多人都松松快快的。这些地方都在不易发现的高处，非常不好走。但是，日军一来"扫荡"、搜山，就要救护这些伤员，转移这些伤员，有时转到几里以外的地方，甚至转到十几里的地方。当时的情况非常艰难，很多时候都由张永年来组织和安排。伤员来了一批又一批，伤好了就归队了。

当时，日军经常到"无人区"进行"扫荡""围剿"，"无人区"里的生活非常悲惨。老百姓没吃的，没穿的，真是饥寒交迫。张永年是口里人，他经常从口里筹集物资，救济“无人区”的群众，帮助老百姓解决困难。1943 年日军到王厂沟大围攻的那 7 天里，张永年就在这里呢，没少为被围攻的群众做工作。

2. “猫山”的情况

1942 年初，日军就让我们“集家并村”，都搬到孟子岭“人圈”去。王厂沟人都不愿去孟子岭“人圈”，后来就“猫山”了。我们家都“猫”到西台子。

1943 年，日本鬼子来我们王厂沟进行“毁青”和大“扫荡”，“扫荡”、屠杀了 8 天，可我们却“猫山”猫了 9 天。在那之前，我父亲发现西台子的大洞旁边还套着一个小洞。这个小洞的洞口只能钻进 1 人，里边却能藏四五个人。我们一家都“猫”在那里。我老妹子、我们哥俩、我父母共 5 口人，时间是割庄稼以后。“猫”了 9 天，这次是第二次。第一次是割庄稼，两三千人呢，是日本鬼子抓来老百姓割的。那次鬼子走后，我老妹子拣了半升黑豆。这次“猫山”，我们就吃这点黑豆度过了 9 天的时间，要不然这次就麻烦了，吃啥啊。

我们“猫山”一直到第 9 天才准确地知道鬼子走了。我爸下山打听清楚后就招呼我们下山。我妈、我们哥俩、我妹子 4 人饿得都站不起来了，只好朝山下慢慢地爬，爬了一会儿，就爬不动了。我爸爸看我们下山挺慢的，就大声地吵我们，嫌我们太慢。但是，他更多地是心疼我们，知道我们在山上“猫”了几天，又没吃的，身体都垮了。于是，他又大声地嘱咐我们，让我们还是别着急，慢慢地爬吧。最后，一直到了天黑我们才爬下山来。回到家，已是晚上了。我们做了点儿饭，但是，谁也吃不下去。嘴里干巴得很，饭吃到嘴里根本就无法下咽。因为 9 天来我们几口人根本没吃上饭，只是吃了点儿黑豆粒儿。后来，我爸在饭里兑上点水，我们才对付着吃了几口。9 天的时间总算是闯过来了，如果再有 2 天，恐怕全家就再也活不下来了。

这时，“猫山”“猫”不了了，很多人只好搬去孟子岭“人圈”。可是，没几天，日军就在孟子岭“人圈”进行“大检举”，抓走了不少人。我们庄那次进“人圈”被抓走的有好几十人，多数人被“检举”抓走后都死在外地，一直都没有回来。这是 1943 年那次大围攻的情况。

我们这里被日军杀死了不少人，很多是一家子一家子地被杀死，刘殿甲一家死了 4 口子，有他媳妇和 3 个孩子，刘成连他们一家死了他母亲、嫂子、哥哥 3 口。那次死的多了，100 多人。

现在想起那时的情景都掉泪，真惨哪！

我们这里的狮子沟河东还烧死了刘玉德、刘殿胜、老根子、刘成山 4 人。日本鬼子让他们 4 个人带路到棒槌崖。结果，他们 4 人把日本鬼子带到狮子沟去了。日本鬼子发现不对，就把他们 4 人关进了一处屋子里，把房门锁上，然后点着了房子，把他们 4 人活活烧死了。

1943年的春天，我们家还没有种上地。我爸就找了几个人种地。我那时还小，我爸就让我到沟门放哨去，等日本鬼子来时，赶紧回来通知。后来，我看见日本鬼子来了，就赶紧跑回来告诉大人。大家赶紧上山躲到梁岗上。日本鬼子就到狮子沟去了。

狮子沟的老关家有六个人也在种地。日本鬼子都到跟前了，这些种地的人才发现。关恒勋的大哥被打死了，他叔叔关元生也被打死了。关恒勋被子弹打到胳膊上，然后他就赶紧装死不动了，5个人我们眼瞅着都被打死了。

"猫山"时没吃的，打的一点粮食，连一秋都不够吃，只好吃山毛野菜。夏天，"猫山"的人们就吃树叶子；冬天，找点冻野果、冻梨吃。这些都没有了，就找些干巴树叶子，用水炸吧炸吧(方言，意即用水煮煮)，对付着吃。住的都是石头洞、石崖根，住不下去了再搬家，挪地方。没有盖的，全家就一床破被子。人们不敢烧火做饭，也没啥衣服穿，一件破衣服补丁连着补丁，大冬天的都光着脚丫子。人们的头发也不剪，实在长了就用剪衣服的剪子剪剪。我们一家子还都闯过来了，这是十分万幸的。那时"猫山"，连饿、带病、带冻的死了不少人。老百姓太不容易了，活过来的就算命大了。

3. 于友三讨伐队打死5人事件

一次，刘常他爸栽白薯，刘爽、刘文也在栽白薯。刘××拿一个口袋岔子，里边放了报纸和2封信到我们这里。他一过河，看见讨伐队从河那边过来。他就岔到栽白薯的地里去了，然后，他把口袋撂在地里，拿走了2封信，假装挑水去。讨伐队去了白薯地，他们看见地上的口袋，从口袋里倒出了报纸，就追问报纸的来历。开始没人说，后来在再三追问下，有的人才偷偷地指向河边的刘××，说刘××拿来的。于友三的讨伐队员就直奔刘××而去。刘××到河边把2封信藏到河底的淤泥里。可是，因为没藏好，又漂了起来。讨伐队抓住刘××，追问信的来历，刘××忍受不住拷问，告诉他们棒山沟有地下工作干部3人。

于是，讨伐队100多人就扑向棒山沟。这时，棒山沟住着的地下工作人员还不知道消息呢。这几人中有一个叫李迷糊。那次是刘××带路去的，去了棒山沟，打死3名地下工作者、2个老百姓。这5人的头都被铡刀铡了下来。讨伐队把5人的人头拿到了孟子岭，还照了相。夜里孟子岭"人圈"的人就把5个人的人头都送回来了。这是于友三讨伐队欠下的又一笔血债。

调查采访：张明云　张焕生　李景学

整　　理：张明云　调查采访时间：2015年6月26日

永难磨灭的“猫山”记忆

孟子岭乡王厂沟村　刘素霞(90 岁)

我叫刘素霞,1925 年出生在棒槌崖村,今年 90 岁。日本鬼子太可恨了,见人就杀,见房就烧。我们那时候真是太惨了,能够活过来那真是太不容易了。你们几位这次来找我,我就把那时候的事儿说说。

1943 年,地里的小苗刚出来的时候,八路军和鬼子在我们村打了一仗。当时得到消息,说日本鬼子要从我们村小梁上下来,八路军早早地在那里埋伏好了。想不到鬼子却从棒槌崖的狮子沟过来了,所以八路军为了抢占山头的有利地形,耽误了时间,这一仗打得很激烈。从早晨一直打到天黑。打死了鬼子 100 多人,八路军也牺牲了好几十人。当时我正在山上挖野菜,听到枪响,吓得我提着篮子藏在一棵大树下。八路军的军号声响起来,还夹杂着“冲啊、冲啊”的喊声。子弹“嗖嗖”地从我耳边飞过去。我吓得扔下篮子就往山上爬,藏到山上的树丛里。第二天,仗打完了,我在山上回家的山梁上遇到一个鬼子,他抱着一棵大树,正立在那里。我吓坏了,撒腿就跑。他看我一脸土,以为我是八路,吓得跑到蔡家岭的岭上,后来被民兵刘殿义等几个人用镐头和石头打死了。

打仗过后,由于鬼子不断地来村里“扫荡”,见到人就杀,村里的人都被迫在山上住,有时候在山洞里住,有时候藏身在山崖下。到了 8 月份,鬼子又来割青,毁坏庄稼,把快要成熟的庄稼用镰刀割了。还有的人就用脚踩,庄稼全被毁掉了,颗粒无收。紧接着,日本鬼子对“猫山”的人又进行了 8 天的大围攻,他们见到山上有炊烟的地方就去围堵。8 天里,我们没吃过一顿饱饭,饿了就挖一些野菜充饥,挖山上的穿地龙烧着吃,可怎么也烧不熟,还不敢随意点火做饭,怕被鬼子发现。后来,连野菜也挖光了,草根也没得吃了,过了一些天,实在没办法,山上“猫”不下去了,我们村有一部分人就被迫去了孟子岭“人圈”。其中就有我大哥和二哥。他们俩午前到了“人圈”里,午后就被日本鬼子抓走了。我三哥刘成印在“人圈”里得了疟疾病,瘦成了皮包骨,快没人样儿了,鬼子才没有抓他。我吓得从孟子岭“人圈”跑去了蓝旗地的姑姑家,又在蓝旗地过起了“猫山”生活。那次孟子岭“人圈”里,被“检举”抓走的有 30 多人,全部用绳子连起来,被鬼子带走了。这些人被抓走后有个别人被协和会保了出来,多数都被送进监狱折磨而死。我二哥当时被日本鬼子打得昏死过去。他们看我二哥跟死人没什么区别,才把他放了回来。我大哥经鬼子审问后,没问出什么破绽,也侥幸地被放了回来。我三叔是给八路军办事的人,受到“检举”后被鬼子抓进承德监狱,受尽折磨摧残死在那里。

一天,听说日本鬼子又要来大围攻,母亲、二哥和我在我们村山坡上的小窑洞里藏着。二哥由于那次在孟子岭“人圈”被抓走后,受到过鬼子的毒打,因此心有余悸。这次听说鬼子来了，就吓得从山坡上滚了下去，当时就摔得昏了过去。我母亲赶快用“顶针儿”狠劲地刮他的前胸后背，一边刮一边还叫着二哥的名字，忙活了半天才把他救了过来。当时我母亲已经70多岁了。我搀扶着母亲，还要背着被子，实在跑不动了，看见前面有一座“牛筋子”树丛，我们娘仨就蹲在那里，吓得大气都不敢出。时间不长，鬼子端着刺刀从我们面前走过，幸好没被他们发现。

那时，不管是白天黑夜，只要听到送情报的人说“鬼子来了”，我们就吓得漫山遍野地跑，多次跟家人跑散，相互谁也找不到谁。那时因为遇到日本鬼子都不知道自己是死是活，所以听说鬼子来“扫荡”，胆小的人吓得魂儿都快丢了。

一次，我们村里有好几个群众和八路军的伤员都藏在一个山洞里。日本鬼子又来搜山了。刘成轩的母亲怀里抱着不满周岁的小孩，因为没奶吃，孩子饿得哭了起来，她怕哭声引来鬼子，为了掩护群众和伤员，就用奶头把孩子活活地堵死了。

那年，在大石湖的山梁上，我老婶和她的4个孩子全都被日本鬼子杀害。最小的小丫被鬼子劈成两半挂在了树枝上。我父亲因为年纪大腿脚不灵便，听说鬼子来搜山，急得当时就昏死过去，永远地离开了人世。住在王厂沟西边的李西银姑姑被鬼子杀死后又被焚尸。

为了躲避鬼子的追捕，我丈夫李西银背着受伤的八路军战士跑过好几里的山梁，累得吐了血，落下了病根儿，虽然经过多年的治疗但还是没能保住性命，在45岁时就离开了我们，撇下了我们娘6个苦度时光。当时，我家最小的孩子才3岁。我守着5个孩子没日没夜地拼命干活，白天在地里拾掇地，晚上在煤油灯下给孩子们缝缝补补，一件衣服老大、老二轮着穿，补丁摞着补丁。我一个女人家把5个孩子拉扯成人，吃的苦头说不尽。

这都是鬼子带给我们的永远无法弥补的伤痛。至今我想起鬼子对我们村百姓的迫害，还心有余悸。我恨透了鬼子。

调查采访：张明云　尹桂生　张焕生　杨春莲　李景学　刘广华

整　　理：杨春莲　张明云　调查采访时间：2014年10月21日

不愿提起的那段“猫山”经历

孟子岭乡王厂沟村　李希金（87岁）

因为我们这里早就被划为了“无人区”，村里的老百姓在1942年的冬天就已经开始“猫山”了。白天要是没有鬼子的动静，大家就回到家里（其实房屋都已是废墟了）拿些生活用品，再回到山上“猫”着。

1943年，地里的小苗刚出来的时候，八路军和鬼子打了一仗。这次战斗，从早晨一直打到晚上10点多。鬼子的一个中队100多人全部被八路军消灭了,大大地鼓舞了人们的士气,也狠狠地打击了日本鬼子的嚣张气焰。

在这次战斗中,八路军牺牲了几十名指战员。打完仗,地下党工作人员发动我们村的百姓,趁着鬼子没来的空隙,开始偷偷地掩埋烈士的遗体。大家把"猫山"时藏在山洞里的板柜抬回来,又把烈士的遗体挖出来,每人一口板柜,分别把他们安放在板柜里,重新隆重地安葬了这些牺牲的指战员。特别是有一个叫薛辉荣的营长在那次战斗中也牺牲了,只有20多岁。李西银的母亲,那年都70多岁了,把预备给自己装老的很珍贵的柏木棺材也抬了出来,安葬了那位薛营长。那时候,柏木棺材是罕见的,更何况是在日伪军经常烧杀抢掠的环境下。但是,八路军为我们老百姓把命都搭上了,那老百姓为八路军战士还舍不得一口棺材吗!

日军把我们这里划为了"无人区",让我们"集家并村",都搬到孟子岭"人圈"去。日军为了逼迫我们进"人圈",在我们王厂沟见人就杀。但是,我们宁可"猫"在山上,也不进"人圈"。日军就对我们王厂沟"猫山"的群众进行了不知道多少次的大"扫荡"和大屠杀。

1943年8月,日伪军和讨伐队等来了几千人,对我们王厂沟进行了长达8天的大"毁青"和大屠杀。我们春天偷着种的地,好不容易盼到庄稼快成熟了。日伪军穷凶极恶,从附近"人圈"抓来了3 000多名群众,强迫他们把我们快要成熟的庄稼都给割毁、践踏、糟蹋掉了。一年中,我们冒着生命危险偷偷耕种的那些庄稼,全部都颗粒无收。

在这8天里,我们不敢做饭,因为一旦冒烟,就会被鬼子发现。再说,那时哪有粮食啊,只有吃树叶、草根和山菜。最可怕的是鬼子对我们王厂沟百姓惨无人道的暴行,到现在还好像就在眼前。

就在围攻的第二天,鬼子来山上搜捕,见人就杀。当时我和父亲、母亲都住在山上的窝棚里。地下党工作人员刘振东也和我们在一起。一看鬼子来了,我们都隐藏了起来。我的母亲和李春达的奶奶都70多岁了,来不及躲藏,都被鬼子活活烧死在窝棚里。

围攻的第三天,我们这里关贞瑞一家6口人就有5口人被鬼子杀害,只有关贞瑞一人死里逃生。他的父亲被鬼子用乱枪打死,母亲被鬼子抓住,惨遭蹂躏后被开膛破肚。爷爷被鬼子割去舌头、挖掉双眼,又连刺数刀。哥哥被鬼子抓住后一刀劈死。7岁的关贞瑞也被鬼子连刺了3刀,当场就倒在血泊中。第二天他叔叔听到消息赶来后,把他背到了山梁上。当时我和几个乡亲们正在那里"猫山",地下党工作人员刘振东拿出半袋红伤药给关贞瑞撒在了伤口上,又用衣服把他的伤口裹上。真是该着命大,才侥幸活了下来,今年可能是78岁了。

那次,李景太的母亲(今年86岁)带着吃奶的孩子和几个乡亲们一起藏在山上。鬼子又来搜山时,因为孩子没奶吃,饿得哭了起来。李景太母亲怕哭声引来鬼子,连累大家,便用奶头堵住孩子的嘴，紧紧地把孩子搂在怀里，任凭孩子怎样挣扎都没松手，直至把孩子堵死。

我们附近有两条山沟，我们一家藏在左边那条沟里，右边那条山沟也有人藏着。一天清晨，鬼子再次搜山时，去了右边那条山沟。当时，李春信和他的大儿子、小儿子一家 3 口人，都被鬼子堵在了窝棚里。鬼子发现他们一家后，凶残地把他的小儿子用刺刀挑死后挂在了树杈上，又把李春信和他的大儿子用刺刀刺死了。这还不算，日本鬼子怕他们 3 口活过来，又用被子把他们的头都给捂上。就这样，一家 3 口全都惨遭杀害。

粮食没了，山上的野菜也吃光了，鬼子又不断地来山上大“扫荡”和屠杀。实在生活不下去了，我们这里的一部分人就被逼迫搬到了孟子岭“人圈”。

那是 1943 年的 10 月份，我们村的人被集到了孟子岭“人圈”，有亲戚的投靠到亲戚家住，没亲戚的实在没地方住，就在别人屋檐下铺上干草，就这样暂时安顿了下来。这就是我们安身的地方，吃的是野菜拌糠，穿的破烂不堪，还有每天都面临的“人圈”里的各种名目的“大检举”。那时候，“人圈”里的人们，三天两头有人被抓走。我们每天都过着提心吊胆的生活，日子苦得没法说。冬天连冻带饿，到了夏天又闹瘟疫，“人圈”里死了好多人。我家在“集家”的两年时间里，就死去了 3 口人。一直到了 1945 年 8 月鬼子投降了，我们才又搬回了老家，在自己的家乡种地、盖房，总算过上了安稳的日子。

调查采访：张明云　尹桂生　张焕生　杨春莲　李景学　刘广华

整　　理：张明云　调查采访时间：2014 年 10 月 21 日

刻骨铭心的“猫山”记忆

孟子岭乡王厂沟村　李西凡(89 岁)

我叫李西凡，家住王厂沟村，亲身经历了日本鬼子给我们王厂沟村百姓带来的深重灾难，见证了他们烧杀抢掠的罪行。

1940 年 10 月份，地下工作人员刘振东来到王厂沟村，了解敌情、联系群众，秘密开展抗日工作。1941 年的春天，迁青平联合县第七区干部李文华来到王厂沟，和他一起来的还有张维政、张其国。随后李运昌等也来到这里开展工作，七区区委书记石新，还有区长张永年更是常住在这里。冀东的大部队常来这里，一般都是来几天就走。

到了 1941 年秋，冀东部队的机关也来到这里。开始来的时候，这些工作人员派人站岗，都住在老百姓的房子里。1942 年的秋冬之际，鬼子开始拆房子了，没撤走的工作人员，就和我们一起在山上住。

当时孟子岭的大庙里住着日本鬼子 60 多人，三天两头地下来“扫荡”，见到东西就抢，遇到年轻的妇女就糟蹋。只要听说鬼子来了，年轻的妇女为避免受害就吓得往脸上抹锅底灰，弄得不像人样子。

1942 年的冬天，我们在大石湖上面的山坡上搭了一大溜窝棚，我家的窝棚跟工作人员的窝棚搭在了一起。县里来的干部有石新、张维政几人，他们都在我们那里住。我给他们站岗放哨。白天，看看鬼子没来村里，他们就下山开展工作，晚上回来了就和我们一起吃饭。由于搭窝棚的地方是在很高的大山坡上，那里没水，做饭要去几里远的“石缸”挑水，还要爬 3 丈多高的石崖。我们挑一担水要走好几里山路，很不容易。我大哥李西山、二哥李西志都是当地的地下党干部，经常秘密组织群众藏军粮，组织妇女做军鞋和护理八路军伤员等，经常和这几位干部一起在我们这一带秘密开展工作。我把这几位干部当作自己的亲哥哥一样对待。有时候饭少了，宁可自己家人不吃，也得让他们几位吃上。粮食没有了，我们就一起吃树叶、山菜度日。看到他们几位干部经常饿着肚子风里来、雨里去，还要时刻躲避敌人的搜捕，在大山上躲来绕去地秘密开展工作，真是太辛苦了。我尽量地照顾好他们，从 1942 年冬到 1943 年春的这半年时间里，这几位工作人员都在我家吃饭。

1943 年春打仗过后，鬼子对我们这里的百姓更是恨之入骨，他们不断地来我们村进行“讨伐”，在我们村进行“毁青”和大围攻。

1943 年 8 月份，地里的庄稼快要成熟了。鬼子从南天门、孟子岭等十多个“人圈”抓来了 3 000 多名群众，还有孟子岭“人圈”的自卫团员，来我们这里割毁庄稼。他们用镰刀割、脚踩、用手拔，把方圆几十里的庄稼全部毁掉了。所以，那年我们这里的庄稼颗粒无收。

“毁青”过后，鬼子又对“猫山”的老百姓和八路军进行大“围剿”。鬼子见人就杀，见到房屋、窝棚就烧，进行了梳篦式的搜索。哪里有炊烟，就去搜捕哪里。8 天里，藏在山上的八路军干部和老百姓靠吃树叶、山菜、草根儿度日。

有一天，地下党干部石新等人都在山上的窝棚里。我母亲看见山下来了许多鬼子，就告诉我们快跑。往哪里跑啊，我急得不知怎么办好，一边是我跑不动的母亲，一边是地下党干部。母亲对我说：“你们快跑吧，别管我了。”情急之下，我对几位干部说：“无论如何我也得把你们送出去，我的两个哥哥和你们一样都在外面工作，我把你们当我的亲哥哥一样看待。”我顾不上母亲了，带着难舍的心情，含着眼泪看了一眼腿脚不灵便的母亲，就带着 3 位干部迅速朝承德的方向跑去。送走了他们，我回来一看，窝棚早已被鬼子点着了。原来，就在我们刚刚离开不久，鬼子就到了窝棚前，见我母亲在窝棚里，就用刺刀把她杀害后又点着了窝棚，面对惨死的母亲我悲痛万分，至今我也无法忘记这让我心痛的一幕。

庄稼毁了，粮食颗粒无收，所有的房子和窝棚都被烧光了，山上的草根儿等能吃的也都没有了，实在没办法住下去了。在 1943 年的 10 月份，我们村的一部分人被迫“集家”搬进了孟子岭“人圈”。还有一部分人仍然和地下党干部在一起坚持“猫山”。县里干部张维政、张其国等一些干部仍在山上秘密联系群众开展工作。

1943年10月的一天，听说鬼子进了瀑河口，张维政等几位干部暂时撤离，匆忙中把装有地下党花名册的布包忘在了窝棚里，被鬼子搜去。

因此，鬼子就在孟子岭“人圈”里进行“检举”，以给群众召开会议为骗局，让王厂沟18岁以上的男青壮年好几十人都站在大场地上，后背上贴上自己的名字，用麻绳绑着双手。鬼子来了3辆汽车，把这些人都抓到宽城日伪警察署。警察署5间大瓦房里挤满了从各个“人圈”抓来的人。然后把这些人按照那个失落的花名册一一对照。花名册上没有的也就侥幸地被放了回来，名单上有的全部留下受审。我三大爷李振琢那次也被抓走审问。鬼子用棍棒打、灌辣椒水、皮鞭抽，使尽各种残酷的手段，审问这些人。

这些人后来有的被拉到了承德监狱，有的被送进鞍山监狱，受尽了各种拷打和酷刑，没有几个能活着回来的，几乎都被折磨死在了监狱里。

我们那些被“集家”到孟子岭“人圈”的王厂沟村民，每天都在“人圈”里过着提心吊胆、食不饱腹、衣不蔽体的生活，一直到1945年8月抗日战争胜利，才回到了自己的家，过上了安定的日子。

调查采访：张明云　尹桂生　张焕生　杨春莲　李景学　刘广华

整　　理：杨春莲　张明云　调查采访时间：2014年10月21日

“猫山”生活的痛苦回忆

孟子岭乡王厂沟村　李西安(84岁)

我叫李西安，1931年出生在王厂沟村，今年84岁。

1943年夏天，100多个鬼子从松树沟梁那边直奔王厂沟而来，跟早已埋伏在那里的八路军打了一仗，这些来“扫荡”的鬼子被八路军全部消灭了。在这次战斗中牺牲和负伤的八路军战士有好几十人，有个叫薛辉荣的八路军年轻营长也牺牲了。

1943年秋天，日伪军为了把我们赶进“人圈”，烧了我们村里所有的房屋，把快要成熟的庄稼全部毁掉了。他们把我们这里全部划为了“无人区”，下来搜查的时候，见到人就杀。实在没办法了，我和我们村的一部分人只好进了孟子岭的“人圈”。我们一家就住在孟子岭的我老姑奶奶家里。

在孟子岭“人圈”里，日伪军经常进行大大小小的“检举”，特别是对王厂沟和柏木塘的人更是凶狠毒辣。我们实在是待不下去了，就离开了孟子岭“人圈”。我、父亲、母亲，还有二叔、老叔、老婶，又投奔到蓝旗地亲戚家，在蓝旗地过起了“猫山”的生活。那时我们没进“人圈”的多数人都躲在乌龙沟的大山里“猫山”，从那里出沟就是瀑河沿、贾家安，易藏易躲。我们有时候住在窝棚里，有时候就在石崖下栖身，由年轻人轮流站岗，鬼子来了就通知大家，然后人们就赶紧逃跑。

王厂沟的人进“人圈”没几天，鬼子又在“人圈”里进行“大检举”，把我们村 18 岁以上的男人都抓了起来。我父亲李振福也被“检举”出来抓走了。我老叔听到鬼子来搜捕，就藏在我老姑奶家的板柜里，被鬼子搜到后也给抓走了。被抓走的人后来有的被协和会保了出来，没保出来的都遭到了鬼子的毒打、审问。这些人有的当时被鬼子打死，有的被抓进其他地方的监狱折磨而死。我父亲经过审问没问出什么事情来，侥幸被放了回来。我老叔是给八路军办事的人员，经常给八路军站岗放哨，被日伪军用棍棒活活打死了。

老叔死后，老婶悲痛地要离开“猫山”的蓝旗地。我们实在没办法在蓝旗地生活了，我和二叔就追随老婶去了承德六沟的亲戚家。

1944 年夏天，我和二叔，还有房东和亲戚一行 4 人，回到王厂沟的老家摘了半袋子花椒，又给六沟开诊所的医生买了半口袋核桃。在回六沟的路上，路过承德石灰窑沟“人圈”，有个站岗的向那里的“部落”警报告，有几个“部落”警出来凶狠地截住我们审问。我二叔吓得给他们赶紧作揖，可他们二话不说就打了我们一顿。问我背的口袋里装的是什么，还没等我回答，就扇了我一个大耳光，把我打了一个大趔趄。他们摸摸我的口袋，没翻出什么，才把我们放了。我们出了沟直奔铁道线，路过新杖子、榆树沟，又回到了六沟亲戚家。一直到 1945 年 8 月日本鬼子投降，我和二叔才结束了在外漂泊的日子，回到家乡王厂沟，建房搭窝棚，置买了锄、镰、镐、杖，重新开始了生活。

调查采访：张明云　尹桂生　张焕生　杨春莲　李景学　刘广华

整　　理：杨春莲　调查采访时间：2014 年 10 月 21 日

2. 对塌山“无人区”生活亲历者的采访实录

九死一生的“猫山”生活

塌山乡塌山村　王德贵（83 岁）

我叫王德贵，今年 83 岁了。我们这里从 1942 年开始，日本鬼子就逼我们“集家并村”到偏桥子“人圈”去。进去的人住的都是马架子窝铺，一个挨一个的。我们这个庄搬进偏桥子“人圈”的，有一部分人因为得了传染病死了，有 27 口，多数人只住了一年半载，就又偷偷地从偏桥子“人圈”逃了回来。

1942 年春天，日本鬼子把我们这里的一条沟都给烧了，从尖宝山朝下的村庄挨着烧，一直烧到我们这儿有一个叫臭石湖庄，烧了 300 多户，900 多间房子。

有一个叫张进有的，还有他们河东庄的都在四道沟，大约有 30 人。日本鬼子把这些人抓住后，驱赶他们到地里的两个坝台上，在那里杀了 30 多人，其中我们庄的有 10 多人。1976 年，我上那儿割柴禾时，看到两个台子上都是这些人的骨头，一片一片的。李春义的奶奶那次被日本鬼子绑在树上，脑后的大脖筋都给砍断了。日本鬼子走后，人们把她抬回来后，不到一夜就死了。

上秋时，在李国英他们家门前，日本鬼子就喊："你们'猫山'的、住土窑的都出来吧，别害怕，冷的发给你们衣裳，没粮的给你们粮食吃。"结果，没主意的就出来了，有 30 多人，出来后日军就架上机枪，把这 30 多人都"突突"死了。张德海侥幸地活了下来，那时候他不大，还在怀里抱着呢。他妈死的时候把他压在身下，但身上也被扎了几刀子呢。

杨家店前有一个阴坡，那里有一个土窑子，约有 40 来口住在那里。有一家子做饭的时候，发现土窑子外头有一个人在这里转悠了好一阵。大家也没有当回事儿，以为是老百姓呢，实际上是一个特务。第二天鸡叫时，有一个妇女出来，听见了皮鞋响，知道是日本鬼子来了，就赶紧跑了。其他人都被日本鬼子给搜了出来。然后，日本鬼子就把他们带到山梁上，一个一个地用刺刀给捅死了。有一个老太太，肠子被扎得流出来，她自己忍着剧痛，又把肠子塞了回去，庆幸的是她活了下来。有一个叫司达的被扎了 7 刀，也没有死。有一对夫妻跑出去很远，还让日本鬼子打死了。这几起是我们附近死人最多的，一共有 100 多人。

我爷爷王占英，还有我奶奶，都是在这儿的西洼被日本鬼子打死的。还有一个是王占军的媳妇，在山根儿下住，也被日本鬼子打死了。

我们附近的妇女，漂亮一点的，都给带走了。黑杖子张振铎的媳妇，就被日本鬼子给带走了。长相一般的都给杀了。

小东山有一个叫张勇的，日本鬼子在十冬腊月的时候，先是把他塞进冰窟窿里，然后再拉出来冻一会，结冰后再塞进冰窟窿，然后再拉出来，反复多次，直到把他冻成了一个冰坨，活活地给冻死了。

我们"跑兵"的时候，也只是乱跑一气，哪有准确的去处啊，能躲哪就躲哪。我们这的山上都有山洞，多数的时候都躲进洞里去。1942 年大围攻那时候，有一次日本鬼子的大部队把我们"猫"的这个山全都围上了。可是，天下起了大雾，啥也看不见，他们只好撤退了。等到他们撤退了，雾也散了。我们侥幸地逃过了一劫。还是老天有眼，是老天救了我们。不然的话，不知又有多少人死在日本鬼子的屠刀之下呢。1942 年冬天，还是老天照顾，天气比较暖和，我们"猫山"的人还算是少受点罪。

王德金他弟弟还小，他妈怕日本鬼子来了哭叫被发现，就用奶头把他堵死了。不这样的话，在"猫山"时很可能被日本鬼子发现，那时可能死的就不是一个两个人了。

我们庄张凌阁的爷爷叫张天跃，60 多岁了，在“猫山”时，连渴带饿，再加上天冷，最后死在了山上。

我们庄有一个叫王金宇的，在后山土窑子里住。那时候我们这里都有放哨的，听说日本鬼子来了，人们就这个土窑告诉那个土窑，接着往下传，一户不落地都通知到了。有一次，别人家都亮着灯，只有王金宇他们家的灯没亮。大家都以为他们已经跑了呢，没去通知他们。结果他们一家被日本鬼子抓住，后来趁监视他们的日本鬼子打盹的时候，一家人才偷偷地逃走，险些被杀。

我们全家 5 口人，我妹妹还小，当时只有六七岁，一是怕“跑兵”时累赘，二是“猫山”时，怕日本鬼子来了后她哭叫被发现。所以，我爸爸就想把我小妹掐死。可是，我妈舍不得。我爸爸就整天地埋怨我妈，嗔怪我妈不把我妹子掐死。我妈心里也没底，所以只要日本鬼子来时，我妈就赶紧用手捂住妹妹的嘴。只要日本鬼子不走很远、确实是没事前，我妈就一直捂着嘴，恐怕她害怕叫出声来。

我那时候只有 9 岁，只要日本鬼子来了，我爸爸就背上小铁锅，拿上点粮食；我背着那个小小的破被子；我三姐提着一个小筐，挎着两个碗；我妈背着我小妹子，我们赶紧就跑。有一次，“跑兵”跑紧了，我爸顾不上我们，他自己背上东西就跑了。但没跑远，就被日本鬼子抓住。日本鬼子把他带到一个庙里，在附近弄了不少红薯要煮着吃。因为没有水，日本鬼子就让我父亲到山下挑水去。我父亲假装挑水，到水泉边后把水桶一扔就逃跑了，总算是逃过了一劫。

每次日本鬼子都是从偏桥子那边过来，偏桥子有个偏山嘴子，那儿有咱们的人。只要是日伪军、讨伐队一过来，就赶紧地把信送过来，一站又一站地传给老百姓。

我爸爸王吉和那时给八路军办事，咱们的部队经常到我们这里来。一般时候，他们到我们这里来都找我爸爸。我爸爸也和部队一起打过仗，使用的是双枪。他和这庄的王德本，在这一带都很有名。

张殿广和我爸爸一样，也是老党员。还有李春兴、陈如林等也都是为八路军办事的人。有一次，冀东军分区司令员李运昌经常用的干电池没电了，没办法去搞。正在为难，李春兴说：“不怕！我给你弄去。”之后，他就到承德县上谷火车站，枪毙了一个车站上的警长，驮回了好几驮子的干电池。李运昌高兴地把李春兴抱了起来，一直抱到炕上。这是 1942 年底的事。

那时候，“猫山”时背的那一点粮食，很快就吃没了，全家只有干饿着，几天几天地饿着。其实，就是有粮食也没有水，下山弄水去又不敢。渴得没办法，遇到大石头边上有点脏水，不管是什么，就是尿也都喝了。那时候好几天好几天地饿着，等日本鬼子走了，才回到已经烧过的老房子，把烧焦的粮食扒拉扒拉，对付着吃，总比没有强吧。

那时候我们不进“人圈”，就是想在山里还能有点粮食吃。1942年夏天，日本鬼子带着讨伐队把庄稼都给毁了，那一年一点粮食都没有收回来。没吃的就只好扒树皮吃，如榆树皮、椴树皮等，把这些树皮用碾子压了吃。夏天，人们就吃树叶子、地管子(一种中药材)，把人吃得直呕吐。

那时候我背着的那个小被子只有1尺多宽、2尺多长，怎么盖呀，等十冬腊月太冷时，只有用来焐焐脚。我们住土窑子住了两年，南山又住了一年，也就是在河沟子上横上两根木头，上边放上点秸秆或者桲罗叶，撒上点土，就在下边住。为的是日本鬼子看不出来，猛一看就和小桥似的。睡觉时也不敢仰头睡，因为上边老是往下掉土。有一次，我们过河沟，我看着河沟上有一层白沫子以为是冰呢，结果脚一踩，只是一层冰，下面还是水，裤子全湿了。大冬天的也没什么可换的衣服，只有那么踏踏(当地方言)着。裤子都结冰了，冻得全身发抖。到了夏天，有几次下大雨也没处躲，就那么浇着，没办法就用那个小被子顶在头上。后来，听见周围有说话的声音，也不知是日本鬼子、讨伐队，还是“猫山”的老百姓，我妈就偷着走到附近听听、看看。原来也是老百姓，这才敢到那个破棚子躲躲。真受罪啊！

日本鬼子经常来“扫荡”。实在待不下去了，我们全家只好搬到了偏桥子“人圈”，住的是一个挨一个的马架子房。我们在偏桥子待了不到一年。在偏桥子“人圈”里，我们也是啥也没有，全家只好一起出去要饭吃。我们一直要到承德县的下板城，后来要到了现在的承德市区附近。

当时环境就是那样险恶，这里的王德本、李春清、李春祥、王德增等，还有很多人一直都没有搬进“人圈”去，始终坚持在山上“猫山”，直到日本鬼子投降。

调查采访：张明云　尹桂生　张焕生　李西朝

整　　理：张明云　调查采访时间：2015年3月24日

一段痛苦的回忆

塌山乡清河口村　杨印文(90岁)

我叫杨印文，今年90岁了。“集家并村”的时候，日本鬼子把我们现在的整个塌山乡都划为了“无人区”。我们这里离偏桥子“人圈”有30多里，日本鬼子非让我们都搬到偏桥子“人圈”去。你说到那里我们连一条垅的土地都没有，人们吃啥。再说了，我们这里常来八路军，我们也不能走。因此，大家都到山里“猫山”了。

为了强迫我们“集家”，房子都被日本鬼子给烧了。日本鬼子经常来我们“无人区”烧、杀、抢，我们近处无法藏，只好去十几里远的地方去“猫山”，不管是哪，走到哪就在哪住。

那时候“猫山”，也没有正式的山洞，什么崖子根、坝埂子根、大石头根下哪都住。房子烧了，东西抢了，很多用具被砸坏，折腾得啥也没有了，就剩了一个做饭的破铁锅。

人们都是拉家带口的，老爷子、老奶奶跑不了，只好都进了“人圈”。没有拖累的就一直“猫山”。那时候八路军也不让人们进“人圈”。

那时，主要是 1942 年到 1944 年，也不记得准确的时间了，日军 10 天 8 天地经常来，勤的时候天天都来。一旦被日本鬼子抓住，多数都是被杀掉，要不就是被送到东北当劳工。

我们这儿周围打了 4 次仗。一开始来的都是区小队，几十人，装备都挺差的，粮食、鞋袜都由老百姓提供。那时候共产党、八路军特别艰苦，吃山毛野菜，背着一二双鞋，天黑才到各家召集开会。我们这里有 10 多个人党的，给八路军办事，当时都不说真名，都是化名。老百姓白天黑夜地给八路军、共产党站岗、送信。有的是鸡毛信，有的是带火柴帽的信，急转莫误。我那时只有十七八岁，长期送鸡毛信，两个人一组，不管有啥困难，也得把信送到地方。那时候地下党还经常在墙壁等处写标语，进行抗日宣传。

杨万宽一大家子 16 口人，没来得及逃跑都死绝了。全都是日本鬼子用刺刀捅死的。老大、老二还是四五岁的男孩子，都被日本鬼子杀死。我大婶子钻进高粱地里，日本鬼子找到后也用刺刀挑死。我二婶子钻到河沟的边上，也被日本鬼子用刺刀捅了，活了一个多月后又死的。她的两个孩子只看到一个孩子的尸体，另一个不知道哪去了。杨永乾 60 多岁，有病跑不动，日本鬼子把棚子点着后活活烧死了他。我老叔杨万荣“跑兵”跑梁西去了，想坐船逃走，因为匆忙，结果船翻了。当时，孙万瑞、孙文树、孙能义、孙文付媳妇、孙有瑞媳妇都被淹死了，淹死了好几口子。孙凤义媳妇、孙凤瑞媳妇、杨万荣和一个妹子被救出来后，路过一个大山崖歇息，又被日本鬼子发现，全部都被刺死。我们的一个姑奶奶和他老叔当时没淹死。可是，到了 4 月的时候，她也被日本鬼子杀死了。我的一个老叔在水里一直拽着他妈，后来实在坚持不住，只好松开了手，自己一人爬上了岸。

日本鬼子来“扫荡”的时候，每次杀死的老百姓有多有少。我们这里有一个大石湖，上了这个大石湖，上边就是一个大山崖子，有不少人能爬上去。老奶奶那时候越着急，越害怕，越上不去。来兵了，大伙一听说，赶紧就跑。我大哥(杨印凯)他们哥俩，老二是哑巴，被围好几天后，大哥就被日本鬼子一枪打死了，其他人都被日伪军赶往迁西东河口“人圈”。到“人圈”后，日伪军就让“人圈”里的亲戚、朋友指认，由这些亲戚做保领走。没人保的就都被送东北了。有上阜新的，有上北票的，还有到其他地方的，都下煤窑，做劳工去了。杨印清他叔叔也是那次走的，就剩下老奶奶一人。还有杨印奎、我舅舅庞元喜，有一次被日本鬼子围下山。他们知道自己没有活路，不等被杀就自己撞死了。我老舅小名叫福儿，也被杀死在沟外。

妇女也不少死的。我大舅母(大舅叫庞元福)两口子都被日本鬼子杀害。我们这里还有滦河那边的人，在前山的大山上被赶下来后，日本鬼子逼迫这些人跪在滦河边上，其中就有我们庄杨万洪的3个闺女。杨万洪乘敌人不注意，跳到河里逃跑了，没有死，其他的都被杀死。杨万洪跑出很远了，脑袋刚露出水面，就让日本鬼子打了一枪，后脖梗子打破了一溜皮。那一次死了不少人，杨万洪他妈他爸也被杀了，杨万洪媳妇也让日本鬼子用刺刀捅死。

有一次，日本鬼子带了不少人，把我们附近的青苗全部毁掉，一直到河南大峪沟的20多里，连猪、羊、牛、驴都被赶走。那次还抓了不少人，死在黑山县的大沟，没有一人是活着回来的。

有一年的夏天，天还下着大雨，杨万儒、杨万玉就被日伪军抓走了，被押到承德八家后给杀害了。

我19岁那年，日军在偏桥子"人圈"里抓了不少人。大概是7月初时，日本鬼子把庄稼以及老百姓能吃的东西都给毁了，把我们清河口附近的庄稼都割了，把猪、牛、羊都抢走了，还把我们这里的人也抓走了不少。这些人有死在大沟的，有被带到黑河的，抓走的都没有回来。滦河那边我姨的儿子，十几岁了，被日本鬼子杀死后又扔到井里，当时没有死，还有点儿气，让一位"猫山"的好心人给背走了。但是，他们看护了一天一夜，也没救活他。

开始，我们只是白天"猫山"，后来连晚上也要"猫山"了。冬天"猫山"的时候，特别是晚上非常冷，实在不能忍受时，就找些鬼子烧剩下的房子上的椽子、檩子等破木头，点着烤烤火。有一次，日本鬼子把我们这里废炭窑附近"猫山"的人都给赶下山来，把他们全部带到我大舅他们庄，在一个大萝卜窖旁边，全部砍死了。不少人哪，主要是滦河那边河南大峪沟的人。

我们到后来，"猫山"也没吃的了，青苗也铲了，实在"猫"不下去了，只好搬到了下板城"人圈"。

调查采访：张明云　袁瑞昀　尹桂生　张焕生

整　　理：张明云　调查采访时间：2014年11月14日

"猫山"时期的一些片段回忆

塌山乡清河塘村　杨吉如(93岁)

我叫杨吉如，今年93岁。那时，我们这里的房子都被烧了，我们附近住满了"猫山"户。我们这里"猫山"的洞子多，我们不总是住在一个山洞里，日本鬼子"扫荡"紧的时候，我们都跑进深山，在周围山洞里来回挪动着"猫山"。小洞筒子沟是一个大洞，转湖沟有一个洞，烟筒沟有一个洞，墙峪沟的半山腰有一个地井子。妇女一般都去墙峪沟地井子藏着。石洞子沟门、大石湖沟沟门有一个洞子，烟筒沟也有一个地井子，还有一个地方叫狼窝沟。我们家主要是在墙峪沟和大筒子两个山洞里。日本鬼子走了以后我们才回到原来的房框子里居住。

“猫山”时，我们就在山洞子里铺上一个破被子，对付着住。赶上日本鬼子不来时，再偷着摸着种点地，好凑合着吃。那年大“毁青”，也就是大批日本鬼子割青的那次。因为我家的地种得早，还收获了一点粮食。再就是割青时，多数都是附近的老百姓被逼着割，有好心眼儿的人，就偷偷地把庄稼用脚踩倒，没有割下来，还剩下点儿庄稼，打了点粮食。我还偷着做点买卖，经常到口里倒腾点儿物资。我们做买卖时还给八路军送送信、站站岗什么的。

当时李运昌的部队就在口里的河南大峪、黄花川以及我们附近的王厂沟和塌山等地来回活动。

我们塌山这里全部被划为了“无人区”。所以，日军经常纠集讨伐队来我们这里“扫荡”，见人就抓、就杀。1943 年的夏秋季节，日军到我们清河塘、瀑河口及滦河附近烧杀抢掠，杨万红一家、杨万林、杨印和等三四十人，在老郝家的上地，都被杀害了。

不久，在王宝石庄，日本鬼子也杀死了三四十人，杀得满地都是血，那些人的衣服都让鬼子的刺刀刺得乱七八糟的，简直不成样子，看着都挺惨的，忒惨啊！

小燕子峪沟门被杀的有 50 人左右。我表兄关元仓的儿子被日本鬼子打了一枪，没被打死。后来爬到了我们“猫山”地点墙峪沟，只是胳膊上打了一个眼儿。关元习当时没被打死也爬了出来。

西沟老爷庙那里也杀了不少人，郝占全他父亲被捅了 7 刀。

我叔伯妹子名字叫三丫，还有关元树等不少人，坐船躲兵时被淹死了。孙中玉他们家只有他父亲没有死，连他姐姐都被淹死了，和他一起乘船的人，大部分都淹死了，没活几人。

杨印树他妈被日本鬼子抓住以后杀死了，那次还死了不少人呢。杨春明、杨印勤的二兄弟、杨万隆的二闺女叫二老扁，还有好几个人，都是在我们这里被杀害的。

调查采访：张明云　袁瑞昀　尹桂生　张焕生

整　　理：张明云　调查采访时间：2014 年 11 月 14 日

悲惨的“猫山”生活

塌山乡湾子村　杨永伶（82 岁）　杨印柱（80 岁）

1942 年开始，日伪就逼迫我们“集家并村”，让我们都搬到偏桥子“人圈”去。但是，我们这里距离偏桥子“人圈”有 30 多里。同时，老百姓也不愿意像牲畜一样被“圈”到“人圈”里。因此，大家都跑到深山里去“猫山”了。原来的房子都被日军烧了，就剩下了一个个破烂不堪的房框子。我们就在深山的石洞里、山崖下过起了“猫山”的生活。

我们这里和塌山川的其他地方一样，日本鬼子三天两头、隔三岔五地到我们这里进行“围剿”，实行“三光”政策，见到人就抓、就杀。年轻一点无什么拖累的能跑就跑了，年老体弱的、拖家带口的就倒霉了。1943 年春天，鬼子又来“围剿”。六道河子杨宗岱他母亲 60 多岁了，年老体衰，本来就跑不动，又赶上当时生病，没来得及跑，被日本兵放火烧死在了一个临时搭的马架棚子里。

六道河子自然村的杨宗文，全家共 5 口人。1943 年春天，他们在山上没吃的了，下山寻找食物，被日本鬼子发现后，把他们一家 5 口人带到了八道河子庄，全部被绑在树上做了活靶子。日本鬼子用他们练习枪法，轮流进行射击，一家 5 口全部被枪杀。

六道河子自然村的杨宗旺一直都没有搬进“人圈”，直到日军投降。1943 年春天，杨忠旺的长子下山取水时，在六道河子河边被日军发现后连刺 3 刀而死，死时只有 18 岁。

村民杨永德的二哥、三哥去八道河子河北，被日本兵发现后，当场就被刺死了。杨宗幸和他儿子下山寻找食物时，在八道河子也被日本兵用刺刀刺死。八道河子自然村的村民杨宗为是在下山寻找食物时，被日本鬼子抓住带到大青河梁后刺死的。杨永文下山寻找食物时，走到八道河子庄的坎下，被日本鬼子发现遭追杀。杨永文当时只有 20 多岁，年轻力壮，就和日本鬼子拼了起来，后被 2 个鬼子凶狠地连刺了 7 刀，杨永文的肠子都流出来了。日本鬼子走后，杨永之、杨万相二人将他的肠子塞回肚内，又用门帘子把肚子包上，背回到山里，经过家人很长时间的精心护理才侥幸地活了下来。这都是大家亲眼所见。

六道河子自然村的杨永贤在日本鬼子“扫荡”时，全家与其他村民躲在一起。为了不被鬼子发现，他妻子把 3 岁的孩子用乳房活活地堵死了。

杨宗庆的二姐，小名叫睡头，都七八岁了。一次，他父亲去地里耪地，让他二姐也一起到地边放牛。被日本鬼子发现后，一枪就把他二姐打死了。杨宗庆的父亲杨万相看见后，赶紧跑到旧房框子的干草里藏了起来，才没有被发现，躲过了一劫。

杨万全那年刚刚 20 岁左右，在采桑葚时，被日本鬼子发现后也开枪打死了。

一次，杨永卢等 5 个人去椴树洼时，被日本鬼子发现后，全部都被枪杀。六道河子还有两个人也被鬼子枪杀，时间太长，想不起名字了。这次是被日军小队长黑烟枪杀的。

“猫山”生活就是这样凶险，环境是这样险恶，但我们这里的很多农户一直都没有进

“人圈”。杨宗旺一家一天都没有进过“人圈”，一直坚持到日本鬼子投降。

调查采访：张明云　袁瑞昀　尹桂生　张焕生　杨万奇

整　　理：张明云　调查采访时间：2014年11月4日

日军在我们这里的杀人暴行

塌山乡塌山村　李国英(80岁)

我们这里“集家”时，日伪都让集到偏桥子“人圈”和承德县的八家“人圈”。日本鬼子把塌山划为了“无人区”，见人就杀。我们大家都不进“人圈”，就进了深山“猫山”。我们附近的“猫山”洞主要有四道沟大洞、二道沟大洞。我们都在那里吃，那里住。

1942年，小东山自然村的李文勇、张凤林媳妇，六道河子的一部分人，还有李长林媳妇，一共30多人，都被日军杀死了。

张勇是双洞子自然村的人，会说几句日本话。“集家”时日伪原准备在塌山建一个“人圈”，可是后来又取消了。因为我们这里距离周围“人圈”较远，最远的30多里。张勇为了让日军同意在塌山就近建一个“人圈”，就讨好日军。1942年冬天，日军到塌山“扫荡”，他就带上鸡、鸭等，主动给日军带路，并准备把鸡鸭送给日军。可是，日军却打了败仗。日军以为是张勇故意将他们带入了八路军的埋伏圈，于是，就将张勇的衣服扒去，塞进冰窟窿里再拉出来，等冻上一层冰后再塞回冰窟中再拉出来，反复几次，硬是把张勇给冻死了。我们庄的牢棒(乳名)、张三、虎子、李国庆等都被日军枪杀了。姚老四等人也是一块被杀死的。还有李文生，被杀后又被扔在了井里。

李文友被抓住后，日本鬼子把火盆里烧上炭火，然后把李文友架在炭火上，连烧带烤，硬是把李文友折磨死了。李文付被日军抓住后，头上被日军砍得开了花，脖子也被砍断了，脑袋都耷拉了下来。日军以为他被砍死，就把他吊在了门框上后就走了。后来，李文付被亲戚王金荣发现后，通知了李文付的媳妇。李文付的媳妇发现丈夫还有一口气，就把他背回了家，但是没有几天李文付还是死了。

王占军他们一家7口人，躲在了一个山洞里，被日军发现后都被赶出来杀死了。当时他的女儿还不到2岁。

1943年春天，日军从崖杖子抓来了一户姓杨的一家7口人，带到了南山沟的大阴凉，全部杀害，并把他们扔到了废粮食窖里。

塌山村的李春玉、李春海，还有母亲，在三道沟被日军抓住，全部杀害。李春玉被刺了7刀，李春海被刺了6刀，李春海的母亲也被刺了好几刀。但他们没被杀死，侥幸地活了过来。李春海的弟弟被杀死了，当时只有二三岁。

日本鬼子烧杀抢掠，引起了天怒人怨。一次，日本鬼子又来搜山杀人，鬼子刚刚把山围上，天就下起了大雾，对面不见人，根本就无法搜山，只好撤退了。可是，等到日本鬼子刚刚撤退，大雾却立即散去了。老百姓都说，这是老天爷都看不下去了，在帮助咱们。

我们这里的人开始时都住在附近的山里“猫山”。人们在山洞外放上树枝遮挡洞口，洞里再铺上石板炕，就在石板炕上睡。这样的石板炕到现在还有呢。那时候，日本鬼子不来时，人们就到地里种地，回老家房框子里找点东西吃。一听说日本鬼子来了，人们就赶紧逃进山中，钻进山洞，住在山洞里。我们这里有 3 户，一直到日本鬼子投降都没有进“人圈”，始终坚持“猫山”抗日。

调查采访：张明云　袁瑞昀　尹桂生　张焕生

整　　理：张明云　调查采访时间：2014 年 11 月 14 日

北场“猫山”的惨景

塌山乡北场村　王德清（92 岁）　孟昭月（84 岁）

孟昭然（83 岁）　孟昭怀（83 岁）

从 1941 年开始，日本鬼子就把塌山划为了“无人区”。东边以大青河梁为界，西边是以大庙梁为界，再朝北边是承德县的八家。把我们这里划为“无人区”以后，日本鬼子就实行了“三光”政策，在我们塌山进行烧杀抢掠。

我们从 1941 年开始“猫山”，一直“猫”到了 1943 年。那时候，我们这里的房子都被日本鬼子给烧了，有的都烧了好几次。地下工作人员劝我们说，大家不要难过，日本鬼子长不了。等我们把日本鬼子赶出中国以后，日本鬼子烧了咱们的草房子，咱们就盖瓦的，以后是楼上楼下，电灯电话。

日本鬼子经常来北场抓人、杀人。有一次，日本鬼子和讨伐队到我们这里抓了 4 个人。有两个年轻的，一个老的，一个小的，小的叫孟宪德。这次，日军把老的和小的给放了，把两个年轻的都给杀了。老的是郭福义他爹，绰号叫郭三焉。

1942 年，承德县、柳河口、宽城、孙杖子等地的日本鬼子在附近的“人圈”里抓了不少老百姓，到我们北场来割庄稼、“毁青”。当时正好是粮食快要定浆的时候，日本鬼子就让被赶来的群众用镰刀把庄稼的头儿都给砍掉，也有的庄稼是被连根割的。有好心眼儿的人不忍心割庄稼，偷偷地留下点儿。“猫山”时，这些“猫山”户的粮食都不够吃，很多人只好挖野菜、扒树皮吃。偏桥子的日军、八家的日军和讨伐队都经常到这里来烧杀抢掠。

我们这里的苇子沟是被日本鬼子杀得最惨的。那是 1943 年的秋天，从承德八家过来了很多日本鬼子，到我们北场村的苇子沟来“扫荡”。孟宪伶当场就被日本鬼子杀死了。

孟召顺两口子从“人圈”回来找一点被割剩下的谷穗，让日本鬼子发现后，当场就把孟召顺杀死，还带走了他的媳妇。在苇子沟里的大山里，把王吉堂两口子和4个孩子，王占生的父母和3个孩子，还有不少在孟广金房子里躲藏的老百姓，共20多人，带去苇子沟的后山（也叫金洞子），全部杀死。这一天就杀死了30来口人。死得最惨的是孟召里和孟召迁，被日本鬼子抹脖子杀死时，把他们两人疼得手抓泥土，把泥土都抠进了很深很深，手都抓出了血。孟广金的儿媳妇被日本鬼子强奸后，又给活活地烧死了。

日军逼迫我们这里的人可以去偏桥子“人圈”，也可以到承德县的八家“人圈”。开始时有个别户搬进了这两个“人圈”。搬进“人圈”以后，别的啥也不让干，硬逼着修围墙，不管大人小孩都得修围墙去。日本鬼子白天让人们修围墙，到了晚上，八路军又组织群众拆围墙。进到“人圈”以后，既没吃没穿，又没处可住。条件好的人家，搭了一个马架子房。有的连这样的马架子房都没有，非常悲惨。到了1943年底和1944年上半年，大多数群众在山里饥寒交加，加上日本鬼子天天来烧杀，大家“猫山”实在是“猫”不下去了，只好也进了“人圈”。到最后我们这里只剩下张福来一家子六七口人，一直坚持到日本鬼子投降。

调查采访：张明云　袁瑞昀　尹桂生　张焕生

整　　理：张明云　调查采访时间：2014年11月14日

刻骨铭心的“猫山”生活

塌山乡尖宝山村　李素云（81岁）

我叫李素云，“集家并村”时日本鬼子让我们这儿的人都集到偏桥子“人圈”去。可是，谁也不去，日本鬼子就逼着我们去。没办法，人们只好跑到山里，过起了“猫山”“跑兵”的生活。

我们这儿“集家并村”前，附近住着八路军，一到天黑以后就下山来，走村串户地进行宣传，做思想工作。我父亲叫李占清，他们哥4个，都和八路军关系特别密切。地下党干部那时候有个叫林炎，是个女的，梳着两根大辫子，经常来我们这里。“集家并村”以后，有一次被日本鬼子给打死了。他们常来这里给群众讲抗日救国的道理，还在我们这里印报纸，讲述美好的未来生活，什么楼上楼下，什么电灯电话等。

那时候八路军和地下工作者都非常艰苦，到老百姓家里更不吃饭。因为多次来我们家，我爸他们哥几个也都是党员，在我爸他们强留的情况下，才吃过一两次饭。

日本鬼子杀人不眨眼！“集家并村”以后，我们这里被划为了“无人区”。那时候人们只要一听见枪响，或者听说日本鬼子来了就赶紧跑。人们把那种生活叫“跑兵”。当时我们这里可惨了，日本鬼子来了，见人就杀，见房子就烧。小梁沟那次，连我大伯家的大伯娘在内，一共杀了18口人，地名叫拐棒沟。有刘玉海一家子，李占奎老丈人一家子，我大娘、我三姐等18口人。我奶奶让日本鬼子给踢到河沟子以后，我们以为她死了，但是我奶奶侥幸地活了下来。除了被日军杀死的以外，还有不少人被绑走。刘玉海、姓高的两家子都被杀绝了。

记得有一次是秋天，大概在10月份。那天我爸爸在上边的地里割谷子，日本鬼子在他不远的下边过去时没有发现他。等我父亲发现日本鬼子后，赶紧趴在地里一动也不敢动。那时候虎豹豺狼来了人们都不害怕，但只要日本鬼子来了，大人小孩都胆战心惊的，赶紧想办法逃跑。日本鬼子恶着呢。

李麻子沟也死了不少人，都是被枪杀的。孟召堂他妈，在李麻子沟沟门的一个破房子里住，日本鬼子把房子点着后，把她活活地烧死在了破房子里。

李振满的妹子当时只有一两岁，他妈看见鬼子来了，硬把她用乳房堵死了。那次是在双洞子的一个山洞里，三四十人呢，孩子一哭，鬼子就会发现，他妈只好忍痛这样做了。

那时候，我们“跑兵”跑了3年呢。

林炎(女)死在二道沟梁后时，还有4个人正在开会呢，被日本鬼子包围后都被枪杀了。他们死后，人们都非常惋惜，伤心得直哭。

有一次，王喜臣和李占印在拐棒沟五道梁子，被日本鬼子抓住了。日本鬼子把他们绑在了一根绳上，让他们俩走在队伍的前面，给日本鬼子踩地雷。他们俩在前边走，偷偷地把绳子弄松了，在一个拐弯处，他们仗着路熟，一下子就跑到山里草丛间藏了起来。后来，日本鬼子没有找到他们俩，他们拣了二条命。

杀死18口人的拐棒沟里，原来住着一家子，男的叫杨清海，家里六七口人呢，被日本鬼子发现后都给杀绝了。还有姓商的一家子，也是五六口人，也都被杀绝。

地下党员王洪儒一直在这里打游击，全家始终都没有进“人圈”。还有李占奎、李占学、李占英、李占春、李占青哥5个，都在三道沟住，也是一直都没有进“人圈”。李占兴一家也是一直没有进“人圈”。1943年，他们都加入了共产党，为八路军办事。

在三道沟有一个报社，有几名地下工作人员，白天在山里隐藏着，夜里印刷、发行报纸，进行抗日宣传。但不少人的人名现在说不上来了。其中就有林炎，家是蓝旗地的。

我们周围的山上有不少的石洞，石洞里都有石板炕，都是当时“猫山”的群众在住的时候铺的。那时人们谁敢下山啊，都在山上躲着。

那时候没有衣服穿。我二大伯家的姐姐，都十六七了，就穿一个破兜肚。日本鬼子把我们的房子等都给烧了，屋里的一点粮食、垛起的南瓜等也都给烧了。等日本鬼子走后，人们赶紧把烧得半糊不糊的粮食再扒拉出来，留着好吃啊。

我们附近“猫山”的山洞，有一个大一点的叫耗子洞。石夹子沟有一个山洞，我们一家都在那里住。

一次，我们实在没吃的了，我妈和我二姐就骑着驴找粮食去。刚走了没多远就看见日本鬼子来了。我妈赶紧把我二姐藏在一个桲罗树的树根下，让她千万别吱声，然后自己拉上驴奔山梁了。到半山腰时，我妈放开驴，偷偷地藏在了树丛中。日本鬼子一直追到山梁上，到处找我妈和我二姐，实在找不到才走了。我二姐那时才10多岁，那次日本鬼子杀了好几个人呢。有一次，我二姐被雨浇后病倒，没过多久，就死去了。我们姐4个，还算万幸，活下来3个。

那时候，我们这里有人站岗、放哨，日本鬼子来了，就会给大家送信。送信的人有时候是本地人，有时候是地下党工作人员，有时候是迁青平抗日联合县七区区小队的队员。这些人特别是地下工作人员及区小队人员，他们比飞毛腿还快，都是他们提前通知我们说日本鬼子来了，我们得到通知后立即转移。那时候区小队在山的制高点上还设有消息树，消息树一倒，人们就赶紧跑。我们那时候做饭都是夜间做，白天根本不敢做，怕暴露目标。

调查采访：张明云　尹桂生　张焕生　王富贵

整　　理：张明云　调查采访时间：2015年3月24日

“猫山”生活的点滴回忆

塌山乡椴树洼村　曹淑娴（80岁）

我叫曹淑娴，今年80岁了。“猫山”那会儿，我只有七八岁。我们这儿叫庙梁沟，我父亲叫曹守义。我们家当时有哥哥、嫂子、大姐、二姐、我和弟弟。

我们这里那时被划为了“无人区”，日本鬼子让都搬到偏桥子“人圈”去。到“人圈”里房无一间、地无一垅的，靠啥生活啊？所以，大家都不愿意走，都到山上去“猫山”，住山洞，哪里都住。然后，日本鬼子就天天到我们这里来抓人、杀人。

日本鬼子对我们“猫山”的群众，真是见一个杀一个，杀死一个人就当碾死个臭虫一样。那时，日本鬼子来了以后，我们就漫山地跑。我们这里南山的一个人，就让日本鬼子给杀了。他姓李，名字想不起来了，是个老师。日本鬼子在小庙沟又杀死了一个哑巴。

那时候“跑兵”时，不管是白天还是黑夜，听说日本鬼子来了大家就赶紧跑。有一天，我大姐做饭，我给烧火，听见外头响了3枪。我大姐说，不好了，来兵了。我们赶紧就朝沟里跑，一直跑到沟里大洼，然后再跑到山梁上，顺着山梁跑，等着日本鬼子都走了再回来。

我们家共3间房子。开始“集家”时，日本鬼子让我们搬走，还逼着我们把房子扒了。没办法，我嫂子、我大姐就上房子，在每间房子的房顶上，都刨了一个大窟窿。日本鬼子的目的就是让你没法住，搬到“人圈”里去。后来，住没住的，吃没吃的，实在没办法了，我们全家就“集家”搬走了。我们到了“人圈”后，更是要吃没吃，要穿没穿的，差点儿没死在“人圈”里。

后来，我们又跑回到山里“猫山”。这回我们去的地方叫张后洼。到了那里还是“跑兵”。日本鬼子三天两头来。日本鬼子来了，我妈他们几个年纪大的，哪里跑得动啊！没办法，大家就围在一起哭。然后，怕鬼子追过来，爬起来再跑。

我们老家那里有一个四道沟，那里的房子都让日本鬼子给烧了，连猪都烧死了。日本鬼子把烧死的猪骨拽下来就啃，或者用刺刀割下肉来吃。

我们附近瀑河口有一户人家，有一个孙子，一个孙女，小的两三岁，大的四五岁，都被父母扔到瀑河里去了。你不扔不中啊，日本鬼子来了他们吓得就哭。他们一哭，日本鬼子就发现了。我们附近的一个小庄叫荞子峪，80 多人都躲在一个山洞里，由于孩子哭叫，被日本鬼子发现后，80 多人都被杀死在那里了。

那时候的“猫山”生活太惨了啊！

调查采访：张明云　尹桂生　张焕生

整　　理：张明云　调查采访时间：2015 年 3 月 24 日

对日军在金洞子杀人暴行的回忆

孟庆云（76 岁）

1943 年 8 月，树叶都快落了，我们大部分人都在耗子沟的一个大洞子藏着。一天上午 10 点多钟，驻八家的日本鬼子 100 多人从苇子沟五道梁子过来，到塌山和苇子沟“扫荡”。这时，孟宪中的二叔孟召伶想到梁后躲避日本鬼子。当他走到五道梁子的偏桥子沟时，正好和日本鬼子走了个对面，当时就被日本兵枪杀在了那里。然后，日本鬼子到了油橹子山，把王吉堂妻、4 个孩子从沟里搜了出来，王占生的爸妈、3 个孩子也在油橹子山山根下搭的小窝棚里被搜了出来。这时，躲兵的很多人都在孟广金的房子里躲着（他们家住在一个小沟里，只有他们一户，烧房子时他们家侥幸没被烧）。因为没有吃的，再加上“猫山”的地方潮湿，很多人连饿再受潮的，都病倒了。日本鬼子发现了这些人后，把他们全部都赶到了金洞子山。人们刚到山上时已经是中午 11 点多钟了，日本鬼子就逼着老百姓挖了 4 个大坑。翻译官说：“让你们进‘部落’你们不进，非要在这等着找死！有八路军到这儿来吧？你们给八路军做过衣服吗？送过信吗？”日本鬼子对这些人挨个过堂。我们一家子当时在槟树沟藏着，离金洞子山就隔两个小山梁，不到一里地远，百姓挨打时的叫唤声，我们都听得一清二楚。到了下午 2 点多钟，日本鬼子就开始疯狂地杀人了。孟福顺的两个男孩子都十来岁了，日本鬼子就朝他俩身上捅了好几刀。孟福顺的媳妇跪在地上苦苦哀求，让日本鬼子放过她的儿子,日本鬼子不但没动一点恻隐之心,反而又狠狠地朝两个孩子的身上捅了好几刀,还拿两块大石头把他们活活地给压死了。其余那些人,日本鬼子先用刺刀挑,之后又用机枪进行射杀。这时,孟宪阁趁着混乱的当儿,看到日本鬼子没注意,顺着山坡滚了下去,藏在了一大丛菠萝树墩子下面没被发现,侥幸逃脱。其余的 24 人全部被杀死在那里。这些人中有孟召横、孟福顺媳妇及两个孩子、孟福元媳妇及两个男孩、孟召会、孟召伶、孟召启媳妇、王占生他爸妈和 3 个孩子、王吉堂媳妇及 4 个孩子、张月明、孟召顺媳妇、孟宪阁前妻、孟召坤前妻等。日本鬼子杀完人以后,把这些人的尸体都拖进坑里,又撒了一些土。日本鬼子走了以后,孟宪阁才敢从菠萝树棵子里出来,这一悲惨情景他经常和我们讲,可惜他在 2005 年去世了。

金洞子山杀人这天上午,孟召顺两口子从"人圈"回老家找吃的,去四道沟的老牛道,到日本鬼子一个月前割过庄稼的地里,收割日本鬼子割剩下的一点庄稼。他们正在找谷穗时,遇到了五道梁子过来的日本鬼子,鬼子当场就把孟召顺打死,又把他媳妇赶到金洞子沟杀死。同一天,孟召青二闺女(是个哑巴)在小五道沟窝棚藏着。日本鬼子发现后就把窝棚点着,把她活活地烧死在窝棚里。孟广全的两个弟弟也都是哑巴,被日本鬼子抓住后杀死在了北河套。姓孟的一个哑巴到北梁沟找黍子,恰巧碰上日本鬼子,也被杀死在那里。这一天,日本鬼子在苇子沟共杀死了无辜百姓 29 人。

调查整理:王颖　调查时间:2006 年 12 月 18 日

3. 对宽城其他"无人区"生活亲历者的采访实录

日军在石柱子的暴行

孟子岭乡石柱子村　陈凤礼(92 岁)　何玉忠(85 岁)
马玉山(89 岁)　马玉柱(85 岁)

我们石柱子村是抗日根据地,很早就有八路军和地下工作者来我们这里开展抗日活动。"集家"前后,有一位区小队的干部经常来这里开展抗日活动,组织村民开展抗日斗争,被范文讨伐队给包围了。在突围中,这位干部身受重伤后被抓捕。敌人对他进行了严刑拷打,可他一直都没有屈服。后来,日军就在我们这儿的南沟,用铡刀把他铡死了。

"集家并村"时,我们这里被划为了"无人区"。因此,日军经常到我们这里烧杀抢掠。我们这里被抓、被杀的人非常多。

陈连成一家 6 口人,都是被日本鬼子杀死的。他的大儿子、闺女、二儿媳妇和孙子都被杀死了，是在葛条洼被日军用刺刀挑死的。陈连成的妹子没有死，身上被扎得到处都是伤口，侥幸地活了下来。一家 4 口人被日军杀死后，陈连成去石柱子种地，遇见又来烧杀抢掠的刽子手日军小队长。陈连成看见后，抓准时机，一下子就把日军小队长摔倒后压在了身下。然后，他就招呼他的二儿子赶紧用大石头把日军小队长砸死。他二儿子有点没有反应过来。这时候，日军小队长就翻过身来，开枪把他们爷俩打死了。

陈凤钢、陈凤琴的 4 个儿子被日军杀死了两个，有老大、老二，后来，陈凤刚的媳妇也被日军杀害了。

陈林秀死在了张苏子沟，是被日军用刺刀挑死的。陈祥也被打死了，是被孟子岭守备队的日军打死的。孙贵被日军抓走后带到了下河西的杨树湾，被杀死在那里。

1943 年秋，陈连昆、陈连春、陈连英等是在日军“大检举”时被杀死的，还有何殿国、何殿举、何殿宽、马乔云的哥哥、陈连洼、马春成的大伯、杨永富等二三十人。陈连久那次被拉到九虎岭梁上时，借汽车上坡速度慢，押车的日军不注意，跳车逃跑的。鬼子发现陈连久逃跑后，立即停车去追，没有追到，开枪射击，也没有打中。这些人员是被汉奸何玉清举报的。这些人有的死在了宽城，有的死在了承德，还有的死在了东北，全都被杀。

何文举他大伯是在大山被打死的。李长群他爹、陈连胜，被打死在了杨木沟。何玉昆那时给八路军办事，组织群众为八路军做鞋袜、安排收公粮等。一次，何玉昆正和几个人在何庆礼家开会，被日军和讨伐队包围后，几人全部被枪杀。

一次，地下党员关元贵、陈凤林、关元军、杨永富、何春喜的大伯、孙贵几人在小东沟开会。被来石柱子“扫荡”的日本兵发现后，也都被枪杀。

李春付与内弟到石门子自然村用驴驮粮食去，日本鬼子发现后向李春付内弟打了一枪。他内弟带伤逃到了山上，后来侥幸地存活下来。但是，李春付却被日本鬼子用刺刀挑死了。

李春友当时被“集家”到了下石梯子“人圈”，在回石柱子老家的横条洼种地时，被日本鬼子看到后开枪打死。还有村民李西堂回家种地时也被打死，当时只有 18 岁。

1943 年初，我们这里开始“集家并村”，多数都被“集家”到了下石梯子、南天门两个“人圈”。那时候，日本鬼子、讨伐队拿枪逼着你，不搬不行。何殿祥只是搬家时动作慢了一点，就被警察毒打了一顿，差点儿被打死。我们这里总共有 100 户左右，没办法，多数都被驱赶进了“人圈”，搬进去了六七十户。躲进山里“猫山”的只剩下三四十户，到日军投降时，“猫山”的户就剩下夏文国、陈凤礼、计贵山几家了。

何殿喜的儿子何玉珠，参加了八路军。因为日军经常抓八路军的家属，几次来抓何殿喜，但都没有抓到。后来，何殿喜被逼得实在没有办法，就带着小儿子跑到东北去了。何殿喜的大哥何殿恩和侄子何玉忠当时在下石梯子“人圈”里没房子住，就搬到了何殿喜的马架子房里。但是，日伪整天找何殿恩的麻烦，说何殿喜走为什么不报告，跑到什么地方去了，等等，险些送命。

那时候，日本鬼子经常向东北和日本国内移民，“人圈”里一家子都被迁走的户很多。何玉田被定为移民户，他的父亲何殿恩就千方百计地找“人圈”里的甲长周福瑞，托他给疏通这件事儿，不让他移民去，又送了不少东西，找了不少人。但这是任务，最后甲长周福瑞换了别人顶替。

那时候，“人圈”里经常闹传染病，何玉山一家 3 口都死绝了。何旺的儿子一家 3 口人也都死绝了，“人圈”里死了不少人。

那时候，日本鬼子经常到“人圈”里抓人，抓地下党和八路军办事人员，还有就是抓劳工，糟蹋妇女。人们只要听说日本鬼子来了，就赶紧躲藏起来。何玉田的大姐听说日本鬼子来了，赶紧躲进了秫秸垛里。日本鬼子抓不到人就把秫秸垛、柴禾垛等能藏身的地方，都用刺刀胡乱地刺一遍，差一点没把何玉田的大姐刺死，最后还总算侥幸地躲过了一劫。

调查采访：张明云　尹桂生　陈国仁　李艳　张焕生　刘景海

整　　理：张明云　调查采访时间：2015 年 6 月 4 日

对马尾沟“无人区”的回忆

锌尖乡马尾沟村　赵素兰（83 岁）　杨洪成（81 岁）

“集家并村”那时候，日本鬼子让我们马尾沟的人都搬走。因为我们这里被划为了“无人区”，谁不搬走也不行。当时的锌尖有一个日本守备队，1942 年，日本守备队押着从锌尖那里抓来的老百姓，到我们马尾沟这里刨房子，想把我们马尾沟的人都赶进“人圈”去。可是，老百姓不愿意搬走，都这儿躲那儿藏的，在山洞里或山上挖土洞子藏着。后来，日本鬼子就多次到我们这里来烧房子、“扫荡”，见着人远的就开枪打，近的就用刺刀挑。不搬的话，他们就烧房子。“集家并村”后，日军隔三岔五地就来烧杀一次，共有十几次。

赵素兰他们家住在我们村一个挺偏僻的山沟里，那里只有他们独一户。不知咋回事儿，日本鬼子知道他们家没搬，就冲着他们家来了。赵素兰和她大姐看见日本鬼子朝他们家过来了，就赶紧跑到山上去了。她们在远处眼看着马尾沟这一带的房子都被日本鬼子烧着了，整个的一条沟。日本鬼子连推带搡地把赵素兰她爹推进了烧着的房子里，她们在远处看得清清楚楚。她爹叫赵连顺，他们的房子都被烧落架了，塌了。她们姐俩在远处也不敢到近前去，因为日本鬼子都在她们房子的四周围着呢。后来日军走后，她爸爸又从破房子里爬了出来，侥幸没有被烧死。

1943年正月十六，日伪纠集小马坪、锌尖、二道沟门子、大地几处的日伪军，到马尾沟“围剿”“猫山”的群众，将村民侯庆武、张满、剧英海等人抓住后，把他们驱赶到现在的马尾沟村村部的一个萝卜窖旁，用刺刀逐个刺完后，都推到了萝卜窖内。日伪军怕几人不死，又把柴禾点燃后扔进萝卜窖内，盖上了萝卜窖的盖子，把这几人熏死在浓烟滚滚的窖里。那时候，日本鬼子和讨伐队只要看到这里有人，见着就杀，我们这里死了不少人。

1943年农历七月十五日，锌尖日本宪兵派遣队又到马尾沟“围剿”“猫山”群众，将村民王明活活地打死。王文举也是被日伪军用枪打死的，当日死了很多人。那时候马尾沟是“无人区”，日本鬼子有时从关石那边过来，有时从南沟门那里过来，都朝这里围堵我们。

我们那时早就有了报国会，组织群众进行反“集家”的活动，被日军抓到承德，死在承德万人坑的报国会人员和群众有刘振云、王凤、王文和、李喜、王昭、郭明、刘中文、刘福成、王景龙等。在本村被杀的有王成、潘久海、王文举等。死在青龙监狱的有孙景雨。死了很多人，那时候我们还小，说不详细了。

调查采访：张明云　袁瑞昀　尹桂生　张焕生　赵金

整　　理：张明云　调查采访时间：2015年3月25日

对九虎岭“集家并村”情况的回忆

九虎岭村　李凤歧(82岁)　何玉成(86岁)

杨瑞友(84岁)　刘成海(87岁)

在我们“集家”时，人们都不愿意搬进“人圈”。日军就把房子烧了，强迫我们搬进九虎岭“人圈”。到九虎岭“人圈”以后，没有房子住。“人圈”里有的坐地户一个院子里就住了10多家。外地搬来的户有的盖了马架子房，冬天不挡风，夏天不遮雨，连腰都直不起来。那时，鬼子逼着人们修“人圈”围墙，还有伪满洲兵、警察，监督着人们修围墙。该种地时不让种地，非让修围墙不可。人们不但要修围墙，还要为日军、警察盖房子，到南天门修警察分驻所，去喜峰口修警察署。修围墙时，日军抓人、打人是家常便饭。日军经常用碗口粗的大马棒毒打修围墙的人们，叨(当地方言)着啥就用啥打，叨着哪就打哪，如果发现谁直直腰，看着就打。日伪还逼迫人们修炮楼和公路等，再加上没有吃的，连累带饿，人们实在难以承受。

“人圈”就像大牛圈一样，把人“圈”在里边，人和牲畜都圈在一起。因为卫生不好，“人圈”里经常闹传染病。闹传染病死的大人孩子多了。九虎岭“人圈”里死了100多人。人死了以后，大人还给埋上点土，小孩子朝山上一扔就拉倒了，谁还埋啊。

“集家并村”时，日军把梁上和大道边的房子都点着了，是协和会里的周福瑞带到我们这里烧房子的。当时的孟子岭是一个村(相当于现在的乡镇)，白台子、九虎岭等都归孟子岭村管，村部设在下孟子岭，村长叫衡显瑞，北边到三异井、上坡等自然村。

日军还经常在“人圈”里抓人。所以，很多人又逃出“人圈”，到山里“猫山”去了。

我们这里的很多地方都被日军划为了“无人区”。日军经常到“无人区”或者群众的“猫山”地点抓人、杀人。赵润是沟里的，被日军把下巴打碎了。赵相阁在沟里也被日军杀害。

日军到沟里老赵家，把房子点着，后来把一条沟的房子也都点着。火光冲天，我们都在山上看得清清楚楚。我们庄的10多户，沟里30多户，一共四五十户，不搬走的房子都烧了。日军在我们这里抓人、烧房子有好几次呢，那时哪敢在屋里住啊。没办法，我们平时有人在山上站岗，日本鬼子来了就赶紧通知，人们得到通知后立即就跑。我们这一条沟里死了不少人，日本鬼子烧杀了好几次。

一次，我们看见来了日本鬼子二三百人，见着人就杀，见到房子就烧。我们这个自然村死了10多人，都是用机枪“突突”死的，沟里的腰沟也死了10多人。沟里离我们4里多，死的都是谁，叫不上名字了。刘文振他爹是那次死的，他当时是地下交通员。他被日军抓到了孟子岭“人圈”里，一起被杀死的还有几人。有的是受刑不过，就偷偷地吃苦杏仁中毒而死。关仁玉是喝卤水死的。王云平先被日本鬼子带到下窝铺，后又准备带到孟子岭，到九虎岭附近的黄土坡时，他说啥也不走了，被日本鬼子一枪打死。

一次，去王厂沟的地下党干部张维政，不慎把地下党和为八路军办事人员的花名册丢失，落入日军之手。日军就到孟子岭、南天门和九虎岭抓人。抓人时还有日本宪兵队、警察以及伪满军。我们九虎岭被抓走的有刘殿福、张林、孙广和、孙广安、杨顺友等不少人，都被抓到了宽城警察署。后来，这几个人都没有放回来，有死在承德的，有死在锦州的，还有死在营口、青龙的。杨顺友死在了海城，刘殿福死在了营口。我们这里的大野鸡峪一条沟也死了不少人，九虎岭大庄也死了不少人。

陈连元是在我们邻近村石柱子村被抓的，当日军的汽车到九虎岭梁上时，他乘汽车上梁时车速慢的时机，跳车逃跑了。那天日军从石柱子、南天门、孟子岭等地的“人圈”和“无人区”中抓了很多人，都用汽车一起押送去了宽城。

张德富和杨瑞友都给八路军办过事，负责送信，都是单线联系。他们把信送到大地那个庄，放在一个墙窟窿里。他们还朝山里送过枪、地雷，有一次，他们为地下党藏了5支枪。

调查采访：张明云　袁瑞昀　尹桂生　张焕生

整　　理：张明云　调查采访时间：2014年1月8日

对柏木塘“猫山”生活的回忆

孟子岭乡柏木塘村　尹作祥(89岁)

1942年,日军开始逼迫我们搬进孟子岭“人圈”。不进“人圈”的户,日军就把房子给烧了。后来,实在没有办法,不少人就搬进了孟子岭“人圈”。我哥哥不进“人圈”,上山“猫山”了。我大伯(叫尹春)正在耪地的时候,被日军抓到孟子岭杀害了。孟子岭当时有一个大庙,就枪毙在那个大庙里。那次,是孟子岭的日军守备队来人把我大伯抓走的。我大伯就是一个普普通通的老百姓,腿脚还不灵活。人家年轻一点儿,腿脚利索的,早就逃跑了。我妈也是在孟子岭“人圈”被日军杀死的,与我大伯被杀时间相距不长。

日本鬼子还到我们这里来“割青”“毁青”,把所有还没有成熟的庄稼都给割了。我们“猫山”是在石胡沟,也没地方住。后来,我们在山里搭了两个窝铺,日军来时也都给烧了。再后来,我们只能住在山洞。我们住的那个“猫山”洞,正对着日军经常来的大路口,日本鬼子来时我们就能看见。只要发现日本鬼子来了,我们就赶紧逃跑。

大致是在1943年的6月,在离我们不远处的公路边,王厂沟的一个村民正在路上走着,被日军开枪打死了。还有一次,是在1943年的腊月,日军晚上偷偷地来到我们这里。我们沟外有一个小孩子叫尹桂珍,发现日本鬼子后,往山梁跑,日本鬼子就朝他开了一枪,又追到他的面前,用刺刀把他捅死了。我们这个庄叫黄台子,杀死尹桂珍的地方是在杨树沟阴坡脸的梁上。

我们这里的尹作永,先被日本鬼子打伤了胳膊。时隔不久,又被日本鬼子给打死了。

被日军打死的人不计其数,还有不少人是被抓走的,都没回来,都是普普通通的老百姓。

尹生、尹作富被日本鬼子抓走以后,一直没有回来。日本鬼子在我们这儿,糟蹋了多少人,杀死了多少人,反正有好多,具体讲不出名字了。

调查采访:张明云　尹桂生　张焕生

整　　理:张明云　调查采访时间:2014年11月19日

对葫芦峪那段遭遇的回忆

峪耳崖镇葫芦峪村　耿廷来(91岁)　于文海(87岁)

我们这里的自然村有上山湾子、大东沟、小东沟、东苇子沟、窝铺架、东营沟、葫芦峪、老曹家、三道岔、西明沟等。1941年,八路军选择葫芦峪村的东营沟办起了兵工厂,责成侯占峰、侯占林、侯占华、侯占路、侯占先等人,秘密研制和生产手榴弹等,都供给了冀东部队和周治国游击队。他们哥几个后来又参加了八路军。还有一个人叫罗匠，是老侯家的姑爷子。山珍(化名，真名王富)也是他们的姑爷子。山珍的老丈人绰号叫侯老八。在兵工厂进行生产的主要是上面六七个人。后来，这个兵工厂被日军发现后，就被迫转移了。

1942 年，葫芦峪被划为了“无人区”。日伪军隔三岔五地来葫芦峪进行“扫荡”，屠杀地下党员和无辜百姓。

1942 年 6 月 12 日，地下党员于占礼、马志清，妇救会主任孙玉梅几人在吴文海家的厢房开会。被叛徒告密后，日伪军 20 余人突然包围了于文海家。孙玉梅赶紧藏在屋内，马志清翻墙跑到后山的一个小沟内，躲藏在了密集的榛柴林里。他们二人都躲过了敌人的搜捕和追杀。于占礼翻墙时，日本兵举起刺刀就朝他刺去。于占礼一把就把日本兵的刺刀抓住了。然后他又跑向了后山小沟的阳坡。日伪军开枪打伤了他的腿部。于占礼腿部受伤后无法行走了，就顺势滚下了山沟。敌人又追向了山沟，用刺刀捅死了于占礼。

一次，日军来了一个小队，到我们葫芦峪进行“扫荡”。我们庄的耿廷瑞、刘新民和马永宽三人都被杀害了。那次是他们三人去小青罗梁截汽车，耿廷瑞在偏道沟的山上站岗放哨，被日本鬼子一枪打死。刘新民和马永宽二人在偏道沟沟门被抓，日军用刺刀豁开了他们的胸膛，还残忍地挖出了心肝。

耿廷余、胡凤、耿廷玉他爹、耿殿如、于振宽几人是在我们葫芦峪被抓住的。耿廷余是脱产的八路军干部，在安达石被枪杀。他是被从青龙过来的刘琪讨伐队抓走的。那次死了好几个人，胡凤、耿廷玉他爹、耿殿如、于振宽四人也被杀了，都是在安达石被机枪“突突”死的。

孙广申是地下党员，一次也被日伪军抓住后杀害，他是在葫芦峪被抓走的。

翁全是一位八路军战士，在我们这里的东苇子沟被鬼子打死。还有一位想不起名字来了，也是在东苇子沟的夹子沟被打死的，他是为了掩护另外一位八路军战士突围而牺牲的。

我们这里的大洼发生了一次战斗。时间是 1942 年农历正月十四，八路军的一个小分队与于友三讨伐队遭遇了。八路军的人数少，讨伐队的人数多。讨伐队有一人受伤，八路军牺牲了一人。

下沟自然村的曹晓峰在沟外的东洼台子被日本鬼子打死了。那次死的还有耿殿文、耿廷立、耿廷满等人，也是被日军打死的。

张文庆媳妇和她的老儿子，一起在东沟山上拣杏核，被日军发现后用机枪“突突”死了。

葫芦峪的孙宝森是地下党员，牺牲了，孙文波还救了两名八路军。

当时我们村妇救会的工作区域一共是四大片。孙晓梅、韩素梅、宋淑云、王振祥他妈四人都是妇救会的，负责这四片。她们给八路军做军鞋、送信、征粮食、安排饭等。

那时送信都是送鸡毛信，接到信后必须马上就送走。

我们这里“集家并村”时，日伪把老百姓的房子先是拆了，不拆的就烧。李太家把东西都已经搬出来了，日军把搬出来的东西也给烧了。有一部分农户被逼无奈，就“集家”到了山家湾子“人圈”和东川“人圈”。在“人圈”里，日军把我们老百姓根本就不当人看，对老百姓不是打就是骂，还经常进行“大检举”，被抓、被杀的不计其数。

还有一部分农户，一直坚持在“无人区”“猫山”，誓死不进“人圈”。

于占仪当兵去了，在一次战斗中英勇牺牲。韩凤清也参加了八路军。

×××闺女被日军强奸了。还有一名妇女被日军轮奸后，连站都站不起来了，是被人发现后背回来的。

调查采访：张明云　袁瑞昀　尹桂生　张焕生

整　　理：张明云　调查采访时间：2014 年 11 月 27 日

对龙凤沟“无人区”的回忆

峪耳崖镇龙凤沟村　刘　青(82 岁)

我们庄叫龙凤沟南沟，“集家”的时候，峪耳崖日军警备队的日军来了 200 多人，把我们的房子都烧了。我们这里的几条沟全部都给烧着了，当时又是草房，起火很快，不一会我们周围的几条沟就浓烟滚滚，火光冲天，在很远的地方都能看到。没地方住了，我们只能跑到深山里“猫山”。

我六七岁就送信，都是带鸡毛和火柴杆的信。我们这里是八路军的一条交通线，南边从马尾沟过来，北边从岔沟过来。从我们这里奔宋杖子、椅子圈、北岔沟、马尾沟。房子都烧了，大家就随便搭一个小棚子住，日本鬼子、讨伐队来了，大家就赶紧跑，日本鬼子走后我们又搬回来。

那时候日本鬼子抓人、杀人是家常便饭。王影勤是八路军的地方干部，在我们这里被日军发现后，五花大绑地给绑走了。王同刚还不到 20 岁，结婚以后就参加了抗日工作。王恩有是地下交通员，他跑马尾沟到北岔沟这条交通线。他走到宋杖子庄的一个碾道时，正碰上日本鬼子和讨伐队来抓捕他。他看情况不好，就把自己身上的秘密文件都藏到柴禾垛里了。后来他被杀害。我父亲叫王影东，也被日本鬼子和讨伐队抓走了，他被抓到了承德。我大伯王恩有也是那次被抓走的。日本鬼子严刑拷打，让我父亲跪在一个木杠子上，背上还压上一扇磨盘，还不让动，受了不少刑，但他始终都没有招。敌人也没抓到我父亲什么较大的证据，最后只好把我父亲放了回来。

那时候，日本鬼子、讨伐队经常到我们龙凤沟几条沟来，棚子都烧了，生活用品和生产工具等也都烧了。实在没办法，我们搬进了山家湾子“人圈”。搬进去以后，要啥没啥，我们只好到处要饭吃，那罪是遭老了。在山家湾子有一个姓宁的地主，人称“宁老道”，可恶着呢。到他的门口要饭啥也不给，一口饭也别想要出来。

调查采访：张明云　尹桂生　张焕生

整　　理：张明云　调查采访时间：2015 年 6 月 5 日

关于龙凤沟“无人区”的一段记忆

峪耳崖镇龙凤沟村　刘　荣（80 岁）

八路军经常到我们这里来，一来就唱歌，还经常在我们这里住。我们这里被日伪称作“八路匪窝”，日本鬼子、讨伐队经常到我们这里来搜查。

刘景文、张财、张林、张树、刘林等几个人都是八路军的办事员。刘林和张林都被抓到沈阳，后死在那里。刘景文被活生生地打死在沟里乱石窖了。张财被抓走后一直都没有回来。我父亲刘万生被抓后，日本鬼子逼问我父亲给八路军办事儿不，都办过什么事儿，我父亲一直都没说。他们就用烧红的烙铁烙他，他身上被烙得没有一处好地方，烂烂哧哧的，脚根本就不能走路了。后来，虽然他回来了，但还是花了很多钱才保回来的，一辈子都是一个残废，啥活也干不了。我父亲那时候是一个牌长，宋连生也是牌长，这些被抓的人都是宋连生告密的。他给日本鬼子办事，最后被八路军处决了。

那时候有一个地下工作者经常来我们这里，后来被日军发现后杀害。

张坤是在日军烧房子的时候被打死的。

日本鬼子来时啥东西都抢，看到猪肉等能吃的东西都给抢走，就连蜂箱都给捣毁，然后把蜂蜜掏光抢走。

樊志清哥俩一直都没有进“人圈”，始终在这里坚持“猫山”，一直到日军投降为止。

我们这几条沟的房子都被日本鬼子烧了，被烧的户数多了，仅我们这一条沟就有 20 多户。

那时候没吃的，有一年过年时，我们全家只有半斗红高粱，过完年后就啥吃的都没有了。因为没吃的，饿得直打蔫，连走路都困难。那时候的日子，简直没法再提。

我们这里的刘景生后来搬进了山家湾子“人圈”。有一次外出回“人圈”时晚了，大门已经关上，看大门的警察不给开大门，被活活地冻死在了大门外。

调查采访：张明云　尹桂生　张焕生

整　　理：张明云　调查采访时间：2015 年 6 月 5 日

六

宽城“人圈”调查纪实

本章的调查始于2013年的4月11日，结束于2015年6月5日，历时两年多的时间。经实际调查，日军在宽城共修筑了“人圈”117个，迁入的自然村1 331个，26 500户，128 300人，修筑的围墙总长达165千米。因为开始调查的初衷只是作为一般性的调查，主要是调查“人圈”的一些基本情况而已。但随着调查的逐步深入，我们才渐渐意识到“人圈”内民众的苦难生活、日军的暴行、人民群众的反抗及斗争等情况原来是何等的令人触目惊心。当然，这些“人圈”调查的情况，有的比较详细，有的却过于简略、单一；有的比较深入，有的却相当粗浅。特别是由于时间相隔久远，当年的“人圈”建筑已不复存在，“人圈”中生活的民众大多已经过世，因而对侵华日军在“人圈”内的种种暴行并没有予以充分地揭露，“人圈”内人们的苦难生活也无法全面地表现出来。尽管如此，这些调查也在一定程度上反映了“人圈”的概貌，有力地揭露了侵华日军在“人圈”内外，肆意、残暴地镇压、残杀民众的滔天暴行，是侵华日军灭绝人性的残暴行径的铁的证据。

（一）宽城“人圈”调查纪实

这次调查，历时2年多，共调查、了解了286名80岁以上的当年生活在“人圈”中的亲历者，大体上查清了“人圈”的基本情况。

龙须门镇范围内“人圈”调查纪实

冯杖子“人圈”

调查时间：2013年4月22日　2014年8月13日

调查地点：冯杖子　苏雨家

口述人员：苏雨 89 岁　苏庆春 88 岁　曹永 82 岁

调查人员：张明云　袁瑞昀　尹桂生　陈

苏雨

冯杖子“人圈”位于现在的冯杖子村所在地，迁入该“人圈”的范围有板城沟、榆树沟、石片沟、张家庄、九龙沟、冯杖子等自然村，160 多户人家，900 多口人。

冯杖子“人圈”的围墙长 600 米，宽 160 米，为石墙和土墙两种，有 2 个大门，2 个炮楼。大门由日伪军日夜看守。

日本鬼子惨无人道，凶残成性，烧杀抢掠，隔三岔五地把“人圈”里的人集中在一起，搞“大检举”、大清查，搞得鸡犬不宁。日伪军还经常在“人圈”里架设机枪，威吓老百姓。

苏庆春

王云龙是八路军的办事员，由于叛徒告密，被日军堵在了地窖里，毒打致死；报国会主任曹文、苏品生被日军抓到鞍山监狱，严刑拷打，最后让狼狗活活地咬死；党小组长曹士祥也惨死在了监狱之中。

刘任、刘海死在了承德监狱；张志学也被日军抓到承德后转鞍山监狱残害致死。日军奸淫残忍，把一名妇女强奸后，又用木棍多次刺入其生殖器折磨致死。

曹永（左一）

日伪军隔三岔五到冯杖子骚扰，经常挨家挨户地搜查地下党、八路军人员和地下联络人员。

日军越猖狂，八路军和老百姓的反抗就越强烈。迁青平联合县第六区区委书记高守训、区长张顺恩、县长刘彬、副县长苏云、冀东部队首长李运昌等经常秘密进入冯杖子“人圈”，安排、指挥于建国、刘治国、马荣久、吴永增、曹文、曹士祥、苏品生、王云龙、王成礼、张贵合、苏海峰、金山等地下党员、联络员、办事员等为八路军送信收粮，征集军需物资，组织人民开展抗日活动等。

儿童团团长苏庆春，经常给八路军送鸡毛信，提供可靠的情报，也经常遭到日伪军的毒打。但他机智勇敢，一次次地死里逃生。

在冯杖子前山的一次伏击战中，八路军的部队埋伏在松林里，等待日伪军从板城沟路过。战斗中八路军消灭了日伪军的一部分，其中一个日军队长被当场击毙，狠狠地打击了日伪军的嚣张气焰。在这次战斗中，八路军的一名排长也不幸中弹牺牲了。

东李杖子"人圈"

调查时间：2013 年 4 月 22 日　2014 年 8 月 14 日

调查地点：东李杖子村梁贵家　龙须门镇政府

口述人员：梁忠 78 岁　梁贵 89 岁　杨文山 90 岁　刘江 90 岁

调查人员：张明云　袁瑞昀　黄凤　尹桂生　陈国仁　张焕生　张德民　杨春莲　李翠环

东李杖子"人圈"位于现在的东李杖子村所在地，迁入该"人圈"的有榆树沟、北沟、王杖子、石洞子沟、小石洞子、大甸子、三道沟、北梁根、北沟沟里、罗圈沟、老虎沟、乔杖子、庙北沟、达子沟大庄、达子沟里、下山、广东山、李家庄、蘑菇洼、下杖子、北龙沟、南龙沟、魏杖子、大地、咬驴沟、刘甸沟、阳坡沟、东李杖子等自然村，共 470 多户，2 300 多口人。

梁忠

"人圈"的围墙是土墙，长约 600 米，宽约 400 米，设有东、南、西、北 4 个大门，建有 4 个炮楼。大门和炮楼由日伪军昼夜看守，不准老百姓随便出入。"人圈"围墙外有 3 米多宽、2.5 米深的水沟。

甲长是杨廷章。

"人圈"里环境恶劣，人员拥挤，居住条件极差。每家的房子都十分矮小，十几口人挤在一个小屋子里，卫生状况极差，疟疾、霍乱等传染病时常发生。人们患了瘟疫病后又无药可治，致使"人圈"里有 200 多人因瘟疫病死去。有的一家四五口人，因传染瘟疫病无药治疗而全家死亡。

刘云生的妻子被日本兵强奸后又险些丧命。

黄宝山给八路军送信、办事，被敌人发现后用木棒打得遍体鳞伤。

李景隆、王瑞军、刘云龙、杨俊是地下党员，他们秘密组织群众征集军粮、做军鞋军衣，送鸡毛信，组织人们夜间拆“人圈”围墙，揭露敌人“集家并村”的阴谋，与敌人进行斗争。王景祥参加了八路军队伍。

杨文山（左三）

区委书记高守训长期在东李杖子一带组织地下武装开展抗日活动。一次，他召集地下党员及区小分队领导在北龙潭沟山洞里开会，商量、布置抗日斗争工作。由于叛徒告密，日本宪兵分遣队及伪军等 200 多人，于清晨包围了他们。高守训为了掩护区小队领导和地下党员撤退，不幸牺牲。

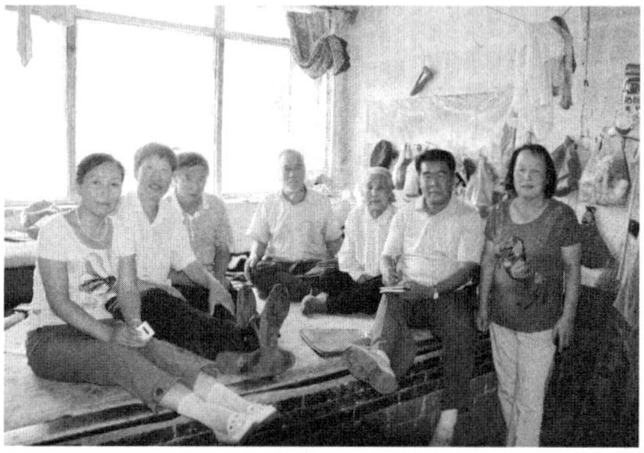

县村调查人员与梁贵（左四）合影

王家庄和杨家庄“人圈”

调查时间：2013 年 5 月 11 日　2014 年 5 月 23 日

调查地点：骆驼厂村村部　老亮子村部

口述人员：杨文清 82 岁　张连相 83 岁　刘天河 81 岁　张春玉 86 岁

调查人员：张明云　袁瑞昀　黄凤　尹桂生　张焕生　张德民　陈宇　田晓峰

现在的骆驼厂村内当时有两个“人圈”，即王家庄“人圈”和杨家庄“人圈”。

王家庄“人圈”位于现在骆驼厂村的王家庄，迁入该“人圈”的范围有老亮子、大石湖、双洞子、王家庄，共 200 余户，900 余口人。“人圈”围墙是土墙，长 500 米，宽 300 米，墙高 4 米，有 2 个炮楼。

杨家庄“人圈”位于现在的骆驼厂村杨家庄，迁入的范围有张家庄和杨家庄，共 240 多户，1 000 多口人。“人圈”围墙也是土墙，长 500 米，宽 300 米，高 4 米，东西设 2 个大门，设有 2 个炮楼。

“人圈”中的老百姓白天修“人圈”围墙，夜间又按八路军的指挥拆毁围墙，白天修，夜间拆，老百姓非常辛苦。为了生存，“人圈”建成后，老百姓经常从围墙的水沟里偷着溜出去耕作土地，种庄稼。

在“集家并村”的几年里，“人圈”里的王景余被抓到锦州后残害致死。张连相的六爷被日军抓到鞍山监狱，受尽残酷刑罚被折磨而死。

杨文柱(二柱子)参加了八路军,一次在与日军作战中,与鬼子搏斗,抢夺了日军3支步枪,但终因寡不敌众而牺牲。

杨文清(左) 张连相(右)

杨文禄是儿童团长,被日伪军抓到龙须门警察署,他人小胆大,有骨气,宁死不屈,一直不交代八路军的有关情况,气得日伪人员暴跳如雷。后来,日伪军气急败坏地把杨文禄装在麻袋里活活摔死了。

双洞子的杨云祥组织老百姓做军鞋、捐粮食给八路军,开展抗日活动。由于叛徒告密,被鬼子抓到承德后饱受折磨而死。

张春生是报国会武装班班长,被叛徒告密,鬼子把他抓到鞍山监狱后残害致死。

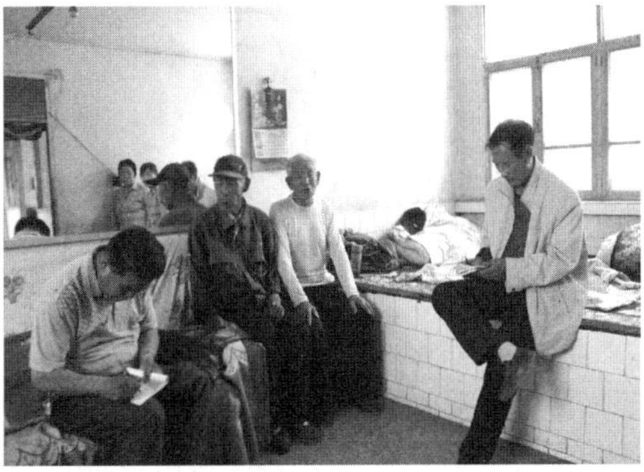

刘天河(左二) 张春玉(左三)

老亮子是革命根据地,老百姓全部被日军驱赶到王家庄和杨家庄"人圈"里。但是,地下党组织、八路军和游击队却一直活动在老亮子一带。

1943年五月(农历),八路军和游击队从平泉沿着大石湖到了老亮子庄,正在吃中午饭。由于叛徒告密,日军把老亮子庄包围了。日军在山头上,架起机关枪射击,一名八路军战士在突围中不幸牺牲。

刘文秀是地下党员,经常夜间在老亮子召开地下党员会议。一次夜间开完会,多数地下党员走了。刘文秀、刘柱子、刘万奎等人准备等到天亮再走。由于叛徒告密,日军天还没亮就包围了开会的旧屋子。刘文秀他们听到动静准备撤离。刚走出门口,日军就用机枪扫射他们。刘文秀中弹后,肠子都流了出来,当场牺牲。刘柱子的大腿、腹部、下巴三处中弹,最后也不幸牺牲。刘万奎受伤后被老百姓抬到骆驼厂村,还没进"人圈"就因流血过多而牺牲了。

张永增是第一任报国会主任。一次,日军强迫他带路,在途经大石湖时,被叛徒赵军认出。赵军当场就向日本宪兵汇报说张永增是报国会主任,日军立刻把张永增捆绑起来,后押送到鞍山监狱,被判20年徒刑,最后惨死在狱中。

张春生是地下党财粮委员,被叛徒赵军告密后被捕。后来,日军把他押送到阜新监狱后,也被折磨致死。

杨廷秀到集市上卖驴，被叛徒赵军发现后报告了日军。于是，日军把杨廷秀抓捕后押到宽城枪毙了。杨云庆、杨云阁、杨云祥3名地下党员被赵军告密，日军把他们几人抓捕后当场枪杀。

群众刘万生被日军用刺刀刺死；刘文瑞被抓到宽城后，日军用战刀砍去头颅；刘万年被抓住后，日军用刀压在他的脖子上，逼迫他走到大街上示众，然后被押送到了青龙，又从青龙押回宽城后枪杀。

杨才不进“人圈”，在骆驼厂的山梁后躲藏，被日本鬼子发现后枪杀。

“人圈”里给八路军办事的有刘文秀、刘万奎、刘柱子、张永增、张春生、杨云庆、杨云阁、杨云祥、刘万生、杨廷秀等。刘天河、张春玉给八路军送鸡毛信。

“集家并村”时，因“人圈”里卫生条件太差，又无医无药，患瘟疫病死的有几十人。刘万方、刘万全媳妇、刘万才等都是患瘟疫病死的。

药王庙“人圈”

调查时间：2013年5月16日

调查地点：药王庙村杨志义、杨忠祥家

口述人员：杨忠祥 90岁　万淑云 86岁　杨志义 80岁

调查人员：张明云　袁瑞昀　黄凤　尹桂生　张焕生　张德民　陈宇

药王庙“人圈”位于现在的药王庙村所在地，迁入该“人圈”的范围包括老院庄、河西、庙底下、破窑庄、东局子、丁家沟门、药王庙等自然村，共200余户，1 100多口人。

杨志义（前左一）　杨忠祥（前中）
万淑云（前右一）

围墙为土围墙，长约550米，宽约250米，设有东、南、西、北4个大门，建有4个炮楼。

杨忠祥17岁就开始给八路军办事，在地下情报站当负责人。他除了自己秘密送鸡毛信到柳树底下、双洞子等地外，还经常组织老百姓砍日军的电线杆，掐断日军电线，挖壕沟，破坏敌人的通讯联络和交通等。

杨忠儒、杨忠庆、杨廷义、杨忠云参加了八路军抗日武装部队。

杨廷福（后来改名叫杨志义，新中国成立后曾任宽城县档案局局长）7岁起跟姐姐一起给八路军送信，传递情报。杨廷福的母亲联系各家各户的妇女给八路军做军鞋，经常在夜间点大麻籽油灯偷偷地给八路军做军衣、军鞋和袜子等。

杨廷全给八路军办事，由于叛徒告密，被日军杀害。

杨廷喜在“人圈”里当甲长，他表面上给敌人做事，但夜间经常给八路军传递情报，致使日伪军经常被动挨打，屡屡失败，日军发现后将他杀害了。杨廷喜的六弟也被日军杀害。

杨继贤、杨忠联、杨忠友参加了八路军。

杨忠祥(左二)　万淑云(左三)

孤山子“人圈”

调查时间:2014 年 5 月 6 日

调查地点:孤山子村部

口述人员:张金 87 岁　范永龙 86 岁

调查人员:张明云　袁瑞昀　尹桂生　张焕生　杨秀云

孤山子“人圈”位于现在的北孤山子村所在地。迁入的有何家台子、韩家庐、二道杖子、三座庙、王杖子的一小部分、榆树沟的一部分、小石洞子沟、王杖子北沟、流梭子沟、孤山子等自然村，共 310 多户，1 500 多口人。

“人圈”的围墙为土墙，长约 600 米，宽约 300 米，共设有东、西、南 3 个大门，建有 3 个炮楼。

“人圈”里常驻的有伪警察 20 多人，还有自卫团员几十人。日军三天两头地到“人圈”里骚扰老百姓，闹得百姓鸡犬不宁。

八路军和地下工作人员经常夜间到“人圈”里，发动老百姓拆毁“人圈”围墙。到了白天，日军和伪警察又强迫老百姓再修上围墙。这样，修了拆，拆了修的，反复折腾不断。

张祥、鲍余、李宝海、杨玉普、张金、范永龙等人给八路军送鸡毛信，秘密送往东李杖子、韩杖子、板城沟、小前坡峪等八路军游击地点。鸡毛信是紧急文件，为了严密，有时送信的人还经常带回“面交回执信”样的回执，以此证明信安全送到了八路军部队。

范永龙(左二)　张金(左三)

日军和伪警察把张祥、鲍余、李宝海、赵成安抓到了监狱，严刑拷打，折磨致死。

张殿永的妻子被几个日本兵抓到河北

小庄，关在一个小屋子里，进行轮奸、污辱。

“人圈”里经常流行传染病，既没医生，又没药品，死人很多。有一年，“人圈”里一次就传染死了30多人，大多是老人、妇女、儿童，他们都被埋在了一起。

韩杖子“人圈”

调查时间：2014年5月9日

调查地点：韩杖子村刘柏生家　张春满家

口述人员：刘柏生83岁　张春满82岁

调查人员：张明云　袁瑞昀　尹桂生　张焕生　张德民　田晓峰

韩杖子“人圈”位于现在的韩杖子村所在地。迁入的有刘矬子沟、小块地、东山、瓜铺、槐树沟、韩杖子等自然村，共190多户，900多口人。“人圈”的围墙为土墙，长约500米，宽约300米，设有南、北2个大门，还有1个东角门。墙的四角建有4个炮楼。

刘柏生（左二）　张春满（左三）

给八路军办事的有宫文合、杨文生、葛春清、刘长清。他们给八路军送信，组织老百姓做鞋、袜、衣服等，还筹集军粮。

参加八路军的有张文存、宫文福。

柳树底下“人圈”

调查时间：2014年5月9日

调查地点：柳树底下村书记张忠林家

口述人员：宁文庆80岁　王永祥80岁　张俭80岁

调查人员：张明云　袁瑞昀　尹桂生　张焕生　田晓峰　张忠林

柳树底下“人圈”位于现在的柳树底下村所在地。迁入的有苏子沟、王杖子、九龙沟的一部分、石洞沟的一部分和柳树底下等自然村，共90多户，500多口人。

“人圈”的围墙为土围墙，长约350米，宽约200米，设有东、西2个大门，四个角建了4个炮楼。

给八路军办事的地下党员有王宾、王成礼、宁富、裴彩凤、王普、张勤、张会、张国华、张国栋、刘富、刘宾、孙福珍、张亚琴、张凤义、张贵清、张尚、张会民、张恩、张会民的妹子、张贵富三哥等人。他们给八路军送信，掩护八路军，为八路军伤员送饭，筹集军粮、衣、鞋等物资。

王永祥（左一）　宁文庆（左二）　张俭（左三）

参加八路军的有张国华、张国栋、王宾、刘富、张贵清、张尚、张会民。裴彩凤、张亚琴去了迁青平联合县六区工作。

被日伪军害死的有张顺恩（区长），他被日伪军抓捕后，日伪军用铡刀将其铡死。他宁死不屈，大义凛然，真是硬骨头呀。

刘富被日伪军抓住后，日军用刺刀穿透他的肩胛骨，再用绳子从穿透的肩胛骨处穿过，倒背手五花大绑，押到承德监狱后，被折磨致死。

王汉臣被抓到东北海拉尔当劳工，每天拉煤，累得患了重病。日军看他干不了活了，就让 4 个人把他架起来活活地扔进了万人坑。

“人圈”里经常患传染病，因患传染病死去的有四五十人。

大块地“人圈”

调查时间：2014 年 5 月 9 日　2014 年 8 月 19 日

调查地点：大块地村路边　县光荣院　高廷栋家

口述人员：肖德兴 81 岁　张志斌 92 岁　高廷栋 80 岁

调查人员：张明云　袁瑞昀　黄凤　尹桂生　张焕生　田晓峰

高廷栋（中）

大块地“人圈”位于现在的大块地村所在地。迁入的有岭根、肖家庄、李家庄、大块地等自然村和石洞沟的一部分，共 90 多户，500 多口人。

“人圈”的围墙为土围墙，长约 300 米，宽约 200 米。

被日军杀害的有张树文的母亲。有一个绰号叫羔刚子的，他闺女被日伪军抓住后，关在了一个屋子里。日本鬼子禽兽不如，对她轮番进行奸污、糟蹋后，又用刺刀穿透其生殖器，将其活活挑死。

给八路军办事的地下党员有杨春生、周志学、周志生、魏民富、张玉的父亲等人。

张忠是地下党员，他经常到“人圈”里组织抗日活动。他白天躲在高振兴家的地窖里或土坯池子里，夜间组织老百姓拆围墙，筹集军粮、鞋袜等物资，送到八路军所在地。

张志斌（左）

日伪军经常组织老百姓“检举”，指认地下党员和家属。一次，日本鬼子和伪满军把一片空地灌了近半尺深的水，将“人圈”里的老百姓都驱赶到灌水后的空地里，强迫他们坐在水里。然后，日伪军将人群里周志文的媳妇（周张氏）扯到人群前，勒令她指认谁是地下党员和家属。周张氏假装用眼在人群里扫视几下，接着很镇静地说：“人群里没有地下党员，也没有地下党员的家属（实际上地下党员张忠家属就在人群里）。”日伪军见周张氏不指认地下党员和家属，就恶狠狠地逼迫她把鞋子和袜子脱掉，让她光着脚在石子路上走了二里多的路。她的脚被石子硌得鲜血直流，可她硬是忍着剧烈的疼痛，坚决不指认地下党员和家属。她虽然是一个普普通通的农村妇女，却表现了一名中国人的高尚的民族气节。

参加八路军的有杨宏儒、李树方。

下黄土梁子“人圈”（梁前院）

调查时间：2014 年 5 月 9 日

调查地点：梁前院村张富春家

口述人员：张富春 88 岁

调查人员：张明云　袁瑞昀　尹桂生　张焕生　张德民　陈宇　王秀云

张富春（左三）

下黄土梁子“人圈”位于现在梁前院村的下黄土梁子自然村，迁入的有梁前院、刘家庄、河南、小龙须门、西山根、黄土梁子等自然村，共 135 户，650 口人。

“人圈”的围墙为土围墙，长约 400 米，宽约150米。设有东、西2个大门,4个炮楼。

给八路军办事的有张希本、吴玉祥、张书春、张文生、刘德宽等。

参加八路军的有张书春和张文生。

下店子“人圈”

调查时间:2014年5月9日

调查地点:龙须门村黄志普家

口述人员:黄志普 87岁　冯义先 83岁

调查人员:张明云　袁瑞昀　尹桂生　张焕生　陈宇

下店子“人圈”位于现在龙须门村的下店子自然村,迁入的有老亮子、煤局子、双洞子、上店、三道河子、下店子等自然村,共90户,450多口人。

冯义先(左一)　黄志普(左二)

“人圈”的围墙为土围墙,长约500米,宽约150米。设有南、北2个大门,后山山头有1个炮楼,围墙四角各有1个炮楼。

给八路军办事的有冯振、刘万全、黄志五。

被日伪军抓走死在监狱的有孟昭生。

龙须门“人圈”

调查时间:2014年5月9日

调查地点:龙须门村孙永儒家

口述人员:黄志普 87岁　孙永儒 89岁　黄少荣 80岁

调查人员:张明云　袁瑞昀　尹桂生　张焕生　陈宇

黄少荣(左一)　孙永儒(左二)

龙须门“人圈”位于现在的龙须门村所在地,迁入的主要为龙须门大庄。

“人圈”的围墙为土围墙,长约700米,宽约300米。共135户,700多口人。“人圈”设南、北2个大门,还有2个小角门。

“人圈”里驻有日本宪兵分遣队、特务班、警察分驻所、村公所、协和会等。

给八路军办事的有邓文才、刘万全、黄志五、孙永合等人。

参加八路军的有孙雨江。

王家店“人圈”

调查时间:2014年5月23日

调查地点:王家店村徐振发家

口述人员:徐振发 90岁

调查人员:袁瑞昀　尹桂生　黄凤　张焕生　田晓峰

王家店“人圈”位于现在的王家店村所在地。迁入的有李家店、高家庄、刘家庄、徐家沟、王家店等自然村,共230户,1 100多口人。

徐振发(右)

“人圈”围墙为土围墙,长约600米,宽约300米,大门2个,小角门2个。建有6个炮楼,四个角各1个,前山、后山各设1个。

给八路军办事的人有徐振发、刘庆、徐凤会、刘笑、刘永魁、李仲海、高俊、孟广合、高山等。

被日军杀害的人有徐宝、徐凤义、何存、何友、徐凯、刘玉山、徐凤瑞、王秀、刘永起、刘志付大伯、高山的兄弟、王振、李永的大伯、王安志大伯等人。

“人圈”里经常闹传染病,因患传染病死亡的有40多人,王安志的儿子、女儿都因出天花而死。

上店“人圈”

调查时间:2014年5月23日

调查地点:上店村程文选　程英杰家

口述人员:程文选80岁　程英杰86岁

调查人员:张明云　袁瑞昀　黄凤　尹桂生　张焕生　田晓峰

程文选(右)

程英杰(右)

上店"人圈"位于现在的上店村所在地。迁入的有刘家庄、东沟、西沟、北沟、草爬沟、上店等自然村,共 80 多户,380 口人。

"人圈"的围墙长约 300 米,宽约 250 米,有南、北 2 个大门,还有 1 个东角门,2 个炮楼。

给八路军办事的人有张文佐、托琨、丁庆云、计淑波等。当时,有两个日本特务经常在这一带活动,是地下党和群众的祸患。八路军就采取措施,抓获了这两个日本特务,把他们处决了,免除了一大祸患。

参加八路军的有程英明。

"人圈"里卫生极差,经常发生传染病,程万福等 20 多人因患瘟疫病死亡。

徐家店"人圈"

调查时间:2014 年 5 月 23 日

调查地点:徐家店村部

口述人员:于宝富 87 岁　田明 83 岁　韩素英 81 岁

调查人员:袁瑞昀　黄凤　尹桂生　张焕生　田晓峰

徐家店"人圈"位于现在的徐家店村所在地。迁入的有张家庄、李家庄、田家庄、南沟、徐家店等自然村,共 230 户,1 200 多口人。

"人圈"的围墙为土围墙,长约 600 米,宽约 400 米,4 个大门,4 个炮楼。

给八路军办事的人员有吴长春、李仲旺、于文、徐文奇、于宝富等。

参加八路军的有徐文、李文佐。

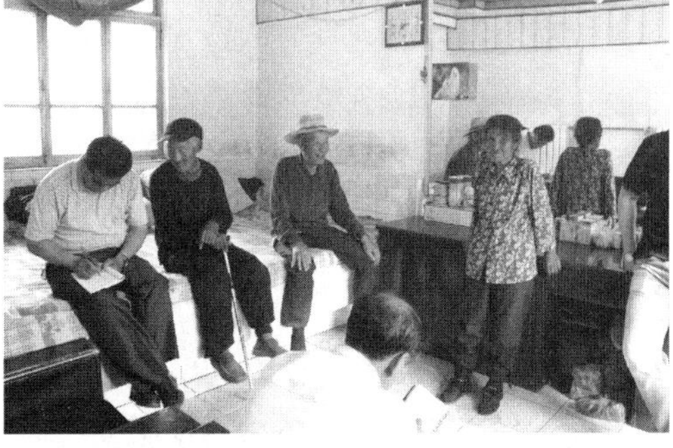

于宝富(左二)　田明(左三)　韩素英(右一)

被日军杀害的人有吴长春、徐文奇，他们被抓到承德监狱后受尽折磨而死。

患瘟疫病死亡的有30多人，任成奇的母亲、4个妹妹都死于霍乱病，一家子就死了4人。

七铺炕"人圈"

调查时间：2014年9月17日

调查地点：七铺炕自然村宁奇家承包地头、褚国宾家

口述人员：宁奇 84岁　刘俊娥 80岁　褚国宾 87岁

调查人员：张明云　袁瑞昀　尹桂生　张焕生　田晓辉

七铺炕"人圈"位于现在的金宝沟村的七铺炕自然村。迁入的自然村有头道岔、金宝沟、孛罗树沟、孤山子沟、茧厂沟、骆驼沟、李三沟等，共320多户，1 300多口人。七铺炕"人圈"是土围墙，长约500米，宽约200米。有东、西2个大门，还有2个小角门。围墙四角都建有炮楼，后山还修了2个炮楼。

刘俊娥(左二)　宁奇(左三)

1943年的春天，七铺炕"人圈"的宁德书被日本兵抓到了牡丹江做劳工。到那里后修火车路，修山洞。大约在10月份，他利用机会死里逃生地回到了家乡。

张贵秀是财粮委员，负责给八路军筹集物资，被日军抓住。日军用木板夹张贵秀的脖子，让他跪石子，被折磨得死去活来。张贵秀死也不招，一直都没有屈服。

县镇调查人员与褚国宾(左三)合影

刘克俭是兽医，口里人，技术高，长期在七铺炕一带劁猪。日军怀疑他是地下党员，就杀害了他。

葛延昌、褚国宾、张发等人给八路军送信。

袁瑞福、李胜林、张贵川、李春祥大哥、郑海安叔叔、葛延荣、宁顺等都参加了八路军队伍。

"人圈"里患传染病死去的约40多人，林荣、林代玉、刘荣、刘长录都是得传染病死的。

七铺炕曾发生了一起惨案。一次,有 7 名做买卖的商贩路过这里。日军怀疑他们是八路军的密探,就把他们全部都枪杀了。

板城镇范围内“人圈”调查纪实

土牛子“人圈”

调查时间:2013 年 5 月 8 日

调查地点:土牛子村部

口述人员:张文成 83 岁 王常山 87 岁 张五福 81 岁

调查人员:张明云 刘春满 袁瑞昀 尹桂生 张焕生 杨树胤 赵玉菊 苏占全

张文成

土牛子“人圈”位于现在的土牛子村所在地。迁入的有窑沟、范杖子、南沟、孟家沟、80 亩地、土牛子等 6 个自然村,310 多户,1 500 多口人。

土牛子“人圈”是土围墙,长约 550 米,宽约 250 米,有东、西、南 3 个大门,墙高 3 米多,四个角建有 4 个炮楼。“人圈”大门和岗楼由日伪军日夜看守,限制“人圈”里老百姓的自由出入。日军经常把“人圈”里的人集中在一起搞“大检举”,搞得人心惶惶,鸡犬不宁。被怀疑的地下党办事员都被抓到宽城、承德审讯。

张五福(左一) 王常山(左三) 张文成(右一)

日军在“人圈”里经常挨家挨户地搜查八路军、地下党。

张五峰给八路军办事,被敌人抓住。敌人对他严刑拷打,用木枷子夹手,灌辣椒水、洋油掺凉水,他宁死不屈。

张文山、袁国忠参加了八路军。

上板城"人圈"

调查时间:2013 年 5 月 8 日

调查地点:土牛子村部

口述人员:王常山 87 岁

调查人员:张明云　刘春满　袁瑞昀　尹桂生　张焕生　杨树胤　赵玉菊

王常山(中)

上板城"人圈"位于现在的上板城村所在地。迁入的有黄金沟、水泉沟、曾杖子、上板城等自然村,共 240 多户,1 200 多口人。

"人圈"的围墙是土围墙,长约 500 米,宽约 250 米,有东、西 2 个大门,设 2 个炮楼。

上板城"人圈"东驻扎了日军的一个小队,有专门的 1 个院子。他们经常到"人圈"里挨家挨户地搜查八路军和地下党。

上板城水泉沟里是"无人区",是地下党人员活动的根据地,房子全被日军烧光了。老百姓不愿进"人圈"就钻进深山、躲进石洞和树林里。王合一家、杨有一家给八路军办事,被叛徒告密,日伪军把王合、杨有抓起来,逼问八路军活动情况。他们宁死不屈,拒不告诉八路军活动情况。日军就用刺刀把王合、杨有都捅死了。

王密、徐世魁是八路军办事员,经常组织抗日活动,为八路军送信,筹集军粮、军衣、军鞋等物资,千方百计地送给八路军部队。

椴树沟"人圈"

调查时间:2013 年 5 月 8 日

调查地点:椴树沟村王海山家

口述人员:王海山 87 岁

调查人员:张明云　刘春满　袁瑞昀　尹桂生　张焕生　杨树胤

王海山(右)

椴树沟"人圈"位于现在的椴树沟村所在地。迁入的有达子岭、茶几沟、望宝沟、冰沟、白庙子、新南山、炮手沟、椴树沟等自然村,共 310 户,1 500 多口人。

“人圈”围墙为土围墙，长约 500 米，宽约 300 米，设有东、西、南、北 4 个大门，建有 4 个炮楼。

没进“人圈”的人家，房子全被日伪军烧光了。

给八路军办事、组织老百姓开展抗日活动的有计思祥、裴殿臣、姚树生、王海春等，他们经常秘密地接送八路军的伤员。

岔沟“人圈”

调查时间：2013 年 5 月 8 日

调查地点：岔沟村村部

口述人员：张世敬 84 岁　李春普 87 岁　张振山 90 岁

调查人员：张明云　刘春满　袁瑞昀　尹桂生　张焕生　杨树胤　苏玉红

岔沟“人圈”位于现在的岔沟村所在地。迁入的有南沟、桦树洼、岔沟等自然村，共 380 户，1 800 多口人。

围墙为土围墙，长约 550 米，宽约 300 米，建有东、南、西 3 个大门，围墙四角有 4 个炮楼。

南沟被划为了“无人区”，房子都被烧光了。

张世敬

张振山（右一）

日伪军经常烧杀抢掠，年仅 10 岁的张三儿，被日军连刺 7 刀而死；张之奇的父亲被日本兵活埋，他的母亲气疯死去；刘老殿在岔沟梁被日军枪杀；李振阁被日军杀害；张振秀的三哥被日军杀害，被日本兵杀害的还有 16 人。

“集家并村”患瘟疫病死亡的有 50 多人。

张之荣、吴连友、张振山给八路军送信、站岗，被日军抓到岔沟。日军用洋油掺头发茬子朝他们嘴里灌，用木棍压腿、用夹子夹，他们宁死不屈，一直未招认。

刘来子、张之朋、小滚子参加了八路军。

东杖子“人圈”

调查时间:2013 年 5 月 8 日

调查地点:东杖子村村部

口述人员:张明之 85 岁　张志忠 84 岁

调查人员:张明云　刘春满　袁瑞昀　尹桂生　张焕生　张翠荣　杨树胤

东杖子“人圈”位于现在的东杖子村所在地。迁入的有荞麦峪、山西、东杖子等自然村,共 430 户,2 100 多口人。

“人圈”的围墙长约 500 米,宽约 100 米,围墙外修有护城河,设东、西、南 3 个大门。围墙上修建了 3 个炮楼,由伪警察日夜看守。

老百姓白天修围墙,夜间按八路军的指挥拆围墙。

荞麦峪是“无人区”。荞麦峪的孙连顺被日军抓到宽城警察署,遭受酷刑死去;张志广被抓到锦州残害致死;一个妇女被日军轮奸后又被日军杀害。

张明之(中)　张志忠(右一)

地下党办事员张明之、张云轩给八路军送鸡毛信,经常到荞麦峪、石洞沟等八路军抗日根据地送信。

张志宽、胡胜儿、张华廷、张江川、张明义参加了八路军,投身于抗日队伍。

安达石“人圈”

调查时间:2014 年 5 月 27 日

调查地点:安达石村村部

口述人员:李长远 83 岁　孙福 82 岁

调查人员:袁瑞昀　尹桂生　张焕生　何继涛

安达石“人圈”位于现在的安达石村所在地。迁入的有北大岭的一条沟、小岔沟、牤牛岭、东沟、安达石等自然村。“人圈”的围墙为土墙,长约 400 米,宽约 200 米,共 95 户,450 口人。“人圈”设东、西、北 3 个大门,有 4 个炮楼。

“人圈”里设有村公所,李树仁是“人圈”的甲长。

为八路军办事的人有张希珍。他是教师,白天教课,夜间搞抗日宣传活动。

郭龙之是地下党的组织委员,经常组织苏玉瑞、刘全军、苏长瑞等召开秘密会议,组织

"人圈"里的老百姓做军鞋、军衣、军袜,收集军粮,送鸡毛信,向八路军提供物资和情报等。

孙福(中)　李长远(右一)

参加八路军的有李清、苏玉魁,他们是1943年参加的八路军抗日武装部队。

被日军杀害的有苏长瑞。苏长瑞是地下党员,经常到亮甲台、葫芦峪、松树沟给八路军送鸡毛信。由于叛徒告密,被日军抓捕,日军把他装进麻袋里拉走,对他严刑拷打,但他宁死不屈,最后被枪杀。

王宝山等14人被日军抓到东北,做了劳工,都是去挖煤,被活活累死在煤窑。

双庙"人圈"

调查时间:2014年5月27日

调查地点:双庙村刘德善家

口述人员:刘德善 87岁　关素云 80岁

调查人员:袁瑞昀　尹桂生　张焕生　何继涛　徐杰

双庙"人圈"位于现在的双庙村所在地。迁入的有小庙梁、柳条沟、南沟、大西沟、双庙等自然村。"人圈"的围墙为土墙,长约400米,宽约150米,共90户,500口人。

关素云(左)　刘德善(右)

"人圈"设东、西2个大门,四个角各设炮楼1座。

甲长先后是陈文焕、韩占一、赵琨、崔祝林4人,共有4任。

给八路军办事的人有宋洪文、赵奖春、王朝芝、王军,他们都是地下党员,秘密开展抗日活动。

参加八路军的有沈万顺、韩存2人。

王朝春、赵清、王军、王景从4人被日军抓到鞍山监狱害死。

崖门子"人圈"

调查时间:2014年5月27日

调查地点：崖门子村赵起存家

口述人员：赵起存 91 岁　王德俊 80 岁

调查人员：袁瑞昀　尹桂生　张焕生　黄凤　何继涛　徐杰

崖门子“人圈”位于现在的崖门子村所在地。迁入的有西李杖子、水泉、神仙岭、杨秃子沟、任家沟、崖门子等自然村。

赵起存(右)

“人圈”的围墙为土围墙，长约 400 米，宽约 200 米，共 170 户，800 多口人。设有 1 个东大门，3 个小角门，四角有 4 个炮楼。

当时日军把西李杖子、杨秃子沟、任家沟的房子都烧光了，迫使老百姓搬到崖门子“人圈”里，限制老百姓的自由。

给八路军办事的人有赵才、任长宽、赵付、赵廷祥、李占起、赵起发、苏玉秀等，他们长期给八路军送鸡毛信，收粮食，做衣服、鞋等，进行抗日活动。

王德俊(右)

参加八路军的有任长起、李国云 2 人。

李占庆、于文成的岳父被日军抓到监狱杀害了。

王杖子“人圈”

调查时间：2014 年 5 月 27 日

调查地点：王杖子村刘占同家

口述人员：刘占同 92 岁

调查人员：张明云　袁瑞昀　尹桂生　张焕生　何继涛　徐杰

王杖子“人圈”位于现在的王杖子村所在地。迁入的有王杖子、南沟、沈杖子自然村的一部分，共 65 户，350 余人。

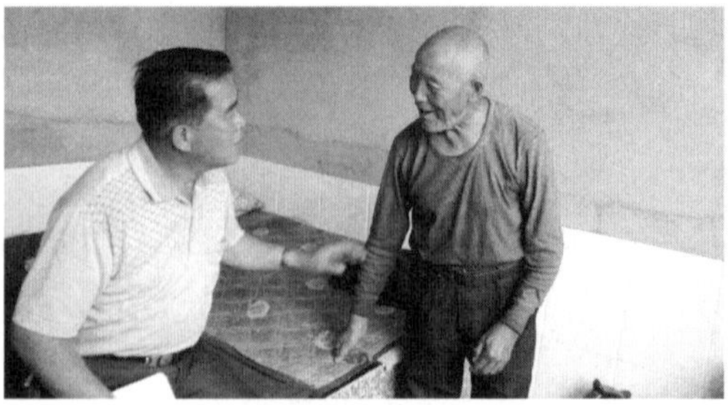

刘占同(右)

“人圈”的围墙为土围墙，长约 300 米，宽约 200 米，设东、西 2 个大门，建有 4 个炮楼。

给八路军办事的人有裴殿生、刘占生、裴殿福、许长海、许学印等。他们秘密搞抗日活动，送情报，筹集粮食、衣服、鞋、袜等物资，偷偷运到八路军根据地。

许长海参加了八路军。

1943年，日军把“人圈”里的男青壮年先抓到了下板城，后押送到宽城警察署过堂审讯。一天夜间，监狱里几个胆大的人把看守的警察打昏了，被抓的大部分都勇敢地逃出了宽城警察署，警察一直追到宽城的山后，鸣了一阵子枪就回去了。当时天很冷，刘占余在逃跑时一个大脚拇指都跑没了。

许学印第二次被日军抓到承德监狱，日军逼迫许学印交代八路军的下落，他宁死不说，然后，日军残酷地用烧红的铁棍捅进他的肛门，被折磨致死。

北沟“人圈”

调查时间：2014年5月27日

调查地点：北沟村吴连山家

口述人员：吴连山 90岁　李宏富 85岁

调查人员：张明云　袁瑞昀　尹桂生　张焕生　何继涛　徐杰

北沟“人圈”位于现在的北沟自然村，迁入的有山北头、沈杖子一部分、北沟等自然村。

吴连山（左一）

“人圈”的围墙为土围墙，长约400米，宽约150米，共110户，500左右口人。

“人圈”设南、北2个大门，东西有2个角门，东山顶上有1个炮楼，由自卫团站岗看守。

李宏富（左）

给八路军办事的有朱温、禹得海、裴殿春、宁合、吴庆生等。他们都是地下党员，秘密送情报，经常与冀东的李运昌、宽城的金峰（区长）见面，在“人圈”里组织老百姓搞抗日活动。

参加八路军的有吴玉贵、李红恩、吴庆永、吴庆峰。

李春合、李春方、李春亮、李春发、吴庆吉、王富等人被日本兵抓住后，在熊虎斗杀害。

李春生、吴连贵等被日军抓住后押到吉林煤矿做劳工挖煤。

下板城“人圈”

调查时间:2014 年 6 月 9 日

调查地点:下板城村毕瑞现家

口述人员:毕瑞现 82 岁　毕瑞莲 87 岁　王瑞珍 83 岁　陈志忠 89 岁

调查人员:张明云　袁瑞昀　黄凤　尹桂生　张焕生　何继涛　徐杰

陈志忠(左三)　毕瑞莲(左四)
王瑞珍(左六)　毕瑞现(右四)

下板城“人圈”位于现在的下板城村所在地。迁入的有峡沟一条沟、戏子沟、下板城、南沟的一部分,共 240 户,1 000 余口人。

围墙为土围墙,长约 500 米,宽约 200 米,围墙四个角设 4 个炮楼,在南大门、北大门还设有炮楼,共有南、北 2 个大门,东门还有 1 个小角门。

“人圈”里的日伪组织机构有警察分驻所、村公所、协和会等。王明轩任甲长,崔树臣任正村长,陈志学任副村长。

给八路军办事、送信的有王明轩、崔树臣、陈志学、王井玉、崔立、崔珍、唐海楼、许长贵、崔振、崔秀、崔井义等。

佟海丰是女地下党员,使用双枪,配合八路军进行抗日活动。

被日军害死的有崔立,他给八路军送鸡毛信,被日伪军抓住后,用洋油掺凉水朝肚子里灌,受尽了折磨。他宁死不屈,最后被杀。李俊轩开药店,明着卖药,暗地里却为八路军办事,在“大检举”时,被日本兵枪杀于头道沟。李文会的爸爸被杀死。崔根、崔秀两人给八路军送信,被日军抓住后,当时就活埋了。

李长胜经常隐蔽在戏子沟的山洞里,白天隐蔽起来,晚上出来开展抗日活动。参加地方武装进行抗日斗争的还有陈志忠、范卓林、王井玉、佟福祥、崔井文、崔井林。

“人圈”里居住条件太差,环境十分恶劣,经常患传染病,患瘟疫病死的有 90 多口人,佟福瑞一家就死了 4 口人,与王瑞珍住在一个院子里的就死了 8 口人。

尖山子“人圈”

调查时间:2014 年 8 月 19 日

调查地点:尖山子村黄土梁子自然村

口述人员:张树森 80 岁　张树贵 82 岁　焦瑞峰 81 岁

调查人员:张明云　黄凤　尹桂生　张焕生

尖山子“人圈”位于板城镇尖山子村所在地,迁入的有尖山子、黄土梁子、西沟、下窝铺、山湾子 5 个自然村,共 110 户,550 多口人。

“人圈”是土围墙,南北约 400 米,东西约 300 米,有南、西、北 3 个大门,东面有 1 个角门。周围有炮楼 2 个,“人圈”内驻伪警察。

张树贵(左二)　焦瑞峰(左三)　张树森(右二)

为八路军办事的有王树贵、沈廷海、刘天来、刘天增。他们为八路军筹集鞋袜、军粮。刘天来、刘天祥、徐宝林、苏长春等人是地下党员,后被“检举”抓走,不知被害何处。

张树珍、张树林的叔叔被抓劳工修铁路,累死在东北。

“人圈”里的居住环境极差,瘟疫盛行,有 30 多口人死于瘟疫,张树春一家当时就死了 4 口人。

汤道河镇范围内“人圈”调查纪实

汤道河“人圈”

调查时间:2013 年 4 月 13 日

调查地点:汤道河村许忠家、滕和家

口述人员:许忠 87 岁　滕和 94 岁

调查人员:张明云　袁瑞昀　黄凤　尹桂生　张焕生　陈国仁　张乾

许忠

汤道河“人圈”位于现在的汤道河村所在地,迁入的有大梨树、乱泥沟、东汤道河、西庄、北庄、李家台子、汤道河等共 7 个自然村,330 余户,1 500 多口人。

“人圈”的围墙为土围墙，长约500米，宽约300米，高3米多，有4个大门，周围有4个炮楼。伪军、警察日夜在炮楼站岗放哨。

当时“人圈”卫生条件极差，人畜同在一个院子里，经常发生传染病。发生传染病后，老百姓没钱不能治疗，只有等死。传染病流行最严重时，一天就要死几口人。汤道河“人圈”仅瘟疫病就死了六七十口人。

许忠父亲是八路军联络员，被日本鬼子抓到青龙县城，对他严刑拷打，灌洋油掺凉水，灌辣椒水。

日军的小泽、中泽是军官，在汤道河无恶不作，残害百姓。

蒋明玉、郭玉珍是地下党八路军联络员，经常组织抗日活动。

王杖子集家进“人圈”的吴江，膀大腰圆，力大无穷，与绰号叫“拐胳膊”的日本人经常摔跤，常常打败日本人。日本人还挺惧怕吴江的。

滕和(左一)

李家窝铺“人圈”

调查时间：2013年4月13日

调查地点：李家窝铺村村部

口述人员：王占林86岁　李奇82岁

调查人员：张明云　袁瑞昀　黄凤　尹桂生　陈国仁　张焕生　张乾

李家窝铺“人圈”位于现在的李家窝铺村所在地。迁入的有金杖子、毛局子、李家窝铺3个自然村，共570多户人家，2 400多口人。

“人圈”周围修筑的土围墙，长约950米，宽约400米，墙高3米，有东、西、南、北4个大门，四个角有4个炮楼。“人圈”外还挖了3米多宽的水沟，2米多深。

日伪军白天逼迫老百姓修围墙，夜间八路军和地下党人员组织老百姓拆围墙，展开了拉锯战。

李奇(右一)

日伪军经常残害老百姓。李家窝铺的

吕书成被日军抓去后，日军灌洋油掺凉水，活活折磨而死。亲日派老枪队周正国、金巨川、赵大褂子无恶不作，烧杀抢掠。

地下党员杨密林、张世运、王焕章、王占富、王占军、金宪珍经常动员组织李家窝铺的老百姓做军鞋，收粮食，送鸡毛信，进行抗日斗争。

王占林参加了八路军，他参加的部队在解放战争时编入了第四野战军。

胡杖子“人圈”

调查时间：2013 年 4 月 13 日

调查地点：胡杖子村王占林家

口述人员：王占林 87 岁　李奇 82 岁

调查人员：袁瑞昀　黄凤　陈国仁　张焕生　张乾

胡杖子“人圈”位于现在的胡杖子村所在地。迁入该“人圈”的有胡杖子、孙杖子、陈地沟、东南沟，辽宁南岭一带，共 240 户左右，1 100 多口人。

胡杖子“人圈”的围墙长约 400 米，宽约 300 米。围墙为土围墙，有东、西、南 3 个大门，有 2 个炮楼，墙外挖有水沟。

王占林(左一)

老百姓白天修围墙，夜间按照八路军的指挥拆围墙。

日本鬼子和老枪队烧杀抢掠，无恶不作，闹得老百姓鸡犬不宁。

李家窝铺庄东头的李瑞香被敌人抓去，日军用头发茬子掺凉水朝他肚子里灌，逼问他说出八路军活动情况。他宁死不说，最后被日军残害致死。

王才、谢存参加了八路军。

偏崖子“人圈”

调查时间：2013 年 4 月 13 日

调查地点：偏崖子村赵海波家

口述人员：赵海波 82 岁　王德 84 岁

调查人员：张明云　袁瑞昀　黄凤　尹桂生　陈国仁　张焕生　张乾　赵猛

偏崖子“人圈”位于现在的偏崖子村所在地。迁入的有白庙子、冰沟、冰沟门、岔沟门、杨树沟等自然村。“人圈”为石围墙，长约 700 米，宽约 300 米。共有 430 多户，1 800 多口人。

偏崖子“人圈”是 1942 年农历的腊月开始“集家”的。当时，人们在日军拆房队的刺刀、棍棒威逼下被赶进了“人圈”。人们大多是好几户挤在坐地户的一处房子里，几户用一个锅灶轮流做饭吃。有些户没处住，就偷跑回老家搭起窝棚。没住上几天，日伪军去搜查，把棚子都给烧了，把人们逼得又回到了“人圈”。没办法，人们只好住在碾道、畜棚、坐地户的靠墙根处，围上些席棚，垫些草住，用石头搭起锅灶做饭。这年的春节，老百姓就是这样过的年。

王德（中）　赵海波（右一）

“人圈”的围墙有 3 米多高，人们进出不准走 2 个小角门，必须从东、西 2 个大门走。“人圈”里用秫秸谷草盖起的茅草棚又小又矮，一户挨一户地挤在一起。有一天，杜春生家因做午饭不慎起了火，烧着了房子，无法扑救，全围子里的房子都着了起来。大火烧了大半天，几百户人家的粮食、物品全部都烧没了，还烧死了几个人。有一个 3 岁的小女孩儿，从火堆扒出时，脑袋已被烧成两半了，身上还冒着黄油。马、牛、驴、羊、猪、狗、鸡、鸭等大小畜禽，烧死的没数。

日军和“人圈”里的伪警察，经常欺压、残害老百姓，强奸民妇。朱万友的妻子，因被强奸未遂，遭到毒打后，一气之下病倒，最后死去了。

在“人圈”里居住，每天都是日头老高才打开大门，点名放人出去，下午太阳刚刚偏西就得回来，关上大门。回来晚的人，不是挨打就是挨罚，要不就被关在了门外。数九寒天的隆冬季节，有的就被冻死在了城门之外。

由于饥饿、劳累、瘟疫等天灾人祸，“人圈”里不知死去了多少人，经常听到人的哭声和狗的咬架声。“人圈”外的山坡上、河沟里、河的两边到处是大人、小孩子的尸体，山上经常发现包着死孩子的草包。

有一年，日本人在冰沟杀死了普通的平民陈志伯。当时日军挨家挨户地搜查地下党，陈志伯见日军非常凶狠，就藏在萝卜窖里，被鬼子发现后用刺刀挑死了。“人圈”里的王树在家是个放羊的，日本兵怀疑他给八路军送信，就恶狠狠地毒打他。他一口气跑出去参加了八路军。

黄土坡“人圈”

调查时间：2014 年 6 月 9 日

调查地点：黄土坡村隋顺家、街道旁

口述人员：蒋玉明 82 岁　叶素琴 80 岁

调查人员：张明云　袁瑞昀　尹桂生　张焕生　李国峰　隋顺

黄土坡“人圈”位于现在的黄土坡村所在地，迁入的有小西庄、大西庄、李家台子、北庄、小黄土坡南庄、小黄土坡等自然村，共有 110 户，700 口人。

“人圈”的围墙为土围墙，长约 400 米，宽约 300 米，设有东、西、南、北 4 个大门。

围墙上修了 2 个炮楼，由自卫团员站岗放哨。甲长正的是苏井宽，副的是孙庆祥。

“人圈”里给八路军办事的人有苏井宽、杜方。

赵文平（化名肖峰）是地下党联络员，周凤驰（化名吉国）经常给八路军送信，去三旗杆、汤道河一带送情报。

叶素琴（左一）　蒋玉明（左二）

张秘山参加了八路军的抗日队伍。

被日本鬼子抓走做劳工的有小胡成、蒋玉山等 8 个人。这些人被日军抓去后，押到了东北的日本煤矿，都累死在了那里。

1943 年“人圈”里传染“窝子病”（指传染病，一家一家传染，故称窝子病），死了 40 多人。

季杖子“人圈”

调查时间：2014 年 6 月 9 日

调查地点：季杖子村季连科家　张井兴家

口述人员：张井兴 83 岁　季连科 90 岁　何桂芝 85 岁

调查人员：张明云　袁瑞昀　尹桂生　张焕生

季杖子“人圈”位于现在的季杖子村，迁入的有大岭、小岭、黑家甸、四道沟、三道沟、东沟、西沟、尾巴梁沟、宋湖沟、七庙地沟和季杖子等自然村，共 170 户，800 多口人。

“人圈”的围墙都是用石头垒起的，长约 500 米，宽约 200 米，高 4 米。设南、西 2 个大门，围墙上建有 4 个大炮楼，由自卫团员轮流站岗放哨。季泽是自卫团长。

张井兴（左三）

张宾是村公所长,夜间组织老百姓拆围墙,砍电线杆,白天应付日伪军又修围墙。

季连云、秦海营、秦海龙、季同、黄明、季连文参加了八路军。

黄春宇被日军抓住。日伪军怀疑他是地下党员,就把他装进了麻袋,让狼狗撕咬他,咬得遍体鳞伤。后来经过核实,确定他不是地下党员后才释放了他。

秦海清被日军抓去。日军对他拷打审问,过了很长时间才被释放。

三道河一姓刘的被日军抓到承德监狱,活活折磨死了。

“人圈”里居住的条件太差,外村搬来的农户不得不住在坐地户的羊圈里、碾棚里,卫生条件极差。老百姓有病没钱治,只有等死。1943 年“人圈”里传染了瘟疫病,死了五六十口人。

何桂芝

季连科(中)

峪耳崖镇范围内“人圈”调查纪实

双洞子“人圈”

调查时间:2014 年 4 月 10 日

调查地点:双洞子村赵德发家

口述人员:赵德发 88 岁　赵德富 88 岁

调查人员:张明云　袁瑞昀　黄凤　尹桂生　张焕生　袁瑞庆

双洞子“人圈”位于现在的双洞子村所在地。迁入的有鹿扑崖、猴沟、沟门、苏成沟、小西沟、大西沟、尉家湾子和双洞子等 8 个自然村,250 多户,1 300 多口人。

“人圈”的围墙为土围墙,长约 500 米,宽约 300 米,建有 3 个大门,围墙上建了 4 个炮楼。

日军及伪警人员根本不把“人圈”内的居民当人看,打人骂人是家常便饭,被打死杀死也是常有的事,赵德福被日本兵捅了 3 刀后死亡。

“人圈”里经常有人为八路军和地下党送信和筹集军鞋、军袜、军粮等。赵德富为八路军送鸡毛信(送到安家峪、炮岭)。娄宽、袁昌为八路军筹集军鞋、军袜、军粮等。

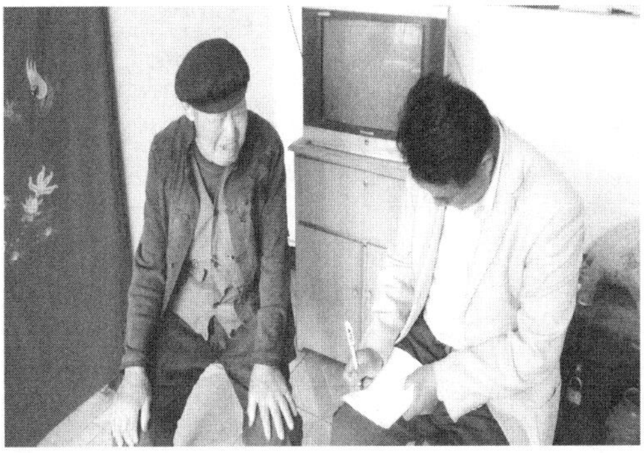

赵德发(左一)

赵德富(左一)

河坎子、西川"人圈"(2 个)

调查时间:2014 年 4 月 10 日

调查地点:西川村村部

口述人员:刘庆臣 88 岁　刘景贵 92 岁

调查人员:张明云　袁瑞昀　黄凤　尹桂生　张焕生　刘桂莲　纪国

河坎子"人圈"位于现在的西川村河坎子自然村。迁入的有小野鸡峪和河坎子两个自然村,共 100 余户,460 多人。

"人圈"的围墙为土围墙,长约 400 米,宽约 300 米,建有 2 个大门,在围墙的四个角修了 4 个炮楼。

刘庆臣(中)

西黄花川"人圈"位于现在的西川村,迁入该"人圈"的有现在的西川村的一部分、大野峪、东山和西川等自然村,有 60 余户,300 多口人。"人圈"的围墙为土围墙,长 300 米,宽 200 米,设东、西 2 个大门,四个角设了 4 个炮楼。

这两个"人圈"里被日军杀害的有袁瑞春、袁景贺、袁麻子、袁景春等,他们都死在了宽城。死的还有刘庆宽,他被日本兵烧死在他家的屋里。袁茂朥大腰圆,动手打了翻译官,被日本兵杀死了。"二地雷子"(绰号)给八路军送信,被日军杀害。刘庆云在大磨石沟梁上被日军发现,日军开枪打伤了他的腿后又将其杀死。"刘老泵"(绰号)被日本兵堵在屋里用火烧死。袁老四在鹿扑崖被日本兵杀害。金德兴被日本兵杀害在沙窝店。

大磨石沟林木茂密,刘明月区长率领区小队,白天隐藏在山里,夜间到河坎子"人圈"、西川"人圈",组织发动老百姓拆围墙,进行各种抗日活动。

参加八路军的有袁万金、孟昭生、袁瑞英、赵贵祥、袁瑞魁(袁瑞魁在一次战斗中牺牲了)。

上院“人圈”

调查时间:2014 年 4 月 10 日

调查地点:上院村刘景贵家

口述人员:王兴 87 岁　刘景贵 92 岁

调查人员:张明云　袁瑞昀　黄凤　尹桂生　张焕生　杨翠艳

上院“人圈”位于现在的上院村所在地。迁入的有金鸡沟、河北、莲花池、南湾子、河东、朝岭子和上院等自然村,共 240 户,1 100 多口人。

王兴(左一)

“人圈”为土围墙,长约 500 米,宽约 300 米,设东、西、南 3 个大门,四角有 4 个炮楼。

日军经常到“人圈”里抓人。袁瑞和被日军抓捕后,倒背着胳膊被绑了起来,押到沙窝店后被杀害了。

给八路军办事的人有袁万林、孟广来、刘万云。参加八路军的有袁福来、袁瑞福。

刘景贵(右一)

板城区委书记李长江经常到上院开展抗日活动。一次被叛徒告密,日本宪兵中队几十人围堵李长江书记。他寡不敌众,跑到葫芦沟门时,由于腿部中弹,爬不上冰坎子,日军就用机枪扫射,李长江不幸牺牲。

三道河子“人圈”

调查时间:2014 年 4 月 10 日　2014 年 6 月 13 日

调查地点:三道河子村部

口述人员:刘万忠 87 岁　刘海瑞 81 岁　马永 80 岁　段福银 79 岁

调查人员:张明云　袁瑞昀　黄凤　尹桂生　张焕生　刘兴贵

三道河子“人圈”位于现在的三道河子自然村,迁入的有莲花池、十字沟、放金沟、河西和三道河子等 5 个自然村。

“人圈”的围墙为土围墙,长约 500 米,宽约 200 米,建有东、南 2 个大门,围墙四角有 4

个炮楼。共150户,800多人。

刘万忠

"人圈"里被日军害死的有刘景才、刘景生的继父袁某。他们都在日本金矿上班,由于汉奸张魁告密,被日军抓捕后五花大绑地押到小峪沟枪毙了。

为八路军办事的人有地下党的王芝、王树同、董连甲、孟昭军、刘金、刘安。

参加八路军的有李宝友(化名李克忠)。日本鬼子无恶不作,经常侮辱残害妇女。李宝友在日本金矿做矿工,妻子在后庄"人圈"就惨遭日军蹂躏而死。李宝友义愤填膺,誓为乡亲和妻子报仇雪恨。他到了周治国那里,汇报了日军残害他妻子的悲惨遭遇。后来,周治国率领游击队,由李宝友引路,探察敌情,准备夜间突袭日本宪兵中队的炮楼。半夜时分,趁日军熟睡的时候,他们先砍死了日本哨兵,随后闯入炮楼里日本宪兵队的住处,神不知鬼不觉地用大刀把日军几十人全部砍死。李宝友为妻子报了仇,雪了恨,然后就义无反顾地参加了八路军队伍。参加八路军后,每次战斗中他都不怕牺牲,冲锋陷阵,最后升任团长、军分区司令员(此段历史由张怀、韩树奇、刘万忠口述)。

山家湾子"人圈"

调查时间:2014年4月11日

调查地点:山家湾子村邓永明家

口述人员:邓永明92岁　赵翠芬84岁

调查人员:张明云　袁瑞昀　黄凤　尹桂生　张焕生　邓国庆

山家湾子"人圈"位于现在的山家湾子村所在地,迁入的有曾湾子、椅子圈、龙凤沟、佟局子、铁炉子、葫芦峪和山家湾子等自然村,500余户,2 400多口人。

"人圈"为土围墙,长约800米,宽约400米,有东、南、西、北4个大门,6个炮楼。

"人圈"里被日本兵残害的人不计其数。有一次,日军抓了30多人,有马铎、陆永秀、王再贺3人,他们都死在了宽城;王树毕、王树玉、张文成、孙振元、孙振方、陆殿复、邓永来、王树军等人被押到鞍山监狱,全被折磨和残害致死。宁俊波、邓永方被抓到峪耳崖后被日本宪兵队打死。马余被日本兵开枪打死。王焕忠被抓走后,死在了鞍山监狱。胡振生、胡振海、胡振顺、赵永连、赵永成、苏广玉被抓走后也死在了鞍山。

"人圈"里为八路军办事的人有陆殿申、邓永明、邓永方、赵连生等人。他们为八路军送信(凡是带鸡毛、有洋火帽的就必须立即送走),组织老百姓做军鞋、衣服、袜子等。

参加八路军的有王富、郑民、张子江、老郝、老苗。

邓永明(左二)　赵翠芬(右一)

蒋屯子"人圈"

调查时间:2014 年 4 月 11 日

调查地点:蒋屯子村马海家

口述人员:马海 89 岁　刘桂芬 84 岁

调查人员:张明云　袁瑞昀　黄凤　尹桂生　张焕生　张力齐

蒋屯子"人圈"位于现在的蒋屯子村所在地。迁入的有下北沟、上北沟、鹿圈子、大洼坑、四拨子、小南沟和蒋屯子等 7 个自然村。

马海(左一)　刘桂芬(右一)

"人圈"的围墙为土围墙,长约 300 米,宽约 300 米,建有西、南 2 个大门,有 4 个炮楼。共 170 户,800 余口人。

马仓被抓到青龙后,被残害致死了。

给八路军办事的人有马占瑞、张井云、马全、马云、马海。

新甸"人圈"

调查时间:2014 年 4 月 11 日

调查地点:新甸刘山林家

口述人员:刘山林 92 岁

调查人员:张明云　袁瑞昀　黄凤　尹桂生　张焕生　徐振涛

新甸"人圈"位于现在的小新店村所在地。迁入的有大庙沟、小庙沟、东湾子、70 亩地和新甸等自然村。

"人圈"为土围墙,长约 500 米,宽约 200 米,建有东、南、西 3 个大门,有 4 个炮楼。共 210 户,1 100 口人。

为八路军办事的有刘广田、刘山林、刘计林、刘广文、刘广顺等,他们有的为八路军送鸡毛信,有的筹集粮食、军鞋、袜子和布匹等。

参加八路军的有刘占先。

被日本兵杀害的有刘广明、刘营。他们在监狱里被日军用战刀砍死了。刘洪林被抓到了承德,死在了承德监狱。马殿生被日本兵活活地电死了。

刘山林

峪耳崖前庄“人圈”

调查时间:2014 年 4 月 11 日

调查地点:前庄村刘景贤家、韩树齐家

口述人员:刘景贤 80 岁　韩树齐 84 岁

调查人员:张明云　袁瑞昀　黄凤　尹桂生　张焕生　于桂兰

前庄“人圈”位于现在的前庄村所在地。迁入的有前庄和胡家沟 2 个自然村,共 155 户,800 口人。

“人圈”为土围墙,长约 400 米,宽约 300 米,设东、西、南、北 4 个大门,还设了 4 个二层炮楼。

刘景贤

被日军害死的人有刘厂、刘永,被抓到宽城后残害致死。刘井来、刘忠、刘井会、胡万龙给八路军办事,被抓后押到了承德监狱,被折磨致死。田玉恩被抓到锦州监狱,严刑拷打后被折磨致死。

“人圈”里经常发生瘟疫,患瘟疫传染死的有刘永平、王凯等 8 个人。

韩树齐(左一)

为八路军办事的人有刘井清。他是自卫团长,白天给日本人办事,夜间为八路军筹集粮食、布匹。韩发、韩顺给八路军送信,进行抗日活动。刘新民、张庆堂给八路军办事,后来又参加了八路军。

峪耳崖后庄“人圈”

调查时间：2014 年 4 月 11 日

调查地点：后庄村李淑珍家、张怀家

口述人员：李淑珍 96 岁　张怀 80 岁

调查人员：张明云　袁瑞昀　黄凤　尹桂生　张焕生　张凤魁

后庄“人圈”位于现在的后庄村所在地。迁入的有沙金台子、沙金沟、西沟和峪耳崖后庄等自然村，共 80 户，500 多口人。

张怀（右一）

后庄“人圈”为土围墙，长约 800 米，宽约 200 米。设有南、北 2 个大门，四个角有 4 个炮楼。

后庄“人圈”设有村公所、协和会、警察分驻所等。驻有日军中队，来维护峪耳崖和金矿秩序。“人圈”的围墙上设有铁丝网，日军在“人圈”里日夜巡逻站岗，还喂养了几条狼狗。

李淑珍是妇救会委员，经常组织李荣发妻子、张德仁母亲等人到葫芦峪、大庙沟等地给八路军送鸡毛信，为八路军做军鞋、军袜等。

李淑珍（左一）

“人圈”里的刘忠、张富被日军残害致死。

李宝云给八路军办事，后来参加了八路军，转战南北，立下了赫赫战功。因为李宝云参加了八路军，日军就把李宝云的妻子抓捕了。抓捕后，日军给她灌洋油掺凉水来折磨她。她宁死不说出八路军活动的地点及有关情况。日军气急败坏地将李宝云的妻子折磨死了。一岁半的遗孤李荣幸存下来，由李荣的姑姑李淑珍收养。李淑珍千方百计寻找李宝云下落，最后在河南省开封市找到了李宝云。李荣长大成人后参加了革命，新中国成立后在开封市审计局退休。

三岔口"人圈"

调查时间:2014 年 6 月 13 日

调查地点:三岔口杜猛家

口述人员:杜猛 82 岁　刘兴才 82 岁　刘翠琴 80 岁

调查人员:张明云　袁瑞昀　黄凤　尹桂生　张焕生　刘兴义　杜宝国　耿玉新

三岔口"人圈"位于现在的三道河子村的三岔口自然村。迁入的有小张沟、郭家沟、许家庄、唐家庄、杨树沟、大东沟、东石门沟、西石门沟、苏家庄、娄台子、王宝沟、吴台子庄、丁家庄、达子沟、三岔口等自然村,共220 户,1 000 多口人。

杜猛(左一)

"人圈"为土围墙,长约 400 米,宽约 200 米,设南、北 2 个大门,墙四角各修了 1 个炮楼。

给八路军办事的有刘永林,是个"密输贩",给八路军送信,送物资,经常到长城里的八路军驻所。张庆年、刘云、高焕文、赵永德、高盛林、刘万魁、杜连凤、刘余、刘发、刘贵珍是地下党联络员。他们给八路军送信,传递情报。张福合的父亲张广德给八路军办事,被日军抓住,押到上院审讯后被日军枪杀。

刘翠琴(左二)　刘兴才(左三)

杜连凤的妹子是个普通的老百姓,被日军开枪打伤。

"人圈"里居住和生活环境极差,经常闹传染病,传染死了 50 多人。吴继东就是死于传染病。

北大杖子"人圈"

调查时间:2014 年 6 月 13 日

调查地点:北大杖子村张印廷家

口述人员:张印廷 81 岁　张殿友 82 岁　张印云 82 岁

调查人员：张明云　袁瑞昀　尹桂生　黄凤　张焕生　耿玉新　赵玉莲　李志国

张印廷(中)　张殿友(右一)

北大杖子“人圈”位于现在的北大杖子村所在地，迁入的有何家庄、杜家庄、张杖子、上店、榆树沟、贾杖子、闫子沟、娄子店、劳子店、乔子沟、北大杖子等自然村，共190户，900多口人。

“人圈”是土围墙，长约400米，宽约200米，东、南、西、北4个大门，一个角设1个炮楼。

何友林是“人圈”里的甲长，给日伪和八路军两面办事。

刘恒瑞、刘恒久、刘广魁是地下党员，长期组织“人圈”里的人给八路军送信，筹集军粮、军鞋，秘密进行抗日活动。

1944年6月20日，日军从梁北抢掠的8 000斤高粱米用卡车运到何友林甲长家储藏起来，被地下党员刘恒久发现。刘恒久夜间从围墙下的水沟爬出去，连夜奔到葫芦峪向八路军汇报。八路军首长按刘恒久提供的线索，立即调动一个连的兵力，奔到北大杖子“人圈”。“人圈”里站岗值班的自卫团员张殿清、马清打开城门，八路军在一夜间就把库房里的高粱米全部运走了。

第二天早晨，甲长何友林跑到峪耳崖日本宪兵队报告，说夜间八路军劫走了高粱米。日本宪兵队长气得暴跳如雷，率领日本宪兵30多人、伪军70多人，开着3辆卡车直奔北大杖子。日军把站岗的张殿清、马清抓起来绑到东大地，进行严刑拷打。他们二人至死没说出八路军夜间抢运高粱米的情况。

碾子峪镇范围内“人圈”调查纪实

艾峪口“人圈”(北庄、南庄2个“人圈”)

调查时间：2013年4月12日　2014年5月23日

调查地点：艾峪口村部　赵振海家　刘桂芝家

口述人员：吴庆仙82岁　周久林85岁　周久存80岁　赵振海87岁　贾连庆86岁　赵玉82岁　刘桂芝87岁

调查人员：张明云　袁瑞昀　尹桂生　陈国仁　张焕生　贾中友

艾峪口共有2个“人圈”：

1. 北庄“人圈”位于现在的艾峪口村的北庄。迁入的有东沟里和东沟门1条沟，以及艾峪口北庄等。“人圈”的围墙长约400米，宽约200米，共有130多户，600多口人。建有东、西2个大门，4个角各设1个炮楼，后山上还专门修了1个炮楼。

2. 南庄“人圈”位于现在的艾峪口村的南庄。河西庄和南庄都集中到艾峪口南庄“人圈”。“人圈”的围墙为土围墙，长约350米，宽约200米。共70多户，350多口人。

县镇村调查人员与贾连庆(左四) 赵玉(左五) 赵振海(右三)合影

艾峪口“人圈”是宽城境内长城根下的第一个“人圈”。当时，董家口里是八路军地盘，长城以北被日伪军控制着。

“人圈”里有伪警察、日本宪兵四五十人长期驻扎。

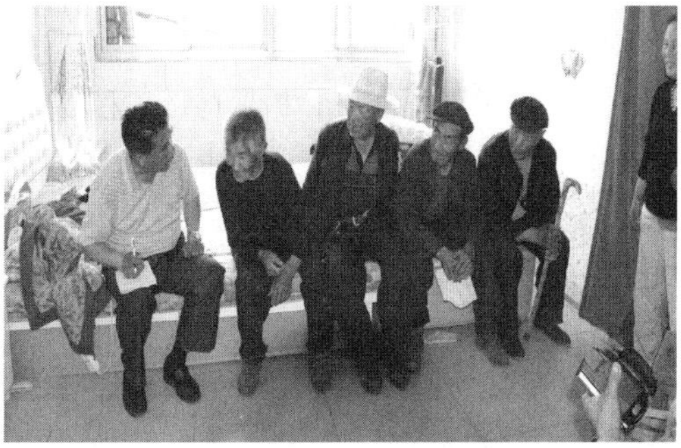

赵振海(左二) 赵玉(左三) 贾连庆(左四) 周久存(右一)

刘爽是自卫团长，刘爽的父亲刘志玉在“人圈”里横行霸道，欺压百姓，为非作歹，民愤极大，被八路军镇压处死。刘爽把对八路军的仇恨转嫁到艾峪口老百姓身上，他想替刘志玉报仇雪恨。因此，他勾结日军，抓捕艾峪口“人圈”里的老百姓，把吴长清、刘胜海、赵廷存、刘宽等48人用4辆日本大卡车押走了，分别押送到了青龙监狱、热河监狱、沈阳监狱、安东监狱、鞍山监狱、奉田监狱。褚清林在奉田监狱被日本兵用铡刀铡死。被抓的48人，只有5个人在1945年日本投降后返回，其余43人全部死在了监狱里。

刘桂芝(右一)

给八路军办事的人有吴庆合、刘井贺、赵振明、周久林等。赵振明在给八路军送子弹、手枪时，经常把这些子弹和手枪隐藏在马车轱辘袋里，他冒着杀头危险出生入死，每次都把军需物资送到八路军的根据地。

这2个“人圈”里参加八路军的人有赵振香、赵百山、褚成万、褚成万儿子、周连存、褚宽林等。

岭西"人圈"

调查时间:2014 年 4 月 19 日

调查地点:岭西村白玉春家

口述人员:白玉春 99 岁　纪玉兰 92 岁

调查人员:张明云　袁瑞昀　黄凤　尹桂生　张焕生　翁振来

岭西"人圈"位于现在的岭西村所在地,迁入的有潘家庄、鲁家庄、炉上庄、翁家庄、炮岭东沟 6 个自然村,共 210 户,1 100 多口人。

"人圈"的围墙为土围墙,长约 350 米,宽约 200 米,设有南、北 2 个大门,2 个炮楼。"人圈"由部落警和自卫团员日夜看守,限制老百姓自由出入。

白玉春(右二)

翁继海的妻子去大屯时正赶上发生大屯惨案,惨死在大屯。

高景贵在炮岭梁上走路,被日军看见,以为他是地下党的办事员,就向他开枪,把他的脚后跟都打没有了。

白玉春是八路军专职的通信员,经常冒着生命危险向迁西的贾庄子根据地、炮岭(化名路顺)、百草林(化名上山)、安家峪等八路军根据地送信。

沙窝店"人圈"

调查时间:2014 年 5 月 23 日

调查地点:沙窝店村才俊林家

口述人员:才俊林 85 岁　才俊海 84 岁

调查人员:张明云　袁瑞昀　尹桂生　张焕生　吴剑英　韩兴　才庆利

沙窝店"人圈"位于现在的沙窝店村所在地。迁入的有豆子沟、山后、西沟、北沟、桃树峪、老石家、二河店和沙窝店等自然村,共 290 户,1 500 口人。

"人圈"为土围墙,长约 500 米,宽约 350 米。设东、南、西、北 4 个大门,在后山修了 3 个炮楼。同时,日伪还在"人圈"附近山的最高点上,设置了一棵松树,作为"消息树",如果发现地下党八路军时就把消息树放倒,以示情况变化。

给八路军办事的人员有才占宽、才占俭、才贵安、周占友、才国祥。他们秘密地进行抗日活动,送鸡毛信,收军粮、鞋、袜等军需物资。

才俊林(左一)　才俊海(左二)

才贵安参加了八路军队伍。

被日军杀害的有才贵录。他因为耳聋,在夜间站岗时,没发现地下工作人员进“人圈”,被日伪军抓走枪毙了。才永天在“人圈”里筹集军粮时,被人告密,惨遭日军枪杀。

“人圈”里经常闹瘟疫病,死了七八十人,大多是小孩子,主要是得天花、疟疾等病而死。

大屯“人圈”

调查时间:2014 年 5 月 23 日

调查地点:大屯村田庆奎家

口述人员:田庆魁 83 岁　赵翠莲 80 岁

调查人员:袁瑞昀　黄凤　尹桂生　张焕生　刘振清

大屯“人圈”位于现在的大屯村所在地。迁入的有北苏子沟、南苏子沟、东苏子沟、南屯、岭根和大屯等自然村。

“人圈”的围墙为土围墙,长约 500 米,宽约 300 米。共 210 户,约 1 200 口人。建有东、西、南 3 个大门,4 个炮楼。

给八路军办事的人有刘廷顺。他专门负责跑交通,经常到长城里给八路军送物资及情报。还有田宝林、田成福、张万明、侯永忠、李金才、吴井荣、刘廷富、佟素珍(妇救会主任)、吴井田(妇救会委员)等人,都为八路军办事。

田庆奎(左一)

赵翠莲

参加八路军的人有田广林(化名田成军),后荣任了八路军的团长,最后升任师长。田广云也参加了八路军。

徐金贵、纪林、吴井荣、李金才、吴增海、张宝、纪海云等20多人,被日军抓到鞍山监狱折磨害死。

碾子峪"人圈"

调查时间:2014年5月23日

调查地点:碾子峪村宋来贺家

口述人员:宋来贺 80岁　宋宝山 82岁

调查人员:张明云　袁瑞昀　尹桂生　张焕生　韩兴

碾子峪"人圈"位于现在的碾子峪村所在地。迁入的有北沟、东庄、河北碾子峪等自然村,"人圈"为土围墙,长约350米,宽约250米,共120多户,600多口人。"人圈"设东、西、北3个大门,建有4个炮楼。

给八路军办事的人有宋林、玄振魁、宋满、刘明、林英阁等人。

宋安被抓做了劳工,经常遭日伪军的毒打。后来,吴江被日军抓到了东北煤窑,一直没有音信。

"人圈"里因为卫生条件极差,经常得瘟疫病。"人圈"里因瘟疫病传染死的有50多人。张清阳儿子得了霍乱,最后发烧抽搐而死。

宋来贺(中)　宋宝山(右一)

元宝盖"人圈"

调查时间:2014年5月23日

调查地点:元宝盖村马金生家

口述人员:吴凤兰 85岁　马金生 86岁　马金富 82岁

调查人员:张明云　袁瑞昀　尹桂生　张焕生　韩兴

元宝盖"人圈"位于现在碾子峪村的元宝盖自然村。迁入的有千晌地自然村和元宝盖自然村。"人圈"的围墙为土围墙,长约300米,宽约100米。设有东、西2个大门,前山、后山各修了1个炮楼,共有55户,300多口人。

给八路军办事的人有王景清、王井云、王井合、王廷明、王廷春、王廷顺、马金荣、马彪、马生等，他们给八路军送情报、粮食、鞋、衣服等物资。

参加八路军的有王珍、王路、王廷春等人。

马金生(左一)　马金富(左二)

吴凤兰(左二)

榆树峪“人圈”

调查时间：2014 年 5 月 16 日

调查地点：榆树峪村邱万才家

口述人员：邱万才 91 岁　王占生 82 岁　才东祥 80 岁

调查人员：张明云　袁瑞昀　尹桂生　张焕生　韩兴　邱满

榆树峪“人圈”位于现在的榆树峪村所在地。迁入的有东沟、庄户、河套和榆树峪等 4 个自然村，共 100 多户，500 多口人。

“人圈”的围墙为土围墙，长约 300 米，宽约 200 米。设有东、西 2 个大门，4 个炮楼，后山上又设了 2 个炮楼。

给八路军办事的人有袁瑞丰、朱春、薛宝生、高俊、高魁、邱营、高胜维等。

赵国忠(化名赵广义)是口里人，地下党员。他白天挑着“货郎担”卖货，夜间在“人圈”里组织老百姓拆围墙，进行抗日活动。新中国成立后此人到长沙市担任了市长。

参加八路军的人有邱万才(19 岁参加八路军)、张朝合 2 人。

被日军杀害的人有高胜维、刘瑞、胡双。他们被日军抓到铧尖。日军审问胡双时，翻译问他：“你读过书吗？”胡双回答说：“我没放过猪。”翻译又问：“你上过学(宽城口音把“学”读“xiáo”)吗？”胡双回答：“我没上过洒河桥。”日军见胡双装聋、打岔，气得暴跳如雷，就用刺刀捅死了他。

在榆树峪“人圈”附近的椅子峪，发生过一次“横子洼战役”。当时，榆树峪“人圈”里设有日伪警防所。警防所就把碾子峪、元宝盖、艾峪口、大屯、沙窝店、下大地、孤山子等 7 个

“人圈”的自卫队员全部集中到榆树峪进行军事训练。训练后这些人长期到横子洼站岗放哨，防止驻在口里的八路军越过长城进行抗日活动。

县镇调查人员与邱万才(左三)
王占生(左四) 才东祥(右二)合影

1945年5月2日，八路军一个连越过长城，在榆树峪横子洼与日军的一个小分队和自卫团的240多人相遇，双方发生了激烈战斗。在战斗中，八路军指挥员向自卫团员进行宣传：“中国人不打中国人，只要缴枪，八路军不打自卫团员……”，自卫团员听到反复宣传动员后，纷纷放下武器，四散逃跑，只剩一个小分队的日本兵顽固抵抗。八路军集中火力一举歼灭了他们，取得了战斗的胜利。

下大地“人圈”

调查时间：2014年5月16日

调查地点：大板村李春阳家

口述人员：李春阳 91岁

调查人员：张明云 袁瑞昀 尹桂生 张焕生 韩兴

李春阳(右一)

下大地“人圈”位于现在的大板村下大地自然村。迁入的有马道沟、塔沟、大刺峪、小刺峪、上大地和下大地等自然村，共230户，1 200多口人。

“人圈”的围墙为土围墙，长约500米，宽约200米，建有2个大门，设有4个炮楼。

下大地“人圈”是一个甲，张宝春是甲长。

给八路军办事，筹集军粮、衣、物，送信的人有白俊海、高胜云、梁振荣、高胜明等。

参加八路军的有刘万富、翁顺2人。

孤山子“人圈”和南庄“人圈”

调查时间：2014年5月16日

调查地点：孤山子村部

口述人员:刘海山 83 岁

调查人员:张明云　袁瑞昀　尹桂生　张焕生　韩兴

孤山子“人圈”位于现在的孤山子村。迁入的有北庄至白相沟的马圈沟、兰石岭、霍家沟、双窑沟和孤山子等自然村,共 50 多户,300 多口人。

围墙为土围墙,长约 300 米,宽约 100 米,并设有西、北 2 个大门,还有 1 个角门。围墙的 4 个角各设 1 个炮楼,孤山子山头还设 1 个炮楼,共 5 个炮楼。

南庄“人圈”位于现在孤山子村的南庄自然村。迁入的有转山子、东湾子、南沟、下窝铺和孤山子南庄等自然村,共 95 户,450 多口人。

“人圈”为土围墙,长约 300 米,宽约 200 米,设有东、北 2 个大门,围墙的 4 个角各设 1 个炮楼,围墙外有水沟。

刘海山(中)

“人圈”里设有警察署、村公所等。“人圈”内长年驻扎于友三讨伐队,队员 200 多人。他们是日本鬼子的帮凶,经常配合日军到抗日根据地“围剿”地下党员、八路军,杀害无辜百姓。

给八路军办事的人有张玉振、郝万荣、郝万春、刘占方、霍玉山、刘海山。他们给八路军筹集军粮、衣服,送鸡毛信等。

参加八路军的有郝万荣、翁学。

“人圈”里经常闹瘟疫病。闹瘟疫病死亡的有六七十人。刘海清的爷爷、奶奶、爸爸、叔叔 6 口人全得瘟疫病死了。翁玉富一家 7 口人也全部传染死了,一家都死绝了。

观堂子“人圈”

调查时间:2014 年 6 月 10 日

调查地点:观堂子村翁振才家

口述人员:翁振才 83 岁　韩凤雨 82 岁

调查人员:张明云　袁瑞昀　尹桂生　张焕生

观堂子“人圈”位于现在的观堂子村所在地。迁入的有黄台子、河西庄、后庄和观堂子等自然村。共 115 户,约 550 口人。

“人圈”的前面围墙是用石头垒的,后面的围墙是用土修筑的,长约 300 米,宽约 200 米,设西、南 2 个大门,4 个炮楼。大门上还建了 1 个岗楼。

甲长是吴增林,副甲长是翁贵臣,韩贵存是常务员。

给八路军办事的人员有翁贸然、韩永余、韩永恩、韩桂富、翁振明、翁振起、韩永荣、翁起元等。他们是地下党员，秘密进行抗日活动，为八路军和游击队送情报、朝八路军根据地送物资等。

参加八路军的人有翁贵之、韩凤林、翁贵友。

被日军杀害的有韩永余。他是地下党员，被日军抓到了承德监狱。日军对他严刑拷打。他誓不屈服，被杀死在了监狱。

翁伟头(绰号)去大屯串亲，大屯惨案那天晚上，被日军杀害了。

翁振才(中)　韩凤雨(右一)

赵明月(真名叫刘凤鸣)是活动在峪耳崖区片的游击队干部，一次在观堂子秘密开展抗日活动时，被伪军抓住。人们为了救他，全“人圈”的老百姓每家拿出 50 元满洲钱，向警察求情，赵明月才被释放。

翁贵友参加八路军后，日军三番五次地把“人圈”里的老百姓集中在“人圈”外的树林里，威胁老百姓指认翁贵友及家属。一次，翁启元急中生智，把 9 岁的翁贵义(小名二庄儿)顶替翁贵友的名字。敌人看翁贵义是个小孩子，不是当兵的，就不再追查。翁贵友的家庭也没受到迫害。

翁桂林经常给八路军送情报。一次，被特务碰到后，特务怀疑他是地下党员，要抓捕他。翁桂林见特务动手，就与特务拼打起来。搏斗中，翁桂林把特务的手枪抢过来，打昏了特务。然后，他就跑到地下党干部活动的地方，把枪交给了丁福臣队长(当时赵明月、金福臣、田水、丁福臣、赵祝华长期在峪耳崖区片进行抗日游击活动)。

1943 年，观堂子“人圈”患传染病，死了 40 多人，翁连元、翁张氏两口子在不到 5 天的时间里，就相继传染死去。翁振甫一家 5 口人被传染死了 4 口人。

宽城镇范围内“人圈”调查纪实

张杖子“人圈”

调查时间：2013 年 5 月 9 日

调查地点：张杖子村韩国才家

口述人员：刘其柱 80 岁　韩国才 82 岁

调查人员：袁瑞昀　尹桂生　陈国仁　黄凤　张焕生　刘玉良

张杖子“人圈”位于现在的张杖子村所在地。迁入的有唐杖子、椴树沟、桃园、赵家庄、杏树台、西沟老韦家、杨杖子、老虎沟、张杖子等 10 个自然村，共 315 户，1 600 口人。

张杖子“人圈”的围墙长约 700 米，宽约 200 米，设东、西 2 个大门，东西大门上设有 2 个炮楼。日军企图断绝八路军与老百姓之间的来往，把张杖子“人圈”以外的房子都烧光了。

“人圈”内的韩国才经常给八路军送鸡毛信。陈国英被日军害死。韩国珍是“密输贩”，表面上是做买卖，实际上给八路军购办物资，北面到平泉、南面到迁西，长期地跑“交通”。

刘其柱

韩国才

三异井“人圈”

调查时间：2014 年 4 月 14 日

调查地点：三异井村王朝凤和李凤琴家

口述人员：王朝凤 81 岁　李凤琴 80 岁

调查人员：张明云　黄凤　张焕生

三异井“人圈”位于现在的三异井村所在地，迁入的村庄有杨林台、蒋湾子、东沟里、黄崖子、石灰窑沟、石灰窑沟门山后等自然村，共 75 户，400 多口人。

李凤琴(右一)

王朝凤(右一)

围墙为土和石两种围墙，长约 150 米，宽约 100 米。有东、西 2 个大门，建有 4 个炮楼。

抗日干部纪万山,经常到三异井"人圈"活动,被捕后被日军活埋了。

"人圈"内经常流行传染病,因传染病死去的有四五十人,蒋湾子孙保一家5口人死了4口,仅剩了1人。

高永兴参加了八路军。

东冰窖"人圈"

调查时间:2014年4月14日

调查地点:东冰窖村部

口述人员:王玉林95岁　尹绪宗81岁　赵振成85岁　衡显林80岁

调查人员:张明云　黄凤　尹桂生　刘俊来　赵文龙

东冰窖"人圈"位于现在的东冰窖村所在地,迁入的村庄有和尚沟、上坡子、东冰窖、石灰窑沟、石柱子等自然村,共400多户,1 900多口人。

"人圈"的围墙为土围墙,有东、南、西、北4个大门,5个炮楼。围墙长约500米,宽约200米。

被日军杀害的有八路军工作队的老年(记不清名字了),被日军杀害于菜园子沟。

赵振成(左二)　王玉林(左三)
尹绪宗(左四)　衡显林(左五)

"人圈"里的老百姓王玉春,被日军抓走后,押至东北鸭绿江杀害。

"人圈"内经常流行传染病,常常是一天就抬出去好几口人,几年中死去的大约有五六十口人。

北局子"人圈"

调查时间:2014年4月15日

调查地点:北局子村部

口述人员:袁自贵80岁　袁自有83岁

调查人员:张明云　黄凤　张焕生　裴亚楠

北局子"人圈"坐落在现在的北局子村。迁入的有马架沟、山梁子、石柱子、西岔沟、三家、陆庄子、姚家幔子、和尚沟老李家、王厂沟部分户、关家沟、水泉、杨树湾、西冰窖和北局子等自然村,650多户,约2 800口人。

"人圈"的围墙是土墙,长约350米,宽约200米,设4个大门,炮楼4个。

被日军杀害的有抗日干部张永年、李文华，他们二人都在清河臭水湖附近被日寇杀害，杀害后日寇将他们的人头挂在东门炮楼上很长时间，用来威吓老百姓。八路军的交通员于春荣被抓到宽城后杀害。

袁自有(左一)　袁自贵(右一)

“人圈”内经常流行传染病，死去的约有八九十人，和尚沟李春泽一家就死去了5人。

“人圈”里的袁广术、袁炳权、唐文如、李春会等经常组织抗日活动。

下坎子“人圈”

调查时间：2014年4月14日

调查地点：下坎子村部

口述人员：杨占荣95岁　朱凤廷91岁

调查人员：张明云　黄凤　张焕生　刘俊学　梁中来

下坎子“人圈”位于现在的下坎子村所在地。迁入的有大前坡峪、五龙沟、霍家峪、瓦房庄(约一半)下坎子等自然村，共510户，2 400多口人。

朱凤廷(左一)　杨占荣(中)

“人圈”的围墙为土围墙，长约300米，宽约180米，其中有近40米的土围墙现在保存得非常完好。“人圈”有南、北、西3个大门，前后的山顶上设有炮楼2个。

1942年，由于叛徒赵军告密，“人圈”里为八路军办事的杨占荣、唐保存、张明、杨占廷等60多人被捕，被押至辽宁鞍山。这些人中只有杨占荣、杨占廷2人生还。其余的都死在了鞍山。老百姓张振孝被日军无辜开枪打伤，造成了终身残疾。

为八路军办事的有朱凤远、朱凤铭、唐振如、许连云，他们为八路军送信、筹集物资等。唐振来为地下党员。

“人圈”内经常流行传染病，因传染病死去的约有八九十人。刘殿印一家7口人就传染死去了5口。

于杖子“人圈”

调查时间:2014 年 4 月 15 日

调查地点:于杖子村鲍秀文家

口述人员:王翠杰 90 岁　史俊如 80 岁

调查人员:张明云　黄凤　张焕生　裴亚楠　万巨祥　李广庆　鲍秀文

于杖子“人圈”位于现在的于杖子村,迁入的有于杖子、杨树洼、大北沟、西梁、洪杖子、小前坡峪、黑小子沟、小梁根、偏桥子沟、团票沟、河南、石洞子、马家庄、庞家庄、举家庄、鲍家庄、西道、张家庄、东沟、西南后、南山后、大葛条洼、马架沟(部分)、黄毛沟和于杖子等自然村,有 410 多户,1 800 多口人。

王翠杰(中)

“人圈”的围墙为土、石围墙,长约 500 米,宽约 400 米(现在还有部分围墙遗址),设有东、西、北 3 个大门,有 3 个炮楼。

史俊如

1942 年腊月初八,鲍恩祥、鲍恩青被抓走;大梁根石永路被日军杀死在屋里,然后又烧毁了房屋;小前坡峪霍占坡三闺女被日军杀死;王义才的母亲被刺了 7 刀未死,后又活了几年。团门沟的地下党员鞠成章被叛徒告密抓走后,被日军杀害。

“人圈”内经常流行传染病,死了 150 多人,小孩子死的特别多,张家坟沟山坡上因瘟疫死的孩子到处都是。

王家店“人圈”(缸窑沟里)

调查时间:2014 年 4 月 15 日

调查地点:缸窑沟沟里村王本善家和村小卖部外

口述人员:王本善 85 岁

调查人员:张明云　黄凤　张焕生

王家店“人圈”位于现在的缸窑沟沟里村王家店自然村。迁入的有窑顶、老亮子、大石湖、大山、姚家房、稗子沟、石门沟、姜家沟、田家沟、苏子沟、老项家、王家店等自然村，约 580 多户，2 600 来口人。

王本善（右一）

“人圈”的围墙为土围墙，长约 700 米，宽约 200 米，2 个大门，后山设 1 个炮楼。

当时这个“人圈”里有 18 家私人的缸窑厂，大多都有 200 多年的历史，外省市的都有在缸窑里做工的人。“集家”时这些窑厂也被集中建在了这个“人圈”里，日寇经常来此搜刮这 18 家窑主。

严长庆、王文运 2 人为这个“人圈”的甲长，明着应付日伪，暗中却为八路军办事，为八路军筹集物资、通风报信等。地下党员有刘万海、刘云昌等。

“人圈”里经常闹传染病，死了 130 多人。

翁家庄“人圈”（缸窑沟门）

调查时间：2014 年 4 月 15 日

调查地点：县老年公寓

口述人员：翁一民 82 岁

调查人员：张明云　黄凤　张焕生

翁一民

翁家庄“人圈”位于现在的缸窑沟沟门村。迁入这个“人圈”的有翁家庄、罗家沟一部分、缸窑沟翁姓家族、小北沟等自然村，共 80 户，500 多口人。

“人圈”围墙为土围墙，长约 250 米，宽约 100 米，墙外有壕沟，设有东、西 2 个大门，4 个炮楼。

为八路军办事的有赵桂甲长，暗中为八路军办事。

下河西“人圈”

调查时间：2014 年 4 月 16 日

调查地点：下河西村丛桂琴家

口述人员：丛桂琴 80 岁　赵士安 86 岁　赵永勤 80 岁

调查人员：张明云　黄凤　张焕生

下河西“人圈”位于现在的下河西村所在地，迁入的有下河西村的前庄、后庄、沟门、小前坡峪、黑小子沟、湾子和下河西等自然村。计 310 户，1 400 多口人。

“人圈”围墙为土围墙，设有南、北 2 个大门，2 个炮楼，围墙长约 500 米，宽约 300 米。

为八路军办事的有赵海明，他身为“人圈”的甲长，暗中却经常为八路军筹集军用物资等。

丛桂琴(左一)　赵士安(左二)　赵永勤(左三)

日军经常残害老百姓，糟蹋未出嫁的女子。因此，未出嫁的女子不敢束辫子，故意束簪子，朝年龄大了打扮。后杨树湾李家闺女就是被日本兵强奸后，又被刺刀刺死的。

老百姓给警察署送劈柴，有时，劈柴稍大一点，日本兵拿起劈柴就打送劈柴的人，根本不拿老百姓当人看。

“人圈”内经常闹传染病，几年中死了 200 多人。有一年，姓李的一家就死了 8 口人。“人圈”里总弥漫着尸臭味。

大马沟“人圈”

调查时间：2014 年 4 月 16 日

调查地点：大马沟村部

口述人员：孙吉德 83 岁　唐广春 85 岁

调查人员：张明云　黄凤　张焕生　唐士林　王超人

大马沟“人圈”位于现在的大马沟村所在地。迁入的有大马沟、王家庄、葛家庄、下坎、北院、车十门、下杖子、徐家沟、大西沟和大马沟等自然村，共 180 户，800 多口人。

“人圈”的围墙是土围墙，长约 400 米，宽约 250 米，东边边界有条壕沟，没有墙，壕沟就代替墙了。南北 2 个大门，2 个水闸门，共修有 3 个炮楼。

日军在“集家并村”期间极其残忍，地下党员徐鸿宾被日军押到老亮子大山后赶至屋内，然后放火烧房，将他活活地烧死在房子里。地下党员孙维贞被抓后，不堪日军的残暴折磨而悬梁自尽。唐振兴的妻子因丈夫被“检举”为八路军办事，被日军打得遍体鳞伤，受尽折磨而死。徐宏月被抓到药王庙三皇庙，被日伪军毒打致死。徐庆福的母亲、姐姐因徐庆福参加八路军而饱受折磨。唐振贵、孙英山、张云福等人被抓了劳工，只有张云福、唐振贵的儿子回来了，其他人都死在了鞍山。

孙英永等人去承德买粮食回来，被日军抓往青龙后在唐广亮甲长等保释下才放回家。

孙吉德(右二)　唐广春(右一)

1943年闹虫灾，毫厘虫(大青虫)遍地都是，庄稼都没收成了，又发生了传染病，死了八九十人，扔到山上的死孩子到处都是。真是既是天灾，又是人祸，都没有老百姓的活路。

参加八路军的有徐庆祥(只有15岁)、翁汉民、翁汉原、唐学礼。

经常去大马沟一带组织抗日活动的八路军干部有马昭贤、赵练、安如山等。

九虎岭"人圈"

调查时间：2014年4月17日　2015年1月17日

调查地点：九虎岭村孙永来家　九虎岭小卖部　刘成海家

口述人员：孙永来87岁　刘成海87岁　孙永成87岁　杨海增90岁

调查人员：张明云　袁瑞昀　黄凤　尹桂生　张焕生　韩桂树

九虎岭"人圈"位于现在的九虎岭村所在地。迁入的有大野鸡峪、张台子、大料山沟、小料山沟、史台子、九虎岭梁、小北沟、水泉沟、头道坡、岭根儿、下道、井沿庄、九虎岭等自然村和北山王芝家等，共260户，1 200多口人。

孙永来(左一)　刘成海(中)　孙永成(右一)

"人圈"的围墙是土墙，长约400米，宽约200米，有东、西、北3个大门，在"人圈"的四角有4个炮楼。

为八路军办事的人有王振祥、王胜德。王振祥在日伪方面为甲长，在八路军方面又任报国会会长。杨顺有、孙广和、张德富、袁万福是报国会成员，为八路军筹集军鞋、军袜、军粮，送信等。李永福、刘万秀、刘文振、张生印为地下交通站送信、运送物资等。

日军对"人圈"里老百姓的镇压非常残酷，杨顺有、孙永林、孙广和、孙广安、刘殿福等人被"检举"后抓到宽城。日军朝他们灌煤油掺头发碴子，严刑拷打，又被送到了承德、营口等监狱，后被折磨致死。

陈连增是石柱子人，在南天门被抓，被押到九虎岭梁上时，陈连增趁敌人不注意跳车滚到山沟低洼处而逃生。

杨海增、张德富给八路军送鸡毛信、送地雷、藏枪支，一般都送到水泉沟八路军活动地点。

杨殿友、何义清给日本鬼子效力，被八路军镇压。

参加八路军的有孙永荣、王魁的儿子王树华。孙永荣后来担任了八路军的排长，新中国成立后复员。

“人圈”里十分狭窄，居住非常密集，卫生条件极差，经常发生传染病，有100余人死于传染病，牲畜死了无数。

头道河子“人圈”

调查时间：2014年4月17日

调查地点：山后村姚满家

口述人员：姚华 85岁　姚满 88岁　毕文发 85岁

调查人员：张明云　黄凤　张焕生

头道河子“人圈”位于现在的山后村头道河子自然村。迁入的有罗家沟、二道河子、山后、五虎沟和头道河子等自然村，共70多户，400多口人。

姚华(左一)　毕文发(左二)
姚满(右一)

“人圈”的围墙为土围墙，长约150米，宽约130米，设有东和西2个大门，围墙的四角有4个炮楼。

曾占景、曾占来被抓到宽城，毕文发到“人圈”外割柴，也被警察抓去。他们被日军压杠子、灌凉水等，拷问八路军的情况。

“人圈”里经常闹瘟疫病，死有四五十人，张俊一家好几口人(准确的数记不清楚了)都死于瘟疫病。曾占桂妻子也死于瘟疫病。

为八路军办事的有王云、刘双安，他们给八路军筹集军鞋、军袜、军粮。

参加八路军的有曾含。

山后“人圈”

调查时间:2014 年 4 月 17 日　2014 年 8 月 14 日　2014 年 9 月 17 日

调查地点:山后村姚满家　曾素艳家　王景合家

口述人员:姚华 85 岁　姚满 88 岁　毕文发 85 岁　曾素艳 82 岁　王景合 86 岁

调查人员:张明云　黄凤　尹桂生　张焕生　刘亚民　杨丽

山后“人圈”位于现在的山后村所在地。迁入的有翁家庄、上台子、佟家庄、马圈子沟、北梁子、老林家、张家庄、豆腐沟、广园子、罗家沟门、山后等自然村和五虎沟的一部分,有 200 余户,950 多口人。

王景合(左二)

“人圈”是土围墙,长约 400 米,宽约 150 米,有东、南、西、北 4 个大门,围墙的四个角各设 1 个炮楼,南侧围墙中间还修建了 1 幢两层望火楼。望火楼由日伪军站岗放哨,用于瞭望观察情况,禁止八路军、地下党进出“人圈”,隔绝与老百姓之间的来往。

“人圈”里设有村公所,曾万庆是甲长,他白天被迫给日伪办事,夜间给八路军办事,是个“两面人”。

老百姓白天被逼迫修围墙、架电线,夜间按地下工作人员的安排再拆掉围墙,砍掉电线杆,掐断电线,老百姓非常劳苦。

曾素艳母亲孙曾氏、孟素琴、王景合等人经常给八路军送鸡毛信。一次,曾素艳、孙曾氏给八路军送信,快到广园子时,看见了日军。孙曾氏、曾素艳怕被搜查出鸡毛信,离这些日军还有 100 多米远时,孙曾氏不慌不忙地把信压在了路旁的一块大石头下面,用柴火枝、杂草盖了起来,然后挎着筐子装作是采山菜。日本兵看见孙曾氏、曾素艳母女俩是采野菜的,简单地搜查搜查,没有发现鸡毛信,就走过去了。

曾素艳(左二)

“集家并村”时,日军经常在“人圈”里搞“大检举”。在“大检举”时,日军经常把老百姓集中到村公所的院子里，在望火楼上架起机关枪来威吓老百姓。被“检举”出的地下党员，日本宪兵先用刺刀捅死，后让伪警察扔进宽城南的万人坑。在山后“人圈”附近，前后就有30多人被杀死在了宽城南的万人坑里。地下党员周通在“人圈”里进行抗日活动，他白天装作行医卖药，夜间组织老百姓拆围墙、砍电线杆。后来，被敌人察觉不幸被捕。日军砍下了他的头颅，挂在了东岭梁的松树上，威吓老百姓。

曾永、曾占才、曾占全被日军抓捕后，日军用辣椒水掺洋油朝他肚子里灌，用烙铁烙他们全身。他们咬紧牙关，始终没说出地下党员及活动情况，受尽了折磨，后来被甲长保释后才被释放。

孟广德参加了八路军。

“人圈”里的居住条件、卫生条件太差，爆发了传染病，死了80多口人。管万发的儿媳妇、老母亲没隔几天相继得传染病死了。曾素艳的大伯、奶奶、小妹子都是得传染病死的。

下窝铺“人圈”(蒋杖子)

调查时间：2014年6月10日

调查地点：天宝花园C座徐德明儿子家

口述人员：徐德明 89岁

调查人员：张明云　袁瑞昀　尹桂生　张焕生

下窝铺“人圈”位于现在蒋杖子村的下窝铺自然村。迁入的有小野鸡峪、孙家庄、蒋湾子、杨树沟、小岭、蒋杖子、东沟里、康家沟和下窝铺等自然村，共132户人家，645口人。

“人圈”的围墙为土围墙，长约400米，宽约200米，设东、西、北3个大门，修了3个炮楼。

徐德明(中)

甲长是蒋庆福，自卫团长是张春山，常务员是郗显荣。

“人圈”里给八路军办事的有石云成、石丙会和蒋云忠等。石云成是武装班长，石丙会是支部书记。

李殿忠是地下党联络员，陈凤山、蒋云峰、石丙忠都是地下党办事员。

徐德明是青年报国队长。

参加八路军队伍的有石丙会。

被日军害死的人有石丙文、方文德，他们都被抓到鞍山监狱后害死了。

孙立旺被日本兵抓住，当场就被开枪打死。

石云成给八路军、游击队办事，长期藏在大西沟树林里。由于叛徒告密，日军把他包围在大西沟树林里。被抓捕后，日军把他押到了龙须门，对他严刑拷打，让他说出地下党和八路军的下落，他宁死不说。后来，敌人把他绑到下窝铺“人圈”里，把老百姓驱赶到一起，强迫石云成指认谁是共产党员。石云成却把伪警察说成是为八路军办事的人员，指名道姓地把他们指认出来，日军气得暴跳如雷，下令狠狠地毒打石云成。最后，石云成被活活地打死了。

因为“人圈”里的卫生条件太差，经常发生瘟疫病。仅 1943 年的一年里，就前后被传染死了 90 多口人，有时候一天就死去十几个人，于忠家 5 口人传染死了 4 口。

宽城“人圈”

调查时间：2015 年 1 月 8 日　2015 年 1 月 17 日

调查地点：李向印、刘允忠、李文良家

口述人员：刘允忠 96 岁　李向印 96 岁　李文良 83 岁　杨淑芝 83 岁　才淑侠 91 岁　梁云贵 80 岁　姜振 85 岁

调查人员：张明云　袁瑞昀　尹桂生　张焕生　许雪峰　裴雅南　于成　庞铁春　梁齐民　任玉凤　张晨　刘俊生

宽城“人圈”位于现在的县城所在地。迁入宽城“人圈”的有中街、西街、小南沟、大南沟、偏岭子、北街等自然村，共 660 多户，3 200 多口人。

“人圈”的围墙是土围墙，长约 1 800 米，宽约 700 米。设东、西、南、北 4 个大门。围墙上隔 200 米左右就修有一个炮楼，共计 12 个炮楼。同时，在日本宪兵分遣队前还修建了一个望火楼，由日伪军日夜把守。“人圈”里的机构有日本宪兵分遣队、警察署、村公所、协和会等。

“人圈”中间有一条商业街，老百姓在商业街摆摊卖日用杂货。

老百姓靠做小买卖、打零工生活，有时靠配给的一点粮食勉强维持生活。

日伪军对“人圈”的控制非常严，老百姓没有活动自由，被限制在“人圈”里不准随便出入。

李向印(右一)

刘允忠(左一)

"人圈"附近挖有一个万人坑。敌人把宽城范围内为八路军办事的地下党员、地下交通员和无辜百姓抓捕后,押到宽城进行审讯、折磨,然后再押到万人坑前用枪射杀、刺刀捅等手段杀害,最后把尸体扔进万人坑。日军有时还把被杀的人头砍下来挂在围墙上或者树上,威吓老百姓。

1942 年,日军在王家坟还挖了一个"万人坑",第一次屠杀了 72 人,是在"大检举"时被抓的地下党员。第二次屠杀了 18 人,是为八路军办事的地下党员和无辜的老百姓。

李文良

曾万魁、郭志夏、陶百勋等人为八路军筹集军粮、军鞋、衣服等,挖地道隐藏八路军。

日本兵强迫姜占合运送弹药箱子,姜占合乘敌人不注意的时候,就从后院逃跑了。

姜振 11 岁时,被迫到下河套栽树,在抱树苗子时,不慎丢掉了几棵树苗。日军就用木棒毒打他,打得他浑身是伤。日军根本不把老百姓当人看,随意打骂。

杨淑芝(右二)

令人气愤的是,宽城协和会员王天顺在日本人的授意下,给死去的日本陆军中尉腾田兴彦和他的狗立碑刻字。

腾田兴彦是日本陆军中尉,在王厂沟伏击战中死亡。他的狗也同时被打死。日军将腾田兴彦及狗用车运到宽城。日本宪兵队头目和宽城协和会长王赢州指使王天顺给腾田兴彦及死狗树碑立传。王天顺有点儿文化，就为腾田兴彦及死狗立碑刻字。碑文是："日本陆军中尉腾田兴彦之墓——昭和十八年立碑"，此碑现存放在宽城博物馆，为狗立的石碑在"文革"中已不知去向。

"人圈"里卫生条件极差，传染病经常爆发。人们得了传染病后无医无药，死亡率相当高。1942年和1943年的夏季，"人圈"里传染瘟疫病，几乎天天都死人，共死了150多人。

亮甲台镇范围内"人圈"调查纪实

亮甲台"人圈"

调查时间：2014年5月28日

调查地点：亮甲台村部

口述人员：王振川 85岁　王振营 81岁　李春友 80岁

调查人员：张明云　袁瑞昀　尹桂生　张焕生　袁桂金　刘彩霞

亮甲台"人圈"位于现在的亮甲台村所在地。迁入的有亮甲台、小汉沟、大张沟、团山子、张安沟、北五沟、小西沟等自然村。"人圈"的围墙为石围墙，长约500米，宽约400米，设东、西、北3个大门，有3个炮楼(东、西、北)，共530多户，2 400多口人。

"人圈"里设有村公所。

给八路军办事的人有唐云河、李凤春(武装班长、支部书记)。张阁秀是教师，白天教学生，夜间进行抗日活动。王彩章经常为八路军、地下党送情报。

王振华、梁友合、孙广信跟随八路军的简国章政委活动，后又参加了八路军部队。

1943年"大检举"，王殿杰、王殿俊二人被日军抓到本溪监狱，严刑拷打，用烧红的铁筷子捅进他们的生殖器里，被活活折磨死了。

王振营(左一)　李春友(左二)

王振川(右一)

1943—1944年，"人圈"里闹开了瘟疫病(窝子病)，死了一百六七十口人，为了防止传染，警察在三道沟里的小岭子还设了岗哨，禁止老百姓进出。

日军实行野蛮的"三光"政策，不搬进"人圈"的就烧、抗拒的就抓、逃跑的就杀。在"人圈"内则实行"大检举"，经常有人被抓或无理由地被杀害，加之病饿、瘟疫的流行，经常有人死去。到1945年日本投降时，亮甲台

“人圈”的人数从开始的2 400多人降至2 000以下。

杨树沟“人圈”

调查时间：2014年5月28日　2015年1月6日

调查地点：杨树沟村刘中华家、王杰家

口述人员：刘中华82岁　刘国华86岁　王杰94岁

调查人员：张明云　袁瑞昀　尹桂生　张焕生　孙立权　袁桂金　刘彩霞　朱妍　方孝民

杨树沟“人圈”位于现在的杨树沟村所在地。迁入的有杨树沟大川、半壁山、岔沟里、岔沟门、柏树沟里、柏树沟门、东沟、北庄、洞子沟等自然村。“人圈”的围墙为土围墙，长约500米，宽约200米，共210多户，1 050余口人。

“人圈”设东、南、西、北4个大门，围墙的四个角建有4个炮楼。

日军在“人圈”里经常进行“大检举”，抓人、杀人，“人圈”里的刘永发被抓到宽城后打死了。

刘中华(中)　刘国华(右一)

张真理是青平办事处的主任，在都山、亮甲台、东川一带组织抗日活动。

给八路军办事的人有鲁有迁。鲁有迁是亮甲台警察分驻所的所长。他暗地里给八路军办事，为八路军服务。一次，八路军战士石英在长河川上与敌人相遇，鲁有迁巧妙周旋放走了石英，使石英没有被杀害。

给八路军办事、送信，为八路军筹集粮食、物资的还有刘永年、刘荣华、王义三、张桂香、李连合、李相久等。

参加八路军的有王荣华、鲁宪瑞及鲁宪瑞的弟弟。

周治国、张真理在杨树沟一带领导人民进行抗日斗争。

报国会成员有王有清、方永玲、刘春付。

“大检举”被杀害的有郎士昌，他被日本鬼子搜山时用刺刀捅死。张树被日军抓到宽城杀害。山景瑞也被日军杀害。刘永年被抓到宽城后，被日本兵用刺刀捅死。刘永发被日军抓到宽城后，在敌人审讯时被木杠子活活打死了。

河西(大汉沟)“人圈”

调查时间:2014年5月28日

调查地点:大汉沟村冯玉海家

口述人员:王清云80岁　冯玉海83岁

调查人员:张明云　袁瑞昀　尹桂生　张焕生　袁桂金

王清云(左一)

河西“人圈”位于现在的大汉沟村的河西自然村。迁入的有东罗圈、西罗圈、上沟、北沟、下杖子、宁家庄、东沟、杨台子和河西等自然村。“人圈”为石围墙,长约400米,宽约200米,共90多户,500多口人。

“人圈”设东、西2个大门,有4个炮楼。

给八路军办事的人有王宗、王海、王起生、冯左臣、杨自美、冯左民、孙福堂等。

参加八路军的有刘永合、丁永春、李景怀、杨信、张文阁、杨振祥、杨善旺等人。

被日军抓劳工的有刘发、刘全。刘发死在了东北煤矿。刘全不知去向。

冯玉海(右一)

“人圈”里经常闹传染病,人们都叫“窝子病”,闹“窝子病”传染死的有50多口人(闹传染病时,一天至少抬出去1个人)。

梓罗台镇范围内“人圈”调查纪实

董台子“人圈”

翟德忠(右一)

调查时间:2013年4月19日　2014年9月18日

调查地点:董台子村董录家、翟德荣家和梓罗台村村部

口述人员:翟德荣82岁　董录86岁　翟德忠91岁

调查人员:张明云　袁瑞昀　黄凤　尹桂生　陈国仁 张焕生　郑广如　王才

董台子“人圈”位于现在梓罗台村的董台子自然村。迁

入的有万家沟、申家沟、杨家沟、老郑家庄、翟家庄、丁家沟、张家庄、商杖子一部分、棒槌崖一部分,共有210户人家,1 000多口人。董台子“人圈”的围墙为石围墙,长500米,宽400米。围墙上设有2个大门,四个角有炮楼各1个,另外又设有1个望火楼,目的是站岗放哨传递情报用。

日伪军不把老百姓当人看。翁占珍在修围墙时迟到了一会儿,日军就勒令伪警察李金满开枪打穿了翁占珍的大腿,造成了他终身残疾。

翟德荣(左二)　董录(右二)

翁振录组织老百姓进行抗日活动,夜间砍断电线杆,掐断电线,切断敌人的通讯联系。

万振廷是甲长,李占魁是副甲长,他们都是“两面人”,白天给日伪军办事,夜间为八路军办事。

翟德旺、翟德才参加了八路军。

南杖子“人圈”

调查时间:2013年4月19日　2014年9月18日

调查地点:安家峪才建国家　永存村的张殿会家

口述人员:才建国91岁　张殿会82岁　魏翠芹81岁　申秀莲81岁

调查人员:张明云　袁瑞昀　尹桂生　陈国仁　张焕生　王才　赵林

南杖子(永存)“人圈”位于现在的永存村所在地。迁入该“人圈”的有炮岭一条沟的自然村、安家峪、白草林、白台子、后石碴、古道沟、河北庄、杨家庄和尖宝山的一部分户等,共有240多户,1 100多口人。

申秀莲(右一)

南杖子“人圈”的围墙是用石头砌的,长500米,宽300米,高3米多,围墙外挖了很宽的一道壕沟,设有东、西、北3个大门(后来敌人又把东门堵死了,防止八路军从东门进入“人圈”)。四个角各设1个炮楼。

南杖子“人圈”是一个甲，吕树文是甲长，张永芳是协和会会长。“人圈”里还设了1个伪警察分驻所，姚振文是正所长，孙增是副所长。他们都是“两面人”，白天给日伪军办事，夜间给八路军办事。

张殿会(中)

南杖子“人圈”里的房子全部是草房和草棚子，又密又挤，空隙狭窄。1943 年 4 月 12 日下午 4 点左右，高占友的母亲做饭时不慎房子起火，这时，“人圈”里的男人全在地里干活，在近处干活的男人们看到“人圈”里起火了，赶紧赶到了“人圈”外。可是，日军却让守门的人员关上了大门，不让男人们救火。这时正是春季，春风又大，火势又猛，风助火势，大火熊熊燃烧起来，越烧越旺。人们眼睁睁地看着 200 多户的房子全部被烧光，整个“人圈”变成了一片火海。

“人圈”里由于居住环境、卫生条件太差，时常闹传染病，又无医无药，严重时一天就死几口人。当时，先后传染死了 80 多人。

日军穷凶极恶，十分残暴，坏事都干尽了。“人圈”里有一姓卞的，全家 5 口人都被日军用刺刀捅死了。有一名叫二焕的姑娘被日军抢走了。有 12 名给八路军办事的人，被日本兵抓住，送到承德监狱后被折磨致死。叛徒何殿举经常领着伪军抢粮食，抢牲畜，作恶多端。

才建国(右一)

高胜余、马永保、张永芳被抓到喜蜂口日本宪兵分遣队，敌人对他们严刑拷打，他们也没说出八路军活动的地点。张殿清、魏殿存、魏殿文、赵文明为八路军筹集军粮等物资，长期到安家峪、三道洼、王厂沟给八路军送鸡毛信，传递情报。地下党员高永富、高永珍、高永林被叛徒告密，被日本兵抓捕后残害致死。

安家峪是“无人区”，日本鬼子把安家峪、百草林、炮岭一带的房子全部烧光了，不进“人圈”的老百姓只能“猫”山洞、藏树林、躺在瓜架里，靠吃野菜、树叶子度日。

才建国当时只有 18 岁，任妇救会主任，她与游击队长李克勤、区长张兴国等人一起打游击，组织抗日活动。她与丈夫高永山同心协力，给八路军筹粮食，把筹集的粮食装在大缸里埋在地下。直到现在，才建国还保存着 2 口藏粮的大缸。她还帮助八路军、地下党送情报，出生入死，无怨无悔。马永仓参加了八路军队伍。

菜子峪“人圈”

调查时间：2013 年 4 月 19 日

调查地点：椴木峪村章子武家

口述人员：章子武 87 岁　周素珍 84 岁

调查人员：张明云　袁瑞昀　尹桂生　陈国仁　黄凤　张焕生　王才

菜子峪“人圈”位于现在的椴木峪村菜子峪自然村。迁入该“人圈”的有西沟、椴木峪、色树湾、燕子塘、茶棚和菜子峪等自然村，共有 190 户，950 多人。

章子武(右一)

菜子峪“人圈”的围墙为土围墙，长约 600 米，宽约 300 米，设 2 个大门，在围墙的周围设 2 个炮楼，在西山梁顶上设 3 个炮楼，由伪警日夜看守。

日军凶狠毒辣，杀人不眨眼，周占同在“人圈”外面的地里干活，妻子给他送饭，被日本兵看见后，都用刺刀给捅死了。有一年的一个月里，就有 7 人在地里干活被日本兵用战刀挑死。有一个叫周占林的，被日本兵用刺刀刺死。有 2 名妇女被抓，她们先被日本兵轮奸后，再被刺刀挑死。周占利、周占秀、周占奇分别被日本兵捅了 30 多刀而死。周素珍二舅被日本兵用刺刀从后背捅到前胸死去。还有 13 个老百姓被日军抓走，押到锦州当劳工，全都累死、害死了。刘庆华的二叔，在椴木峪种地时，被日本兵发现，当场就用刺刀挑死了。

“人圈”里年年闹瘟疫，每年都死 100 人以上。总计死去近 400 人。

新甸子“人圈”

隋淑珍(左一)

调查时间：2014 年 6 月 2 日　2014 年 6 月 9 日

调查地点：新甸子村隋淑珍家、隋殿红家

口述人员：隋旺 79 岁　隋淑珍 92 岁　隋殿红 80 岁

调查人员：张明云　袁瑞昀　尹桂生

孙玉宽　张焕生　隋顺

新甸子“人圈”位于潘家口水库未修之前的新甸子公社(原来乡镇叫公社)新甸子大队(现在村原来叫大队,现已被潘家口水库淹没),迁入的有小新甸、黑山嘴、双洞子和新甸子等自然村,共130多户,600多人。

新甸子“人圈”的围墙为土围墙,长约400米,宽约200米,设东、西2个大门,修建了东、西2个炮楼。

伪警察署建在离新甸子“人圈”上游1里远的地方,院子里有100多间房子。

隋殿红

甲长是隋巨丰,是个“两面”人物,白天应付日伪军,夜间给八路军办事。

给八路军办事的人还有隋广、商赵氏、王瑞禾、程连生等。他们经常给王厂沟、安家峪的八路军根据地送鸡毛信、粮食、鞋袜等。

参加八路军的有隋殿福、陈永儒。

西卜子“人圈”和天成号“人圈”

调查时间:2014年6月6日

调查地点:西卜子村韩桂珍家

口述人员:韩桂珍92岁　王翠林83岁

调查人员:张明云　袁瑞昀　尹桂生　孙玉宽　张焕生

1. 西卜子“人圈”位于现在的西卜子村所在地。迁入的有老牛家、老郝家、北山和西卜子等自然村。共220户,1 150余口人。“人圈”的围墙为土围墙,长约500米,宽约300米,设东、西、南、北4个大门,在围墙的四个角修建了4个炮楼。

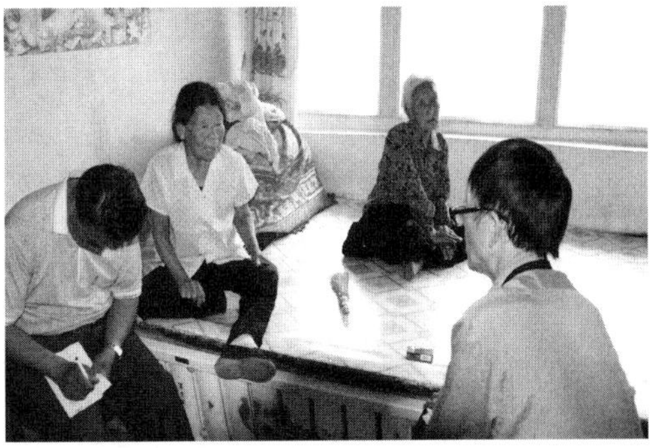

王翠林(左二)　韩桂珍(左三)

2. 天成号“人圈”位于现在的西卜子村的天成号自然村。迁入的有三家和天成号两个自然村。共220户,1 100多口人。天成号“人圈”的围墙是土围墙,长约500米,宽约 300 米，设东、南、西、北 4 个大门，四个角各有 1 个炮楼，另外还修建了望风楼 1 个。日伪军经常把“人圈”里的老百姓赶到望风楼前训话，威吓老百姓。在“人圈”里，日军连老百姓相互说话都不允许，一点儿自由都没有。

西卜子和天成号“人圈”给八路军办事的人有张大山、李千友、李千忠、李千义。张大山给八路军送鸡毛信，李千友、李千忠、李千义给八路军收储粮食。李千友四妹子、五妹子给八路军做军衣、鞋、袜子等，有时还传送情报。

“人圈”里被日军杀害的有张大山。他长期给八路军送信，传递情报。后来，被日伪发现。日本兵把张大山抓捕后，绑到城墙上，用刺刀捅死。他的肠子都流到了地上，满地都是血，惨不忍睹。

李千友因给八路军藏粮食，被日本兵抓住。日本鬼子朝他嘴里灌凉水掺花椒面，用皮鞭抽打等，活活地折磨致死。

李千忠夫妻俩因平时给八路军做饭被告密，被日本兵抓走。日军对他们严刑拷打，逼迫他们交代八路军的下落。他们两口子受尽了折磨，但一直没说出八路军的下落和活动地点，最后被活活折腾死了。

李千友、李千忠夫妇惨死后，他们的老爹老妈整天哭，不吃饭，最后疯了，不久也离开了人世。

李千友、李千忠的四妹子、五妹子因给八路军送信、做饭也被抓了。日本鬼子见她们姐妹俩年轻，就想侮辱她们。“人圈”里有两个为日军办事的人替她们求情，请求日军留住她们的性命，以便嫁给宪兵队的人员。日军答应了他们的请求，把李千友四妹、五妹配给了两个薄役，姐妹俩才算保住了性命。

那时，瘟疫病传染得非常厉害，“人圈”里先后死了 90 多口人。孙国春的老母亲、王士申一家 3 口人、张其有一家 5 口人、翁全一家 4 口人都死于瘟疫病。“人圈”里的卫生条件太差，又脏又臭，没医没药，得瘟疫病就只有等死，没有活路。

横城子“人圈”

调查时间:2014 年 6 月 6 日

调查地点:横城子村

口述人员:吴凤山 81 岁　陈书侠 80 岁

调查人员:张明云　袁瑞昀　尹桂生　孙玉宽　张焕生

横城子“人圈”位于潘家口水库未搬迁前的横城子大队所在地(现已淹没在潘家口水库)，迁入的有葛条峪、小椁罗店、东大叉、东西庄、小岭、刺桥沟和横城子等自然村。

“人圈”的围墙是用大石头垒起来的，长约 300 米，宽约 300 米，是方形的围子，共 210

多户,1 100 余口人。

“人圈”设东、南、西、北 4 个大门,四个角有 4 个炮楼。

甲长是张友余,他死心塌地地为日本人办事。

给八路军办事的人有刘成才、刘玉兰、吴玉春、赵秀兰等。

1945 年 7 月,“人圈”里的吴玉祥、任万胜、张存利、张存万、姚占树 5 人被日军抓到宽城,他们趁看守疏忽逃了出来,回到椁罗台时,偏偏碰到了日伪兵。他们 5 人就慌忙地躲藏,日军发现他们后,立即开枪射击,一边开枪一边喊:“出来的不杀!”任万胜、张存利、张存万、姚占树听到喊声,就从躲藏处走了出来,躲过了枪杀。吴玉祥不肯出来,日本兵就暴跳如雷地开枪猛扫,把吴玉祥枪杀。那夜下大雨,尸首都没见到。

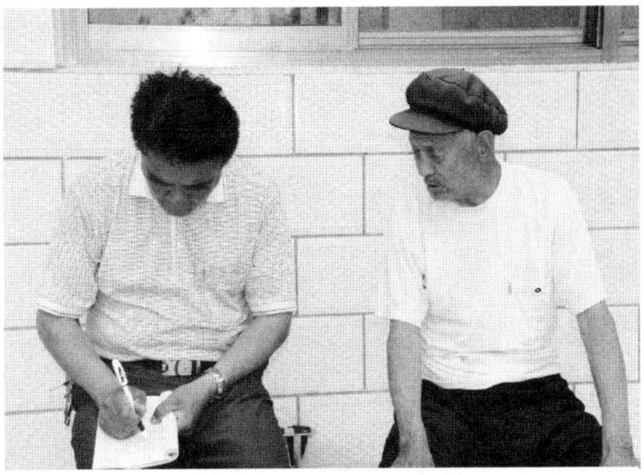

吴凤山(右一)

姚占树是“人圈”里的自卫团员。一天,他在“人圈”的南大门站岗。日军巡察时看到了他,想检查他站岗放哨使用的枪,他有点迟疑,日军上前,就搧了他一耳光,用枪托打他,拳打脚踢,姚占树被打得头破血流昏死过去。日军还想用刺刀捅死他。一同站岗的李文得急忙向日本兵说情,日本兵才没用刺刀捅他,保住了性命。

“人圈”里经常闹“窝子病”,传染死了 70 多口人,程连贺他们一大家族就连续死了 6 口人,李承义一家 3 口全死了。

白台子“人圈”

调查时间:2014 年 6 月 6 日

调查地点:白台子村李发家

口述人员:李发 92 岁　孟祥远 85 岁

调查人员:张明云　袁瑞昀　尹桂生　孙玉宽　张焕生

白台子“人圈”位于潘家口水库没搬迁以前的白台子大队(现已被潘家口水库淹没)。迁人的有老杨家庄、老高家庄、上庄和白台子等自然村,共 90 多户人家,400 多口人。

“人圈”围墙是石头砌的围墙,长 300 米,宽 200 米,围墙外挖一道约 3 米宽 2 米深的壕沟,壕沟里放上水,扔进荆棘等,防止八路军、地下党进出“人圈”。

“人圈”设东、西 2 个大门,修建了东、西 2 个炮楼,由自卫团看守。

甲长是孙廷贵。

孙岳明是新店子警察署的署长,“集家”前他家就住在白台子自然村,他一面为日伪军办事,同时也注意维护附近老百姓的利益,白台子有哪个老百姓被抓,他都会向日本宪兵求情,给予释放。他任署长期间,白台子“人圈”里的老百姓没有被日伪军杀害的。

孟祥远(中)　李发(右一)

给八路军办事的人有李金、张永方、刘振堂、张永贵、孙岳宽、刘仲、孙岳玉、李发、李明、孟凡魁等。

“人圈”里的孟祥远亲眼看到日本鬼子、伪军和警察署的警察把抓来的地下工作人员和民众20多人,用铅丝穿透他们的肩胛骨,把他们串在一起,用枪托打、砸他们的身体,真是惨不忍睹。人们眼睁睁地看着20多人又被扔上、拽上日军的大卡车,押去了承德监狱,后来全部被杀害了,没有一个生还的。

“人圈”里经常闹传染病,传染死的有50多人,王瑞荣的两个孩子都得瘟疫病死了。王树军家传染死了两个孩子。孟祥远的两个妹子六七岁时,也患传染病而夭亡。

下梣罗台“人圈”

调查时间:2014年9月18日

调查地点:董台子村部

口述人员:杜长友83岁

调查人员:张明云　袁瑞昀　尹桂生　张焕生

下梣罗台“人圈”位于现在的梣罗台村所在地。迁入的有王厂沟的个别户、椴木峪一部分、张家岭、刘家店、河西庄几个自然村,共180多户,800多口人。“人圈”的围墙是石围墙,长约300米,宽约300米,设有东西2个大门,围墙的四个角修建了4个炮楼。

杜长友(左二)

“人圈”里有日伪警防队,共20多个人,负责轮流看守炮楼。

李占魁是甲长,后来调到了新甸子警察署当警尉补。

给八路军办事的人有董英、董增、杜占清等，他们经常到三道洼给八路军送鸡毛信、军粮等物资，参加抗日活动。

杜春荣家是八路军地下党秘密活动地点，是个堡垒户，时常接待八路军。八路军经常在他家秘密开会，发动群众夜间拆围墙、砍电线杆、割电线等。

杜长友(左三)　董　禄(左四)
翟德荣(左五)

杜春起参加八路军的时间不长，因想念老母亲回家看望，被日军发现后绑在了木桩子上毒打，最后被活活折磨致死。

日伪军害死杜春起后，又把杜春起的母亲抓起来用猪毛绳蘸凉水抽打了 300 多下，打得遍体鳞伤。家里人为了救老母亲，变卖了田产，才把老母亲赎了回来，保住了一条性命。

“人圈”里卫生条件太差，瘟疫病传染得非常厉害，几乎每天都死人，共传染死了 70 多人。

李春利参加了八路军。

孟子岭乡范围内“人圈”调查纪实

南天门“人圈”

调查时间：2013 年 4 月 11 日　2014 年 8 月 19 日

调查地点：南天门村徐占生家、下石梯子“人圈”围墙遗址处

口述人员：徐占生 86 岁　谢兰星 80 岁　任志山 80 岁

调查人员：张明云　黄凤　尹桂生　陈国仁　张焕生　李艳

南天门“人圈”位于现在的孟子岭乡南天门村所在地。迁入的有疙瘩地、北沟、东沟、双庙子、石柱子老马家、大桑园的部分人家、王厂沟部分人家，共有 230 户，1 200 余口人。

“人圈”的围墙是用石头砌的，长约 300 米，宽约 300 米，东、西、南各设 1 个大门，围墙上、北山山顶上共有 8 个炮楼监视着整个“人圈”，“人圈”中心又设了 1 个炮楼，“人圈”外还设有伪警察分驻所。

参加八路军的有陈保宽、王俊丰、陈国英。王俊丰参军后在与日军的战斗中牺牲。陈国英后来在兴隆土改时牺牲了。

给八路军办事的有张振东、陈国芳、翁建国、袁素珍，他们开展抗日宣传工作，组织报国会、妇女救国会，向八路军汇报日军活动情况。

当时人民生活在水深火热之中，10 岁以下的少年儿童没有衣服穿。有的人家有件衣

服也是轮换着穿,谁出门谁穿。多数人家夜间睡觉都盖草帘子、秫秸锅盖。由于土地失于劳作,收成太少,打的粮食不够糊口,只有吃野菜、树叶。可吃的树叶都被人掠光了。“人圈”里居住非常拥挤,卫生条件极差,加之缺医少药,瘟疫病经常流行,闹瘟疫时几乎天天都朝外抬死人。大石柱子老马一家死于瘟疫的就有 3 口人。“集家并村”的几年中,“人圈”里共死了一百四五十口人。

徐占生(左三)　谢兰星(左四)　任志山(右三)

日本鬼子经常残害百姓。北沟的陈山在石灰窑里被日军用刺刀刺死。王殿芳、王殿福在“人圈”“大检举”时,被抓到承德,死在了那里。任德权外出干活回来时“人圈”大门已关,只好从“人圈”围墙下的水沟朝里爬,被日军巡岗的发现后,活活给打死了。石柱子一个姓季的傻子,也被无缘无故地枪杀了。

上孟子岭“人圈”

调查时间:2013 年 4 月 11 日

调查地点:上孟子岭伪警察分驻所遗址外

口述人员:高占文 84 岁　谢兰星 80 岁　袁桂兰 84 岁

调查人员:张明云　袁瑞昀　尹桂生　张焕生　陈国仁

上孟子岭“人圈”位于现在的上孟子岭村所在地。迁入的有柏木塘一部分、老任家、老关家、老尹家等自然村,共 200 多户,1 000 多口人。

下石梯子和上孟子岭两个“人圈”的四周都修筑了 4 米多高的围墙,墙外挖了 3 米宽、2 米深的水沟。每个“人圈”设西、南 2 个大门,2 个炮楼。炮楼由日伪军日夜看守,不准老百姓夜间出“围子”,以便断绝八路军与老百姓的来往。“人圈”里有的七八户住在一个小院子里,有的十几口人挤在一个小屋子里,猪、羊、驴、鸡、鸭与人混住在一起,环境十分恶劣,还挨饿受冻。日军惨无人道,对不进“人圈”居住的人见着就打、就杀。他们还见东西就抢,见房子就烧。

袁桂兰(左三)

日伪军经常把“人圈”里的人集中到一起,进行“大检举”,逼迫老百姓说出地下党活动地点和指认地下党人员。

袁占武是地下党员，一次没有证明书，只好装哑巴。老百姓明知道他是八路军的办事员，但为了掩护他，都证明他是哑巴，使他躲过了盘查。

日军对给八路军通风报信的联络员，发现就用刺刀捅死，然后将头砍下，在老百姓面前示威。一次，7名北大的学生从千鹤山过来，在过南天门梁时，碰见了日军，有一个大学生因没逃脱敌人的追击而被抓。日军先用开水从他的头上浇下，又开枪把他打死，还把他的头颅割下来，挂在树上，用以威吓老百姓。

一次，地下党员何玉富住在了下石梯子“人圈”里的谢家，正赶上敌人夜间挨家挨户地搜查。谢家为了掩护何玉富，把他藏在了羊圈的羊群里，躲过了灾难。

何殿举是地下党员，他被日军抓住后，寻找机会逃跑了。地下党人员何玉珠、袁丙文、袁丙福、高起玉组织老百姓砍断日军的电线杆、割毁电线，破坏敌人的交通通讯设施。

下石梯子“人圈”

调查时间：2013年4月11日

调查地点：下石梯子“人圈”围墙处

口述人员：谢兰星 80岁

调查人员：张明云　袁瑞昀　尹桂生　张焕生　陈国仁

下石梯子“人圈”位于现在的南天门村下石梯子自然村。迁入该“人圈”的有老何家、西沟、李家庄、杨家庄、大桑园、东石门、罗前场、双窑、河东、河西和下石梯子等11个自然村，共220余户、1 000多口人。

谢兰星（右一）

“人圈”围墙为石围墙，长约350米，宽约300米，建有西、北2个大门，墙四角有4个炮楼。

下孟子岭“人圈”

调查时间：2014年6月6日

调查地点：下孟子岭村部

口述人员：吴守业 92岁　吴守义 87岁　庞凤桐 80岁

调查人员：张明云　袁瑞昀　尹桂生　张焕生　孙玉宽　张福荣　冯素梅

下孟子岭“人圈”位于现在的下孟子岭自然村，迁入的有王厂沟、柏木塘、商杖子、孟子岭梁上、刘杖子、王杖子和下孟子岭等自然村，共有 220 户人家，1 200 多口人。

“人圈”的围墙是土围墙，长约 400 米，宽约 300 米，设东、西、南、北 4 个大门，修了 4 个炮楼。

给八路军办事的人有吴占昆、高守增、于庆春、王金普、高焕文、刘天德、任继安、傅连贵、吴占明、尹桂廷、吴守业、吴守义等。他们给八路军送信、送情报（去王厂沟、柏木塘、安家峪），组织“人圈”里的人做军鞋、袜子，筹集粮食等，送到八路军根据地。

庞凤桐（左一）　吴守义（左二）　吴守业（左三）

被日军杀害的人有高焕文、刘天德、于庆春等，都被抓到监狱后害死了。

任克举、任克举的儿子和任克举的父亲 3 人，由于叛徒告密被日军抓捕。爷仨被日军绑到小南沟门。然后，日军又用机枪对他们 3 人进行扫射，祖孙 3 人同时遇难。

由于叛徒告密，“人圈”里的傅连贵也被日伪军抓住，被打得昏死过去，然后又被扔到大河套里。他苏醒后，被好心人发现，并偷偷地用驴把他驮到家里，但不久也死去了。

“人圈”看管得非常严，大门必须等太阳出来以后才开，太阳落山前就关。关上大门以后再回来的，就只有在大门外过夜了。刘殿普回“人圈”时，大门已经关上。当时正是寒冬，站岗的不给开门，最后被冻死在了大门外的碾盘上。

大地乡范围内“人圈”调查纪实

大地“人圈”

调查时间：2013 年 4 月 18 日　2014 年 6 月 5 日

调查地点：大地村部　张清义家

口述人员：张清义 87 岁　孙广明 92 岁　王忠 87 岁　贺永清 84 岁

调查人员：张明云　袁瑞昀　尹桂生　张焕生　袁昊　羿秀环　陈志光

大地“人圈”位于现在的大地村所在地。迁入的有元宝盖、瓦房沟、松树沟、秋木沟、椴木峪沟等自然村以及现在青龙县的王厂乡所辖的从二道沟到大转岭的大部分自然村，共 370 多户，2 000 多口人。

“人圈”的围墙为土围墙，长约 400 米，宽约 200 米，设东、西、北 3 个大门，南面还有 1 个小门，在前山还修了 3 个炮楼，1 个由伪警察看守，1 个由自卫团看守，还有 1 个由日军把守。

日军对大地“人圈”的限制相当严，那时规定，离“人圈”3里以外的地方不许耕作，更不准居住，因为耕种较远一点的土地而被鬼子打死的不计其数。大地“人圈”里有个叫司宏路的，在家闹病下不了地，耕地离“人圈”又远，妻子没办法像做贼似的偷着侍弄庄稼地。有一次，正是趟地时节，他妻子下地干活，不幸被“人圈”巡警（日军）发现，一枪就被打死在地里。

孙广明（左一）　王忠（右一）

那时，“人圈”里没有吃的，人们常年挖野菜，啃树皮，脸吃得浮肿，像弥勒佛似的，还人人都拉憋堵。“人圈”里几乎家家揭不开锅，户户没粮吃，饿死饿绝的就有十多户，瓦房沟王玉忠一家4口都饿死了。

张清义（右二）

穿也穿不上。一件衣服全家轮着穿，棉翻单，单翻棉，一年四季老是这样鼓捣。十七八岁的姑娘没衣服穿，来客时只好躲在避羞坑儿里。“人圈”里有个姓王的老人，没衣服穿，身患重病出外找破衣服去，还没找到，就死在半路上了。

人们在“人圈”里的房子，大多数都是盖的马架房。房子四面没有墙，夜里看星星，白天瞅太阳。多数人家都是两三家挤在一个窝棚里。夏天好过，冬天特别难熬。一入三九天，很多人家只好围坐在一个泥火盆周围挤着烤火。

贺永清（左二）　孙广明（左三）　王忠（右三）

“人圈”里因为居住条件太差，环境不好，经常得传染病。像鼠疫、伤寒、霍乱、痢疾、疟疾、潮湿病、疥疮等都普遍地流行，往往是一家子一家子地传染。当时，人们把瘟疫病叫作“窝子病”。“人圈”里因患“窝子病”就死了100多口人。孙国春的母亲得“窝子病”死的，张其友一家5口人全都死于“窝子病”。瓦房沟王士申一家3口人、翁全一家3口人，全都得传染病死去了。

"人圈"里苛捐杂税,名目繁多,不下于二三十种。什么农业税、人头税、屠宰税、养犬挂牌税等,种类相当多。

在"人圈"里生活,人身根本没有任何保障,天灾、人祸,加上日本鬼子的肆意屠杀、冻、饿、病等,几年下来,"人圈"里死去的有100多人。

甲长先后是李仁、张好笑、王福,其中王福是为八路军和日伪两面办事。

"人圈"外有警察署,张户、丁森任署长。

给八路军办事的人有张清树、张友、朱永全、杜连清、刘文付、张殿儒、刘文贵、张全、苗振方、陈凤、大刘义、张清义等人。

"人圈"里参加八路军的有王义喜儿子铁蛋、冯玉春、蒋全、刘文贵、张清树、张友、小刘义、张相林、张清翠、张子江等。

被日军杀害的人有朱永堂、朱永丰、司文录、李永成、刘义、孙山等。

1944年秋,日军把当时在迁西县孙家卜子工作的干部王福抓来,带到大地秋木沟(熊虎斗)椁罗林内审问,王福坚贞不屈。于是,一个日军军官就凶残地撕开王福的前襟,拔出战刀,豁开王福的前胸,掏出他的心,叫日本兵端水来,把血淋淋的一颗心在水中涮了几下后,当着围观群众的面吃掉了。

熊虎斗"人圈"

调查时间:2013年4月18日

调查地点:熊虎斗村韩玉忠家

口述人员:韩玉贵 89岁　高印海 85岁

调查人员:袁瑞昀　黄凤　尹桂生　张焕生　李春

熊虎斗"人圈"位于现在的熊虎斗村所在地。迁入的有南沟、西沟、东沟、破城沟、熊虎斗和青龙的许杖子等自然村,共190多户,1 000余口人。"人圈"的围墙为土围墙,长约400米,宽约300米,建有东、北2个大门,围墙四角建有4个炮楼。

高印海

日伪军烧杀抢掠,实行"三光"政策,日军的头目叫中山。

普通百姓刘胜满被砍头,地下党联络员张廷树被日本兵砍下头后,用驴籠嘴把头吊在熊虎斗北庄"人圈"的前山松树上,用以威吓老百姓。

韩忠、张贺、赵金福参加了八路军,高印海参加了李运昌的部队。

关石“人圈”

调查时间:2014 年 6 月 5 日

调查地点:关石村胡翠莲家

口述人员:胡玉明 84 岁　刘树魁 85 岁　胡翠莲 80 岁

调查人员:张明云　袁瑞昀　尹桂生　张焕生　陈国仁　袁昊

关石“人圈”位于现在的关石村所在地。迁入的有马尾沟、苋草沟、西沟、松岭根、梁家沟、下湾子和关石等自然村,共 200 多户,1 100 口人。

“人圈”的围墙为土围墙,长约 300 米,宽约 200 米,围墙有东、西、南 3 个大门。在前山修了 1 个炮楼,后山修了 1 个炮楼。

有一天,日伪军把老百姓赶在一起,进行“大检举”,把张义金、胡守长、胡连荣、胡连成、王凤、胡连香等人捆绑起来扔到卡车上,押到承德监狱,用杠子压在肚子上,用洋油掺凉水,硬朝他们的肚子里灌,百般折磨。这些人受尽严刑拷打后,活活被折磨死了。

县乡村调查人员与胡玉明(前左二)
刘树魁(前右二)　胡翠莲(前右一)合影

给八路军办事的(筹集粮食、袜子、鞋,送情报等)有胡连香、胡连成、刘元明、孙井(甲长,为八路军和日军两面办事)等人。

参加八路军的有刘树生。刘树生当时给日军看守电话线,因为电话线被割,被日军毒打后,就跑到口里的上营参加了八路军。李秀、李长春父子俩同时参加了八路军,后来李长春在山东任师政委。郭明也参加了八路军的队伍。

刘元明当时任碾子峪片区小队小队长,袁永明是区武装干部,他们都配合八路军打游击进行抗日斗争。

当时经常闹传染病,一家子一家子地死去,瘟疫病传染先后死了 120 多口人。从苋草沟搬进“人圈”的老周家 6 口人,只剩了 1 口人。还有一家 7 口人,几天都被传染死了,非常凄惨。

木匠屯“人圈”

调查时间:2014 年 6 月 5 日

调查地点：木匠屯王儒家

口述人员：王儒 100 岁　王成 86 岁

调查人员：张明云　袁瑞昀　尹桂生　张焕生　陈国仁　袁昊　王春林

木匠屯“人圈”位于现在的木匠屯村所在地。迁入的有沙岭、刺榆沟和木匠屯等自然村，共 90 户，600 余口人。

王成(中)　王儒(右一)

“人圈”的围墙为土围墙，长约 200 米，宽约 200 米。设有东、北 2 个大门，四个角共 4 个炮楼。

给八路军办事的有傅长远、王祥、王明、柳香云等人。

王成给八路军送鸡毛信。

王金被日军抓到清河口，“人圈”里的老百姓求情后，日伪军才把王金释放回家。

石门岔“人圈”

调查时间：2014 年 11 月 17 日

调查地点：关石村石门岔自然村梁久山家

口述人员：梁久林 81 岁　梁久山 84 岁

调查人员：张明云　袁瑞昀　尹桂生　张焕生

梁久山

石门岔“人圈”位于现在关石村的石门岔自然村。迁入的有松岭根、黑木沟、西沟和石门岔 4 个自然村，共 50 多户，230 口人。

“人圈”围墙是土围墙，长约 300 米，宽约 80 米。设东、西、南 3 个大门，4 个炮楼。甲长是李方。在“人圈”里老百姓没有一点自由。

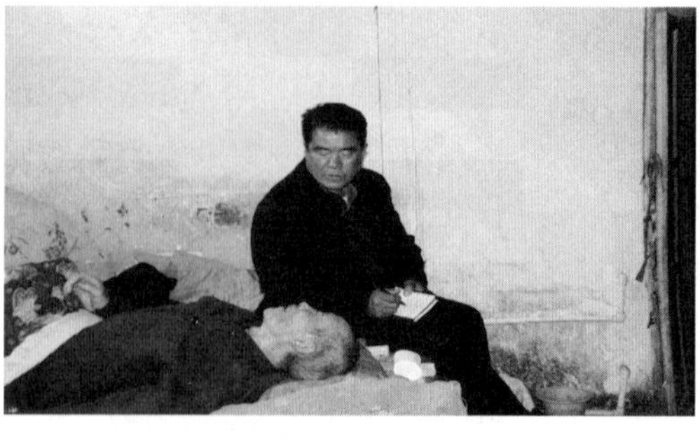

梁久林(左一)

给八路军办事的有梁文海、刘运富、耿存、张清文。他们给八路军送鸡毛信传递情报，组织老百姓拆围墙，做军鞋、军衣，筹集粮食。

李申、梁文海、耿生、刘运富 4 人在“大检举”中被日军抓到承德残害致死。耿起参加了八路军抗日武装部队。“人圈”里发生传染病死了 30 多口人。

铧尖乡范围内“人圈”调查纪实

东沟“人圈”

调查时间：2013 年 4 月 18 日

调查地点：东沟村郑印家

口述人员：郑印 84 岁

调查人员：袁瑞昀　黄凤　尹桂生　张焕生　伍征清

东沟“人圈”位于现在的东沟村所在地，迁入的有黄土坡、红石峪、景峪、青洼、下窝铺和东沟等自然村，共有 75 户人家，400 余口人。

郑印

“人圈”为土围墙，长约 300 米，宽约 150 米，东、西 2 个大门，设有炮楼 2 个。

景峪存家的房子被烧光了。霍喜被抓到青龙监狱后残害致死；郑勤、郑胜被日军抓到东北煤矿，最后也被折磨死了。

叶文合是地下党员，组织人民做抗日工作。

铧尖“人圈”

调查时间：2013 年 4 月 18 日

调查地点：铧尖村王景龙家

口述人员：王景龙 90 岁

调查人员：袁瑞昀　黄凤　尹桂生　张焕生

王景龙

铧尖“人圈”位于现在的铧尖村所在地。迁入的有铧尖、牛心山一部分、榆林 3 个自然村，共 60 多户，300 余口人。“人圈”的围墙是土围墙，长约 300 米，宽约 200 米。有 2

个大门，炮楼2个。日伪军日夜看守着“人圈”的大门和炮楼，限制老百姓自由出入。

日军的一个小队驻在铧尖，小队长叫多子木，与伪军一起祸害老百姓。一次，在铧尖南地就杀害了5个老百姓，强奸妇女1人。

八路军联络员傅宝玉、傅国、傅小荣、刘成林、傅银几位给八路军送鸡毛信、粮食、军衣、鞋等，组织抗日活动，与日伪军展开斗争。

日军在铧尖开了金矿，掠夺矿产资源。

榆林“人圈”

调查时间：2014年11月17日

调查地点：榆林村叶志英家

口述人员：叶志英87岁　张宝森80岁

调查人员：张明云　袁瑞昀　尹桂生　张焕生　翁俊杰

榆林“人圈”位于现在的榆林村所在地。迁入的有袁家店、窑岭沟两个自然村。“人圈”的围墙是用石头垒起来的，长约300米，宽约120米，高4米。“人圈”设东、北2个大门，另设1个小南门，有2个炮楼。共50户，190余口人。

叶志英

甲长叫叶海林。给八路军办事的有张贺，张贺是地下党员，报国会武装班长。庞学魁、张振、张宝林、刘增是八路军办事员，组织老百姓做军鞋、军袜，筹集粮食等物资，送到八路军那里，同时秘密传送情报，向八路军通风报信。

张宝森(右一)

在“大检举”中，张贺、庞学魁二人被日军抓到承德，受尽折磨致死。

“人圈”里的卫生条件太差，没医没药，经常闹瘟疫病，天天有死人，传染得相当厉害。刘善一家6口人死光了，全“人圈”不到200口人就传染死了70多人。

牛心山“人圈”

调查时间:2014 年 11 月 17 日

调查地点:牛心山村叶友林家

口述人员:叶友林 84 岁　刘贺存 86 岁　叶振平 72 岁(烈士子女)

调查人员:张明云　袁瑞昀　尹桂生　张焕生　翁俊杰

刘贺存(左二)　叶友林(左三)
叶振平(右一)

牛心山“人圈”位于现在的牛心山村所在地。迁入的有下山岗子、前台子、上窝铺 3 个自然村,共 130 户,600 多口人。牛心山“人圈”的围墙是石头砌的,长约 350 米,宽约 130 米,高 4 米,设东、西 2 个大门,北围墙设 1 个小角门。建有 2 个炮楼。甲长叫叶忠林,是一个“两面人”,在日伪军、八路军之间两面应付办事。

“人圈”里给八路军办事的有叶汉林。叶汉林是党小组长,他接受青龙二道沟党支部管理,长期组织叶千林、叶生林、叶文福、叶振才、叶春林、叶振儒、张连清、叶振文、叶文龙、叶振合、叶文录等,给八路军站岗放哨、送信,为八路军筹集军粮。同时,他们争取锌尖警备队的刘翻译,秘密进行抗日活动。刘翻译经常向叶汉林等通风报信,里应外合。张连清、叶汉林等为八路军在日伪金矿偷运炸药,以开金矿为名,把炸药偷运到八路军那里。

周治国经常带领游击队到牛心山进行抗日活动,叶汉林他们秘密配合周治国游击队,开展抗日斗争。

“人圈”里有 8 位烈士。

叶汉林等人的抗日行为,被叶海林、叶山林知道后,就向锌尖警备队报告了详细情况。于是,日军于 1943 年 8 月 24 日包围了牛心山,把“人圈”里的老百姓全部集中到西台子的大核桃树前。日军在四周架起机枪,当场把叶汉林、叶千林、叶生林、叶文福、叶振才、叶秀林、叶根瑞、张连清 8 人抓了起来,五花大绑地把他们押到承德监狱。日军对他们进行严刑拷打,百般折磨。他们宁死不屈。后来,日军就把他们 8 人活活地残害致死了。新中国成立后,他们被民政部追认为“革命烈士”。

“人圈”里的叶振文参加了八路军。叶振文在关石村“人圈”,被警防所警察发现抓捕后,准备押送到锌尖警备队。日军押送叶振文到沟口子时,趁警察不留神,叶振文急中生智,猛地把警察打倒,顺手抢了一杆枪,然后翻山越岭跑到迁西荞木峪,参加了八路军,后来又荣升为八路军团长。

“人圈”里传染瘟疫病死了 34 人，梁柏山妻子午前得病，晚上就死了。

沟口子“人圈”

调查时间：2014 年 11 月 17 日

调查地点：沟口子村叶长祥家

口述人员：叶长祥 81 岁　叶长来 87 岁

调查人员：张明云　袁瑞昀　尹桂生　张焕生　翁俊杰

沟口子“人圈”位于现在的沟口子村所在地。迁入的有北沟、马道沟、水峪沟等自然村，共 110 户，500 多口人。

“人圈”围墙是石砌的，长约 300 米，宽约 100 米，高 4 米。设南、北 2 个大门，2 个炮楼。“人圈”里设甲长，吕文友是甲长，后来被日军打死了。

叶长来(左一)　叶长祥(右一)

给八路军送情报、收军粮的办事员有叶荣清、叶久清、叶长友。

叶成来是区小队小队长，在迁西县滦河南寡不敌众，被日军抓住后用刺刀刺死，壮烈牺牲。

“人圈”里经常闹传染病，无医无药，整个“人圈”死了 100 多人。叶长棉一家 8 口人，死了 6 口人，只剩老奶奶和一个孩子了。

南沟门“人圈”

调查时间：2014 年 11 月 17 日

调查地点：南沟门村李凤英家

口述人员：王志合 81 岁　李凤春 86 岁　李凤英 81 岁

调查人员：张明云　袁瑞昀　尹桂生　张焕生　翁俊杰

南沟门“人圈”位于现在的南沟门村所在地。庙岭、石龙沟、葛条湾子、羿家庄、苋草沟、老窝铺、大石缝子、大窝铺等自然村都集中到南沟门“人圈”，共 300 多户，1 400 多口人。

围墙是土围墙，长约 400 米，宽约 300 米。设东、西 2 个正门，还有 2 个小南门。四个角各设 1 个炮楼，后山上还修了 1 个炮楼。

甲长是冯福泉，暗里给八路军办事。迁青平抗日联合县的五区区长是齐冲，长期带领区小队在南沟门一带进行抗日活动。

樊永贵、羿永来、宫永贺、高英、羿凤成、郭玉峰组织老百姓给八路军做军鞋、军衣，筹集粮食，配合八路军进行抗日活动。羿永来、李凤春给八路军送鸡毛信和带火柴的信。有一次，宫永贺埋地雷炸毁日本军车1辆，车上的日军都被炸死了。

日军经常到这里来。在“大检举”时，宫永存、羿杖子的冯老三被日军抓到承德折磨致死。羿焕存是五区的区小队队长，被日军抓到承德杀害了。

羿永来、冯国才、羿焕力的大儿子、马青的儿子、刘玉春、李春林6个人参加了八路军。

王志合(左三)　李凤春(右二)　李凤英(右一)

“人圈”里得传染病死了200多人。王志合一家就死了3口人，孙有齐家5口人，两个大人都病死了，只剩下3个孩子。老羿家死了4口人……

东川乡范围内“人圈”调查纪实

东川“人圈”

调查时间：2014年5月28日

调查地点：东川村李永阁家

口述人员：李永革 84岁　李宗贺 80岁　李宗海 84岁

调查人员：张明云　袁瑞昀　尹桂生　张焕生　杨瑞莲　王来超　张淑春

东川“人圈”位于现在的东川村所在地。迁入的有东川、车道子、老厂子、庙岭、东尖山、西尖山等自然村。“人圈”的围墙为土围墙，长约600米，宽约400米，设有东、西2个大门，南面和北面围墙外还挖有水沟。共540余户，2 600多口人。

“人圈”的四个角各设1个炮楼，还建了1个3层高的瞭望楼，用木石结构搭建。

“人圈”里先后任甲长的有王井新、张永志、张昆、王恩路、张春。

被日伪军抓捕送进监狱害死的有张永宽、任万余、任万魁、张品、张学、魏永清等。

任万成住在老厂子破屋里，被日军抓住后逼迫他给带路，任万成患有气喘病，走路呼哧带喘，腿脚又慢，没到都山，日军嫌他太慢，就捅了7刀把他杀死了。

李永恩白天到地里干活，被日军发现开枪打伤，又被连续捅了七八刀，惨不忍睹。日本兵根本不把中国老百姓当人看，杀死一个人就像踩死一只蚂蚁一样。

给八路军办事的有李永革。有一次，李永革送信到石灰窑沟一户人家，碰到日军和警备队下乡“扫荡”。因为他会一点日语，他就用日语回答日军的盘问，才躲过了被杀害的危险。

李宗海(左一)　李永革(左二)　李宗贺(左三)

李满、胡云经常到西尖山给八路军送鸡毛信。李许氏(妇救会委员)组织“人圈”里的妇女做衣服、鞋袜等给八路军，都是送到深山里的根据地。

崔凤是地下党员。刘长富、王振平、许长海、张学、李宗仁组织老百姓拆围墙，到深山老林给八路军送情报。

参加八路军的有李玉、李秀、刘祥、李永远、张有才、侯占贵等。

1943—1944 年，“人圈”里闹瘟疫病，传染得十分厉害。“人圈”里无医无药，得了传染病后只有等死。在两年里，东川“人圈”就病死了 110 多口人。

篆字台“人圈”

调查时间：2014 年 5 月 28 日

调查地点：篆字台村王贵云家

口述人员：王世春 84 岁　王秀玉 86 岁　王贵云 83 岁

调查人员：张明云　袁瑞昀　尹桂生　张焕生　杨瑞莲　王来超

篆字台“人圈”位于现在的篆字台村所在地。迁入的有篆字台的全部和半壁山的一部分、西五沟、上店、西岔沟沟里等自然村。“人圈”的围墙为土围墙(2 米宽石地基)，长约 300 米，宽约 200 米，共 80 多户，500 多口人。

王秀玉(左一)　王贵云(左二)　王世春(左三)

“人圈”设东、西 2 个大门，有 2 个角门，四个角有 4 个炮楼，由自卫团员轮流看守。

由于叛徒告密，给八路军办事的李来、王占平弟弟、王庆、赵福、马长明、王贵平、李连甲等人被日军抓捕后，押往承德、鞍山监狱，被严刑拷打折磨而死。

给八路军办事的有王富、刘井瑞、任山、王占平、李宽、李宝丰、逯占华等。

参加八路军的有王珍。

“人圈”里经常发生传染病，人们都把它叫“窝子病”，因“窝子病”传染死的有40多人。

大字沟乡范围内“人圈”调查纪实

朝阳山“人圈”

调查时间：2014年7月16日

调查地点：朝阳山村王久如家

口述人员：王久如 84岁

调查人员：张明云　黄凤　张焕生

王久如

朝阳山“人圈”位于现在的朝阳山村所在地。迁入的有马场的岭根、马场大庄、霍家沟、大岔沟、小岔沟、范家沟门、伊杖子、大块地、宋家沟、二道河子、北沟、北沟里、大字沟、朝阳山等自然村，约240多户，1 100多口人。

“人圈”的围墙为土围墙，长约200米，宽约150米。设有大门2个，建有炮楼2个。

参加八路军的有马芳、马焕山。

姜杖子“人圈”

调查时间：2014年7月16日

调查地点：姜杖子村黄付家

口述人员：黄付 82岁

调查人员：张明云　黄凤　张焕生

黄付(左)

姜杖子“人圈”位于现在的姜杖子村所在地。迁入的有宁台子坎上、宁台子坎下、北湾子、料坡沟、小岭沟、跳沟、石湖沟、五座坟沟、大字沟西庄、大字沟北庄、大字沟、东南沟等自然村，约170户，800多口人。

“人圈”的围墙为土围墙，长约300米，宽约200米，设有2个大门，上有炮楼2个。

参加八路军的有刘湘。

被日军杀害的有大字沟门北庄的平民程永中。驻亮甲台的日军到大字沟“扫荡”，当他们返回亮甲台时，正好途经大字沟的沟门。当时，程永中正在田间锄地。日军不问青红皂白，就把程永中带到了石湖沟门，用刺刀将程永中活活挑死，肠子都散落一地。

八路军的团长安如山以宁台子为根据地，拆毁“人圈”围墙，杀汉奸，开展抗日活动。

参加八路军的有宁玉复(后任遵化县委书记)、宁桂悦。

小桲罗树“人圈”

调查时间：2014年7月16日

调查地点：小桲罗树村张林家

口述人员：张林87岁　徐玉珍85岁

调查人员：张明云　黄凤　张焕生

徐玉珍(左一)　张林(右一)

小桲罗树“人圈”位于现在的小桲罗树村所在地。迁入的有小冰沟、黄坡沟、杉树岭、小桲罗树、徐杖子、山湾子等自然村，约210户，1 000余口人。

“人圈”的围墙为土围墙，长约250米，宽约150米，设有2个大门，有炮楼2个。

参军的有马芳、马焕山、张志奎，后来都在战斗中牺牲了。

苇子沟乡范围内“人圈”调查纪实

西烧锅“人圈”

调查时间：2013年5月10日

调查地点：西烧锅村王顺家

口述人员：王顺87岁　赵忠92岁　薛海波92岁　孙景华88岁　周玉淑91岁

调查人员：张明云　袁瑞昀　黄凤　尹桂生　张焕生　沈瑞良

王顺(左三)

西烧锅“人圈”位于现在的西烧锅村所在地。迁入的有棺材沟、大蔡家沟、傅家庄、周杖子、张家沟和西烧锅等自然村，共 110 多户，600 多口人。

“人圈”围墙为土围墙，长约 300 米，宽约 200 米，建有东、南 2 个大门，上有 2 个炮楼。

老百姓修围墙时，经常遭受毒打和谩骂，哪怕是直直腰，让日军看见后，都会遭到一顿毒打。

王福同给八路军送鸡毛信，出生入死。

三旗杆“人圈”

调查时间：2013 年 5 月 10 日

调查地点：三旗杆村孙万祥家

口述人员：孙万祥 92 岁　魏莲枝 82 岁

调查人员：张明云　袁瑞昀　黄凤　尹桂生　张焕生　沈瑞良　郝荣斌

三旗杆“人圈”位于现在的三旗杆村所在地。迁入的有沟门子、苏杖子、大小三旗杆、偏桥子、木杖子、马铁沟、抢坡沟、大甸子等自然村，共 140 多户，700 多口人。

孙万祥(右三)

“人圈”的围墙为土围墙，长约 300 米，宽约 200 米，有东、西 2 个大门，建有东、南、西、北 4 个炮楼。

老百姓到“人圈”外干活，常常被日伪军毒打或枪杀。一个姓卢的女哑巴 20 岁左右，被日本兵强奸后又用刺刀捅死了。

孙万祥给八路军送玉米、送小米(炒米)。

郭小六子参加了八路军，在与日军作战中牺牲。

1943 年 5 月 16 日，八路军在前山伏击战中，打死了日本兵 1 人、伪军 4 人，给日伪以一定的打击。

大彭杖子“人圈”

调查时间：2014 年 6 月 9 日　2014 年 6 月 12 日

调查地点：苇子沟乡政府　玄国喜家

口述人员：玄国喜 83 岁　潘国章 81 岁　崔玉书 83 岁　范玉魁 81 岁　梁孟桐 81 岁

调查人员：张明云　袁瑞昀　黄凤　尹桂生　张焕生　沈瑞良　郝荣斌　王俊久

大彭杖子“人圈”位于现在的大彭杖子村所在地。迁入的有穆杖子、蔡家沟、杨家沟、小彭杖子、于杖子、西沟、戏楼杖子、瓦庙子和大彭杖子等自然村，共 280 多户，1 500 多口人。

“人圈”的围墙是土围墙，靠山的一面是石头砌的墙，长约 500 米，宽约 300 米，设东、西、南、北 4 个大门。围墙上修了 5 个炮楼，一个角 1 个，大桥根下又建了 1 个炮楼。围墙里还有 1 条马道。

玄国喜(右一)

“人圈”里有村公所和自卫团。甲长是王庆山，为日伪军和八路军两面办事。

给八路军办事的有张义、于恩、玄冬昌、李永明、张儒等。

梁孟桐(右一)

张立山参加了八路军队伍。李永明为八路军送情报、粮食和物资，被日军抓到承德监狱后折磨致死。

张立山参加八路军后，日军到处搜查，抓他的家属。一天，张立山的母亲、弟弟在回家的路上，被日军抓住，当场就被开枪打死了。

日军拿中国人根本不当人看。刘明被日本鬼子打瞎了眼。桂庆云到“围子”外干活，被日军抓住后，用洋油掺头发茬子、洋油掺凉水，一边灌他一边拷打他，把他脱去衣服绑在木凳子上，用带有红荆棘针的荆棘使劲朝他身上抽打，让他求生不得，欲死不能，受尽了折磨。

被日军害死的还有张义、张儒、玄宗玉、张贺、锁子等，都被日军抓到东北下煤窑去了，死在了煤窑里。

“人圈”里经常闹传染病，1943 年的一次传染病就死了 70 多口人。

北苇子沟“人圈”

调查时间：2014 年 6 月 9 日

调查地点：苇子沟乡政府

口述人员：孙景华 89 岁　刘淑琴 83 岁

调查人员：张明云　袁瑞昀　尹桂生　张焕生　黄凤　沈瑞良　郝荣斌

北苇子沟“人圈”位于现在的苇子沟乡政府所在地。迁入的有南苇子沟、冰沟、陈台子、小河北、北苇子沟等自然村，共 215 户，1 000多口人。

刘淑琴(左一)　孙景华(右一)

“人圈”的围墙为土围墙，长约 400 米，宽约 250 米，有东、西、南 3 个大门。围墙四个角各设 1 个炮楼，在前山、后山还设 2 个炮楼，限制老百姓的自由。

“人圈”里设有警察分驻所、协合会、村公所。司全当时是“人圈”的甲长。

给八路军送信、做军鞋的有刘文远、殷振清、李彦、孙景华。他们经常把鸡毛信送到南苇子沟八路军的活动地点，孙景华当时也经常组织老百姓做军鞋。

丁秀文的母亲(丁士相妻子)参加了八路军队伍。

冰沟是“无人区”，房屋全被烧光了。冰沟门有一个 24 岁的姑娘被日军强奸后，又用刺刀挑死了。

“人圈”里有十几个强壮的男子被抓到了东北煤矿，给日本人在东北开的煤窑挖煤，都被累死了。

“人圈”里的人和牲畜住在一起，卫生条件极差，导致“人圈”里经常患传染病，得传染病先后死去三四十口人。

大石柱子乡范围内“人圈”调查纪实

东梨园“人圈”

调查时间：2014 年 5 月 8 日

调查地点：东梨园村石万成、王国合家

口述人员：石万成 89 岁　王国合 86 岁　石万明 81 岁　王支义 86 岁

调查人员：张明云　袁瑞昀　尹桂生　张焕生　张晓利

王支义(左一)

东梨园“人圈”位于现在的东梨园村所在地。迁入的有梁东的河坎子、北沟庄、孔家沟和东梨园等自然村，共 170 多户，900 多口人。

“人圈”的围墙为土围墙，长约800米，宽约150米，有东、南、西、北4个大门，前、后山设2个炮楼。

“人圈”里设有伪警察分驻所，分驻所先是姓包的当所长，后来换成李春生当所长。“人圈”里还有村公所、协合会、自卫团等。张宝珍是甲长，既给伪警察、日军做事，也为八路军办事。自卫团持枪站岗放哨。石万成在分驻所当薄役。

王国合(中)

“人圈”里的地下党员朱永山、刘存组织老百姓夜间拆围墙，给八路军筹集军粮、军衣、袜子等，还为八路军和地下党人员送情报等。

王友超14岁就给八路军送鸡毛信，向八路军汇报日伪活动情况，后来又参加了八路军。

“人圈”里卫生条件极差，经常闹传染病。老百姓得了霍乱、伤寒等传染病，哆嗦、发烧、拉稀。因为没钱治病，“人圈”里得传染病死的有100多人。孔文瑞一家就有3人得传染病死去。

石万明(左一)　石万成(中)

日伪警察分驻所想占用王魁家的房子，王魁不给，偏偏王魁又得了传染病，还没等他病重，日军和警察就把他活活地扔出去喂狗了，王魁的房子也被日伪军强行霸占。

西梨园“人圈”

调查时间：2014年5月8日

调查地点：西梨园村王彩云家　裴朝勇家

口述人员：王彩云95岁　裴朝勇86岁

调查人员：张明云　袁瑞昀　尹桂生　张焕生　张晓利　金德玉

王彩云(左一)

西梨园“人圈”位于现在的西梨园村所在地，迁入的有西杖子、河南、西台子和西梨园等自然村。共100多户,500多口人。

“人圈”的围墙为土围墙,长约300米,宽约100米,设有东、南、西、北4个大门,还设置了4个炮楼。

金瑞丰制作了木筏子,用来为八路军运送公粮。一次夜里,在青龙河渡船为八路军运送公粮时,因为没有灯光,木筏子撞到了大石头上,木筏子上的粮食和人都不幸翻到了河里,金瑞丰等人被水冲走淹死了。

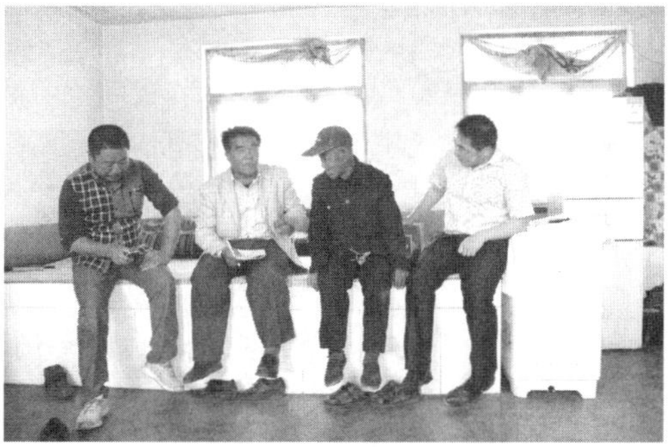

裴朝勇(右二)

参加八路军的有裴朝栋、裴国民、石凤友、郭瑞山、金瑞明、裴国安、金文明等人。

“集家并村”时,日伪军欺压百姓,不把老百姓当人看,“人圈”内卫生条件极差,经常闹传染病,老百姓因患传染病死的有六七十人。

双松汀“人圈”

调查时间:2014年5月8日

调查地点:双松汀村王林山家

口述人员:王林山89岁　王占林80岁

调查人员:张明云　袁瑞昀　尹桂生　张焕生　张晓利

双松汀“人圈”位于现在的双松汀村所在地。迁入的有老岭湾、小老岭湾、五道河子、四道河子、二道河子、拉拉岭、白鸡沟河西、平方子、北沟和双松汀等自然村,共310余户,1 500余口人。

王占林(左一)　王林山(左二)

“人圈”的围墙为土围墙,长约600米,宽约400米,设东、南、西、北4个大门,围墙四角设4个炮楼。

给八路军办事送信的有王林山、王玉章等。

王永参加了八路军抗日部队。

“人圈”里居住的老百姓经常发生传染病,死的有200多口人。王林山的妹妹、叔叔、爷爷3口人都得传染病死了。老人、小孩,不论男女得了传染病后既无医,又无药,只有眼睁睁地等死。人死后用苇席一卷就扔在河套或者土坑里,小孩多数都被扔到山坡上……

大石柱子“人圈”

调查时间:2014 年 5 月 8 日

调查地点:大石柱子村大街上

口述人员:张宽 91 岁　田宝轩 90 岁　王贺 81 岁

调查人员:张明云　袁瑞昀　尹桂生　张焕生　张晓利

大石柱子“人圈”位于现在的大石柱子村所在地。迁入的有绊马河、小石柱子、鱼鳞山、羊来沟、大石柱子等自然村和洒金沟的一部分人,共 290 户,1 500 多口人。

张宽(左一)　田宝轩(左二)

“人圈”的围墙为土围墙,长约 650 米,宽约 350 米。设有东、南、西、北 4 个大门,围墙上还设有枪眼,四个角建了 4 个炮楼。

被日伪军残害死的有王祥、田余、王银、张宏儒、刘发、王士福、郭琨、张连功、郭庆善、王占方等人。他们被检举抓到监狱后害死了。“人圈”里的张连生耪地时,被日伪军抓住强逼他给日本兵带路。带完路在回家的路上拣到了一件日军大衣,就穿在了身上,正赶上第二拨日军路过,不分青红皂白、不问大衣的来历,开枪就打死了张连生。

王贺(右一)

区里的地下党员田凯、田宝生、赵玉兰出生入死,秘密地在“人圈”里组织群众进行抗日活动。他们拆围墙,组织百姓做军衣、鞋、袜,夜间运送物资等。还有郭万增,他不怕苦,不怕死,经常为八路军办事。

闫杖子“人圈”

调查时间:2014 年 5 月 8 日　2014 年 6 月 9 日　2014 年 6 月 12 日

调查地点:闫杖子村李福龙　孙桂芝家

口述人员：李福龙 80 岁　孙桂芝 88 岁　刘月英 83 岁　崔玉书 80 岁

调查人员：张明云　袁瑞昀　尹桂生　张焕生　黄凤　张桂枝

闫杖子“人圈”位于现在的闫杖子村所在地。迁入的有小闫杖子、喇嘛沟、陡坡沟、锯匠沟、大西沟(现在是汤道河镇所在地)等自然村，共 60 多户，400 多口人。

李福龙(右二)

围墙为土围墙，长约 300 米，宽约 150 米，设南、北 2 个大门，在后山顶又设了 1 个炮楼，可以俯瞰整个“人圈”。

给八路军办事、送信，筹集衣物、鞋子的有曹贵、李忠明、刘海瑞等。蒋翠云当时是妇救会主任。

孙桂芝(左二)　刘月英(左三)　崔玉书(右一)

参加八路军的有王琢、曹贵、李忠旺、刘海瑞、郭永等。

刘海轩被抓去当劳工，李会被抓到抚顺，在日本煤矿做劳工。

化皮溜子乡范围内“人圈”调查纪实

化皮溜子“人圈”

调查时间：2013 年 5 月 9 日

调查地点：化皮溜子村　任杖子村

口述人员：王春亭 89 岁　李淑英 90 岁　孟昭义 84 岁　盖凤华 84 岁

调查人员：袁瑞昀　黄凤　尹桂生　张焕生　陈国仁　李长海　张玉珍

化皮溜子“人圈”位于现在的化皮溜子村所在地，迁入的有西岔沟、丁家庄、任家庄、车门沟、石家村、王家庄、太阳沟、杏树坟、学房庄、猴沟、西庄、东庄、关家沟、水泉沟、三家、南湾子、岔沟门、南山、东沟、大东沟等自然村，共 430 多户，2 200 多口人。

王春亭

“人圈”围墙是土围墙，长 700 米左右，宽 400 米左右，建有东、西、南 3 个大门，墙高3米多,周围有4个炮楼。

日军经常把老百姓集中到北洼子进行"大检举",还在四周架设机枪,威吓老百姓。有一次,有4名老百姓被抓到承德监狱,刘占朝被抓到承德后被残害致死;刘卫林是沙子哨人,也被残害致死。

"人圈"里环境恶劣,瘟疫蔓延,人们无药治疗,有250多人死于瘟疫。在闹瘟疫病时,有时一天就要抬出十五六口人。孙显平一家4口人,全部患瘟疫病死亡。

何平的母亲李氏被日军7个人轮奸一夜。文元、张永军被日伪军枪杀。

王显宽、王福臣、孟昭成、赵素珍、赵凤山、陈玉德、刘卫林、王广义、盖凤华是八路军办事员,给八路军送信、送粮,收军衣、鞋等物资,组织抗日活动。

薛民、李文林弟弟参加了八路军。西岔沟张志庆把儿子张云儒送到八路军部队。

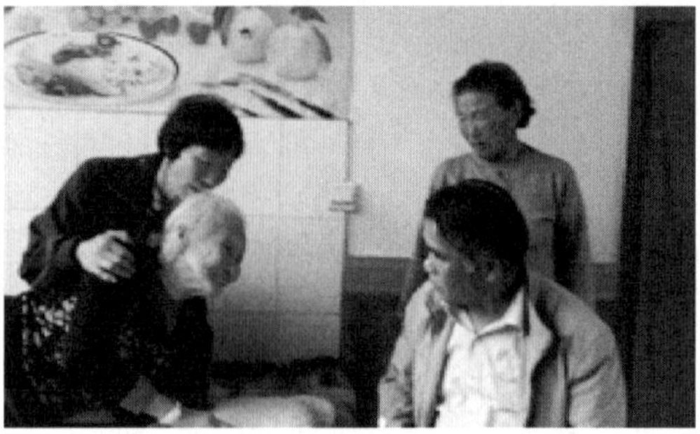

李淑英(左一)

孟昭义(左二)

偏桥子"人圈"

调查时间:2013年5月9日

调查地点:任杖子村

口述人员:孟宪义 84岁　孟宪武 81岁　孟昭贤 81岁

调查人员:张明云　袁瑞昀　黄凤　尹桂生　陈国仁　张焕生　李长海　张玉珍

偏桥子"人圈"位于现在的任杖子村的偏桥子自然村。迁入的有任杖子、大北山、小北山、二道沟、三道沟、大清河梁、头道河、三道沟、神剑沟、南山、椁罗台、小苇子沟、偏桥子和现塌山乡的大部分自然村等,共1 100多户,5 000多口人。

偏桥子"人圈"是1942年冬"集家并村"时搬入"人圈"的。"人圈"是土围墙,南北长近1 000米,东西长500米左右,建有4个大门,四个角各建1个炮楼,日夜有人站岗。围墙外还挖了一条宽3米、深2米的水沟。

当时"人圈"里的人都必须去修围墙,由日伪军监视,用刺刀抵着你,修围墙时,限制人们外出。那时候塌山一带都是"无人区"。"无人区"的界牌开始埋在三道沟的沟里,谁要是越过界牌，不管是干活还是其他原因，发现后就会被枪杀。后来老百姓偷偷地把界牌给挪到清河梁上去了。宽城宪兵分遣队的日本宪兵和伪警察三天两头到"无人区"扫荡，见着界牌外边有老百姓就开枪打死。老百姓只能待在"人圈"里。"人圈"的围墙上建有炮楼，后山也建有大炮楼。敌人在"人圈"里驻扎了一个排的伪警察，还有自卫团，在炮楼里把守。"人圈"的大门早 8 点开，晚上天一黑就关。"人圈"里每 10 至 30 户编为一个牌，设有牌长、甲长。

孟宪义

"人圈"里头没什么好房子，大部分人都是搭个马架子窝棚，不挡风不遮雨的，夏天热死人，冬天冻死人。屋里搭一个小炕和锅台相连，一大家子都那么挤着住。于德是坐地户，他的 3 间房子加院子住了 27 口人。大多数人只有一套衣服，冬天把棉花团子絮进去，就是棉衣，夏天把棉花团子掏出来，就是夏天的衣裳。很多人家都是这样，有套衣裳就不错了。冬天冷的时候，大家就蹲在墙根儿晒太阳，最多的是老人和孩子。

在"人圈"里吃的都是山菜、青菜、高粱、轧了的谷子，吃谷末子粥，炒糠疙瘩。糠疙瘩吃的时候还感觉有一点香，可一到大便时就拉不下来，只好让别人用小木棍子朝外剜。

日军不顾老百姓的死活，"人圈"内的卫生条件十分恶劣，导致瘟疫盛行。那会儿老百姓最怕的就是瘟疫病。一旦害了瘟疫病往往是一家子一家子的死，因为无医无药，只能等死。人死了就用干草一裹，成年人多被抬到沟里埋掉，孩子就被随便扔到外边去。开始，得了瘟疫病死的孩子特别多。后来，成年人死的也很多，最多时一天就死去了 27 人，几乎天天都有死的，前后患瘟疫病死去的有 400 多人。

石光是共产党地下工作者，经常在夜间组织老百姓拆围墙，给八路军送信、收粮食、筹集物资等。开展抗日活动的有孟昭华、李西禄、王德山、李春之、孟广昭、孟昭荣、郑连平、任仕琨、张德胜、刘文明、刘文革、孟宪仲等。

孟昭喜、刘凤山参加了八路军部队。

1943 年 4 月，八路军 60 多名官兵，在大清梁葫芦头沟伏击了敌人。伏击战中，消灭了日伪军 16 人，有日本军官 1 人被击毙，狠狠地打击了敌人的嚣张气焰。

独石沟乡范围内“人圈”调查纪实

蓝旗地“人圈”

调查时间:2014 年 8 月 14 日

调查地点:龙须门镇梁前院自然村街道　柳树底下张忠林家

口述人员:万兴洲 83 岁　郝桂花 85 岁　胥月珍 81 岁

调查人员:张明云　袁瑞昀　尹桂生　张焕生　陈宇

蓝旗地“人圈”位于潘家口水库搬迁前的蓝旗地大队所在地,现在是潘家口水库淹没区。当时迁入的有燕子峪、西安峪、贾家安、小河口、下杖子、沙窝沟、凿子岭、车道沟、蓝旗地老郝家、老徐家、暖河塘、老赵家、老石家、老纪家、西窝铺、独石沟、老李家、沙汪沟、石家浩、大庙、爬堂子、大石梯子、大东峪、蓝旗地等自然村,共 650 多户,4 000 多人。

万兴洲(右一)

“人圈”的围墙为土墙,长 1 000 多米,宽约 500 米,4 个大门,4 个炮楼。

给八路军办事的有刘殿甲、赵振江、胥俊富、胥俊贵等。刘殿甲是甲长,暗地里为八路军办事,在“大检举”时被日军抓到鞍山监狱后,受尽严刑拷打折磨致死。

郝桂花(左)　胥月珍(右)

参加八路军的有刘振东、张永年,张永年是在王厂沟棒槌崖牺牲的。

“人圈”里居住条件非常拥挤,卫生状况极差,经常发生传染病,有时一天就抬出去 10 多人,刘振山一家就死了 5 人,在“集家并村”的几年里,整个“人圈”里死了 500 多人。

(说明:1. 本节由张明云、袁瑞昀、黄凤整理;2. 摄影:张明云、尹桂生、陈国仁;3. 由于时间过于久远,本节“人圈”中的人口数、户数均为约数。)

（二）宽城“人圈”基本情况的调查统计

通过这次调查得知，日军在宽城“集家并村”、制造“无人区”期间，共修筑“人圈”117个，“集家”的自然村1 331个，迁入“人圈”的共26 500户，128 300人，分布在全县的18个乡镇中的17个乡镇(具体情况见下表)。

“人圈”基本情况调查统计表　　（户数与人口数均为约数）

所在乡镇	序号	“人圈”名称	迁入的自然村	户数	人口数
龙须门镇	1	王家庄	老亮子、大石湖、双洞子、王家庄等	200	900
	2	杨家庄	张家庄、杨家庄等	240	1 000
	3	药王庙	老院庄、河西、庙底下、东局子、破窑庄、东局子、丁家沟门、药王庙等	200	1 100
	4	冯杖子	板城沟、榆树沟、张家庄、石片沟、九龙沟、冯杖子等	160	900
	5	东李杖子	榆树沟、王杖子、北沟、石洞子沟、小石洞子沟、大甸子、三道沟、北梁根、北沟沟里、罗圈沟、老虎沟、乔杖子、庙北沟、达子沟大庄、达子沟里、下山、北庄沟、广东山、李家庄、蘑菇洼、下杖子、北龙沟、南龙沟、魏杖子、刘甸沟、阳坡沟、东李杖子等	470	2 300
	6	孤山子	何家台子、韩家庐 、二道杖子、三座庙、王杖子一部分、榆树沟一部分、小石洞沟、王杖子北沟、流梭子沟、孤山子等	310	1 500
	7	韩杖子	刘矬子沟、小块地、东山、瓜铺、槐树沟、韩杖子等	190	900
	8	柳树底下	苏子沟、王杖子、九龙沟一部分、石洞沟部分、柳树底下等	90	500
	9	大块地	岭根、肖家庄、李家庄、石洞沟一部分、大块地等	90	500
	10	下黄土梁子	梁前院、刘家庄、河南、小龙须门、西山根、黄土梁子等	135	650
	11	下店子	老亮子、煤局子、双洞子、上店、三道河子、下店子等	90	450
	12	龙须门	龙须门大庄	135	700
	13	王家店	李家店、高家庄、刘家庄、徐家沟、王家店等	230	1 100
	14	上店	刘家庄、东沟、西沟、北沟、草爬沟、上店	80	380

续表

所在乡镇	序号	“人圈”名称	迁入的自然村	户数	人口数
龙须门镇	15	徐家店	张家庄、李家庄、田家庄、南沟、徐家店等	230	1 200
	16	七铺炕	头道岔、金宝沟、李罗树沟、孤山子沟、茧厂沟、骆驼沟、李三沟、七铺炕等	320	1 300
板城镇	17	土牛子	窑沟、范杖子、南沟、孟家沟、80 亩地、土牛子等	310	1 500
	18	上板城	黄金沟、水泉沟、曾杖子、上板城等	240	1 200
	19	椴树沟	达子岭、茶儿沟、望宝沟、冰沟、白庙子、新南山、炮手沟、椴树沟等	310	1 500
	20	岔沟	南沟、桦树洼、岔沟等	380	1 800
	21	东杖子	荞麦峪、山西、东杖子等	430	2 100
	22	安达石	北大岭一条沟、小岔沟、牤牛岭、东沟、安达石等	95	450
	23	双庙	小庙梁、柳条沟、南沟、大西沟、双庙等	90	500
	24	崖门子	西李杖子、水泉、神仙岭、杨秃子沟、任家沟、崖门子等	170	800
	25	王杖子	沈杖子、王杖子、南沟	65	350
	26	北沟	山北头、沈杖子一部分、北沟等	110	500
	27	下板城	峡沟一条沟、戏子沟、下板城、南沟的一部分	240	1 000
	28	尖山子	黄土梁子、尖山子、西沟、山湾子、下窝铺等	110	550
汤道河镇	29	汤道河	大梨树、乱泥沟、东汤道河、西庄、北庄、李家台子、汤道河等	330	1 500
	30	李家窝铺	金杖子、毛局子、李家窝铺	570	2 400
	31	胡杖子	胡杖子、孙杖子、陈地沟、东南沟、辽宁南岭一带	240	1 100
	32	偏崖子	白庙子、冰沟、冰沟门、岔沟门，杨树等	430	1 800
	33	季杖子	大岭、小岭、黑家甸、四道沟、三道沟、东沟、西沟、尾巴梁沟、宋湖沟、七亩地沟、季杖子等	170	800
	34	黄土坡	小西庄、大西庄、李家台子、北庄、小黄土坡南庄、小黄土坡、黄土坡等	110	700

续表

所在乡镇	序号	“人圈”名称	迁入的自然村	户数	人口数
峪耳崖镇	35	双洞子	鹿扑崖、猴沟、沟门、苏成沟、小西沟、大西沟、尉家湾子、双洞子等	250	1 300
	36	河坎子	小野鸡峪、河坎子等	100	460
	37	西川	大野鸡峪、东山、西川一部分等	60	300
	38	上院	金鸡沟、河北、莲花池、南湾子、河东、朝岭子、上院等	240	1 100
	39	三道河子	莲花池、十字沟、放金沟、河西、三道河子等	150	800
	40	山家湾子	曾湾子、椅子圈、龙凤沟、佟局子、铁炉子、葫芦峪、山家湾子等	500	2 400
	41	将屯子	下北沟、上北沟、鹿圈子、大洼坑、四拨子、小南沟、将屯子	170	800
	42	新甸	大庙沟、小庙沟、东湾子、七十亩地、新甸等	210	1 100
	43	峪耳崖前庄	前庄、胡家沟	155	800
	44	峪耳崖后庄	沙金台子、沙金沟、西沟、峪耳崖后庄等	80	500
	45	三岔口	小张沟、郭家沟、杨树沟、大东沟、许家庄、唐家庄、东石门沟、西石门沟、苏家庄、娄台子、王宝沟、吴台子庄、丁家庄、达子沟、三岔口等	220	1 000
	46	北大杖子	何家庄、杜家庄、张杖子、上店、榆树沟、贾杖子、闫子沟、娄子店、劳子店、乔子沟、北大杖子等	190	900
碾子峪镇	47	艾峪口北庄	东沟里、东沟门一条沟、艾峪口北庄等	130	600
	48	艾峪口南庄	河西庄、艾峪口南庄	70	350
	49	岭西	潘家庄、鲁家庄、炉上庄、翁家庄、炮岭东沟、岭西等	210	1 100
	50	沙窝店	豆子沟、山后、西沟、北沟、桃树峪、老石家、二河店、沙窝店等	290	1 500
	51	大屯	北苏子沟、南苏子沟、东苏子沟、南屯、岭根、大屯等	210	1 200
	52	碾子峪	北沟、东庄、河北、碾子峪	120	600
	53	元宝盖	千响地、元宝盖	55	300
	54	榆树峪	东沟、庄户、河套、榆树峪等	100	500

续表

所在乡镇	序号	"人圈"名称	迁入的自然村	户数	人口数
碾子峪镇	55	下大地	马道沟、塔沟、大刺峪、小刺峪、上大地、下大地等	230	1 200
	56	孤山子	北庄、白相沟、马圈沟、兰石峪、霍家沟、双窑沟、孤山子等	50	300
	57	南庄	转山子、东湾子、南沟、下窝铺、南庄等	95	450
	58	观堂子	黄台子、河西庄、后庄、观堂子等	115	550
宽城镇	59	张杖子	唐杖子、椴杨树沟、桃园、赵家庄、杏树台、西沟老韦家、杨杖子、老虎沟、张杖子等	315	1 600
	60	三异井	杨林台、蒋湾子、东沟里、黄崖子、石灰窑沟、石灰窑沟门、三异井等	75	400
	61	东冰窖	和尚沟、上坡子、东冰窖、石灰窑沟、石柱子等	400	1 900
	62	北局子	马架沟、山梁子、石柱子、西岔沟、三家、陆庄子、姚家幔子、和尚沟老李家、王厂沟部分户、关家沟、水泉、杨树湾、西冰窖、北局子等	650	2 800
	63	下坎子	大前坡峪、五龙沟、霍家峪、瓦房庄部分、下坎子等	510	2 400
	64	于杖子	于杖子、杨树洼、大北沟、西梁、洪杖子、小前坡峪、黑小子沟、小梁根、偏桥子沟、团票沟、河南、石洞子、马家庄、庞家庄、举家庄、鲍家庄、西道、张家庄、东沟、西南后、南山后、大葛条洼、马架沟部分户、黄毛沟、于杖子等	410	1 800
	65	王家店（缸窑沟里）	窑顶、老亮子、大石湖、大山、姚家房、稗子沟、石门沟、姜家沟、田家沟、苏子沟、老项家、王家店等	580	2 600
	66	翁家庄（缸窑沟门）	翁家庄、罗家沟部分户、缸窑沟翁姓家族、小北沟等	80	500
	67	下河西	前庄、后庄、沟门、小前坡峪、黑小子沟、湾子、下河西村等	310	1 400
	68	大马沟	大马沟、王家庄、葛家庄、下坎、北院、车十门、下杖子、徐家沟、大西沟、大马沟等	180	800
	69	九虎岭	大野鸡峪、张台子、大料山沟、小料山沟、史台子、九虎岭梁、小北沟、水泉沟、头道坡、岭根儿、下道、井沿庄、北山王芝家、九虎岭等	260	1 200

续表

所在乡镇	序号	“人圈”名称	迁入的自然村	户数	人口数
宽城镇	70	头道河子	罗家沟、二道河子、山后、五虎沟、头道河子	70	400
	71	山后	翁家庄、上台子、佟家庄、马圈子沟、北梁子、老林家、张家庄、豆腐沟、广园子、罗家沟门山后等	200	950
	72	下窝铺（蒋杖子）	小野鸡峪、孙家庄、蒋湾子、杨树沟、小岭、蒋杖子、东沟里、康家沟、下窝铺等	132	645
	73	宽城	北街、中街、西街、小南沟、大南沟、偏岭子等	660	3 200
亮甲台镇	74	亮甲台	亮甲台、小汉沟、大张沟、团山子、张家沟、北五沟、小西沟等	530	2 400
	75	杨树沟	杨树沟大川、半壁山、岔沟门、岔沟里、柏树沟里、柏树沟门、东沟、北庄、洞子沟等	210	1 050
	76	河西（大汉沟）	东罗圈、西罗圈、上沟、北沟、下杖子、宁家庄、东沟、杨台子、河西等	90	500
椁罗台镇	77	董台子	万家沟、申家沟、杨家沟 、老郑家庄、翟家庄、丁家沟、张家庄、商杖子一部分、棒槌崖一部分、董台子等	210	1 000
	78	南杖子（永存）	炮岭一条沟自然村、安家峪、白草林、白台子、后石碴、古道沟、河北庄、杨家庄、尖宝山一部分、南杖子等	240	1 100
	79	菜子峪	西沟、椴木峪、色树湾、燕子塘、茶棚、菜子峪等	190	950
	80	新甸子	小新甸、黑山嘴、双洞子、新甸子等	130	600
	81	西卜子	西卜子、老牛家、老郝家、北山、西卜子等	220	1 150
	82	天成号	三家、天成号	220	1 100
	83	横城子	葛条峪、小椁罗台、东大叉、东西庄、小岭、刺桥沟、横城子等	210	1 100
	84	白台子	老杨家庄、老高家庄、上庄、白台子	90	400
	85	下椁罗台	王厂沟、椴木峪、张家岭、刘家店、河西庄、下椁罗台	180	800
孟子岭乡	86	南天门	北沟、东沟、疙瘩地、双庙子、石柱子老马家、大桑园部分、王厂沟部分、南天门等	230	1 200
	87	上孟子岭	老任家、老关家、老尹家、柏木粮一部分户、上孟子岭	200	1 000

续表

所在乡镇	序号	“人圈”名称	迁入的自然村	户数	人口数
孟子岭乡	88	下石梯子	老何家、西沟、李家庄、杨家庄、大桑园、东石门、罗前场、双窑、河东、河西、下石梯子等	220	1 000
	89	下孟子岭	王厂沟、柏木塘、商杖子、孟子岭梁上、刘杖子、王杖子、下孟子岭等	220	1 200
大地乡	90	大地	元宝盖、瓦房沟、松树沟、秋木沟、椴木峪沟、大地、青龙县王厂乡所辖的二道沟、大转岭的部分村等	370	2 000
	91	熊虎斗	破城沟、青龙的许杖子、南沟、东沟、西沟、熊虎斗等	190	1 000
	92	关石	马尾沟、苋草沟、西沟、松岭根、梁家沟、下湾子、关石等	200	1 100
	93	木匠屯	沙岭、刺榆沟、木匠屯	90	600
	94	石门岔	松岭根、黑木沟、西沟、西门岔	50	230
铧尖乡	95	东沟	黄土坡、红石峪、景峪、青洼、下窝铺、东沟等	75	400
	96	铧尖	铧尖、牛心山一部分、榆林	60	300
	97	榆林	袁家店、窑岭沟	50	190
	98	牛心山	下岗子、前台子、上窝铺、牛心山	130	600
	99	沟口子	北沟、马道沟、水峪沟、沟口子等	110	500
	100	南沟门	庙岭、石龙沟、葛条湾子、羿家庄、苋草沟、老窝铺、大石缝子、大窝铺、南沟门等	300	1 400
东川乡	101	东川	东川、车道子、老厂子、庙岭、东尖山、西尖山等	540	2 600
	102	篆字台	篆字台、半壁山部分、西五沟、上店、西岔沟沟里等	80	500
大字沟乡	103	朝阳山	马场的岭根、霍家沟、马场大庄、大岔沟、小岔沟、范家沟门、伊杖子、大块地、宋家沟、二道河子、北沟、北沟沟里、大字沟、朝阳山等	240	1 100
	104	姜杖子	宁台子、北湾子、料坡沟、小岭沟、跳沟、石湖沟、五座坟沟、大子沟西庄、大子沟北庄、大子沟、东南沟、姜杖子	170	800
	105	小椁罗树	小冰沟、黄坡沟、杉树岭、小椁罗树、徐杖子、山湾子等	210	1 000

续表

所在乡镇	序号	“人圈”名称	迁入的自然村	户数	人口数
苇子沟乡	106	西烧锅	棺材沟、大蔡家沟、傅家庄、周杖子、张家沟、西烧锅	110	600
	107	三旗杆	沟门子、苏杖子、大小三旗杆、偏桥子、木杖子、马铁沟、抢坡沟、大甸子	140	700
	108	大彭杖子	木杖子、蔡家沟、杨家沟、小彭杖子、于杖子、西沟、戏楼杖子、瓦庙子、大彭杖子	280	1 500
	109	北苇子沟	北苇子沟、南苇子沟、冰沟、陈台子、小河北	215	1 000
大石柱子乡	110	东梨园	梁东河坎子、北沟庄、孔家沟、东梨园等	170	900
	111	西梨园	西杖子、河南、西台子、西梨园	100	500
	112	双松汀	老岭湾、小老岭湾、五道河子、四道河子、二道河子、拉拉岭、白鸡沟、河西、平方子、北沟、双松汀	310	1 500
	113	大石柱子	绊马河、小石柱子、鱼鳞山、羊来沟、大石柱子洒金沟一部分等	290	1 500
	114	闫杖子	小闫杖子、喇嘛沟、陡坡沟、锯匠沟、大西沟、闫杖子	60	400
化皮乡	115	化皮溜子	西岔沟、丁家庄、任家庄、车门沟、石家村、王家庄、太阳沟、杏树坟、学房庄、猴沟、西庄、东庄、岔沟门、关家沟、水泉沟、三家、南湾子、南山、东沟、大东沟、化皮溜子等	430	2 200
	116	偏桥子	任杖子、大北山、小北山、二道沟、三道沟、大清河梁、头道河、三道沟、神剑、南山、椁罗台、小苇子沟、塌山的部分自然村、偏桥子等	1 100	5 000
独石沟乡	117	蓝旗地	燕子峪、西安峪、贾家安、小河口、下杖子、沙窝沟、凿子岭、车道沟、蓝旗地老郝家、老徐家、暖河塘、老赵家、老石家、老纪家、西窝铺、独石沟、老李家、沙汪沟、石家浩、大庙等爬堂子、大石梯子、大东峪、蓝旗地	650	4 000
17	合计		1 331 个自然村	26 502	128 300

说明：由于时间过去久远，本表中的人口数、户数等均为约数。

七 宽城“人圈”围墙遗址

日军侵华期间，宽城隶属伪青龙县管辖。从1941年8月至1943年底，日军指使青龙日伪当局，纠集日本青龙宪兵分队宽城日本宪兵分遣队、伪满军、伪警察、讨伐队等，役使宽城人民修筑了117个“人圈”，分布在现今的17个乡镇。“人圈”的修筑，是对宽城人民的又一次屠杀，许多人在修筑“人圈”的过程中被日伪军警折磨而死。“人圈”修成后，日伪当局又进一步加强了对民众的统治和镇压，并利用各种形式进行“大检举”，屠杀了很多老百姓，人们生活在水深火热之中。1945年8月15日，中国人民取得了抗日战争的伟大胜利，宽城人们才结束了囚徒般的“人圈”生活，纷纷返回日思夜想的老家，在废墟上又重建了家园，开始了新的生活。七十多年过去了，日本侵略者威逼宽城人民修筑的“人圈”围墙，在人为的破坏和风雨的侵蚀下已经所剩无几，如今只剩下了23处残破的围墙，还见证着当年日本侵略者所犯下的滔天罪行。

（一）宽城“人圈”围墙遗址

通过这次实际调查，侵华日军在宽城“集家并村”、制造“无人区”期间，修筑的“人圈”围墙总长约为165千米，现存的只有17个“人圈”23处残存的围墙，总长已不到700米，分布在龙须门、宽城、板城、汤道河、峪耳崖、亮甲台、苇子沟、大地、铧尖、孟子岭等10个乡镇。

大彭杖子“人圈”围墙遗址

大彭杖子“人圈”围墙

大彭杖子“人圈”围墙

下坎子“人圈” 围墙遗址

下坎子“人圈”围墙

下坎子“人圈”围墙

张杖子“人圈”围墙遗址

张杖子“人圈”石围墙

张杖子“人圈”土围墙

于杖子“人圈” 围墙遗址

于杖子“人圈”围墙

于杖子“人圈”围墙

亮甲台“人圈”围墙遗址

亮甲台“人圈”围墙

亮甲台“人圈”围墙

冯杖子“人圈”围墙遗址

冯杖子“人圈”围墙

冯杖子“人圈”围墙

韩杖子“人圈”围墙遗址

韩杖子“人圈”围墙

韩杖子“人圈”围墙

上板城“人圈”围墙遗址

上板城“人圈”围墙

上板城“人圈”围墙

下石梯子“人圈”围墙遗址

下石梯子“人圈”围墙

下石梯子“人圈”围墙

偏崖子"人圈"围墙遗址

偏崖子"人圈"围墙

偏崖子"人圈"围墙

三旗杆"人圈"围墙遗址

三旗杆"人圈"围墙

三旗杆"人圈"围墙

西烧锅"人圈"围墙遗址

西烧锅"人圈"围墙

西烧锅"人圈"围墙

三道河子“人圈”围墙遗址

三道河子“人圈”围墙

三道河子“人圈”围墙

熊虎斗“人圈”围墙遗址

熊虎斗“人圈”围墙

熊虎斗“人圈”围墙

榆林和三岔口“人圈”围墙遗址

榆林“人圈”围墙

三岔口“人圈”围墙

上孟子岭伪警察分驻所围墙遗址

上孟子岭警察分驻所围墙

上孟子岭警察分驻所围墙

（二）宽城“人圈”遗物

伪青龙县公署在全县“人圈”建成后所发的纪念花瓶

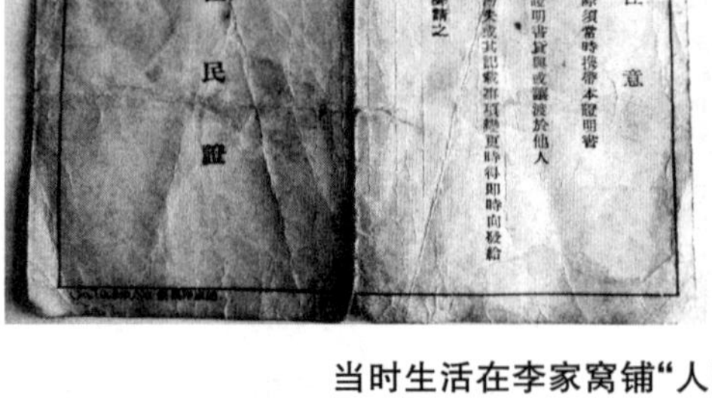

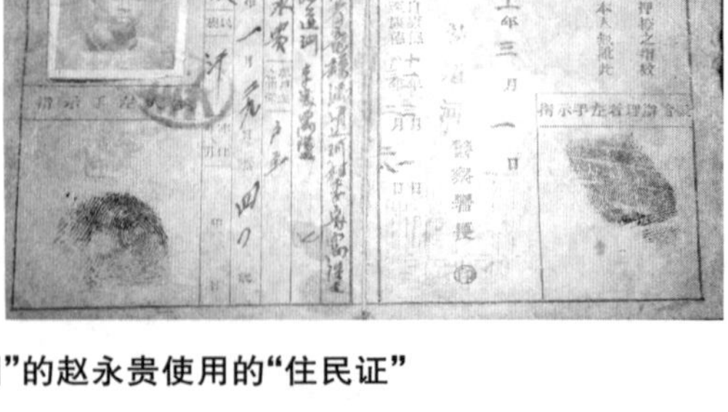

当时生活在李家窝铺“人圈”的赵永贵使用的“住民证”

伪青龙县公署在“人圈”建成后所发的纪念花瓶

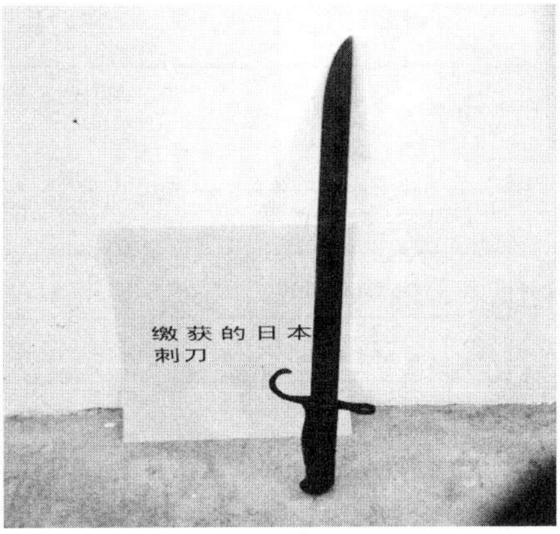

缴获的日军屠杀“无人区”军民的刺刀

（三）宽城“人圈”围墙情况调查统计

宽城“人圈”围墙共分3种，一种是石围墙，地面以下部分为基础部分，深和宽都在1米以上。地面以上部分为墙身部分，底宽1米左右，顶宽在0.3米到0.5米，墙高都在4米左右，全部用石块砌成。一种是土围墙，基础部分也是用石块砌成，深1.2米以上，宽2米左右。地面以上部分底宽一般都在1米到1.5米，顶宽在0.4米到0.7米左右，墙高都在4米左右，全部都是用木板或门板作为模板，内填黄土夯实而成。还有一种比较大的“人圈”围墙，围墙内侧还留有马道，可双人并行，墙宽可达1.5米到2米。全县117个“人圈”的围墙总长约165千米。这是一项十分浩繁和巨大的工程。尤其是在反“集家”斗争的初期，为阻止日伪的“集家并村”计划，日伪白天组织民众修筑“人圈”围墙。到了晚上，我地下工作人员又组织游击队、民兵和群众拆毁“人圈”围墙。这些围墙的修建都经过了修、拆、修、拆，多次地反复，最少的“人圈”也有四五次修建，多的10次左右。这是一个什么样的数字？这样的数字又是已修成“人圈”围墙数量的多少倍？在修筑围墙过程中，人们在日军刺刀的威逼下劳作，稍有停歇，就会遭到毒打。被日军毒打和劳累致死、致残的又有多少人？更何况当时人们是在无衣无食、饥寒交迫的悲惨状况下修筑这些围墙的，这其中浸透着多少民众的血与泪？岁月在渐渐地流逝，距离日本帝国主义血淋淋的“集家并村”、制造“无人区”的岁月已越来越远。日军用刺刀威逼而修筑的“人圈”围墙，在风雨的侵蚀、人为地拆毁之下，遗留下来的也越来越少。但是，这些遗留下来的“人圈”围墙，却见证着日军“集家并村”、制造“无人区”的罪恶，是日军“集家并村”、制造千里“无人区”的铁证。

详细情况请见“人圈”围墙统计表：

宽城县"人圈"围墙统计表

所在乡镇	序号	"人圈"名称	围墙类别			围墙长度(米)			炮楼数量	大门数量
			石	土	土石兼有	长	宽	总长		
龙须门镇	1	王家庄		土		500	300	1 600	2	2
	2	杨家庄		土		500	300	1 600	2	2
	3	药王庙		土		550	250	1 600	4	4
	4	冯杖子	石			600	160	1 520	2	2
	5	东李杖子		土		600	400	2 000	4	4
	6	孤山子		土		600	300	1 800	3	3
	7	韩杖子		土		500	300	1 600	4	2
	8	柳树底下		土		350	200	1 100	4	2
	9	大块地		土		300	200	1 000	4	2
	10	下黄土梁子		土		400	150	1 110	4	2
	11	下店子		土		500	150	1 300	5	2
	12	龙须门		土		700	300	2 000	4	2
	13	王家店		土		600	300	1 800	6	2
	14	上　店		土		300	250	1 100	2	2
	15	徐家店		土		600	400	2 000	4	4
	16	七铺炕		土		500	200	1 400	6	2
板城镇	1	土牛子		土		550	250	1 600	4	3
	2	上板城		土		500	250	1 500	2	2
	3	椴树沟		土		500	300	1 600	4	4
	4	岔　沟		土		550	300	1 700	4	3
	5	东杖子		土		500	100	1 200	3	3
	6	安达石		土		400	200	1 200	4	3
	7	双　庙		土		400	150	1 100	4	2
	8	崖门子		土		400	200	1 200	4	1
	9	王杖子		土		300	200	1 000	4	2
	10	北　沟		土		400	150	1 100	1	2
	11	下板城		土		500	200	1 400	6	2
	12	尖山子		土		400	300	1 400	2	3

续表

所在乡镇	序号	"人圈"名称	围墙类别			围墙长度(米)			炮楼数量	大门数量
			石	土	土石兼有	长	宽	总长		
汤道河镇	1	汤道河		土		500	300	1 600	4	4
	2	李家窝铺		土		950	400	2 700	4	4
	3	胡杖子		土		400	300	1 400	2	3
	4	偏崖子	石			700	300	2 000	4	4
	5	黄土坡		土		400	300	1 400	2	4
	6	季杖子	石			500	200	1 400	4	2
峪耳崖镇	1	双洞子		土		500	300	1 600	4	3
	2	河坎子		土		400	300	1 400	4	2
	3	西　川		土		300	200	1 000	4	2
	4	上　院		土		500	300	1 600	4	3
	5	三道河子		土		500	200	1 400	4	2
	6	山家湾子		土		800	400	2 400	6	4
	7	将屯子		土		300	300	1 200	4	2
	8	小新店		土		500	200	1 400	4	3
	9	峪耳崖前庄		土		400	300	1 400	4	4
	10	峪耳崖后庄		土		800	200	2 000	4	2
	11	三岔口		土		400	200	1 200	4	2
	12	北大杖子	石			400	200	1 200	4	4
碾子峪	1	沙窝店		土		500	350	1 700	3	4
	2	大　屯		土		500	300	1 600	4	3
	3	艾峪口南庄		土		400	200	1 200	4	2
	4	艾峪口北庄		土		400	250	1 300	4	2
	5	碾子峪		土		350	250	1 200	4	3
	6	元宝盖		土		300	100	800	2	2
	7	榆树峪		土		300	200	1 000	6	2
	8	下大地		土		500	200	1 400	4	2
	9	孤山子		土		300	100	800	5	2
	10	孤山子南庄		土		300	200	1 000	5	2
	11	观堂子		土		300	200	1 000	5	2
	12	岭　西		土		350	200	1 100	2	2

续表

所在乡镇	序号	"人圈"名称	围墙类别			围墙长度(米)			炮楼数量	大门数量
			石	土	土石兼有	长	宽	总长		
宽城镇	1	宽　城		土		1 800	700	5 000	12	4
	2	张杖子			土、石	700	200	1 800	2	2
	3	三异井		土	土、石	150	100	500	4	2
	4	东冰窖		土		500	200	1 400	5	4
	5	北局子		土		350	200	1 100	4	4
	6	下坎子		土		300	180	960	2	3
	7	于杖子		土		500	400	1 800	3	3
	8	王家店		土		700	200	1 800	1	2
	9	翁家庄		土		250	100	700	4	2
	10	下河西		土		500	300	1 600	2	2
	11	大马沟		土		400	250	1 300	3	2
	12	九虎岭		土		400	200	1 200	4	3
	13	头道河子		土		150	130	560	4	2
	14	下窝铺		土		400	200	1 200	3	3
	15	山　后		土		400	150	1 100	4	4
亮甲台镇	1	亮甲台	石			500	400	1 800	3	3
	2	杨树沟		土		500	200	1 400	4	4
	3	河　西	石			400	200	1 200	4	2
桲罗台镇	1	董台子	石			500	400	1 800	4	2
	2	南杖子	石			500	300	1 600	4	2
	3	菜子峪		土		600	300	1 800	5	2
	4	新甸子		土		400	200	1 200	2	2
	5	西卜子		土		500	300	1 600	4	4
	6	天成号		土		500	300	1 600	4	4
	7	横城子	石			300	300	1 200	4	4
	8	白台子	石			300	200	1 000	2	2
	9	下桲罗台	石			300	300	1 200	4	2
孟子岭乡	1	南天门	石			300	300	1 200	8	1
	2	下石梯子	石			350	300	1 300	2	2
	3	上孟子岭	石			330	300	1 260	2	2
	4	下孟子岭		土		400	300	1 400	4	4

续表

所在乡镇	序号	"人圈"名称	围墙类别			围墙长度(米)			炮楼数量	大门数量
			石	土	土石兼有	长	宽	总长		
大地乡	1	关　石		土		300	200	1 000	2	3
	2	大　地		土		400	200	1 200	3	3
	3	木匠屯		土		200	200	800	4	2
	4	熊虎斗		土		400	300	1 400	4	2
	5	石门岔		土		300	80	760	4	3
铧尖乡	1	东　沟		土		300	150	900	2	2
	2	铧　尖		土		300	200	1 000	2	2
	3	榆　林	石			300	120	840	2	2
	4	牛心山		土		350	130	960	2	2
	5	沟口子		土		300	100	800	2	2
	6	南沟门		土		400	300	1 400	5	2
东川乡	1	东　川		土		600	400	2 000	4	2
	2	篆字台		土		300	200	1 000	4	2
大字沟乡	1	朝阳山		土		200	150	700	2	2
	2	姜杖子		土		300	250	1 100	2	2
	3	小梓罗树		土		250	150	800	2	2
苇子沟乡	1	西烧锅		土		300	200	1 000	2	2
	2	三旗杆		土		300	200	1 000	4	2
	3	大彭杖子			土、石	500	300	1 600	5	4
	4	北苇子沟		土		400	250	1 300	6	3
大石柱子乡	1	东梨园		土		800	150	1 900	2	4
	2	西梨园		土		300	100	800	4	4
	3	双松汀		土		600	400	2 000	4	4
	4	大石柱子		土		650	350	2 000	4	4
	5	闫杖子		土		300	150	900	1	2
化皮乡	1	化　皮		土		700	400	2 200	4	3
	2	偏桥子		土		1 000	500	3 000	4	4
独石沟	1	蓝旗地		土		1 000	500	3 000	4	4
总计		117 个	14	100	3	53 480	28 950	164 860	435	314

说明：1. 因为时间久远，本表中的长、宽、总长的米数均为约数；

2. 本章摄影：张明云、尹桂生、陈国仁。

八 宽城“人圈”著名的抗战英烈及抗战人士

面对日本军国主义的血腥屠杀和残酷镇压，宽城人民并没有屈服。在中国共产党的领导下，抗日军民采取各种形式与敌人进行斗争。人们不惧日军的淫威，在“人圈”内外紧密配合，浴血奋战，做出了卓越的贡献，付出了巨大的牺牲。党的一些优秀儿女惨死在了日伪军的屠刀之下，如刘全民、张真理、高守训、张佰明、张顺恩、毛峰、张永年、孙景华、牛心山八烈士等。各阶层的进步人士、人民群众也积极地配合各级党组织和地下工作人员，有钱的出钱、有枪的出枪，利用各种形式保护和支持八路军、地方干部和党的工作人员，抢救和照顾伤病员等。如李西云、刘素珍、李知方、张景云、朱荣一家和张万财、张万喜一家等。

（一）宽城“人圈”著名的抗战英烈

宽城地处长城脚下，在抗战时期是抗日斗争最为活跃的地区，也是日军在长城线上“集家并村”、制造千里“无人区”的重点地区。因此，宽城的抗日斗争异常残酷、艰苦。在“集家并村”的几年中，迁青平抗日联合县的党政领导在宽城做出了巨大的牺牲。其中有迁青平联合县县长刘全民、宣传部长毛峰、青平办事处主任张真理。在宽城的六个区中，仅区长、区委书记就牺牲了5名，如五区区长张佰明、六区区长张顺恩、七区区长张永年、六区区委书记高守训等。同时宽城的知名人士及群众也做出了巨大的牺牲，限于篇幅，本章只选取了孙景华、牛心山八烈士等两个典型事例。

血洒瀑河为人民的县长刘全民

李炳山

刘全民(1902—1943),原名杨锡胜、杨希盛,字瑞林,河北省遵化县人,中共党员。1936年参加革命,1938年7月参加冀东抗日大暴动,先后任遵化县八区区长、昌黎县县长。1941年12月任迁(安)青(龙)平(泉)联合县办事处主任。翌年1月,转任迁青平联合县县长。

在出任县长期间,刘全民同县委书记黎文(李海涛)一起领导全县人民积极开展抗日斗争,主动向北、向东出击,不断开辟新区,扩大抗日游击根据地,发展党的组织,建立区、村政权。到1942年秋,在汤道河、都山以东等地相继建立了八、九两个总区,使迁青平联合县的抗日游击根据地有了很大发展。日伪当局将其视为眼中钉、肉中刺,无时不对其虎视眈眈。刘全民在口里(长城沿线喜峰口以里地区)活动较多,在口外的活动相对较少。当时,日伪军正集中兵力,驱赶长城沿线的民众“集家并村”筑修“人圈”。为了实地了解宽城“集家并村”情况,开展反“集家”斗争,刘全民于1943年1月20日,带领县政府保卫科长、民政科长、秘书、文书及警卫班战士21人来到宽城小前坡峪黑小子沟,准备晚上分头开展工作。由于地主告密,第二天早晨七八点钟,刘全民等被宽城日本宪兵分遣队、龙须门朱盛林讨伐队、满杖子警察分驻所等日伪军300多人包围在黑小子沟。在突围中,刘全民左肩负了重伤。为让其他同志尽快突围,刘全民掩护大家撤退。结果,刘全民连中数弹,倒在了血泊之中,牺牲时年仅41岁。这次事件中共有18人遇难,只有刘营等3人突围。

中共承德地委党史资料征集办公室,承德地区行政公署民政局编:《承德英烈》(内部发行),第一集,1988年。

人民的好主任张真理

杜青怀

张真理,原名丁志,河北省芦台(今属天津市)人,1912年出生,中学时加入中国共产党。高中毕业后,被党组织派到冀东做地下工作,1938年参加了冀东抗日大暴动。历任连长、营长、13军分区卫生部长,1942年3月初到热南地区任青平办事处主任,1944年7月25日牺牲,年仅32岁。

一

张真理任青平办事处主任后,经常活动在四、五总区,也就是如今宽城大地乡、铧尖乡、碾子峪镇、峪耳崖镇、山家湾子乡、东川乡、亮甲台镇和板城镇一带。这是全县抗日斗争最激烈、最残酷的地区之一。他为宣传抗日，几乎走遍了这个地区的大小村庄、山沟小岔，到处秘密召开党员会、报国会、堡垒户和关系户会，播撒抗日火种。

四总区大地一带，是日本侵略者“集家并村”最早的地方。1942 年初，“部落”建成，群众被赶入“人圈”，原住房屋全部被烧毁，牲畜全部被杀光，特别是坚持深山斗争不进“人圈”的堡垒户，生活异常艰难。有时数日吃不到食盐，人们身上浮肿。他非常体贴群众疾苦，亲自带领地下交通队，到关里敌占区给群众背食盐；见到断粮的危险户，他就组织人力到关里往回运栗子、小米，亲自送到各户，有的群众被感动得给他下跪磕头。他和群众的关系十分融洽，不让群众称呼他官衔，说自己是给穷人“打头”的，让人直呼他的名字张真理。

二

他时刻注意以党的艰苦奋斗精神教育干部。1942 年冬，张真理带领几名干部去篡字台执行任务，中午，在葫芦峪一家堡垒户吃饭。临行时，房东老大娘怕他们路上挨饿，就把积攒多日的二十几个鸡蛋煮熟，硬塞到他们手里。半路上，有一名年轻干部，掏出鸡蛋边走边吃，因中午吃得饱，就连吃带扔。他发现后，批评这名年轻干部说：“这是人民的血汗，哪能随意泼洒，人家老乡宁可自己不吃，给咱们吃，那是为什么？今天扔鸡蛋，明天扔什么？”一席话说得那位年轻干部面红耳赤，不住地做检查。他又语重心长地说：“今后的路还长，要时刻不忘艰苦奋斗呀！”

三

1944 年 1 月 24 日(农历一九四三年腊月二十九)，他带着王庆三、马志清、陈凤、王富等十几名县、区干部，去都山举办党员训练班。因为临近春节，他们从山下背来一点黄豆和几斤小米，准备到都山王老化庙过年食用。除夕晚上，他们吃的是小米粥熬豆芽，大家边吃边说。几位年轻干部思乡心切，吃过饭就登上海拔 1 800 米高的都山顶峰，遥望家乡，又听到山下“部落”里过年的鞭炮声，一时产生凄凉的情绪。他立即组织一场高山文娱晚会，给大家讲起长征的故事，组织大家唱战斗歌曲，表演小节目，使大家欢声笑语，从悲凉中解脱出来。

过春节，白天上党课，晚上讲军事，日程安排很紧。正月初二傍晚，忽然来了五六百日伪军把他们包围起来，他带领大家跑进一个能隐蔽 30 多人的大石洞，这是当地有名的“老虎洞”。然后他又返回庙里，检查文件和党课教材有无遗失。大家都替他捏一把汗，焦急地唤他快回洞，陈凤见他不慌不忙，便一个箭步出洞口去拽他，“张主任，敌人上来了，还不快走？”他沉着地说：“因为我是共产党员，大家的班长。”当他和陈凤进石洞时，只听见庙外轰轰作响，原来是他们布下的地雷爆炸了，日伪军以为八路军大部队在此，便向大冰沟狼狈逃窜。

在热南战斗的岁月里，张真理带领群众，破坏敌人交通，拆“人圈”围墙，智截敌军车，巧捉作恶多端的张警长，等等，一件件往事，都给人们留下了难以磨灭的印象。1944 年 6 月，他奉冀热边行署之命，带领一个 40 余人的警卫排，深入到关外大地、峪耳崖、篆字台等，慰问和救济坚持山地斗争的人民。7 月 25 日，在回归途中，于迁安县小官庄被 600 多日伪军包围，突围中双腿被打断，不幸被俘，英勇就义。张真理虽死犹生，他忠于党、忠于人民、艰苦奋斗、无私奉献的精神，永远活在人们心中。

中共承德地委党史资料征集办公室，承德地区行政公署民政局编：《承德英烈》（内部发行），第一集，1988 年。

宣传党的主张比生命还重要的毛峰

杜青怀

毛峰，中共党员，1906 年出生于江西省的一个贫农家庭，初中毕业后，因家境贫寒，被迫辍学，回乡务农。1935 年投身革命，1940 年被党组织分配到冀东工作，1941 年任迁（安）青（龙）平（泉）联合县委宣传部长。1943 年 11 月 14 日，他在迁青平联合县宽城境内活动时，被敌人包围，在战斗中不幸壮烈牺牲，时年 38 岁。

学群众语言　想群众所想

毛峰是一位时刻不脱离群众的人民公仆。他到冀东工作之初，由于人生地不熟，加之生活习惯、说话口音与北方人差异很大，因而接触群众比较困难，特别是初到农村工作，当地群众多半听不懂他的说话口音，群众都叫他“毛侉子”。为了方便接触群众，正常开展工作，他下决心学普通话，学习当地群众的语言。他的通讯员马芝是迁青平联合县长城外四总区人，他主动拜马芝为师，诚恳地对马芝说：“在工作上我是你的领导，在学习当地方言俗语、熟悉风土人情上，你是我的老师。”毛峰坦诚“拜师”，马芝愉快“收徒”，他们一边工作，一边学习起来。宽城一带是满族居民较多的地区，生活习俗和习惯用语仍保留着本民族的特点。每到一地工作，马芝便主动向毛峰介绍有关民俗民情和方言，帮助他走村串户联络群众，了解情况，他们白天跟群众一起干活，晚上开展工作。稍有空闲，毛峰本人便见缝插针，到苦大仇深的农民家里盘膝而坐，唠家常，听心声。功夫不负有心人，毛峰接触群众多了，与群众感情加深了，他也能说一口地道的当地话了。迁青平联合县辖长城外的几个区，因日本侵略者在这里实行“三光”（烧光、杀光、抢光）政策，环境极为残酷，群众过着“吃无粮、住无房、穿没衣裳”的贫困生活。一次，毛峰到峪耳崖双洞子一带开展工作，亲眼看到许多户以糠菜为主粮，十七八岁的姑娘没衣裳穿，身上围个破口袋片，他看在眼里，疼在心上。为了改变群众的生活境况，他积极组织地下"运输队"，从关里敌占区运粮背布。他号召工作人员，凡是从关里回来的，每人必须带回一包火柴、二斤米、三斤盐，以解决群众的燃眉之急。这个不成文的"一二三"制度，县、区干部都自觉地执行，因而深受群众欢迎。

为了贯彻冀热边特委《关于护粮战役的决议》，毛峰动员群众坚壁清野，挖窑洞、山上藏、地下埋，不让敌人抢走一粒粮，从而粉碎了敌人征粮、抢粮的阴谋。在毛峰去的最多的碾子峪一带，沟沟岔岔、家家户户都留下了他的足迹。他关心群众，群众也关心他，有时工作忙，一时去不了的地方，那里的群众就挂念地说："毛同志干啥去了？这么多天不见来，真够想的。"

灵活细致，善于宣传

毛峰时刻不忘自己的责任，走到哪里，就自觉地把党的方针、政策宣传到哪里。他每到一村，都要分别组织村党支部和报国会，青年、妇女、儿童等群众组织宣传抗日救国道理，以活生生的事实，揭露日军的暴行，激发群众的爱国热情。在落实冀热边特委《关于健全宣传部门工作的决定》时，他积极组织地下投报网，建立投报点，准确及时地把《救国报》送到基层，让广大党员、干部和群众了解掌握党的主张和抗日斗争形势。在反"集家"斗争开始时，有些地方机械地发动群众破坏"人圈"围墙，结果白天修，夜间拆，拆了修，修了拆，反复折腾，客观上增加了群众的负担，使得群众产生不满，甚至产生了对立的情绪。毛峰发现这个问题后，及时召集区干部交换意见，研究改变办法，并制定了灵活的斗争策略：在反"集家"斗争中，一要动员群众及抗日骨干不进"人圈"，坚持"猫山"斗争；二要动员已进入"人圈"的群众主动配合"人圈"外群众的斗争；三要安排我地下工作人员打入"人圈"内部，建立党支部，开展多种形式的瓦解敌伪工作，争取更多人参加抗日。这一策略实施后，很快改变了反"集家"斗争中群众的抵触情绪。

毛峰在工作中不仅能把工作重点放在宣传、教育、发动基层群众身上，而且还能做好上层人士的工作。在宣传、贯彻冀热边特委《关于恢复热南地区的决定》时，他发现迁青平联合县长城外宽城几个区的一些上层人士对抗战很消极，说什么"又要打仗了，日本人来了日本人杀，八路军来了八路军杀，再抗两年日，这地方的人还不给杀光了啊"。于是，他每到一区，都注意召开上层统战对象座谈会，耐心细致地做他们的工作。座谈会上，他向这些人士反复讲解发动热南地区战役行动的重大意义，并有针对性地宣传解释说：日本人杀的是我们抗日人员及无辜群众，我们杀的是日本侵略者及其走狗"铁杆"汉奸，这两个"杀"字有本质的不同，一个是正义的，一个是非正义的。我们共产党人光明磊落。如果在镇压这些坏蛋中，有些扩大化，我们有错可以改。此次发动热南战役，对转变整个冀热边形势关系重大，恢复、坚持和巩固热南原有地区，并向前发展，是我冀热边区党政军民坚持冀热边区和开辟东北的重要任务。你们当中过去对抗日有贡献的，共产党决不会忘记。只要我们中华民族团结一致，赶走日本侵略者，夺取抗日战争的胜利是完全可能的。毛峰善于运用党的政策，有理有据地进行宣传，因而使得许多上层人士心服口服，以致在宽城境内掀起了一个“有人出人，有钱出钱，有力出力”的抗日热潮。

1943 年 8 月的一天，毛峰在岭西召开党支部会议，研究部署支前工作，并且组织与会人员学习中共中央发布的《关于继续开展整风运动的决定》。会议还没有结束，情报人员便火速来报：“有人向敌人告密，敌人要进庄了。”敌情突然发生后，毛峰沉着镇静，继续主持会议。通讯员万分焦急地说：“毛部长，敌人是冲着你来的，你的安全……”毛峰掷地有声地说：“宣传党的主张，执行党的任务，比我的生命还重要……”

双枪迎敌为革命献身

1943 年 11 月 14 日(农历十月十七)，毛峰带领通讯员到宽城上院组织召开热南战役支前等工作动员会议，会议进行时，会场突然被于友三讨伐队和自卫团包围，在万分危急的情况下，马芝劝他说：“毛部长，你从缺口突围，我来掩护！”毛峰执意不允，他说：“你还年轻，带好文件，回县向领导汇报，不要管我！”毛峰在参加革命后，练就了一手好枪法，能双手使枪。他不容分说，命令马芝先走，自己抽出双枪挺身迎敌，可毕竟寡不敌众，在战斗中，他壮烈牺牲。与毛峰形影不离的通讯员马芝不忍心丢下首长，他听见敌人狂喊“那人是八路军的大官，抓活的”时，放弃了服从命令突围的念头，提枪闯出与敌人交战，不幸被捕，被押送到承德监狱后，他坚贞不屈，最后血洒“万人坑”，光荣牺牲，年仅 38 岁。

中共承德地委党史资料征集办公室，承德地区行政公署民政局编：《承德英烈》(内部发行)，第三集，1992 年。

宁死不屈的总区长张佰明

杜青怀

张佰明，原名张显，又名张耀宗，1941 年入党，从滦县师范毕业后，回乡教书，不久，毅然辞去教师职务，参加抗日工作，1942 年 1 月，到宽城碾子峪五总区任区长。

五总区是全县敌我斗争最激烈最残酷的地区之一，它是连接关内外的交通要道，喜峰口、铁门关就在这里。张佰明到职之前，曾有好几位区长都牺牲在了敌人的屠刀下。

五总区范围内常驻有于友三讨伐队和一些杂牌地主武装，总共 200 多人，张佰明和区委其他同志一起，在这险恶的环境中，经常化整为零地进行游击活动，有力地牵制了敌人，巩固了新生的人民政权。

八路军的游击活动使敌人昼夜不安。他们不断增派驻军，大搞武力“讨伐”，妄图将八路军一网打尽。五总区人民在区委领导下，不断壮大抗日组织、加强斗争力量，敌人只好软硬兼施，采取武力“讨伐”和政治收买双管齐下的办法。

讨伐队队长于友三凭借与张佰明兄长的亲友关系，多次派要员向张佰明劝降，不是重金收买，就是封官许愿。然而，每次都是徒劳往返，枉费心机。为这个于友三还到白龙庙磕头许愿：如抓住八路军张区长，他亲自给白龙神送匾。

1943 年 8 月 13 日，张佰明带领区干部邱忠、诸成芳、诸成功、志远、海青等，去孤山子伪据点割电线，并营救我方一名受伤的交通员，不幸被于友三讨伐队和孤山子自卫团包围，张佰明临危不惧，镇定自若，巧妙地指挥人员转移。大家安全地突围了，唯有张佰明身负重伤。他来不及包扎伤口，忍着剧痛，撤退到梨树峪横子洼。敌伪小头目苏海山发现地面血迹后，立即向于友三报告。于友三马上下令进山追捕，并扬言要活的不要死的，如果谁不听号令，就要按军法处置。主子一声令下，敌人蜂拥进山搜捕。当敌人进入横子洼沟门时，双腿挂花的张佰明，一看敌人来了七八十人，自己的子弹仅剩几粒，突围已不可能，于是只好下定决心，边还击边向梁上撤退。这时于友三假惺惺地喊：“五兄弟，放下武器吧！到我这来老兄亏待不了你，既升官又扬名。”

张佰明斩钉截铁地说：“卖国求荣可耻，战死可贵，共产党岂能跪着生！”

敌人又喊道：“年轻轻的过早就做刀下鬼怪可怜的！”

张佰明又回击说：“可怜的不是我，是你们这群捋洋尾巴的民族败类！”

于友三的花言巧语丝毫未动摇张佰明的钢铁意志。于友三还不死心，仍想继续劝降张佰明。但他手下的人早已等得不耐烦了，于是朝继续撤退的张佰明连开数枪。张佰明英勇地牺牲了，时年仅仅 26 岁。

优秀的共产党员、人民的好区长张佰明临危不惧、宁死不屈的革命英雄形象，将永远活在人民的心中。

中共承德地委党史资料征集办公室，承德地区行政公署民政局编：《承德英烈》（内部发行），第三集，1992 年。

铁骨硬汉张顺恩

杜青怀

张顺恩，1916 年生于河北省迁西县，中共党员。1941 年，他被党组织分配到迁（安）青（龙）平（泉）联合县长城外六总区（辖区包括今宽城满族自治县龙须门镇的柳树底下、东李杖子、板城镇的崖门子、宽城镇的缸窖沟及平泉县党坝区）工作，先后出任分区长、总区长职务。

1942年,抗日战争进入最困难的时期,迁青平长城外各区的斗争环境异常艰苦,日伪在这里大搞经济封锁,清乡、"扫荡"、"集家并村"、制造"无人区"。"人圈"(即集团部落)内外的劳苦群众吃、穿、住、行都相当困难,许多不进"人圈"坚持"猫山"斗争的群众家中无一粒粮食,全靠吃野菜度日,有的户甚至把枕头里的谷秕子都掏尽吃光了,他们在死亡线上抗争着。张顺恩对这些看在眼里,急在心上,为解决群众极度缺粮的困难,他连续几次召开村干部会议,让大家献计献策。最后商定采取四种办法搞粮食:一是动员爱国的上层人士和开明士绅献粮;二是组织地下"运输队"去关里以物换粮;三是动员"人圈"外群众挖煤、采金,在山洞中养蚕、织布,搞抗战时家庭副业,自筹资金买粮;四是组织武装民兵到日伪据点夺粮。四种办法很快实施下去,取得了很大的成果,由张顺恩率领的区基干队和民兵截车夺粮,战果尤为显著,群众无不拍手称颂。

在开展反"扫荡"斗争中,张顺恩多次带领队伍,化装后深入日伪据点,捣警察分驻所,砸配给所,除汉奸,抓特务,使日伪日夜不得安宁。因而,日伪非常仇恨他,多次悬赏缉拿他。

1944年2月21日,张顺恩给区妇联主任裴彩凤写信,让她通知区干部杨国栋和柳树底下党支部成员王成礼、王彬、王荣等人,于当日晚到办事员李永发(化名吉祥)家开会,部署开展反"扫荡"斗争等工作。不料,这时的李永发已暗中通敌,把这一消息报告了附近的警察分驻所和驻龙须门的朱盛林讨伐队。晚上,参加会议的人员在李永发家聚齐之后,张顺恩简洁地部署了今后的斗争任务,随即大家进行了讨论。散会后,李永发见警察和讨伐队尚未赶到,便故意拖延大家离去的时间。他假惺惺地对张顺恩说:"这几天您太累了,看您两脚都走出泡来了,我给您烧点水烫烫脚,就住这儿吧!"机警的裴彩凤看出李永发讲话时神情有些反常,猜测他不怀好意,便催促张区长快走。张顺恩决定立即率大家离去,但为时已晚,伪军160多人已经把李家的院子围个严严实实。张顺恩连打数枪,想要杀出条路来率大家从西门冲出去,可日伪军在西门把守很严,只好又退了回来。他又决定由自己亲自做掩护,让大家从东门闯出。在张顺恩奋力拼杀下,与会人员终于突围了,可断后的张顺恩却被日伪军逮捕。

张顺恩被日伪军押到街外的野地上,并武力驱赶来附近的群众围观。面对日伪军的铡刀,张顺恩大义凛然。一个日军头目走向前,对着张顺恩凶狠地说:"摆在你面前有两条路,一条是砍头,一条是乖乖地投降,何去何从,给你5分钟考虑!"张顺恩听后,怒发冲冠,大声回答说:"共产党员从来就不怕死,让我投降,除非日从西出!"日军一声狂叫:"死了死了的!"张顺恩甩开冲上前来的两个伪军,从容不迫地走到铡刀旁。这时,一个伪军头目又走上前来,佯装怜悯地说:"兄弟,还有几分钟,你还有什么话要说?要是回心转意尚为时不晚。”张顺恩回答说：“话是有！”日军头目以为他动摇了，一摆手：“让他说！让他说！”张顺恩面向群众，大声说：“父老乡亲们，我张顺恩抗日活到今天，全凭大家关怀和这片热土的养育，我今天为抗日死，大家不要为我流泪、为我悲伤，共产党人是铡不尽、杀不绝的，革命自有后来人……”在场群众静静地听着，日伪军恍然大悟，赶忙跑上几个伪军把他按到铡刀上，按下了铡刀……

张顺恩牺牲后，日伪军又把张顺恩烈士的头颅挂在宽城街示众多日。新中国成立之后，叛徒李永发被人民政府镇压。时过几十年之后，当地的人们每当提起张顺恩，仍无不感慨地说：“张区长是个由特殊材料制成的铁骨铮铮的硬汉，他的形象，他的话语将永远激励我们前进！”

中共承德地委党史研究室，承德地区行政公署民政局编：《承德英烈》（内部发行），第三集，1992年。

浩然正气的高守训

张明云

高守训(1905—1943)，原名高宏图，又名李佐华，河北省丰润县人。1937年肄业于北京大学。1939年加入中国共产党。1943年11月5日在宽城北龙潭沟突围时壮烈牺牲，时年38岁。

1937年抗日战争全面爆发，高守训正在北大奋发读书，立志救国。面对祖国大好河山遭到帝国主义铁蹄的践踏，面对人民的苦难，高守训忧心如焚，再也不能等待了，强烈的爱国心促使他向党组织请示，积极地参加了轰轰烈烈的抗日救国的民族解放运动。

1941年冬，冀东党组织根据革命需要，答复了高守训“到最艰苦的地方去”的请求。高守训与战友们跋山涉水，昼隐夜行，穿过敌人层层封锁线，经过20多天的艰苦跋涉来到了迁青平六区任区委书记(今宽城龙须门镇的柳树底下、东李杖子、板城镇的崖门子一带)。高守训有着坚定的共产主义信念，他把自己在学校里学到的革命理论和文化知识运用到革命实践中去，到处宣讲马克思主义理论、分析中国国情和世界局势。他说：“我们决不能让自己的国家成为殖民地，决不能当亡国奴。”他讲中国的现在，讲中国的将来，一直讲到社会主义、共产主义，要大家坚信革命一定能成功。他说：“革命自有后来人，我们倒下了，还会有新的一代站起来，我们一定能打败日本侵略者，解放全中国。”高守训靠自己的斗争实践培养了大批革命骨干。

高守训才华横溢，精明能干，办事谨慎，智勇双全。他对待工作极为认真，一丝不苟。

因为特殊的对敌斗争环境，高守讯在夜里起草文件和写信时很少用灯，但写出来的字迹仍然工工整整，在他所工作区域的东李杖子、崖门子等地一直传为佳话。高守训积极组织广大群众坚持对敌斗争。有一次为了破坏敌人的电话线，他们一夜之间把王家店至小寺沟的电线杆全部砍倒，并割毁了电话线，中断了敌人的通讯联系。他还组织民兵袭击了椁椤树警察分驻所，烧毁了敌人的炮楼，而后又袭击了亮甲台警察分驻所。敌人遭到了高守训队伍的袭击，气急败坏，到处搜捕他们。高守训组织群众与敌人进行了巧妙的周旋，你在这里抓，我去那里打，你到那里抓，我去另一个地方打，搞得敌人晕头转向。

高守训每组织一次对敌袭击都是经过周密思考，勘察好地形，摸清敌方情况后方才进行的，决不打无准备之仗。

抗日战争进入极为艰苦的1943年，敌人实行严酷的经济封锁，人民无衣无粮，抗日工作人员吃住都无法解决。因此，高守讯便住在北龙潭沟石梯山上的一个山洞里。这个洞在十分陡峭的半山腰上，必须爬过几十米的悬崖才能到达此洞。这个洞6米多深，隐蔽起来很安全。即使敌人发现了此洞，他们也很难上去，从对面的山上射击又打不到里面去。所以，高守训一直在这里坚持与敌斗争。经常在夜间才下山，到村里秘密开展抗日活动，宣传群众，组织群众，发动群众。群众把高书记喻为高山上的一盏明灯，这盏灯照亮了六区人民的心。

1943年的11月5日，张雪涛讨伐队与日本宪兵队进行联合大搜捕。当时高守训正在北龙潭沟开展群众工作，闻讯敌人搜捕，已来不及隐蔽，他便把所有的文件、书信、报纸全部烧掉。然后持枪、拿着手榴弹奔向后院山坡，准备突围，谁料敌人四面堵截，突围很难。高守训下定恒心，要战斗到底。他打死了很多追击的敌人，当剩下最后一颗子弹时，他想射向自己(这时他的腿已经受伤不能走路)，可他又一想，这颗子弹还能多消灭一个敌人，所以他再一次把枪口对准了仇恨的日本强盗，又打死了日军1人。敌人见高守训没有子弹了，便蜂拥而上，问他叫什么，干什么的，这里有多少共产党员。高守训愤怒地回答："要杀要砍由你们，从我这里你们休想得到任何东西。"这时，敌人接连向他刺了三刀，高守训英勇就义。

为了民族的解放、人民的幸福，高守训牺牲了，但他永远活在宽城人民的心中。

根据宽城满族自治县党史资料及有关资料搜集整理。

舍生忘死的张永年

张明云

张永年(? —1944.1)，中共党员，口里(河北唐山地区)人，1941年初，受冀东党组织的派遣，到都山脚下的宽城王厂沟开辟抗日根据地，后任迁青平联合县第七区区长。1944 年 1 月，为掩护其他区干部突围，壮烈牺牲。

临危受命担重任

在连绵起伏的燕山深处，有一个默默无闻、很不起眼的小山村。这里山高林密，地势险要，地处燕山深处的深山老峪之中。这里的人们心地善良，村风淳朴。这里也是抗日战争时期我党开辟的非常有名的抗日游击根据地——冀东抗战指挥中心之一的王厂沟村。

在开辟王厂沟抗日根据地中，冀东党组织先后派地下党员刘振东、冀东八路军二支队三总队队长郑紫明、教导员杨春垠等到王厂沟一带，开辟王厂沟抗日根据地。1941 年初，冀东党组织又派遣张永年和地下党员王子明、石新、任会、葛树华等到王厂沟，进一步开辟王厂沟抗日根据地。张永年、刘振东等在王厂沟深入群众，走村串户地宣传党的抗日斗争的方针和政策，动员人民群众起来抗日。在此基础上，他们又在王厂沟发展了李西云、李西英、李春宣为中共党员，并建立了党小组。经过一段时间的锻炼和考验，由张永年、刘振东、石新、李西云介绍，刘凤春、李西满等 39 人又光荣入党，1941 年 6 月，成立了村党支部。同年 9 月，成立了村党总支和 4 个分支部。在此期间，全村还成立了民兵、青年、妇女、儿童等多个群众抗日组织，初步建立了王厂沟抗日根据地。

1941 年底，根据抗日斗争的需要，中共冀热察冀东分委决定建立迁(安)青(龙)平(泉)联合县，王厂沟属迁青平联合县第七区，张永年被任命为第七区区长，石新为区委书记。七区的范围包括现在宽城的孟子岭、塌山、化皮及桲罗台、独石沟等乡镇的全部或部分地区。这时，日军大规模地“集家并村”制造“无人区”已经开始。张永年所领导的第七区正是日军“集家并村”制造“无人区”的重点区域，是斗争极为残酷的地区。从此，张永年就以王厂沟为落脚点，一直在七区的土地上坚持抗日活动，带领七区人民与日军开展了各种形式的艰苦卓绝的斗争。

全力救护伤病员

1941 年 9 月，冀东的潘家峪、鲁家峪抗日游击根据地先后遭到了日军的破坏，设在这里的冀东党政军机关、报社、青年干校、军分区教导队以及兵工厂等都被迫转移到了王厂沟。同时，中共冀热察冀东分委、冀东军分区多次在王厂沟召开会议，研究部署冀热边的抗战工作及反“集家”斗争。不管是冀东党政军机关在王厂沟进驻期间，还是冀东党分委、军分区召开各种会议期间，张永年都亲自组织安排，成立青年保护组，日夜派出多重岗哨，密切注视敌人的动向，以确保党政军机关和参加会议的领导及人员的安全，做到万无一失。

为了保证冀东党政军的情报畅通和工作人员的安全，张永年还特别在王厂沟及附近地区建立了秘密交通站和几条秘密交通线，以确保冀东党政军的情报提供、信函往来、工作人员以及地下人员的接送等。

1942 年,日军大规模地"集家并村"、制造"无人区"以后,抗日斗争进入到了最为艰苦的时期。这时,冀东军分区的战地医院也转移到了王厂沟北大山等崇山峻岭中的几个山洞里。后来,军分区部队及附近地方武装的伤员也几乎都在这里治疗,有时十几人、几十人,最多时达到了 100 人。特别是敌人实行残酷的经济封锁,使这里缺粮少药,连消毒盐水都没有。张永年就组织区干部和王厂沟的干部党员千方百计地弄盐、找药、搞粮,翻山越岭地采集中草药等。尤其是在敌人疯狂的"扫荡"和讨伐中,为确保伤员的安全,张永年还要经常组织这些伤病员及时转移。在转移中,由于山高路陡,只能背着这些伤员转移,一背就是几里、十多里路,而且一路都是石崖、堤墙、葛针湖、荆稍棵子等,每前进一步都十分艰难。张永年除了组织人员背送伤员转移外,有时还亲自背送伤员,把伤员转移到安全地点。就这样,伤员转来一批又一批,伤愈后又一批一批地归队,使他们重返杀敌战场。

坚持开展反"集家"斗争

为了开展反"集家"斗争,在日军"集家并村"、制造"无人区"刚刚开始,张永年就号召七区的各级干部和党员,要村不离村,区不离区,带领群众守土抗战。在各级干部和党员的动员下,七区范围内的多数群众都逃进了深山,坚持"猫山"抗日。如王厂沟村的 130 多户人家,搬进孟子岭"人圈"的还不到 20 户,其余的 110 多户,坚决不进"人圈",坚持"猫山"斗争。

为了延缓日军的"集家并村"计划,张永年组织区小队、民兵等,先后几次把孟子岭、蓝旗地、偏桥子等"人圈"的围墙推倒、拆除,或者带领区小队队员及民兵,对监修"人圈"的日伪军进行偷袭、袭扰,致使一部分"人圈"的围墙几个月都没能修起来。1942 年,张永年还先后几次带领区小队队员、民兵,将喜峰口到孟子岭长达十多千米的公路挖断,将沿途所有的电线杆砍断,电线割走,致使敌人的交通、通讯几次陷入瘫痪状态,给敌人的"扫荡"、讨伐、"围剿"等造成了极大的阻碍。

1943 年,是日军"集家并村"最疯狂的一年。群众的房屋都被日军拆了、烧了,"无人区"的庄稼也全部被日军割了、毁了,群众的粮食也都被抢走或用火烧了,就连磨台、碾子都被拆了、砸了,吃水井也都被日军用沙石等填了,"无人区"群众的情绪一度十分低落。张永年就组织区、村干部和党员,做好群众的工作,鼓励群众振作起来,并尽可能地帮助群众解决实际困难,使群众渡过难关,继续坚持"无人区"的斗争。张永年的家在口里,他还几次组织人员去他的家乡筹集粮食,想方设法地运到"无人区",救济"无人区"的群众。

七区的王厂沟、塌山是冀东党政军领导及部队经常光顾的地区,也是张永年带领抗日军民与日军进行斗争最为频繁和坚定的地区。进入 1942 年、1943 年以后,日军经常到王厂沟、塌山"扫荡"和讨伐,烧杀抢掠,屠杀民众,无恶不作,斗争环境更为残酷和恶劣。由于敌强我弱，力量过于悬殊，作为一区之长的张永年，虽然对小股的敌人可以予以打击，但还没有能力消灭大量来“无人区”讨伐和“扫荡”的敌人，保护人民群众。但是，他带领区小队及区村干部，随时密切注视日军的动向，建立了专人通知、人员传递、消息树等多种形式的通讯网，一有情况，就以最快的速度通知民众，组织民众转移，以减少人民群众的伤亡。

进入 1942 年下半年，日军大面积进行“集家并村”、制造“无人区”，张永年等区干部及地下工作人员的环境更加恶劣了。但张永年并没有被恶劣的环境所吓倒，没有房子就住山洞，没有粮食就吃树叶、草根、树皮，敌来我走、敌走我回，在极其恶劣的环境中，一直坚持战斗在“无人区”。

舍身忘己，壮烈牺牲

1944 年 1 月，张永年区长和石新书记根据反“集家”斗争形势和斗争的情况，决定到七区临近的迁遵兴第九区的兴隆县王宝石村臭水湖进行休整，更重要的是与九区的干部交流坚持“无人区”斗争的情况和经验。九区的吴子英、陆克等 7 名区干部前往迎接。两个区的区干部在一起畅谈反“集家”斗争的心得，交流反“集家”斗争的经验等，心情十分高兴，关系非常融洽。晚上，他们分别住在了临近的山沟里。

可是，不幸却发生了。这天，青龙县(当时宽城为伪青龙县管辖)李凤阁讨伐队正在宽城瀑河和清河一带讨伐。当他们得知张永年、石新在臭水湖的情报后，就于第二天拂晓向兴隆县王宝石村的臭水湖袭来。在山头放哨的九区干部迅速报告了敌情。于是，九区参加休整的干部顺着沟膛向山上转移。敌人发现他们后开枪进行射击，但因距离较远，九区干部全部安全脱险了。

张永年等七区干部听到枪声后，已来不及从沟膛转移。于是，张永年就带领 8 名区干部，准备穿过密林，冲过山梁，借树林和山梁的掩护转移。当张永年和石新等 8 名区干部冲到半山腰时，被敌人发现。敌人轻重火力集中向他们扫射，把他们全部压制在半山腰中。张永年意识到，敌众我寡，区干部全部转移已不可能了。因此，张永年对石新说：“石书记，我们一起转移，看来已经不可能了，这样下去，我们只会全部牺牲。我来掩护你们，你马上带领同志们转移！”张永年说完，立即起身引开敌人，向敌人连续进行射击。武装助理桑炎、文教助理文元也紧随其后，向敌人猛烈地射击。石新等 4 人安全突围了，财粮助理却负伤被俘，张永年、桑炎、文元 3 人都壮烈地牺牲了。

张永年等 3 人牺牲后，敌人又赶到臭水湖上，将张永年、桑炎、文元的头颅割下，带回青龙向上司请功去了。敌人走后，石新带领七区幸免于难的 4 名同志和九区的 7 名干部来到臭水湖，掩埋了烈士的遗体，并召开了追悼会。大家目睹了战友被害、并被惨无人道地割去头颅的悲惨一幕，仇恨满腔。大家表示一定要为烈士报仇，把斗争进行到底。

中共宽城满族自治县委宣传部主办:《今日宽城》,2017 年 8 月 4 日。

坚贞不屈的孙景华

张明云

孙景华,宽城山家湾子乡椅子圈人。日军侵占宽城后,他义愤填膺,奋起抗日,组织民众军开展反税捐斗争,支持抗日游击队购买和筹集枪支、弹药,组织报国会等抗日活动。1941 年 2 月,由于叛徒告密,孙景华不幸被捕。他被捕后,不惧日军的威逼利诱、严刑拷打,最后壮烈牺牲。

组织民众怒砸上营税捐局

董家口上营是宽城通往迁西县太平寨的交通要道和必经之地。日伪为榨取民财,盘剥百姓,在上营设置了税捐局,还内设了拘留所。税捐局建立后,老百姓做生意等途经此地,均要上缴货物总额三分之一以上的税捐。否则,就要拘留、罚款。此外,税捐局秋后还要下乡征缴税捐和索要烟土,老百姓如交纳不出,即刻就要遭受毒打,甚至被抓。1934 年,日军利用上营税捐局,更加变本加厉地压榨百姓、征缴税款,老百姓对上营税捐局非常痛恨,民愤极大。为惩治上营税捐局,1934 年 5 月,孙景华联络松树沟的张瑞,组织了 3 000 余人的民众,手持大刀、木棍、锄头等,浩浩荡荡地奔向了上营税捐局。税捐局人员闻风而逃,抗税民众一把火烧毁了税捐局的房屋。从此以后,上营税捐局一直未能再建。

组织民众军开展抗日活动

1933 年 12 月,兴隆县黄花川的孙杖子农民孙永勤,发动了黄花川农民抗日大起义,建立了民众军,转战在兴隆、承德、宽城、青龙、遵化、迁安等地,袭击了日伪的很多据点,歼灭了大量的日伪军。特别是在宽城,民众军在贾家安袭击了日船 3 艘,击毙日军 20 余人;在九虎岭,民众军与日军 600 余人激战达半月之久;之后,民众军又三次围攻宽城,歼灭日伪军 300 余人。孙永勤民众军在宽城的武装抗日斗争,极大地鼓舞了孙景华。因此,孙景华也在宽城组织起民众军,人数达几十人,准备全部参加孙永勤领导的抗日民众军。不幸的是,1935 年 5 月,孙永勤领导的民众军在遵化被日军重兵包围,最后全军大部阵亡和溃散,孙永勤也在战斗中壮烈牺牲。因此,孙景华组织的民众军不得不化整为零,并改名保乡团,在宽城隐蔽地开展抗日活动。

筹集枪支弹药支援抗日游击队

1940 年 7 月,冀东军分区司令员李运昌,派三总队特务大队指导员周治国北出长城,到宽城组织抗日武装,开展抗日游击活动,创建都山和承平宁抗日游击根据地。周治国临行前,李运昌司令员特意修书给孙景华和刘凤年、韩凤武,希望他们以民族大义为重,协助周治国在宽城组建抗日武装，开展武装抗日活动。孙景华见信后，欣然接受了共产党和八路军的抗日主张，密切配合周治国开辟都山和承平宁抗日游击根据地，发展抗日武装力量，建立周治国抗日游击队。可是，游击队组建后，武器和弹药严重缺乏。孙景华就走村串户，凭借旧友等关系，动员群众和当地知名人士、亲友等，搜集直奉战争时期散落在民间的大小枪支10多支、子弹上千发，并从据点里买出上百斤炸药，捐献给了周治国游击队。随后，他又卖掉自家牲畜，购进大枪2支、手枪1支，交给了周治国游击队，多次受到冀东军分区的表扬。与此同时，孙景华在椅子圈及其附近地区又组织建立了报国会等抗日组织，积极协助共产党八路军及游击队，开展各种形式的抗日活动，成为了一名远近闻名的抗日志士。

坚贞不屈，壮烈牺牲

1941年，日伪在长城沿线大规模的“集家并村”即将开始。为了扫清“集家并村”的障碍，肃清抗日活动分子，日伪在长城沿线地区的千里长城线上开展了大规模的清乡和“大检举”活动。2月19日，伪青龙县警务科长、日本人铃木正奉在峪耳崖警察分驻所坐镇指挥，伪青龙县讨伐队长张雪涛带领讨伐队去椅子圈等地清乡和开展“大检举”。这时，孙景华正在椅子圈与部分报国会人员研究商讨报国会的活动。这一情况被一叛徒得知后，立即报告了张雪涛。张雪涛讨伐队随即包围了孙景华的开会地点，并将孙景华等人抓捕，押解到了峪耳崖警察分驻所。

在峪耳崖警察分驻所，日军对孙景华先是用雪地埋、喷石灰、香火烧、竹签扎等刑罚对其进行审问。之后，日军又用凉水和辣椒水灌、杠子压，再用开水从头上浇、烙铁烧红后向身上烙、大枪通条烧红后向生殖器里插、用刀一刀一刀地割下身上的肉等酷刑审问孙景华，逼迫孙景华说出报国会人员和共产党地下人员以及八路军、游击队的活动情况等，一连折腾了八九天，孙景华一直是强忍剧痛，高声怒骂日军，未透露半点消息。最后，日军黔驴技穷，不得不杀害孙景华。就义时，孙景华仍然是毫无惧色，大声怒骂敌人，大义凛然，坚贞不屈，直至最后高呼口号，壮烈牺牲。

孙景华在牺牲前，为了鼓励妻子和家人继续抗日，给妻子王氏写了一封血书：“我可能被杀，你不要悲伤，要把孩子拉扯大，继续跟周治国打日本鬼子。”这充分表达了孙景华烈士的终生夙愿和抗战到底的坚定意志。

孙景华从被捕到牺牲只有10天时间。在这10天的时间里，他受尽了折磨，坚贞不屈，大义凛然。孙景华同志虽然牺牲了，但他的精神却激励着人们继续与日军进行不屈不挠的反抗和斗争，直至取得了最后的胜利。时光流逝，精神永存，他那视死如归、坚贞不屈的光辉形象，永远屹立在人们的心中！

中共宽城满族自治县委宣传部主办:《今日宽城》,2018 年 8 月 13 日,第 3 版。

盗取炸药为抗日的牛心山八烈士

张明云

牛心山金矿在清朝光绪年间即开始开采。日军占领宽城后,为掠夺宽城的矿产资源,很快就霸占了峪耳崖、铧尖和牛心山金矿,又派日本人义东宫川、白石等,带着 20 余名朝鲜人及一部分沈阳、吉林一带的中国人,到牛心山进行大规模的巷探,还在牛心山建了金选厂,进行大规模的掠夺性开采。为了维护黄金的开采和镇压民众,日军还在牛心山金矿附近安排了一部分日军以及矿警 20 余人驻守,在附近的铧尖金矿还驻有日军守备队 100 余人。当时从事采矿和铁选的工人,大部分是日军从朝鲜抓来的,还从牛心山当地抓了一部分农民做小工。

组建抗日组织,开展抗日活动

1938 年,牛心山村民张连清在金矿附近采金。他在一次去榆木岭送矿石时,结识了共产党的地下工作者邢海洲。邢海洲又把张连清介绍给了地下工作者胡成。经过他们二人的培养介绍,张连清加入了中国共产党。张连清加入党组织以后,在牛心山积极培养和发展党员,成立了牛心山党支部,又组织建立了抗日报国会,由张连清任武装班长,叶生林任报国会主任。成员有叶汉林、叶振如、叶千林、叶振林、叶振东、叶秀林、叶文福、叶振岐、叶振才、于林、刘元满、李申、刘运付、耿生、张庆云、李芳、胡连成等。

牛心山报国会成立后,在上级领导下,积极组织附近各村的报国会、妇救会等,秘密地开展破坏公路、砍电线杆、割电话线等活动,致使日军的交通和通信联络经常中断,甚至陷入瘫痪状态。

牛心山金矿驻有很多日伪警察。这些日伪警察欺男霸女、榨取民财,有的是恶贯满盈,老百姓对他们恨之入骨。1940 年 8 月的一天中午,警察王志盈又走门串户地到老百姓家搜刮百姓,榨取民财。张连清等报国会人员乘其不备,抓获并处置了王志盈,老百姓无不拍手称快。

偷运炸药,支援八路军兵工厂

1940 年秋,武装班长张连清化名国玉海,与叶生林等其他报国会人员一起,以做小工为名进入牛心山金矿,秘密地结识了一部分工人,并结识了看管炸药库的王江。1941 年冬,上级指示牛心山报国会,要设法为冀东八路军兵工厂搞出一批炸药。于是,张连清通过王江的关系,从牛心山金矿炸药库搞出了一部分炸药。为了不被敌人怀疑,张连清还请人唱了一台皮影,乘敌人看皮影之机,与报国会人员一起将炸药偷偷地连夜送到了冀东八路军兵工厂。

1942年夏,报国会交通员叶振才带来了上级的指示,要牛心山报国会想方设法为刘屯寨的八路军兵工厂再搞出一些雷管、炸药。接到任务后,报国会成员秘密地在抗日堡垒户王富家进行了分析研究,并对任务进行了分工:先由张连清负责与炸药库的王江、张贺2人取得联系,搞出炸药后,再由报国会人员送往八路军兵工厂。

对于王江,张连清已通过他的关系搞出过炸药。可是对于张贺,过去虽然有过交往,但还不敢肯定其一定帮忙。张贺是炸药库的负责人,因此,做好张贺的工作至关重要。于是,1942年5月16日晚,张连清、叶汉林二人将张贺和王江请到家里喝酒,并谎说他们几人准备开一个矿山坑口急需炸药,能不能帮忙弄点炸药出来。张贺是本地熊虎斗人,为人比较正直,还有一定的爱国意识,因此,便很爽快地答应了。于是,叶汉林他们在牛心山炸药库先后弄出了12箱炸药和300只雷管。八路军兵工厂急需这批炸药和雷管,要求他们尽快运到刘屯寨兵工厂。叶千林就以去太平寨赶集为由,向叶山林、叶海林两家借了一头骡子和一头毛驴,将12箱炸药在夜间送往了八路军兵工厂。为防止别人怀疑,他们回来时又绕道太平寨,买了2驮子的粮食回来,以挡他人之口。之后,报国会又几次弄出炸药,送往兵工厂。

被人告密,英勇牺牲

由于炸药大量缺失,驻牛心山和铧尖金矿的日军对此事进行了严查。叶山林的女婿付景余在伪村公所做事,他向日军报告,说炸药是牛心山报国会人员借用他岳父家的骡子驮走的。炸药案事发后,牛心山报国会成员的处境非常危险。因此,报国会人员找到了当时暗中为八路军办事的刘翻译。刘翻译嘱咐报国会人员,最近一段时间一定要减少活动,而且大家要暂时躲一躲。于是,叶汉林等人在原来本村的矿井躲了很长时间,张连清因迁西榆木岭的刘玉香是共产党的地下工作人员,当时八路军十二、十三团也在这一带活动。因此,张连清就躲在了榆木岭。

但是,张连清患了重病,不得不于1943年8月23日返回了牛心山“人圈”。不幸还是发生了。8月24日,铧尖日军守备队和宽城日本宪兵派遣队,把牛心山“人圈”团团围住,又将“人圈”里的老百姓都集中在了“人圈”大门外的场地上,由汉奸付景余指认,将叶生林、张连清、叶汉林、叶千林、叶秀林、叶文福、叶振才、叶振如等8人拉了出来,当场用碗口粗的木杠子毒打他们,杠子都打断了两三截。尽管如此,这8人没有一人屈服。当日,这8人都被送往承德监狱。在承德监狱,他们受尽了日军的百般折磨,后全部被杀害在了承德水泉沟万人坑。

新中国成立后,这8人被民政部追认为革命烈士。

中共宽城满族自治县委宣传部主办:《今日宽城》,2018年7月27日,第3版。

（二）宽城“人圈”著名的抗战人士

宽城地处长城脚下，在宽城地域内的长城长达60千米，是伪“满洲国”的西南国境线，是日军“集家并村”、制造长城千里“无人区”的重点地区和核心区域。因此，宽城的反“集家”斗争异常的残酷和艰苦。但是，宽城人民面对疯狂、野蛮、残暴的日军，却毫无惧色，与之展开了艰苦卓绝的斗争，涌现出了一大批著名的抗战人士，如李西云、刘素珍、李知方、朱荣、张景林、张万才和张万春一家、陈凤、裴彩凤等。因篇幅所限，本章只选取了李西云、刘素珍、李知方、朱荣一家、张景林等人的事迹。但是，一滴水可以见太阳。我们从这些事迹中可以看出，宽城人民面对凶恶残暴的日军所展现出的风采和斗争风貌。

抗日堡垒村的带头人李西云

在王厂沟村，李西云是第一个接受革命思想的人，也是当年共产党的地下工作人员在王厂沟接触的第一人。地下工作者刘振东、杨少武、张维政、石新、张永年等以李西云作为骨干力量，协助他们在王厂沟宣传、发动、组织群众，一起开展抗日活动。李西云不分昼夜地与党的地下工作者奔波，向群众宣讲抗日救国的革命道理。由于李西云真心革命，一心向党，从而成为王厂沟第一个加入中国共产党的人。1941年，王厂沟成立了第一个党支部，第一任党支部书记也是李西云。

李西云在党的阳光哺育下，成了王厂沟抗日游击根据地的一名骨干。他日夜为抗日奔波，不怕死、不怕累，人们都称他是一条铁汉子，是坚持“无人区”斗争的带头人。

李西云自1941年入党当上支部书记后，整天不着家，经常是白天来家夜里走，跟着党的地下干部走村串户，宣传共产党的抗日主张，发动群众起来进行抗日斗争。当时李西云的父母很担心儿子的安全，曾多次劝说李西云：“这样的动乱年头，可别到处跑了，已经给你娶了媳妇，快在家收拾那几亩地吧。”李西云经常向二位老人解释说：“先治国，后治家，有共产党领导咱们干，你们二老尽管放心，不用惦着。”二位老人明白了穷人打鬼子的道理后，也就不再阻拦他。从此，李西云就更是甩开膀子干了。1941年、1942年，李西云两次冒着生命危险组织与带领王厂沟村的“土武工队”及革命群众去敌占区搞破交活动。1942年春，他又打入“人圈”内部，到敌人据点去做瓦解敌人的工作，并组织群众开展反“集家”斗争，筹运物资，组织支前，一时间成了“全脱产”的大忙人。

由于李西云胆量大，抗日工作干得多，目标也大，敌人很快就盯上了他。驻孟子岭日本宪兵队曾多次张贴布告：如果谁抓住李西云，奖赏1两肉、1斤小米(那时小米价钱贵，10斤小米就可换1头耕牛)。敌人不管怎样悬赏，王厂沟人就是不干那种伤天害理的事，反而更加保护李西云，敌人无论怎样挖空心思捉拿李西云，却连李西云的一根毫毛也没摸着。

1943年5月13日的“王厂沟伏击战”中，李西云冒着枪林弹雨，组织担架到战场上去抢救伤员。他指挥群众把轻伤员送到北大山卫生所和石湖上，重伤员就背到王厂沟南沟。光他自己家里就背进了七八名重伤员，让他的妻子蔡玉珍负责照顾，给伤员熬米汤喝，端屎端尿。因缺少药品，李西云就组织民兵去孟子岭、蓝旗地等“人圈”里弄药。

到了1943年秋初，在王厂沟南沟养伤的伤病员大部痊愈回到大部队去了，有几名重伤员仍留在他家养伤。当时敌人的“三光政策”及经济封锁，搞得王厂沟缺吃少穿，他家山洞里藏的粮食也已吃光。伤员吃什么呢？当时李西云正患急性肠炎，身体发着高烧。他不顾发烧的身体，拿起镰刀，带上口袋就下山去弄谷穗，并叫上妻子去弄点青菜给伤病员吃。李西云下山不到一个时辰就弄满一口袋谷穗背到碾道去碾压。这时搜山的敌人来了，端着明晃晃的刺刀。敌人到碾道就把一口袋谷穗给抢了过去。这时，李西云离妻子蔡玉珍不远，他向蔡玉珍打了个手势，妻子蔡玉珍心领神会，机敏地喊了一声：“那边来八路了！”敌人信以为真，慌忙掉头去看。只见李西云一个箭步窜到庄稼地里拐个弯就跑没影了。蔡玉珍也趁机迅速躲进树林子里。敌人瞎放了一阵子枪，扑了个空走了。敌人吓跑后，李西云夫妇又回到碾道把谷穗碾完，然后用锅烘干，让我们的伤病员吃上了一顿新小米粥。

1941年至1943年，是王厂沟斗争最残酷的时期。因为王厂沟自然村是冀东军分区李运昌司令员和八路军经常居住和活动的地方，因此，敌人对王厂沟恨之入骨，三天两头到王厂沟“讨伐”“扫荡”，烧杀抢掠，把王厂沟糟蹋得不成样子，乡亲们只好搬进山洞里居住。在这极端困难的时期，为了充分发挥共产党员的模范带头作用，克服个别党员的悲观失望情绪，李西云抓好党员的思想教育工作，一刻都不放松。为了解决党课教材，他派人到基本区去找课本；上课没地点，就把自家山洞腾出来；没灯油，就点松树明子；没有老师，他就来个就地培养，矮子里拔将军，人人是老师，又人人是学生。再就是，一见来了党的地下干部或部队首长时，他就见缝插针，请领导讲课。有一次，李运昌司令员带领十几名干部战士来到王厂沟。李西云就借李司令员找他谈抗日工作之机请李司令员给村里党员讲课，首长欣然接受。经过首长深入浅出地讲解党的基本知识及毛主席的“论持久战”和有关当时抗日斗争形势，大伙都觉得心里好像亮起了一盏明灯，坚定了抗日斗争的信心。在党员的带动下，王厂沟的广大群众抗日劲头也空前高涨起来，纷纷表示：不赶走日本鬼子，誓不下山！

李西云是位名副其实的坚持“无人区”斗争的带头人。他不仅是王厂沟第一任党支部书记，还兼任王厂沟、柏木塘、大桑园三个村的抗日报国会主任。王厂沟之所以被誉为抗战时期的堡垒村，就是因为有一个在李西云带领下的坚强的党支部。在抗战时期，李西云把脑袋掖在裤腰带上，把生死置之度外，带领王厂沟的党员和广大革命群众与敌人进行了英勇顽强的斗争。

为了给在王厂沟养伤的伤病员治好伤，他冒死深入到“人圈”里去寻医弄药；在“王厂沟伏击战”的激烈战斗中，他冒着枪林弹雨组织担架、抢救伤员。在王厂沟抗战的日日夜夜里，哪里有危险，哪里就有李西云，哪里有困难，哪里就有李西云的出现。所以，一提起李西云，敌人就非常害怕，恨之入骨，恨不能马上就把李西云抓住。

宁可自己去死也要保护住王厂沟的广大人民群众。这是李西云对自己的要求，既表现出党的基层领导对人民群众的态度，也体现出李西云高尚的精神境界。

那是在1944年，王厂沟的部分群众被逼进了蓝旗地“人圈”，其中李西云的长兄李西文也被迫进了蓝旗地“人圈”。敌人就多次利用李西文，让其动员李西云放弃抗日活动，搬进“人圈”里去。可李西云是一个坚强的共产党员，誓死也不进“人圈”，只要山上还有一个人，他也要在深山坚持到抗日战争的最后胜利。最后敌人凶相毕露，当着李西文面说：“你必须尽快动员你兄弟李西云搬到‘人圈’里来，不然的话，就把所有在‘人圈’里的王厂沟人统统杀死！”李西文禁不住敌人的威胁，就回到王厂沟深山找到李西云说：“三弟呀，你快跟我回到‘人圈’里去吧，如果你再不搬回‘人圈’，敌人就要把所有在蓝旗地‘人圈’里的王厂沟人全都杀死啊！”李西云一听，恨得咬牙切齿。他思索片刻，对兄长李西文说：“好吧，我跟你回‘人圈’。”当时李西云想：宁可我一人去死，也要保住“人圈”里王厂沟人的生命。就这样，李西云大义凛然，随同哥哥李西文走进了蓝旗地“人圈”。李西云弟兄二人刚一进入“人圈”，李西云就被五花大绑地送到了喜峰口宪兵队。

李西云被押送到喜峰口宪兵队，迎接他的当然是狡诈的诱骗和酷刑。巧的是，到囚牢里他接触到的第一人却是一个投了敌但还没有丧失人性的熟人。此人曾经跟李西云一起抗日，叫刘铭(化名)。李西云对他晓之以理，动之以情，使他深受感动，当即表示一定设法把李西云解救出来。被救出后，李西云紧紧握住刘铭的手说：“刘兄弟，后会有期！”便顺着小路飞速地离开了“鬼门关”，回到王厂沟，继续坚持战斗在“无人区”，一直坚持到抗战的最后胜利。

李西云这条铁汉子，中国共产党的优秀党员，为了抗战的胜利，为王厂沟抗日根据地的创建，立下了汗马功劳。

选自郝洪喜等编著：《抗日堡垒村王厂沟》，呼和浩特，远方出版社，2005年版。

深山“红嫂”刘素珍

刘素珍是王厂沟村妇救会主任，在抗战时期舍生忘死，一心抗日。刘素珍老大娘虽然在20世纪80年代离世，可她在抗战时期的动人事迹，后人是永远也不会忘记的。

七天七夜赶做军大衣

1942年入冬了，活动在王厂沟一带的冀东部队的部分指战员还没有换上冬装，急需120件大衣，必须在10天之内赶做出来。上级把赶做军大衣的任务交给了王厂沟妇救会。妇救会主任刘素珍当场表示：宁可几天不睡觉，也一定叫战士们穿上大衣。

任务领来了，但确实有一大难题，王厂沟妇委会里没有一个人会做军大衣，只有妇女主任刘素珍过去见到别人做过。大家急得不知咋好。有的说："咱这笨手笨脚的，即使做出来也不定是啥模样，叫同志们怎么穿哪？""心诚活计好，咱是一片真情实意对子弟兵，做成啥样，穿在战士们身上也是暖和的。"刘素珍的这一句话说得大家有了信心。

当天，刘素珍领来布料就大着胆子剪了一件，两个腰带上没有扣子，就用布裹上铁片代替。做好以后，拿到部队一试穿，还挺合身。部队首长赞不绝口地说："很好，照这样做就行了。"于是，刘素珍就把衣料分发到支前小组各户。她和自家嫂子、棒槌崖的石玉莲三人结为一组。王厂沟的妇女们，上至70多岁的老大娘，下至十几岁的小姑娘，都紧张地投入到赶做军大衣的工作中来。

吃完晚饭，刘素珍用被单把窗户遮了起来，掌起油灯，她们裁的裁，缝的缝，穿针引线，七手八脚地忙活起来。这正是：深夜里，星儿稀，姐妹三人灯下做军衣。一针针，一线线，针针线线连着军民鱼水情。夜深了，灯油熬尽了，大家的眼睛也熬红了，特别是刘素珍，一连几天没睡一个安稳觉，头重脚轻，都站不起来了。没有灯油，就点松木明子，让女儿小珍在一旁举着照亮。小珍困得眼皮直打架。为了赶活计，不让孩子打盹，刘素珍就给孩子炒豆子吃。难闻的松木明子味满屋都是，每个人的鼻孔、嘴角都熏黑了，呛得大伙直咳嗽。就是在这样艰苦的条件下，大家一直在坚持着，她们一心想的是让战士们尽快穿上棉大衣。当快要完成任务的时候，在第六天的下午，突然来了敌情，大家赶快把东西转移到山洞子里，人也藏了起来。等敌人搜山走了以后，小棚子已被烧了，唯一值得安慰的是，曾经伴随刘素珍多年的那盏小油灯还没有被烧毁（这盏灯刘素珍一直保存到1983年去世）。敌人走了以后，她们又继续在山洞里赶做大衣，还不时传出"军队和老百姓，嘿！咱们是一家人，打敌人，保家乡，咱们要团结紧啊！……"真挚动人的歌声。

就这样，王厂沟村的妇女在刘素珍的带领下，紧张地忙活了七天七夜，终于提前做好了120件军大衣，仅刘素珍一人就做了8件，送往了部队。

不畏艰险虎口取药

1943年秋，正是高粱晒米、玉米定浆的季节。这时，在刘素珍"猫山"的洞子里养病的县大队李文华，患了爆火眼，已经七八天了，用草药洗过几次也不见效，刘素珍心急火燎。

一天,她突然想起了住在蓝旗地的娘家哥哥刘振章是个坐堂中医先生。找到他准能弄到药。她把自己的想法告诉了在她家山洞里养病的李文华。李文华急忙说:“大嫂,进‘人圈’那可不行,不能为我冒这个风险。”刘素珍不顾李文华的再三阻拦,把他托付给其他人照料,趁着天没黑,提着柳条篮,里边装一条破口袋,领着11岁的女儿小珍就上路了。

刘素珍是一个胆大心细的人。她走了20多里山路,爬过羊鼻子梁,来到了蓝旗地“人圈”。她扫视了一眼高大的围墙,看好了夜间出去的地点,便不慌不忙地走进“人圈”大门,三言两语骗过了站岗的团丁,到了“人圈”里。母女俩正走着,迎面来了一个持枪的远房弟弟刘振水。刘素珍见四旁没人,急忙往前走了几步,凑到跟前小声说:“二兄弟,今晚你在哪面站岗?”刘振水用手一指说:“南岗楼。大姐,你打听这个干啥?”刘素珍急忙解释说:“今晚我回去,家里有急事,你最好站北岗。”“那我可以和别人换换岗。不过,我这班加人了,前几天这道岗卡得不紧,不知从哪个地方溜走了不少人,班班都挨上司撸了,最好晚点走,今晚我们提前巡逻,以防走顶水。”刘振水说完就准备换岗去了,刘素珍心里有了底,“嗯”了一声赶快去了哥哥家里。

见了哥哥,把情况一说。她哥哥立刻找出了眼药,还有一个猪苦胆。临走再三嘱咐说:“要特别加小心,最近岗楼加岗,戒备很严。”“放心吧,哥哥。”刘素珍告别了哥哥,走出了家门。这时,天已是对面不见人了,“人圈”的大门关得死紧。她三绕两绕,找到了离北岗不远的围墙下一道水沟眼,刘素珍把提篮交给了小珍,没用分说,首先自己钻了进去。没承想,水沟眼太小,搁不下身子。刚钻进半截就卡住了,进退不得。小珍急得直跺脚,想喊又不敢喊。小珍心灵,急中生智,放下提篮,趴在地上,两脚蹬石,用全身力气把母亲向外一推,刘素珍用力一爬,里外两就劲儿,就出去了。随后,刘素珍回手把女儿也拽了出来。不过水沟眼塌了一块石头把刘素珍的脚砸得漆青,小珍的前额也碰了个大口子。这些全没顾,刘素珍娘俩深一脚浅一脚地顺原路向三道洼走去。

为了防止意外,刘素珍从道旁撅了根青玉米棒秫秸,把当中的一节掏空,然后将眼药放进去,再用棒瓤子把空洞两头堵上。

残酷的战争环境锻炼了刘素珍,使这个在苦水里泡大的穷孩子练出了一种天不怕、地不怕的性子,不管是白天黑夜,刮风下雨,只要革命需要,她都拼着命去干。母女俩摸着漆黑的夜,跋涉在深山老峪中。当天将亮的时候,一群山鸟突然惊叫着四散飞开。“有情况”,刘素珍心里“咯噔”了一下,立即把玉米棒秸交给了女儿,叫她按着事先说好的办法装着吃“甜棒”。果然,没走多远,从三道洼柳树梁庙底下走来两个持枪的尖兵,随后又下来30多个搜山扫荡的日本兵,端着刺刀,从对面走过来,对着刘素珍吼道:“大清早干什么去?”刘素珍镇静地说:“家里没吃的,到娘家弄点粮食。”

“胡说,搜!”

刘素珍在鬼子巡逻队的刺刀威逼下，不慌不忙，小珍假装着啃"甜棒"，迷惑敌人。敌人搜了半天什么也没搜到。于是，一个日本兵假惺惺地说："这山里有八路，你们不害怕吗？"刘素珍巧妙地回答："有大皇军保护我们，还怕什么？"日本兵听了奉承，两眼乐成了一条线，一摆手，放过了母女俩。刘素珍拐了个弯，紧走了一阵，安然地回到了家。李文华正在洞子里替母女俩着急呢？见她们回来了，心里也就不七上八下的了。到了家，刘素珍用银簪挑破了文华眼里的红瘀肉，放出血水，滴上眼药，然后让他吃了牛黄上清丸，喝下了猪苦胆。这样，没用几天，文华的眼病就好了。

李文华将返回战斗岗位，临别那天他眼含激动的泪水说："谢谢大嫂，你们的恩情我永远不能忘。"刘素珍急忙说："军民一家人，这是我应该做的，今后可别这么客气了。"从此，刘素珍摸准了敌人的活动规律，经常出入蓝旗地"人圈"，为我军伤病员及地下抗日人员弄来许多急需物品。因此，人们称她为"深山红嫂"。

选自郝洪喜等编著：《抗日堡垒村王厂沟》，呼和浩特，远方出版社，2005年版。

知名人士李知方

张明云

李知方，原名李正清，化名李木正，1908年生于板城的岔沟村。家庭出身地主，毕业于建昌营高等学校。他先是随父去遵化、唐山等地经商；后又在自家开设的"万春堂"药庄，协助账房先生管理财务、学医。

1931年"九・一八"事变后，东北沦陷，日军随即侵占热河。面对祖国山河破碎，广大同胞遭受日本侵略者的屠杀、奴役和蹂躏，李知方无限悲愤，终日仰天长叹，苦无救国救民之策。

一、走上抗日道路

1938年，共产党的地下干部先后来到长城沿线的宽城一带，开辟抗日根据地。通过有关人士引见，李知方与共产党的抗日干部逐渐有所接触。当时组织上让南沟的地下党员张景春经常给李知方送由地下党人员印刷的《救国报》。李知方每天前半夜偷偷地看报纸，后半夜就秘密地把报纸藏好。为了秘密隐藏报纸，他把自家的鸡架设计成了上下双层，把报纸藏在鸡架的上层。通过与地下党员的接触和阅读《救国报》，懂得了很多的抗日道理，了解了共产党的抗日主张，他的思想慢慢发生了变化。

从1941年到1945年，李知方接触的地下党员和工作人员更多了。同时，他也更进一步地认识到，作为一个中国人，就应该有民族气节，绝不能让日本鬼子在中国长期奴役和屠杀中国人民。在民族统一战线和抗日人员的感召和教育下，他倾心向党，决定走抗日救国之路。从此以后，他逐步地投身到了抗日斗争的洪流之中。

二、千方百计支援抗日

李家是武装官僚地主，李知方的哥哥李介侯是武装巡官、日伪协和会会长。他利用这一有利条件，经常出入板城日伪机关，多次为八路军搜集和提供重要情报，并经常向郑达、张真理等地下干部透露敌伪情况。

李家有一支100多人、上百条枪的民团队伍。日寇占领板城后，为配合军事镇压，拼凑汉奸队伍，日伪多次向李家强缴民团武器。李知方就力劝父兄，拒交枪支，把武器保存了下来。不久，李知方就把这些武器分批密送到关里，廉价卖给了义勇军、报国会等抗日救国组织。可是，由于汉奸密告此事，日伪立即通缉、抓捕李知方。没有抓到李知方，遂将其病父逮捕入狱，关押在青龙，定为“纵子通匪、反满抗日”的罪名。后经李知方重金贿赎，日伪才释放了李知方的父亲。但是，其父出狱不久就一病未起，郁愤而死。

1942年，日寇推行“集家并村”，实行烧光、杀光、抢光的“三光” 政策，制造“无人区”，驱赶老百姓进入“人圈”，使人民处于水深火热之中。李知方为了使家中剩余的一部分武器不被日伪搜走，就把5 000余发子弹、四五十箱手榴弹、部分手枪和几十支较好的大枪，都妥善隐藏了起来。不久，李知方就把这些武器弹药全部献给了热南山区的八路军部队和游击队，为抗日斗争贡献了力量。

1943年前后，是抗日战争最艰难的岁月。八路军不但武器奇缺，而且军需、医药等也都十分困难。李知方就找到办事处主任张真理、区委书记冯玉、区长韩光远等人，向他们表示：“我是一个中国人，我一定要为抗日斗争贡献我的一切。你们需要什么尽管说，只要我能办的，保证尽最大努力办到。”所以，只要地下工作人员工作中缺什么，他都设法解决。1941年至1944年的几年时间里，李知方为八路军筹集物资折款近3 000元，运送粮食1万多斤，还有手榴弹、枪支、医药等物资。

当时八路军经常和敌人作战，伤病员缺医少药。有一次部队转送下来一批伤员，急需一种叫“雷夫奴尔”的药物。此药不但价钱昂贵，而且十分难买。当时，李知方手里钱又不足，只好卖了几亩地才凑足了钱。他借口到关里做买卖，在敌占区的几个城镇，托亲靠友，弄到此药，把药转给部队，使八路军伤病员很快痊愈，重返前线。

三、“五字箴言”“喂”敌人

李知方因为其兄长的特殊身份，接触的日伪人员较多。因此，开展抗日活动比一般人要难得多。其中，难就难在了对日伪那些人员还得左右逢源，想尽办法应付。他应付的“诀窍”就是根据日伪人员非常贪婪的本性，利用“吃、喝、抽、花、拿”的“五字箴言”，把这些人笼络好。归纳起来就是一个“喂”字，千方百计地把那些日伪人员“喂”好。把他们“喂”熟了、“喂”好了，很多的事情就好办了。比如，日伪人员到他家说：“这个褥子不错呀，在哪买的？”李知方心领神会，第二天就派人把褥子给他送去。总而言之，做到吃，有肉；喝，有酒;抽大烟干还是抽纸烟,随便;花,用钱给你;拿,看啥好,你就拿啥。通过这“五字箴言”,李知方把这些敌人都“喂”熟了。所以,李知方在日伪那里能够左右逢源,为八路军和群众办事,开展抗日活动,才能比较顺利。比如,他有武器,鬼子、特务都知道,但是他们没有对李知方怎样。李知方也一粒子弹都没给过他们,鬼子还用车接他两次,让他去给日军当走狗。但是,李知方都不为所动。

四、保护地下干部和群众

岔沟距板城日伪据点3华里,是个三面环山、一面靠日伪国境公路的村庄,山上松林茂密,绵延十几里,是抗日人员秘密活动的主要落脚处。因此,敌人也很注意这个地方,宪兵、特务、巡防队、搜捕队等经常出没,清剿抗日人员。为确保抗日人员的安全,李知方除了挑选忠实可靠的长工、伙计,日夜留神、站岗放哨外,还经常打发得力伙计,以给其兄送东西、商量家务为名进据点了解敌情。同时,还在自家西院糠棚子下边,挖了一个地洞,放进油灯、饮用水,院内备有梯子、粗绳,一旦有日伪军、讨伐队等来,就立即安排地下工作人员,能转移的则迅速转移,不能转移的,就进地洞隐藏起来。一次,区长印长华、韩光远等人正在他家开会。长工报告,日军已偷偷进村了。时间不长,日伪军10余人涌进了他家的大门口,准备搜查。李知方预感到日伪军是冲他而来,凶多吉少。但他表现得却十分镇静,马上吩咐几个长工,上墙监视院内院外“动向”,然后把敌人带进东院客房,点烟、敬茶、拿点心,稳住了敌人。这时,印长华等人,虽已进入地洞,但李知方仍为他们的安全担心,一边陪伴敌人吃喝,一边告诫墙上的人“认真负责,密切注视”。同时,李知方还为日伪军准备了饭菜,让这些日伪军大吃大嚼起来。在此之际,长工向韩光远、印长华等人发出暗号,韩光远、印长华等人在敌人的鼻子底下翻墙转移了。

一次,区干部郑达病了。李知方考虑到,虽然把他送去山洞养病安全些,但他在山洞中的生活和医疗都非常不方便。于是,李知方就把郑达安排在了自家地洞内,每天的开方、熬药、吃饭、饮水都由李知方亲自经手。养伤期间,敌人多次进行搜查、抓捕,都一无所获,直到郑达病愈归队。

1943年8月,张真理和印长华、张永年等县区主要领导干部在他家西屋开会,研究部署反“集家并村”、大“破交”和打入敌人内部策反等工作。会议正在紧张地进行着,忽然情报员报告:驻板城之敌20余人已到村头。李知方一面组织几人迅速翻墙转移;一面密令长工伙计,密切注意敌人的一切动向。因事发突然,李知方怀疑可能有人告密,万一发生冲突,决心以死相拼,确保这些人能够安全脱险。刚布置完毕,敌人已到院外。李知方镇静自若,笑脸迎出门外。他假意殷勤:“老总们一路辛苦,快到蔽舍抽烟、喝茶,小饮几杯。”经他巧妙应付,化险为夷。

在“集家并村”期间,当时板城附近参加八路军的人很多。日伪军经常来抓捕这些人的家属。他就用“五字箴言”来对付他们，用此办法保护抗日家属。有一次，岔沟“人圈”的抗日家属王庆和的父亲被捕了，有人通知了李知方。李知方当时就去了押人的现场，找到了警察王振德，对他说：“你说多少钱，多少钱都中，都由我负责，但必须把人予以释放。”最后，王振德向日本鬼子嘟噜了一阵，然后就把抗日家属放了，还有参加八路军的张勇媳妇也是这次被保护下来的。

五、巧周旋岔沟建“人圈”

1942年，日寇在宽城大规模“集家并村”、制造“无人区”。在“集家并村”时，日寇准备把南沟、戏子沟、峡沟、桦树沟等5条沟的群众全部赶进下板城“人圈”。因为岔沟周围山高林密，岔沟附近的沟里、南沟、峡沟等又是八路军的根据地，如果附近的群众都搬到下板城“人圈”，势必给地下工作人员、八路军部队开展抗日斗争造成严重的困难。党组织获悉此讯后，区长印长华等人就找到李知方，让他争取在岔沟设一个“人圈”点，不进下板城“人圈”。李知方接受任务后，就积极活动，宴请警察分驻所所长、日伪协和会人员、伪职要员等。酒席宴上，李知方提出：“各位长官，岔沟附近面积较大，若把群众搬去下板城‘部落’，老百姓种地生活都极为不方便。因此，良民都不愿意进下板城‘部落’，纷纷要求在岔沟建一个‘部落’，请各位多多关照。”但他们都说：“关于建‘部落’的事，是日军守备队决定，我等难易其策呀！”李知方一听，忙补充说：“各位长官神通广大，其力无穷，请列位在皇军面前，多多美言，事成之后，我李某必有重谢。”

经过百般周旋，日伪军终于同意在岔沟建了“人圈”，岔沟、峡沟、南沟等众乡亲终于未进下板城“人圈”，此举既方便了人民群众，又为地下党和八路军的活动提供了方便。

同时，李知方的家就在岔沟，在1940年至1944年的几年中，他家成了地下党的可靠联络站，每年都有数百名地下党人员在他们家接头、开会、治病、养伤。由于李知方利用设岗哨、放长探、金钱收买敌特人员以及“五字箴言”等多种办法，保护了大批抗日人员。当时有人曾这样评价李知方的家：“白天敌伪纷纷，夜间地下党频频，‘两面政权’集一身，对敌是假，对地下党是真。”

六、动员亲属不为日伪卖命

李知方的胞兄李介侯，是效忠日寇的板城日伪协和会会长，与其弟走的完全是两条道路。李知方深感痛心，经常晓以大义规劝他，反复与其兄讲：“国家兴亡，匹夫有责，共产党所领导的八路军，才是救国救民的抗日队伍，只有跟共产党走，不当洋奴走狗，才道路光明。否则，绝没有好下场。”

与此同时，李知方还把胞兄李介侯介绍给冀东军分区司令员李运昌。李司令员也曾多次做李介侯的工作，向他讲述共产党的统一战线政策。但是，李介侯却执迷不悟，最终成了历史罪人。

李知方的十叔李旭初(原名叫李树东),是一名留学日本的学生。伪满政府让他去伪青龙县任县长、协和会会长等职。日本鬼子把这叫“以夷制夷”。李旭初刚一毕业,李知方就几次去做他的工作,有几次甚至到了鸡叫的时候才离开。李知方向他十叔说:“中国人要有民族气节,我们能效忠日寇吗? 再有,你要认清形势。你看,日本鬼子就要投降了,苏德战争也要结束了,你想想还能给他们当走狗吗?”他十叔听了李知方的话,最终没有到伪青龙县公署任职。这样,瓦解了敌人的力量。后来他十叔去承德当了一名教师。

根据宽城满族自治县党史资料及有关资料搜集整理。

呕心沥血为抗日的朱荣一家人

张明云

朱荣家世代居住在龙须门的骆驼厂村。全家人靠着勤劳的双手,逐渐积攒了些家业,生活还算富有。抗日战争全面爆发后,宽城人民处于水深火热之中,朱荣恨不能一下子把日本侵略者赶走。他开始到处奔走,寻求救国救民之路。1939 年的春天,他终于找到了共产党派来的地下干部,结识了很多共产党的地下工作人员。从此,他把自己的一切都投身到了抗日救国的民族解放事业之中。

1942 年,日军开始在宽城大规模地“集家并村”,制造“无人区”,绝大多数群众被赶进了“人圈”,给共产党、八路军开展抗日斗争造成了极大的困难。再加上“集家并村”后日伪军的疯狂“围剿”、屠杀,抗日斗争的形势十分严峻。但是,面对艰难的抗日斗争环境,朱荣一家人不但没有被日军的淫威所吓倒,而且对待地下工作人员更是胜过了自己的亲人。地下工作人员经常在他家开会吃住,朱荣一家都是把热炕头让给地下工作人员住,自己一家却住在冷屋子里;他们把鸡蛋、鸭蛋等最好的食物留给工作人员吃,而自己家里人却从来舍不得吃;他们把最好的衣服鞋袜给地下工作人员穿,而自家人穿的衣服却是补了又补,缝了又缝。

朱荣的妻子在他的影响下,也为抗日斗争做了大量的工作。她常为地下工作人员站岗、放哨、送情报,为伤病员寻医找药。为了确保这些人员的安全,朱荣夫妻经过认真考虑,在“人圈”内外挖了很多的地洞。家里有、山沟里有、驴棚里边也有。特别是他们家炉子下边的一个地洞,一直通到了炕底下,是个极为隐秘的地洞。此洞用一块木板做里边的帘,必须趴着下去,脚一蹬,木板就起来,等人进去后木板就会自动还原,而外边的炉火仍然正常燃烧,看不出一点破绽,是在十分危急的时刻才使用的。朱荣曾多次用这个地洞掩护了在他家养伤的区干部和本村的地下党员等,为抗日斗争保存了大批的革命骨干力量。

为掩护地下工作人员,朱荣一家把生死置之度外。1942 年 10 月的一天,迁青平联合县第七区的刘志久在他家养病。突然，日伪军包围了“人圈”。当时刘志久已经病重，不能行走，无法躲避。怎么办？这时，朱荣的妻子急中生智，赶紧用被子把刘志久的头蒙上，又把尿盆放在他的跟前，然后守在一旁，并嘱咐刘志久：“敌人要问你，你就说你是我的二儿子，你就把我叫妈。”敌人进屋后，凶狠地问她：“炕上躺着的是什么人？”朱荣妻子沉着冷静地回答：“是我的二儿子，因为病得厉害，正发汗呢。”敌人没有发现什么破绽便走了。她用勇敢和智慧保护了刘志久，使他脱离了危险。这样的事例举不胜举，朱荣一家人利用各种方式，保护了很多地下工作人员和八路军的伤病员。

朱荣的工作得到了党组织的无限信赖，地下工作人员经常找他，有任务时常派他去完成。他也通过自己的实际行动光荣地加入了中国共产党。1943 年春天，伪满当局征国兵，朱荣的大儿子朱万恒已是适龄青年，但朱荣看透了伪满当局不可能拯救中国，只有共产党、八路军才是真心抗日，才能最终打败日本侵略者。而那些伪满军不但不打日本鬼子，反而打中国人，他绝不能让孩子去当伪满军。所以，日伪当局逼他交人的时候，他就把儿子给报了个“死亡”户口。时隔不久，朱荣却决定让自己 14 岁的二儿子朱万达别上学了，准备参加八路军。当时八路军的首长考虑到孩子太小，万一出点意外，对不起朱荣，而朱荣却坚持一定要把朱万达送到八路军的部队。他说：“我把孩子交给你们，就是别的工作干不了，背点文件总可以吧！我可以让他从家里背上点小米跟你们走，万达会为抗日斗争出点力的。”朱荣就是这样凭着对日本侵略者的刻骨仇恨和对革命的无限忠诚，把自己年仅 14 岁的小万达送到了八路军的部队。

1943 年春节前后，由于敌人的经济封锁，抗日斗争的形势越来越恶劣，地下工作人员的生活都成了问题。朱荣出粮出钱，尽最大的努力来支援这些人员。到了春节时，朱荣找了刘志久、王树森、何山、张速瑞、马兆贤、武彩云等区干部在他家过年。吃午饭时，朱荣对大家说：“你们常说，为抗日救国要有人出人，有枪出枪，有钱出钱，有粮出粮，这回我要把家里除了过年吃用的留下外，剩下的全部交给你们，支援抗日斗争。”区里领导考虑到“集家并村”以来经常在朱荣家吃住，有时几人、十几人，多时甚至几十人，本来他家里的负担就够大了，因此，决定这次不让朱荣再捐粮款。可是，朱荣怀着赤诚的心愿再三向组织提出请求，最终被组织批准。朱荣无比的高兴，立即向政府奉献了 2100 斤小米和一部分款物，并把 2100 斤小米亲自护送到塌山地下工作人员经常活动的地点。因敌人到处封锁、“扫荡”，他绕行了 100 多里才送到了塌山，使党政领导和工作人员渡过了无粮的难关。在日军“集家并村”的几年里，在朱荣家里吃住的干部战士不知有多少人次，粮款都已无法计算，他无私支援抗日的动人事迹受到组织的高度称赞，迁青平联合县县长安乐群亲自批示，向朱荣颁发了“抗日救国模范”的奖状。

朱荣一家的抗日行动使敌人恨之入骨。1943 年 6 月 11 日，由于龙须门伪村长程书平的告密,朱荣和儿子同时被捕,被关进了朱盛林讨伐队,受到严刑拷打。日伪军和讨伐队先后用煤油、凉水灌他们父子,用各种刑罚折磨他们。尽管敌人百般折磨,坚强的朱家父子没有向敌人屈服,一直守口如瓶。最后,在地下工作人员多方努力下,才营救出了朱荣父子。

朱荣一家的抗日行动,也影响了许多亲属。朱荣是村支部书记,妻子是妇救会主任,未婚的二女婿杨文禄是儿童团长。因叛徒告密,二女婿被敌人抓进了日本宪兵队。日伪使用了各种酷刑,杨文禄坚强不屈,最后在朱荣家原定杨文禄与朱荣的二女儿结婚的那天,日军把杨文禄装进麻袋,从房子上摔下来,并用刺刀把杨文禄刺死在麻袋内。接着,日军又开始抓捕朱荣的二女儿。二女儿只好把自己打扮成已婚妇女,东躲西藏,有家不能回。

朱荣为了抗日斗争呕心沥血,竭尽全力,奉献出了自己的全部力量。他家被誉为支援八路军抗日的"小米之家",他的动人事迹一直被后人传颂。

根据相关资料搜集整理。

英雄堡垒户张万财、张万喜一家

张明云

在燕山深处,长城脚下,有一个二十余户的小村庄,它就是宽城大地的四道沟。在这个村庄的西北角,住着一户姓张的人家,这就是张万财、张万喜哥俩。他家四世同堂,儿孙绕膝,安守本分,以种田为生。

1933年日军侵占热河和冀东后,打破了张家安居乐业的生活。从此,他们一家积极投身于轰轰烈烈的抗日斗争的洪流之中,为中华民族的解放做出了卓越的贡献。

为抗日救国有多大力出多大力

老张家住在深山老沟,很少与外界联系。1935年,张万喜的二儿子张瑞(又名张祥林),从迁西请来一位叫杨体乾的教书先生给孩子授课。下半年,杨老师的朋友,李大钊的学友谌厚慈来到四道沟。他们二人向老张家介绍了当时的国内外形势,共产党抗日救亡,东北抗日联军的抗日活动等。

1936年,杨老师的朋友李楚离来到四道沟,告诉老张一家,共产党已经发表了抗日宣言,号召全国人民团结抗日,全国的抗日高潮正在蓬勃兴起。李楚离的讲话,为张家投身抗战活动打下了思想根基。

1937年10月,杨老师回口里的时候,再三嘱咐老张家:"随着抗战形势的变化,今后还会有很多人到你们家来,请给予各方面的方便和关照。"

1938 年夏季，卯金刀(即刘幼年)以购买杏核为名来到张家。他向张万喜的三儿子张友说："不久，八路军就会来到口外，配合口外的地下党组织发动群众，组织抗日武装，开展武装斗争，创建抗日游击根据地。希望你们大力配合。"张友当即表示："为了抗日救国，我们一定会有多大力出多大力。"从这以后，经常有党的地下工作人员来到四道沟活动。老张一家总是热情接待，遇有病号、伤员，还主动请医、买药，像亲人一样照顾。

"愿为抗日添斤加两"

1940 年 7 月，穆亚夫(即刘墨清，张万喜的女婿)把八路军冀东军分区三总队特务大队指导员周治国领到了张家。周治国向张家介绍了全国抗战的新形势及共产党全面抗战的方针、政策，并自我介绍说："我是由冀东军分区司令员李运昌同志派来组织开展抗日宣传活动，巩固扩大抗日民族统一战线，并建立抗日游击队，开展武装抗日斗争的。我们首先想以你们这里为基础，通过亲朋关系，不断扩大活动范围，做好各阶层的统一战线工作，通过开展工作做到为抗日有人出人，有钱出钱，有粮出粮，有枪出枪，齐心协力开展抗战活动，进行武装斗争。"听老周这么一说，老张全家人都积极地活动起来。张万喜的二儿子张瑞主动赶到峪耳崖金矿做勤杂人员的赵瑞峰那里，探听金矿的敌情、武器装备等情况。张瑞还通过关系把五弟张显(又名张伯明)介绍到熊虎斗伪村公所工作，为的是了解敌情，争取瓦解敌伪人员。张友也把刚刚 13 岁的大儿子张清翠转到峪耳崖国民优级学校，明为读书，暗地里却是搞情报工作。张家老少都行动起来，妇女也主动承担烧火做饭、缝补浆洗、照顾伤员、站岗放哨等任务。

张显到伪村公所工作后，将张清翠、叶振文等人派到敌伪机关。他们为游击队搞来炸药 2 500 多公斤，雷管 1 000 多个。张瑞还亲自组织当地的小商贩刘文付、杜连清等人成立了地下运输队。

1940 年 9 月，周治国组建了抗日游击队。张友、张瑞与周治国一起，又奔走于高山独户、山沟小镇进行动员，并建立了一部分关系人、堡垒户，使周治国游击队一直扩展到宽城附近的黄崖子一带。

但是，随着游击队的不断发展壮大，队员们都没有枪支、子弹。张瑞就对周治国说："这好办，直奉战争后散落到农村大户、士绅家里不少枪支，咱们有钱则买，能动员的就动员。"当场，张瑞就把家里在直奉战争中拣来的 1 支大枪、1 支手枪和 30 发子弹交给周治国。接着，张瑞又到十几户有枪的人家做动员工作，很快就收集了 18 支大枪、10 支手枪、1 挺机枪和 3 000 发子弹。

为了扩大抗日统一战线，壮大抗日游击队，张瑞又动员原东北抗日救国军的李青山参加游击队。通过张瑞的引见，周治国又把李运昌司令员写给当地上层人物孙景华的亲笔信面交了孙景华。孙景华积极服从李运昌司令员的请求，为了武装抗日，走村串户，搜集散落在民间的大小枪支 10 多支，子弹上千发，自己又捐献手枪 1 支、购买大枪 2 支送给游击队。后来,由于叛徒告密,孙景华英勇就义。张瑞还动员了3位道士,其中2人直接参加了游击队,1人把从四方化斋来的粮食送给了游击队。经过一段时间的努力,老张一家又动员了20多人参加了游击队,13人参加了地方抗日工作。为弥补购买武器资金的不足,老张家还卖掉了12亩好地、1头骡子。周治国感动地说:"为了抗日救国,你们是真心真意地竭尽全力地付出,我该如何感谢你们一家啊!"张瑞却微笑着回答:"为了抗日救国,我们愿为抗日添斤加两!"

1940年11月,派进峪耳崖金矿当勤杂人员的赵瑞峰看到日本鬼子拉来了一批枪支,当天就把这一消息通过张清翠转告了张瑞。张瑞又及时地报告了周治国。周治国当机立断,决定一定要尽快用武力夺取这批枪支。27日,游击队从四道沟出发,分头向峪耳崖金矿出击,不到半个小时即结束了战斗。这次战斗,共击毙日军20余人,毙俘伪军30余人,缴获大枪39支,短枪13支,子弹3箱,伪币3 000余元。老张家的张瑞、张友、张清本3人还直接参加了这次夜袭金矿的战斗。

日军为了阻截八路军出关,在长城沿线还设立了很多的据点。为了打击日伪的嚣张气焰,并为我军出入关口开辟道路,周治国采纳张友的建议,决定速战城子岭,夜袭三道关。1940年12月,游击队首先拿下城子岭。1941年1月,又攻下了三道关,一举缴获枪支20多支,机枪1挺,子弹数百发。

连续3次战斗,都是在老张家部署的。为保证游击队员的安全,老张家在房前屋后还挖了5个隐蔽的土窖洞,老张家的男女老少都成了当时的哨兵。于友三讨伐队曾多次搜索游击队员,都一无所获。周治国高兴地说:"你们这里真成了我们游击队的保险地。"

到了1941年,参加周治国游击队的人员越来越多,周治国游击队已发展到了280余人。于是,周治国以老张家为落脚点,按照中共冀热察冀东分委的指示,在宽城又建立了迁(安)青(龙)平(泉)第四区、第五区、第六区、第七区四个区政府,初步开辟了都山抗日游击根据地。之后,周治国又进一步向平泉、承德、宁城地区发展,在承(德)平(泉)宁(城)地区建立了部分区政权,为开辟承平宁抗日游击根据地打下了基础。

英雄的一家人

老张家在抗日战争的艰苦岁月里,成了抗日活动的地下交通站和情报站。同时老张家参加八路军和抗日政权的人员也越来越多。到了1943年,老张家有张瑞、张友、张贺、张清海(又名张子江)、张清贵、张清树、张清本、佟海丰(张贺之妻)等12人加入了中国共产党,共有16人参军参政,拿起枪杆子,走上了抗日的道路,为抗日救国、建立都山区承平宁抗日游击根据地做出了极大的贡献,同时也付出了巨大的牺牲。几年中,老张家为国捐躯的有4名、负伤致残的有3名,被捕入狱的有7名,是附近著名的抗日英雄一家。

1940年9月,张清树在从事抗日活动中,被日本宪兵分遣队抓捕,英勇就义,日军把其头割下，挂在了熊虎斗西庄庄头的松树上达几个月之久，用来威吓抗日的军民。

1941 年，张瑞之妻被敌人抓去，关押在了峪耳崖日本宪兵分遣队达 5 个月之久。其间受尽了酷刑折磨，身体致残。

1942 年 3 月，张贺在上营区当武装部长，一次在大岭寨与区干部一起埋地雷时，被铧尖日本守备队的日军枪杀。

1942 年春，张清本之妻被于友三讨伐队以八路军家属的罪名抓去，在讨伐队被活活地打死。

张贺之妻佟海丰在迁青平抗日联合县第七区任妇联主任，1942 年 9 月，因怀孕即将临盆，组织上把她调回城子沟休养待产，由于汉奸告密，被日伪讨伐队抓捕、押送到宽城伪警察署，在敌人严刑拷打、百般折磨下，坚贞不屈，始终严守党的秘密，孩子生在了监狱里，生下后就被敌人活活地摔死。

张显，又名张伯明，1942 年任迁青平第五区区长。于友三讨伐队多次派人劝降，重金收买，封官许愿，枉尽了心机，张显始终不为所动。1943 年 8 月，张显在带领区干部邱忠等去孤山子伪据点营救一名受伤的地下交通员时，不幸被于友三讨伐队包围。张显不顾个人安危，掩护其他区干部安全转移，自己却身负重伤，在讨伐队长多次劝降、高官厚禄收买无用的情况下，最后壮烈牺牲(本章第一节中的《宁死不屈的总区长张伯明》一文即是记载的张显的事迹)。

1945 年 5 月，张友在八路军第十二军分区独立大队任教导员时，在上店坨与日军的一次战斗中负伤致残。

因为老张一家的抗日活动影响越来越大，日伪军几次去老张家搜捕，并把张家的生活用具等砸毁，房子全部放火焚烧，老张家全家 40 口人，有的直接投身于抗战之中，有的投亲靠友生活，有的不进“人圈”，上山坚持“无人区”斗争。张友的妻子、儿子张清义、小女儿 3 人为了躲避敌人的搜捕，东躲西藏，四处流浪。

在那腥风血雨的年代里，张万财、张万喜一家，赴汤蹈火，毁家纾难，把自己的十几位亲人献给了民族解放的斗争，为中国的抗战做出了巨大的贡献，被人们誉为“张堡垒”“英雄家”，他们的事迹一直被传颂，被永记。

根据宽城党史资料和张清义的口述材料进行整理。

交通员张景林

李素珍

我叫李素珍，是张景林的妻子。我们是 1939 年结的婚。原籍峡沟大队南戏子沟村，我丈夫张景林的化名叫林云，1941 年就从事革命工作。1942 年秋，经地下工作者王占生

(山家湾子人)同志介绍入党,入党后曾任党支部支委。他当时的主要工作是跑交通,转送伤员,筹运粮食、弹药等。

1942 年腊月,日寇强迫“集家并村”。当时,我们那个小庄只有 5 户,如果搬到“人圈”里去,地下工作人员来了就无处投奔。因此,我丈夫说服其他四户不往“人圈”里搬,并宣传说:“要先有国后有家,日本鬼子如果烧了咱们的草房子,将来八路军共产党给咱们盖瓦的。”没过几天,该死的日本鬼子来到我们沟,一把火把我们五家的房子烧得连一根椽子也没有剩。那四家无可奈何,一边哭着一边搬进“人圈”里去了。这时,只剩我们一家“猫山”户了。烧房前,我家住着 7 名伤员。我丈夫听说敌人要来,赶快把这 7 个人一个一个地背进山里藏了起来。临走时告诉我也快躲避一下,照看好孩子。但我把他们送走后,还没来得及转移,就被日本鬼子给抓住了。当烧我家房子时,因屋里藏着子弹没来得及带走,大火一烧劈劈啪啪乱响。敌人听到这声音,说我家藏着八路匪的枪支弹药,是八路匪的窝,一个鬼子打了我好几个嘴巴子,另一个鬼子拎起我两岁的小儿子扔出老远,当时内脏被摔坏,没过 3 天,连冻带吓死去。鬼子还要把我推进火坑烧死。不知旁边的一个日本翻译说了几句什么,就把我放了。

晚上,我们又把伤员一个一个地接回来。房子没有了,只好把房框子打扫打扫,让伤员住下。想给伤员做点饭吃,一粒粮食也没有了,不是烧了,就是被敌人抢走了,只好从灰堆里扒出点没烧尽的粮食对付着吃。

尽管我们这里没有一间房子了,可伤员还是接连不断地往这里转。就是好人躺在寒风野地里也受不了呀,何况那些挂花(意指受伤)的伤员。人到苦时主意多,我们俩口子,想出了一个主意,就在山沟里挖了一个地洞,里面搭上火炕,让伤员住到里面。从此,那个小地洞就成了地下往来的联络点了。

春天到了,眼看到了下种的时候,家里连一把粮食种子都没有,我偷偷地到北沟干娘家要来一点种子。可又不忍心让伤员饿着肚子,就把这仅有的一点粮食种子也给伤员弄着吃了。后来,我又找点小豆种来,这时伤员已经几天没吃上一顿饱饭了,我又把小豆种子给伤员轧成面做汤吃了。就这样,1943 年,我们连地也没有种上,我们夫妇两个只有靠吃野菜度命。

这年夏末,环境更艰苦了,能吃的野菜,附近山上吃了个遍,吃得浑身浮肿,走不了道儿。日本鬼子和伪军也乘人之危,加紧搜山,隔个三五天就来一次,每次都是从峡沟、戏子沟、南沟三路向我们包围过来。他们宣扬:“只要把张景林、张永、张万忠、李景祥等 4 人除掉了,八路军在这一带才站不住脚,那时就太平了。”第一次搜山,我哥哥李景祥牺牲了,峡沟的张永、张万忠被捕。我丈夫张景林出去执行任务,才没被抓走。从此,他的担子就更重了,几个人的工作都撂在他一个人肩上。环境的恶劣、工作的繁重迫使他顾不得我,我和丈夫也分离了,只好偷偷地去投亲靠友。可那时谁敢收留我这个“共匪的家属”呢?都怕受连累呀。实在走投无路了,我硬着头皮到北沟我干妈家。到那儿第二天,我就得了一场大病，卧床不起了，真是越渴越吃盐。我住在这里，让伪甲长吴子龙知道后，他对我干娘说："你窝藏八路家属，我去板城警察署报告去。"吓得我干娘一个劲儿地向他说好听的，还忍饥挨饿拿出 4 斗小米给他，并请了两桌客给说情，伪甲长这才没去报告。我看再也无法待下去了，身带重病，昏昏沉沉地离开了北沟。从此，我这个无家可归的人就过起了流浪街头、乞讨要饭、露宿荒野的生活，受尽了无数苦难。

那时，敌人到处抓我丈夫，我也好几个月没有看到他了，很是惦记，想去找他又怕找不到，再说去"无人区"要是遇见敌人是非杀不可的。但我想到他的难处，我就什么也不怕了，还是冒着生命危险去找他，一连找了 3 天。第三天，在他的小地洞里终于等到了他。当我见到他长长的头发，黑瘦黑瘦的脸，露肉的破衣服，光着两只脚，我实在忍不住了，心痛得像刀剜一样，眼泪不断线地往下流。支前的鞋子从他手里送走了一批又一批，可他却光着脚坚持在这深山老林里跑交通。山路上石头尖、葛针刺，经常把脚扎得血淋淋的，怎不叫人看了心里难过啊！

1943 年的深秋，从外站点送来 7 支枪转到我丈夫这里，让他赶紧送走。还没来得及走，日伪军 200 多人又来搜山了。我丈夫立刻把枪藏起来，又急着去梁南送情报。路上和敌人走了个碰头，日军向他开了枪，打伤了左脚后跟和左耳朵，破衣服上又给穿了几个眼儿。他仗着地形熟，跑得快，转身向右面的山沟里跑去，藏在一堆柠椤丛里，鬼子才没有找到他。

没过几天，他又去梁南送鸡毛信，回来时，半路上又遇见了搜山的敌人，他机敏地藏在路旁的一墩树棵子里面，并把警察、鬼子的人数和武器情况看清楚，等敌人刚过去，他就抄小道走近路，一溜小跑把情报送给了八路军。那次，我们打了一个胜利的伏击仗，使这帮坏蛋损失了一半的人。

1943 年底，敌人经常合起来搜山，讨伐"无人区"。为了打乱他们的联合行动，大灭他们的嚣张气焰，我丈夫经常带着几个民兵活动在敌人鼻子底下。不是割电线，就是砍电线杆子，再不就是摸进敌人据点，把罪大恶极的坏蛋拽出去处决了。只要是上级交给的任务，无论困难有多大，他都千方百计去完成它，就这样一直坚持到日本投降。

选自承宽宁平抗日斗争史编委会编：《承宽宁平抗日斗争回忆录》(内部发行)，中集，1983 年。

九 宽城“人圈”的相关资料

日军“集家并村”、制造千里“无人区”，是一个经过长期周密策划、有计划地的大屠杀行动，其暴行真是罪恶累累，天理难容。尽管日军在战败时，为了毁灭罪证，烧毁了几近全部的日伪档案资料，在避暑山庄内，烧毁日伪资料的大火就持续了几天几夜。但是，经过多年来的努力，人们仍然搜集了一部分日军“集家并村”、制造“无人区”的原始资料。同时，人们通过各种形式的调查，挖掘了一部分关于“无人区”的口述资料、研究论文、专题论著等。本章选取了曾经在宽城“人圈”和“无人区”中生活的亲历者和见证者张国祥、杜长河、李会、李春达等对日军“集家并村”、制造千里“无人区”的回忆与口述资料、日本人士姬田光义和仁木富美子对宽城“人圈”和“无人区”的调查采访资料、长城线上千里“无人区”研究人员郝洪喜、刘艳青的专题研究资料以及日伪档案资料等。这些资料从不同层面揭露了日军在宽城“集家并村”、制造“无人区”的暴行，反映了人民群众在“无人区”的悲惨遭遇等，可以说是铁证如山。

（一）宽城“人圈”及“无人区”生活的回忆资料

永远不会忘记的“集家并村”

张国祥

我的家乡是革命老区，1930 年前，党的组织就派出工作队到关外，在长城以北的深山区开展地下工作了。1931 年“九·一八”事变后，日本侵略者侵占了东北三省，1933 年 3 月 4 日又攻占了承德，热河省沦陷。日本侵略者占领承德期间，在长城沿线制造“无人区”，“集家并村”，给承德人民造成了空前的劫难。“集家并村”、千里“无人区”的历史，让承德人民永远不会忘记。

沦陷后，承德日伪当局很快把原热河省下属各县、旗、市的所在地都占领了，然后就搞日伪政权建设。各县、旗、市没有改变，区改为乡(村)公所，村改为甲，组改为牌。驻军叫日本关东军承德防卫司令部，北部驻军很少，各县城安排警察署，主要兵力安排在承德南部长城城墙以北要地，靠滦河两岸深山区。潘家口驻扎的是日本宪兵，大彭杖子、喜峰口等地驻的是伪军；蘑菇峪等地驻的是讨伐队；车河口等地也有驻军。

1942 年 9 月，日伪当局抽调下属地方驻军，从各村抽调民工，到清河川、瀑河川各村(甲)，把群众住的房屋都给放火烧光了。1943 年 7 月，日伪当局从各地驻军调动兵力和民工，到清河川、瀑河川的各村(甲)，把群众种的庄稼(青苗)也全部给割倒了。又过两个月，又从各地驻军调动 1 000 多人的兵力，到清、瀑、黑、澈河等 20 多个行政村(甲)，搞一次全面的“大扫荡”。这次“扫荡”“讨伐”，山区群众伤亡惨重，几代人留下来的家业财产全部被烧光抢光，群众缺衣少食，实在活不下去了就得等死。不仅广大群众认为无路可走了，就是区、村干部也都认为，只有动员群众离开山区，到大川的“人圈”里去住，才是出路。从此，我们村干部分工负责，到各自然村去做群众的工作，让大家做好准备，到“人圈”里去住。

1942 年 9 月，驻热河日伪当局，从暖儿河、满杖子等地驻军调动了 200 多人，从他们下属各村抽调民工 300 多人，到清河川的尖宝山、西沟、塌山、清河口四个村，放火把群众几代人住的房屋都给烧光了。清河口村 129 户、540 多间民房，除一些小棚子外，全部被烧光。敌人撤走后，广大群众回家一看，孩子哭，老婆叫，老人们更为凄惨。这时，区、村干部及时召开会议，决定两人一组到各自然村去做工作，帮助群众克服困难，坚持斗争，组织群众在自己家有炕的屋里搭草棚子住，有条件的户可以两三户合伙买大线布，分开做成布棚遮雨挡风，群众的情绪才稳定下来。

1942 年 10 月初，滦河区委下通知，冀东军区某部在塌山、清河口两村交界处，安排一次阻击战，从塌山、清河口两村各抽调 5 副担架、20 名民兵，由 1 名村干部带队。我们村根据区委的要求，由杨万德带领按时去报到。战斗结束，敌人撤走，给我们的任务是，有重伤员 4 人，用担架抬着，有 12 名轻伤员，乘坐从当地找来的一辆老牛车，护送到清河塘北山的卫生所疗伤。给塌山村民兵的任务是和当地群众一起，买棺木找好地方，处理我军牺牲战士的后事。我们两个村都圆满完成任务。

1943 年 3 月，滦河区委下通知，从瀑河口、清河口两村各抽调村干部两人和部分民兵，到蓝旗地“人圈”去拆围墙。一天晚上两村民兵和村干部从瀑河口出发，第二天早晨天没亮就到了大蓝旗地“人圈”，区干部张维汉找到部落长，部落长通知各牌长，把自己牌的青壮年叫起来，按分管的地段去拆“人圈”围墙。围墙原垒起 8 尺高，这次被拆了 5 尺。这时，看到蓝旗地北山头上出现日军，区干部叫我们马上撤出。我们走后，他们又用两个多月时间才垒到8尺高。这说明，区委组织这次拆“人圈”围墙，大大延缓了日伪当局要求在1943年5月底以前，必须完成修“人圈”的任务。

1943年7月，日伪当局从九虎岭、潘家口、孟子岭驻军调动200多人，又从新甸子等五个村抽调300多名民工，到瀑河川、清河川9个行政村，把群众种的庄稼全部给割倒了。其中清河口10个自然村，700多亩土地已全部被割倒，当时庄稼正在晒米上浆的时候，真心疼啊。敌人走后，群众回村一看，都心急如焚。我们两人一组到各村去做群众工作，鼓励他们振作起来，想法活下去，现在有粮先吃着，没有出去借点、买点，区干部再帮助解决一些困难。在区、村干部的耐心劝说下，群众的思想慢慢转过弯儿，有的出外去借粮，有的在自己的土地上种一些小白菜、萝卜等，又重新过起日子了。

1943年9月，日伪当局从蘑菇峪、车河口、满杖子、九虎岭、潘家口等地驻军调动1 000多人，分别到清河口、澈河、河南大峪等20多个行政村，用五六天时间搞了一次全面大“扫荡”和大讨伐。这次“扫荡”，山区群众伤亡惨重。其中清河口村660多口人，死去了70多口。我们家太惨了！我是出门坎的人，两家13口人就死去7口。我二爷张永春是敌人用枪打死的；我二奶奶，我姑姑，我爷爷张永增，我的二妹子，我的三弟是因为在山林中，五六天时间病、饿、渴交加，回到家就死了。我的母亲因家里的人死得太多了，得了急性霍乱病死去，全家只有我们6人算是活下来了。这次大“扫荡”，广大群众几辈子留下来的家业，包括房子、桌椅板凳、锄镰镐杖、锅碗瓢盆都给烧了，碾台、磨台被拆了，碾子、石磨被砸了，吃水井也被石头和沙土填了。

特别是敌人撤走时，在各村头、街头、墙头上贴出了大布告，上写着“此处已划为禁住、禁种地带”。1943年11月末以前，群众必须搬到“人圈”里去住，到时不搬，就要被杀，实行杀光、烧光、抢光的“三光”政策，即所谓的“无人区”。在此情况下，村干部只好改变原来的想法，提出要引导群众，有亲投亲，有友投友，没亲没友随大帮走的做法，按布告要求，搬到“人圈”里去住。

我们村的群众当初不愿离开家乡，经村干部做工作，除一小部分投亲靠友外，绝大多数只有离开家乡搬进“人圈”去住。先让群众报名登记，村干部带着报名登记单，到可接收的“人圈”联系，同意接收之后，再由我们村干部分别护送到接收“人圈”去。1943年底，全村129户，590多口人，有少数户是自己联系搬走的，有22人“猫山”了，剩下的约70%的户搬到了偏桥子“人圈”(现在的化皮溜子乡北杖子村)，其余的户搬到了郭杖子、东卢和蓝旗地“人圈”。

当地群众到“人圈”去住之后，意见很多，他们说，这不是家而是“人圈”，这么点地方住这么多户，这么多人，今天出这事，明天出那事，提心吊胆，心里总是不安宁。1943年以后，

“人圈”里出了不少大事情。偏桥子“人圈”有 1 600 多户，8 000 多口人，闹瘟疫病死去 270 多人，饥饿又死去 150 多人。1944 年春夏，最多的时候，一天就要抬出 10 多口人出去，想起此事真是后怕。

1943 年春到 1944 年底，偏桥子“人圈”前后搞过三次“大检举”，特别是 1944 年春，以政治犯、经济犯为名，有一天晚上抓了 200 多人。经过一夜和第二天上午审讯，放回 150 多人，有 40 多人被送往宽城监狱。又经宽城监狱审讯，有 26 人被送到阜新煤矿做劳工，有 9 人被送到承德水泉沟，其中，有我叔伯三爷张永顺，他就死在承德水泉沟。还有 5 人死在宽城监狱。

（张国祥，新中国成立后曾先后担任宽城县革委会主任、宽城县委书记、承德地委组织部常务副部长、市老促会副会长等职）

选自《集团部落—日军侵华暴行的又一铁证》编写组编：《集团部落—日军侵华暴行的又一铁证》（内部发行），2013 年。

偏崖子“人圈”的回忆

汤道河镇偏崖子村　杜长河

现在的偏崖子乡（冰沟、白庙子、偏崖子、季杖子）四个行政村，在日伪统治时期，先后都建起抗日报国会组织。广大群众对敌斗争情绪越来越活跃，日伪法西斯的统治手段也越来越残酷。

1942 年冬至 1943 年，日伪统治者采取一系列的野蛮措施，实行了所谓“民匪分离”，大搞“无人区”（无住禁作地带），强迫农民“集家并村”、修“人圈”（日军叫“部落”）。整个偏崖子共修了 2 个“人圈”（偏崖子、季杖子）。

集家的惨景

1942 年农历十二月，日伪军将全乡大小 30 多个山沟小岔的居民，赶到几个大庄居住。“集家”户尽管穷家难舍，故居难离，但在日伪军和拆房队的刺刀、棍棒下只好被赶进了几个大庄，好几户挤在一处房子里，用一个锅灶轮流烧饭吃。有些户没住处，偷跑回老家搭起窝棚。没住上几天，日伪军去搜查，把棚子给烧了，把人给撵回来。无奈在碾道、畜棚、靠墙根围席棚、垫柴草栖身，用石头搭锅灶做饭。这年的春节老百姓就是这样以泪洗面，在寒风中过的年。

1943 年正月十一日这天，日本侵略军头目黑田下了第二次大“集家”的命令：限 3 天日期，必须再搬到偏崖子、季杖子两个“人圈”住。并把距离这两个庄 8 里以外的地方，划为“无人区”，实行野蛮的“三光”（即杀光、烧光、抢光）政策。

在日伪军拆房队的逼迫下，千家万户的老百姓，又一次含着悲愤的泪水，扶老携幼离开了大庄，搬进了定为所谓“人圈”的村庄。坐地户的房子、碾棚、畜棚、墙角等处住满了也住不下。许多户只好去汤道河、苇子沟、朝阳山等“人圈”找地方住。也有些人，宁可死在“无人区”，过“猫山”生活，也不进“人圈”。

在棍棒下修“人圈”

在偏崖子庄，划出了长宽400米地方修“人圈”。冰天冻地，挖不了地基，日军就叫老百姓运石头，搞备料。伪警察、讨伐队、自卫团，为防止百姓逃避修围墙劳动，在南山梁、北山梁、西山尖，都设有持枪的岗哨。东边路口放人盘查，出去拾柴、备料盖棚子的人，得经批准，限定时间，出入点名。到时间不归者，不是毒打，就是重役体罚。参加修围墙的男女老少，在日军的棍棒下，强制劳动。百姓们在饥寒、劳累中稍有迟钝的表现，就遭到一顿毒打。有个叫“盘生”的9岁小孩，抬石头累了，中间放下歇一会儿，警察看见后挥起棍子就打，脑袋被打得鲜血直流。别人给他包扎、求情，但警察不准，强迫继续抬石头。

惨痛的火灾

1943年4月末，“人圈”的墙，垒起了7尺多高，人们出出进进不准走两个小角门，都得从东、西两个大门走。“人圈”里，用秫秸谷草盖起的茅草棚，又小又矮，一户挨一户，约有丈八尺宽的7条胡同街道。整个“人圈”几百户人家，只有一眼水井，每天吃水都得起大早，排半宿或大半天队，才能轮到挑一担水。

五月初三这天，“人圈”西南角，杜春生家因烧午饭不慎起了火，烧着了房子，火起缺水，无法扑救。正在这时，刮起了西风，火借风势，风助火威，顿时，火舌乱舔起来。全“围子”里火光冲天，随风乱卷，人们顾不得救火和抢东西，只顾逃命了。大门被人群堵塞，能从角门挤的，挤出去了；能从墙上爬的，爬出去了；能从水沟钻的，钻出去了。跑不出“人圈”的，只好看着火势，东躲、西躲来回乱跑……大火烧了整整4个多小时，几百户人家，口粮、物资全部化成了灰烬。风吹火灰，落在人们带汗水的脸上，面目全非。若不是嚎啕大哭声，谁还认得是谁？梁自有从“人圈”外赶回来，看见妻子正在大哭，他那没被烧死的妈妈，脸上被火舌舔去了一层皮。从火堆扒出3岁的女儿，头被烧两半了，尸体还冒着黄油……马、牛、驴、羊、猪、狗、鸡、鸭，一头头，一只只，究竟有多少，无法计算……呼天、喊地的嚎啕大哭声，震撼着山谷。当时的场面，真叫人惨不忍睹。

饥寒交迫的生活

火灾发生后，日伪机关怕百姓逃出“人圈”，一面加强封锁，一面向外地求援，把东梨园、汤道河、李家窝铺、苇子沟等“人圈”的百姓聚来，帮助盖上了卡叉房子，伪机关虽然拨来少量“配给”物资，但经过“人圈”一些头头层层扒皮，百姓所得无几，仍旧过着食不饱腹，吃糠咽菜的生活。

高5米多、宽2米多的围墙修好了。在一人多高处有1.7米宽的马道。马道以上一人高处,留有枪眼。围墙拐角处,修有高而圆的炮楼子,并留有炮眼。三天两头地搞演习,假说"有八路匪来攻'围子'……",三更半夜敲锣,把男女老少喊起来,赶上马道,准备砖石,手持锄头镐杖,来保卫所谓的"人圈"安宁。在马道上一守就是半宿。有的伪警察借夜间演习之机强奸民妇。朱万友之妻,就因强奸未遂,遭到毒打,她一气之下病倒死去。

在"人圈"里住,每天日升得老高,才打开大门,点名放人出去,去非"无人区"劳动。下午太阳刚刚偏西就得回"人圈",关上大门后,回来晚的人,不是挨打就是挨罚。那时候的村公所、警察署、协合会、宪兵队、讨伐队等机关驻地房屋的修建,也是老百姓轮流出工。他们的烧柴按户摊派。征壮丁、抓劳工,抛下一家老小无人照顾的户,一天天地增多。到秋后,农民收入本来甚微,可是除去向伪政府交纳的"义仓粮""出荷粮""部落积谷""民生积谷",所剩无几,加之地主逼租、逼债,简直无法生活。

由于剥削、压迫、饥饿、劳累、瘟疫折磨等不知死去了多少人。每个白天黑夜都有人的哭声。"人圈"外的山坡上、沟渠里、河套两岸到处可见大人、小孩的尸体。笔者10岁那年,上山去点胡沟拾柴,一次就发现7个死孩子的草包。在西沟里发现赵珍的尸体,一条大腿不知是被狼还是被狗将肉啃光了。在东边杨树林子边发现经常讨饭的阎木匠的死尸,两条狗正在撕咬。

偏崖子"人圈"的悲惨生活,一直到1945年日本投降时才结束。

选自宽城满族自治县政协文史工作委员会:《宽城文史资料》(内部发行),第一辑,1990年。

我在闫杖子"人圈"被抓劳工的经过

大石柱子乡闫杖子村　李会

我叫李会,是大石柱子乡阎杖子村人,日寇"集家并村"时,我住在闫杖子"人圈"。在我21岁那年,也就是1943年农历十月初一的夜间,日本侵略军在我们"人圈"里抓劳工,把我也抓到了东梨园"人圈"的村公所。被抓的人群中,大家面面相觑,唉声叹气,愁眉苦脸,都在盘算着到底把我们弄到哪里去。有的说,弄到哪里也是死,有的惦念家中老小,失声痛哭起来。那个年月抓劳工,就是板上钉钉子,谁敢说个不字。

日本侵略军把人抓齐后,村公所所长宣布:"全体劳工人员,一律到辽宁省抚顺煤矿挖煤,马上动身,当天必须赶到青龙县城,如有逃跑者,就抓家里人顶替!"在他们的押解下,我们步行到青龙时已是第二天午夜12点钟了,劳工们走了一天又累又饿,可日伪军只给我们几十名劳工吃一小锅饭,有的轮着一碗,有的还轮不着。次日早晨我们坐汽车又到平泉上了火车。那天天气阴沉沉的,北风呼啸,不一会儿下起了大雪。多数人由于衣着单薄,肚内无食,冻得直打哆嗦。经过两昼夜的长途,我们终于到达抚顺龙凤坎煤矿。

到煤矿后,日本侵略军一天都没让我们休息,在他们的监督和棍棒看管下,我们开始了繁重的劳动。吃的是猪狗食,干的是骡马活。无论是井下挖煤,还是井上推煤,一天三班倒,只给吃两顿饭,全是玉米窝头,没有菜。住的是简陋工棚,在地上垫上稻草当床,又潮又冷,无法入睡。白天劳动很繁重,可干活稍慢一点,就遭到工头的毒打。劳工们受尽了折磨,每天都有病倒的,可恨的是伪军和把头们,他们对有病的劳工不仅不给治病,反而把还没死的劳工扔出去。死人的事经常出现,到处是横躺竖卧的死尸。

劳工们忍受不了这非人的摧残,多数劳工下决心逃跑。有的跑了不敢回家,否则日伪军就把家里的老小抓来顶替。有的刚跑不远,就被撵上抓回,打得死去活来,我就是其中的一个。一天夜晚,我们12个人跳出了铁丝网,一同逃跑了。由于道路不熟,加上天黑,我们又急又怕,跑着跑着就迷失了方向,本应向南跑,可我们都顺着铁路往北跑,快到沈阳时就被抓获了。伪军把我们押送到抚顺煤矿,然后就是一顿毒打。他们让我趴在地上,用大铁铣狠狠地向我的身上猛打,边打边问:“你还跑不跑?”并逼着我说:“大家别跟我学……”把我打昏后,又用凉水浇,苏醒过来再打。当时正是严冬,连冻带饿,又着急上火,手脸都肿出了大水泡,好了后浑身脱去了一层皮,左眼也失明了,手上脸上都留下了大伤疤。我虽然被抓去当劳工(去了6个月),但是,能够活着回家,可算是死里逃生了。我失去了眼睛,留下了伤疤,这是日本侵略军残害中国人民的罪证。我们要牢记这民族恨,血泪仇,更加热爱自己的祖国,热爱今天幸福的生活。

选自中国人民政治协商会议宽城满族自治县委员会文史委员会编:《宽城文史资料》(内部发行),第二辑,1992年。

我们亲眼看到的日军暴行

孟子岭乡王厂沟村　李春达　李西华　刘成书

我们王厂沟村位于宽城县西南,长城以北,称得上塞外山清水秀的好地方。全村有9个自然村,王厂沟村人民世代在这里繁衍生息。抗日战争爆发后,日本帝国主义的铁蹄践踏了这风景如画的山村。日寇在王厂沟实行了惨无人道的烧光、杀光、抢光的“三光”政策,制造大面积的“无人区”,在王厂沟犯下了万恶滔天的罪行。我们就是亲眼目睹日军侵略罪行的见证人。

1941年6月,王厂沟村建立了党支部,随即成立了妇救会、青年报国会等抗日群众组织,与敌人展开了英勇的斗争。

日本侵略者对王厂沟抗日军民恨得要死，怕得要命，视这里为不良地区。敌人妄想制造“无人区”“集家并村”来割断我抗日军民的血肉联系，想把王厂沟的广大群众赶到孟子岭的“部落”里(实际就是“人圈”)，但我们大多数王厂沟人坚决不进“人圈”。

1942 年春，驻孟子岭日伪军在 1 个半月内就去王厂沟讨伐了 7 次，烧了 7 次，全村 230 多间房子被烧得片瓦无存，10 多名无辜群众被活活烧死。在山上住的“猫山”户，敌人更是不放过，放火烧山，一片片山林化为灰烬，漫山焦土。敌人不但把王厂沟的房子全部烧光，还抢走了“无人区”内所有的东西，并企图把反满抗日的王厂沟人民斩尽杀绝，制造了许许多多骇人听闻的惨案。

在那暗无天日、阴风惨惨的日子里，整个王厂沟被折腾得鸡犬不宁，王厂沟的房屋都被烧掉了，就连烧剩下的木头也被敌寇再次倒上汽油重新点燃烧尽。每个村落都有被日伪统治者烧杀抢掠的血泪斑斑的历史。

日本侵略者残酷的军事屠杀，并没有吓倒英雄的王厂沟人民，有的纷纷从“人圈”里逃出来，有的根本就没进“人圈”，坚持“猫”在深山与敌人进行斗争，守土抗日。凶残的侵略者怎肯放过这里的人民呢？他们搞了一系列的“大检举”、大逮捕，进行了频繁的大“扫荡”、大“围剿”和大屠杀，步步为营，篦梳山林，妄图把王厂沟人民斩尽杀绝，在地球上彻底抹掉王厂沟。

日军的残暴给王厂沟人民带来了空前的灾难。没有房子住，人们就住在山洞里、树丛中；没有饭吃，就吃野菜、野果，喝山水。1943 年农历七月十五日，就在满地庄稼即将成熟的日子，日军对王厂沟人民实行了灭绝人性的大“毁青”，妄想从粮食问题上把我抗日军民卡死。敌人先后调集承德、喜峰口、兴隆等地的日军，连同各地讨伐队近2 000人，到王厂沟逐块逐地、大小山川，割毁庄稼，一颗不留，真是残暴透顶，让人目睹揪心。

1943 年 9 月以后，敌人的军事“围剿”、搜山“扫荡”更加猖狂了。他们见人就杀、见东西就抢，3 天一讨伐，5 天一扫荡。但是，屠杀和镇压都不能使王厂沟人屈服，反而更加激起人们抗击日本侵略者的坚强斗志。敌人对被捕的人使用皮鞭抽、烙铁烙、割乳房、挖眼睛、瀑河水浸等残忍酷刑。但是革命者面对残暴酷刑，毫无惧色，大义凛然，视死如归。

共产党员、地下交通员关元奇和他的妻子不幸同时被捕。敌人对关元奇施尽各种毒刑，并软硬兼施，逼问他是不是共产党员、八路军到哪里去了、村干部藏在哪儿？如果说出来就把他们夫妻都放掉，给予自由。关元奇斩钉截铁地回答：“我是共产党员，党的事情我全知道，就是不告诉你们这些狗东西！”他的回答震撼山谷。关元奇在敌人的刑场上被打昏过去 4 次，面不改色，并大骂鬼子，同时还唱着革命歌曲。关元奇在敌人面前坚贞不屈的精神，受到群众的称赞，把鬼子气得不知所措，几个气急败坏的日军，端起刺刀一齐向关元奇刺了好几刀。王厂沟人民的好儿子、我党的优秀党员关元奇同志在生命的最后一瞬间还奋力高喊:“打倒日本帝国主义!”

民兵关仁印和赵启被敌人抓去后,日军把他们的头朝下浸在瀑河里,逼问八路军和村干部的去向,关仁印、赵启恨透了敌人,誓死不说,敌人毫无办法,就把他们活活浸死。

王厂沟的关界庄是个有31口人的小村庄,当日军血洗后,只有关贞瑞一人幸免活了下来,其中关贞瑞一家6口人,父亲被敌人用枪打死,爷爷为了保护自己的3个孙子,被敌人挖掉了眼睛,然后又被连刺几刀而死。11岁的哥哥被挑死,就连4岁的小弟弟也被活活摔死。他的母亲被一群野兽侮辱后,又被日军剖胸破腹致死。关贞瑞也被刺了3刀,因没伤着致命处,后被乡亲们搭救活了下来。7岁的小贞瑞是当时关界庄唯一的幸存者。当时的关界庄到处是血淋淋的尸体,一个庄仅剩下一个孤儿,喊娘,娘不应,叫爹,爹不吭,亲人全被杀死,好不凄惨。

有一次敌人围攻时,王厂沟自然村有3个妇女被抓住。日军抓住妇女更加暴露了他们的兽性,先是逐个蹂躏她们,然后把她们吊在三棵树上进行抽打、逼问。3个妇女面对豺狼破口大骂,被日军打得死去活来。最后,日军又把她们活活地烧死。敌人走后,王厂沟的乡亲们下山看望她们时,发现她们已被烧得只剩下胸部,惨不忍睹。

刘殿喜的老母亲和一个有病的孙子,被敌人抓住后踹进火堆,然后,日军将小孙子的鼻子、耳朵割下。面对豺狼成性的敌人,老奶奶气得眼睛冒火,从火堆里挣扎着往前扑去。丧尽天良的日寇用刺刀将她的脖子扎在火堆里,把老人活活烧死。

在搜山中,刘殿甲的7口之家,被日军抓去了6口,母亲及4个孩子一块被杀死,只剩下一个3岁的孩子。但是,野兽们并没把这可怜的孩子放过,向孩子的腿上扎了一刀挂在树杈上,当时孩子的哭声喊声撕人肺腑。刘殿杰家9口人,在一次搜山中被敌人杀死了6口。像这样一家被杀死几口人的户举不胜举,仅王厂沟一个自然村被敌人杀绝的就有李西生、李振发、李西满、李西庆、李贵珍、李贵军、李贵雨等11户45口人。王厂沟全村的山上山下到处是尸体,到处流着王厂沟人民的鲜血。这个自然村有三分之二的人都死在敌人的搜山屠杀之中,整个王厂沟村共45户被杀绝,剩下孤儿寡母的有29户,112人死于日军的屠刀下,800多间房屋化为灰烬。

在大围攻中,李西满被抓到孟子岭守备队,日军把他的衣服扒掉后绑在树桩上施用各种毒刑,泼凉水,皮鞭抽得身上的肉都裂开一道道的长缝子,流出了鲜血,染红了全身,曾昏过去3次。当第三次苏醒过来时,鬼子还是逼问共产党的情报,李西满宁死不屈,敌人什么东西也没从李西满口中得到。敌人只得把李西满押送到宽城,最后牺牲在了日伪的监狱里。

石佳志被抓到孟子岭,不管鬼子怎样严刑拷打,党的秘密一字都没透露,鬼子气得没办法,最后用开水活活把他烫死,肉皮被烫开,血、水流在了一起,惨不忍睹。

日本帝国主义的野蛮行径，给王厂沟人民造成了极大的灾难，留下了斑斑血泪，刻下了日本帝国主义在王厂沟实行“三光政策”的滔天罪行，国仇家恨深深地埋在了王厂沟人民的心中。

选自郝洪喜等编著：《抗日堡垒村王厂沟》，呼和浩特，远方出版社，2005年版。

（二）日本人士对宽城“人圈”及“无人区”的调查采访资料

初访当年“无人区化”的村庄（摘选）

〔日〕姬田光义

一、传给后代的“无人区”及“三光作战”的历史事实

时间：1995年3月下旬。地点：中国北方山区。当我等一行跨过蜿蜒曲折的万里长城进入巨大的燕山山脉后，发现山区中的无数条小溪仍结着冰。然而，山间吹来的阵风中，却已多少带来些柔和的春天气息了。只有那到处绽放的桃花，才给这些普普通通的山村增添了一道道春天的风景线。然而，看到当地人为了生产水泥制品，已把光秃秃的石灰岩地表层开凿得残缺不全、面目全非时，我突然感觉到，那些耸立着的花岗岩断壁悬崖也似乎意识着它们正在抗拒着人们的接近。

从这里一直向西延伸的燕山山脉，在黄河处被截断后又向黄土高原蜿蜒而去。无论哪里，只要是有人居住的地方，那里都会有从山脚下用石头垒起的层层梯田。由此不难想象，这些勤劳而又贫苦的山里人，在世世代代与自然的斗争中，已付出了巨大的劳作和辛勤的血汗。

然而，突然有一天，因日本人的到来，将这些生生不息地与自然斗争的山村，变成了人与人之间进行斗争的悲惨之地。日军首先实施“集家并村”计划，即用武力将那些居住在依山傍水的村民们驱逐出村后，又强行将他们赶进已用土墙围起的“集团部落”中生活。随后，将这一广大区域划定为“无人区”。

当年，燕山山脉一带的抗日战争，起主导作用的是中国共产党领导下的八路军。日军制定的这种“无人区化”政策的目的，一是要扼杀八路军的抗日活动；二是要巩固“伪满洲国西南国境线”的防卫。同时，为今后整体统治长城南北（亦称关内关外）一带打下基础。

虽说当地土质贫瘠，但它毕竟是祖祖辈辈传下来的土地和家园。当山里人失去这一切，又被强行赶进“集团部落”后，等待着他们的命运只有病死、饿死或冻死。因此，人们开始反抗了，有的逃跑，有的拿起了武器。在此过程中，日军则展开了残酷的大屠杀，由此上

演了无数次的人间悲剧。

中国人认为，正是由于日本人的侵略才给他们带来了巨大的灾难，因此中国人当然有权利进行自卫抵抗。同时中国人还指出，日本人的侵略及其暴虐行为，具体表现是杀光、烧光、抢光的“三光”政策——日方则称为“三光作战”，并且指责日本实施的这种“三光”政策是一种有军事和政治目的的灭绝种族式的大屠杀。而在万里长城线南北一带山区中所实行的“无人区化”政策，则是这种“三光作战”的最典型事例。

另外，中国人还认为在当年抗日战争的各种复杂形势中，日军始终将主要敌对目标锁定在已成为今日大陆统治者的中国共产党人身上，其目的就是要围剿和消灭共产党领导下的八路军。在华北一带，日军针对八路军采取了“扫荡战”“歼灭战”以及“驱逐战”。而在此过程中，日军使用的主要手段就是“三光作战”。从今日的角度来分析，所谓“三光作战”，实质上就是日军在广大区域内，长时间的对中国人实施的暴虐及非人道的残杀行为。

……

正如本文后面所叙述的那样，从当时的历史过程来讲，尽管两国在这方面的用语方式上未必能够达成一致，但作为日本人，首先应该接受这样的事实——受害者一方是中国人。对此，应当清醒地认识到，如今我们这些日本人，不但不能忘记先辈同胞们过去的所作所为，而且还要更详细认真地去挖掘这方面的相关资料，以便将这些历史事实如实地传给我们的子孙后代。那么，怎样去传给？或者说应当传给后代些什么呢？我想，还是首先把我耳闻目睹的一些历史事实，传给我们的日本同胞吧。

二、在燕山山脉中的山村里

那年春天，我访问的是万里长城北侧的几个点，即燕山山脉中的小山村。从行政划分来说，它们都分别隶属于河北省承德地区的宽城满族自治县和兴隆县管辖。但在日中战争时期，这些地方都属于伪满洲国热河省的领地。

我等一行先从北京乘 4 个小时的火车抵达唐山，其后再从唐山换乘汽车北上约 130 公里，就来到宽城县城。我们乘坐的汽车奔驰在黄土平原上，这一带曾是当年日本华北方面军下属的第二十七师团步兵团，为讨伐八路军游击队而疲于奔命之地。其后不久，汽车便来到了当年日中两国军队曾激烈交战过的著名喜峰口战役的长城线。驶过喜峰口，便进入了深山峡谷。从这里起则属于当年伪满洲国的领地，同时也是关东军西南防卫司令部(独立守备队)及承德宪兵队司令部的防区。

……

若乘车沿此公路一直行驶，便可直达承德市。但我们乘坐的车却在中途驶离了公路，沿着从山谷间流淌的滦河岸边，向碾子峪乡的大屯村驶去。那里是我们采访的第一站，也是此次采访中要会见的第一批幸存者(中国人将大难不死而生还者称为“幸存者”，可见中国人用语之贴切,其文化之博大精深)。此后的一周里,我先后走访了隶属于宽城、兴隆两县辖区内的 11 个镇、乡、村,当场听取了 19 位幸存者的证言。这些小山村都地处深山峡谷之中,几乎又都是山间土道,普通面包车等根本无法行驶。因此,我们只好改乘吉普车,摇摇晃晃地在峡谷间迂回前进。

幸存者侯永会的证言 那是 1941 年初的一个大雪纷飞之夜,为了搜捕八路军游击队,日军率领伪满洲国军的部队从喜峰口方向突袭而来,先放了三发炮弹后,敌人便从村子的东西两侧包抄过来。从村西口进来的,多是伪满洲国军的中国士兵,他们大都将枪口抬高向空中发射,所以那里的村民死亡人数较少,但村东口进来的都是日军,故死亡者众多。

当时,全村共有四百几十户人家。在此次惨案中,全家被灭绝的有 14 户,全家仅剩一人的有 19 户。侯永会当年整 13 岁,是和父亲一块被敌人抓住的。日军先用刺刀捅了他 7 刀,他当即昏死了过去。幸好他当时穿着厚棉衣,才幸免一死。侯永会边说边脱下了衣服,让我观看他肩上和背上留下的刀痕。另据侯永会说,当他苏醒后才发现,其父亲被刺刀穿破喉咙后早已气绝身亡了。当时除了他父子二人之外,家里其他人都到邻村串亲戚去了,所以他们才躲过了这场惨案。

幸存者刘凤兰的证言 当时,刘凤兰还是一个襁褓中的婴儿,日军闯入村子后,母亲抱起她就往外跑。当逃到村外已结冰的河上时,母亲就被后面追上来的日军用刺刀捅死了。由于母亲的身体压在了她的身上,所以她才侥幸地活下来。日军撤走后,姥姥寻找她们娘俩时,才发现外孙女还活着。老人抱起她时看到,她身下的冰层已溶化成了一个坑状,包裹着她的小被子也被鲜血浸透了。在那场惨案中,她父亲也被杀死了,但怎么被杀死的却不得而知。此外,他的爷爷和奶奶也都双双死于日军的残杀之中。这些事都是在刘凤兰长大之后,在姥姥的反复念叨中才逐步知道的。最后,刘凤兰又喃喃地说道,虽然是姥姥一手将她抚养成人的,但自她懂事起,就经常为失去父母之爱而深感伤心不已。不过,既然现在中日两国已恢复了交往,她也就不愿意提起当年那段伤心的往事了。

第二个采访地是孟子岭的王厂沟,那里发生的惨案更令人震惊。我们从宽城县城乘车出发,沿柏油公路行驶了一个小时后,先到达了孟子岭乡,而王厂沟离这里还有 15 公里的山路。我们的吉普车沿着小溪边的山间土路驶过两座山后,才到达了这个深山中的小山村。其间,那狭窄的山间土路坎坷不平。当行驶在断崖上时,其土路宽度似乎仅能容纳一辆汽车通过。我在途中还看到,环绕在山间的层层梯田上种满了高粱、谷子和栗子树。

虽说王厂沟地处偏僻,但这里却有将长城南侧与承德之间连接起来的一条山路。因此,早在 1939 年,八路军就往王厂沟派过联络员。翌年,又将该村变成了秘密抗日根据地。

为了讨伐八路军，在1940年至1943年期间，设在孟子岭据点的日军曾多次进山扫荡过王厂沟。他们不但焚毁了村庄和粮食，而且还放火烧光了周围山上的树林。日军先杀害了村里的男人后，又把妇女们拽到山上去强奸。此外，为了铲除抗日根据地，彻底切断百姓与八路军的联系，日军还在1941年至1942年间，将王厂沟及周边一带的山区设定为“无人区”。当地的村民都被强行赶进了设在孟子岭的“集团部落”中。凡有悄悄返回王厂沟的村民，则一律遭到了日军的枪杀。而日军在连续讨伐中，也曾在山里与八路军发生过激战。战斗中，有百多名日军被八路军击毙（据亲自参加过此次战斗、时任冀东军分区政治部主任的李中权回忆，此次战斗发生在1943年5月16日。当时关东军第一〇一师团第九联队春田中队150余人遭八路军600多人伏击，激战两小时，除10余名日军逃脱外，余被全歼。八路军也伤亡50多人，其中包括阵亡的营长薛辉荣——主编校）。为了复仇，日军又对王厂沟的村民们展开了更加疯狂的镇压行动。

该村的幸存者们似乎都在尽力地去追忆日军当年的多次讨伐行动，以及那漫长的“无人区化”生活和“集团部落”中的那段早已尘封的历史。有时为了确认一个具体事实，他们还凑到一块儿核对数字。不过，从他们的谈话内容中可以证实，1943年夏季，日军在遭受了八路军的重创后，又对王厂沟一带的村民实施了最残酷的镇压行动。在这次行动中，全村600口人中，被日军杀害了112人，其中全家灭绝的有45户。这个统计数字，并不包括那些被强制赶进“集团部落”后死在那里面的人数。

幸存者刘殿功（78岁）的证言　1943年夏天，日军从四面包围了王厂沟村。敌人逮捕了村民后，便开始追问八路军的去向。刘殿功被捕后，先被押到孟子岭的日军据点，接着又把他绑在一个寺庙的柱子上进行拷问。因日军未得到任何口供，他又被押到喜峰口的宪兵队驻地。此后，他又辗转被关进平泉及承德的监狱。最终，他在承德被判了无期徒刑，随后便被强制押往锦州的纺织厂做劳工。

日本刚战败时，他也没被释放。后来监狱里发生暴动，他乘机逃脱了，但很快又被日军抓了回去。不过，后来战争终于结束了，他也获得了解放。当时食不果腹、衣不遮体的刘殿功一心想回故乡，便徒步沿途乞讨，最终总算回到了他梦牵魂绕的小山村。当年和他一起被押往东北做劳工的共有4人，而活着返回故土的仅他一人而已。返回家后他才知道，在那次日军的讨伐中，父亲已遭杀害，妻子被强奸后又被掳，当年9月也死了。据刘殿功回忆，在他所了解的范围内，当年那场大屠杀中村内全家灭绝的就有4户。

幸存者李春达（73岁）、刘成国（62岁）的证言　日军第一次来这里是1941年春，目的是“集家并村”。当时，村里有4位老人不愿意搬走，日军当场就点着了他们的房子，人也烧死了。开始时，日军只是命令全村人拆房子搬走，到后来便将不服从命令者立即处死。

那是1943年夏季，玉米刚吐穗。当时村里的人口已大为减少，而八路军的活动也有所减弱，这时日军又来了。这次他们先烧庄稼和粮食，接着又对没搬走的村民开始了大屠杀。

李春达的祖母、母亲和他的未婚妻被日军拽到山上强奸后杀死了。他本人虽然逃脱了，但身上还是中了 4 枪。

刘成国的祖父当场被烧死。其父也因参加过八路军，被日军抓住后就押送去了承德，后来又在那里被处死了。当年刘成国 9 岁，他曾徒步去承德与父亲见了最后一面。此后，他和祖母、母亲、兄弟及其伯父一家人都被迫搬进了设在孟子岭的"集团部落"中生活。在那里，伯父一家人中又有 6 口人患热病死去。

从二位老人的诉说中可知，在日军的这次行动中，村里被灭绝的有 7 户。包括那些不愿意去"集团部落"的老人、病人在内，全村惨遭杀害的有四五十人。这些死难者并不是被抓到一块后遭集体屠杀的，而是日军闯入分散在山中的各家各户后将他们处死的。惨案发生后，日军曾在当地留守过一段时间，尸体被放置了七八天，气味十分难闻。后来，死者的亲属和村民们才把这些遗体汇集到一起埋葬了。此后，村里的年轻人都进山参加了八路军，与日军展开了武装斗争。

……

全村人都是证人　中国人把上述这些屠杀事件习惯上称为"惨案"，如果将中国人说的"惨案"一词译成日文的话，则用"事件"二字较为贴切。虽然这种处理方式对中国人来说带有明显的轻视之意，但作为撰写本书的作者，我认为若将每个杀人情节都说成是"屠杀惨案"的话，那么日本读者也就难于理解了。我还在孟子岭一带听取了另外一些当地较为知名的重大事件，如九狐岭事件，等等。……亲临实地去了解当地的状况，直接聆听幸存者的证言，也是调查工作中的一种不可或缺的方式吧。因为要想全面掌握过去的状况及事实，仅从书本或资料中是无法获得的，而且也没有那种亲临实境的感觉。因此我主张，今后日中两国都要继续开展对幸存者的取证调查工作。然而，有些日本人既不脚踏实地地去调查验证一下事实根据，又不相信中国人，甚至还指责中国人的说法是"老生常谈"，对此我也就无言以对了。

虽说作者实地调查的事例不胜枚举，但仅向读者描述证言的详细内容和现场状况，也并非是本书的最终目的。就整个"三光作战"而言，我所举证的事例仅仅描述了"无人区"的一部分而已，并不代表整个事实的全部真相。

但是，作者之所以要举证上述这些事实，目的只是想提醒日本读者们明白这个道理，即当年活下来的那些中国人，一定会把他们当年的痛苦经历，直接地告诉给其后代(子子孙孙)及亲朋好友们。这已不仅仅是幸存者本人的事了，可以说，它已经融入了多数中国人的骨肉亲情之中。

在某个村子里，我曾故意试探着问一位幸存者："你现在做的证言，有谁能证明你的话是真实的呢？又有谁亲身体验过日军的屠杀和暴行呢?”对此，老人坦诚地回答说：“那几户被杀光的人，当然不会出来作证了，而且，当年亲身受害者们也都所剩无几了。不过，目睹现场的仍有很多人，要说证人的话，村里哪家哪户没有受害者呀？可以说，全村人都是证人，无论问谁都一样！”听了老人这番话，围拢在我们身边的村民们，包括年轻人在内，都爽心地颔首称是。

尽管如此，我在旅途中仍屡屡苦思冥想：为什么日军亦或说是日本人，当年非要跑到如此偏僻荒凉之地来呢？为什么很多日本人非得死在异国人的强烈敌意和蔑视之中呢？想象一下，当那些气喘吁吁的日本人登上寸草不生的山岩，却突然遭到游击队的袭击时，他们吓得四处乱跑的样子吧；再想象一下，我们的先辈在这里到处杀人放火，甚至于还干下了强奸妇女的这种不齿于人类的卑鄙行为吧。因此，我认为在赞美或把这些先辈们视为英雄之前，出于人类的基本仁爱之情，我本人及我的后代，读者及你们的后代，都不希望再度重演当年的悲剧吧。其实按我的本意，我并不想到如此荒凉之地来听这些沉重、痛苦而又难堪的话题。但我之所以要到这里来，且又要每天倾听这些沉重的话题，其目的只是想把这些珍贵的证言记录下来，传给后代，希望日本人不要忘记过去的错误，并且绝不要重犯当年的错误了。

选自中共河北省委党史研究室编：《长城线上千里无人区》，第五卷，北京，中央编译出版社，2005 年版，第 78～86 页。

宽城行及日军在亮甲台毒气试验经过(摘选)

(日)仁木富美子

宽城行

驶过长城的铁门关进入宽城县内，就感觉到这里的山脉较为平缓。这和承德县、滦平县的山区状况大体相近，但与兴隆的山简直不一样；兴隆高山峻岭较多。喜峰口现在还淹没在潘家口水库的湖底。听人介绍，当夏季乘游船在潘家口水库游览时，能在水底看到喜峰口长城。在宽城县，县长特意为我预定了参观潘家口水库的游船，以便饱览湖底长城的景色。为了不打乱预定计划，我打算以后再去，于是便抓紧时间采访了原来的宽城的“人圈”和“无人区”。

亮甲台

张王氏(81 岁)的口述：

亮甲台既是现在宽城县人民政府办公室副主任王满先生的家乡，也是当年关东军八〇四部队中两个中队的驻地。1943 年“集家”时，这个有 150 户的村子，一下子增加到几千人。1944 年瘟疫流行最猖獗。据王满先生的母亲张王氏介绍，当年亮甲台曾流行过赤痢和天花，大搜捕中被抓被杀以及被送到东北去的人很多。“部落”里也饿死了许多人。亮甲台“人圈”规模不小，南北 4 公里，东西 2.5 公里。如今保留着一大段“人圈”的围墙。南边不远便是都山，而都山则是八路军在青龙的抗日根据地。

大屯村

刘凤兰(57 岁)的口述：

1941 年 2 月 11 日，日满军警突然包围了大屯村，在这个仅有 140 户共 460 人的村里，竟有 184 人惨遭杀害。刘凤兰的爷爷、奶奶、叔叔均被枪杀，母亲背着年仅一岁零两个月的她随父亲一块逃走时，其父母不幸中弹，双双身亡。刘凤兰被敌人扔到了雪地里，好在第二天被南屯的人发现后将其带回家中，才免遭冻死的厄运。是这家好心人的祖母将她哺育成人。

日军在青龙的许多地方都实施过这种“三光”惨案。当天乘车经过的地方有艾峪口、峪耳崖和九虎岭。此外，据说潘家口水库一带及暖河塘、清河塘和东边的塌山，当年也遭到了血腥屠杀。

王厂沟

刘成国、刘成义(59 岁)的口述：

王厂沟村在孟子岭西北部的一条深山沟里，它也是当年八路军的根据地。刘成国、刘成义向我讲述了当年村民对敌斗争的一些情节。1941 年末，这一带被划为“无人区”，日军烧房毁田后，将人们集中到孟子岭。1942 年，八路军进入王厂沟，和没有逃跑的农民一同展开了对敌斗争。妇女主任刘素珍带领村中的妇女们，只用一周的时间，就为八路军做好了 110 套棉衣。没有扣子，只好用铁片代替。刘成义全家共 13 口人，有 8 口人被敌人杀害。他的祖父被烧死。父亲又惨死在承德。棒槌崖下惨死的村民竟达 840 人。日军投降时，王厂沟村只剩下不到 100 人。在孟子岭，被屠杀者竟达数千人之多。驻在孟子岭的日军一〇一师团第九联队春田中队共有 150 人，从 1943 年初起，他们每周一次专门扫荡王厂沟。1943 年 5 月 11 日，该部在王厂沟被八路军全部歼灭。

刘殿功的口述：

刘殿功老人今年 78 岁，他特意在半路上迎接我们。据老人讲，1943 年“集家”时他在孟子岭被抓，从喜峰口押到承德后被判无期徒刑。随后与其他 20 人一起被伪军押送到锦州监狱，在监狱的缝纫厂干了一年多的苦工。1945 年 7 月 13 日，锦州监狱发生暴动，大家都逃了出来，而回到宽城县的只有他 1 人。

我还去看了八路军司令部和报社的遗址，据说原来都是些小草房。翻过西山潘家口水库对面就是五指山，王厂沟则是五指山根据地的一部分。

日军在亮甲台毒气试验经过

龙井关 迁西县偏岭子村的农民就曾被日军押到龙井关据点后，遭到严刑拷打和毒气试验的。如今迁西县已划归唐山市管辖，但当年的龙井关一带却是八路军及日军进出长城的必经之地。当时，长城是一条军事分界线。北面由关东军占领，南面则是华北派遣军的辖区。虽说华北派遣军从未越过长城线北上，但关东军却经常从承德、兴隆方面集结兵力，越过长城向南突袭。它的主要清剿目标是密云、蓟县、平谷(今北京市)、遵化、丰润、迁安(今唐山市)等地。除此之外，日军在龙井关使用毒气的方法也与车河流域的秘密投放不尽相同。它与唐山、宽城的做法极其相似，都是派出步兵小队携带毒气弹前去搞试验的。

如今笔者手中有一份关东军第八〇四部队中根小队大岛光的亲笔供词，内容是宽城县亮甲台的毒气试验经过。据大岛讲，大致是在 1943 年的 7—8 月间，他们在亮甲台突遭八路军的夜袭时，曾在村口向外发射了 3 枚催泪弹，才将敌人击退。数日后，为了进一步测试毒气弹的威力，奉中队长之命，他们小队又向村外地头上正在休息的 20 名村民发射了 2 枚催泪弹。此后他们看到，其中有七八个人捂着嘴、蒙着眼、边咳嗽边流泪地逃走了。

其实龙井关和亮甲台的日军都使用过毒气弹。因士兵们都对这种武器感到新奇，所以大家也都想亲手试一试。所不同的是，这里是伪满洲国，他们不能像在河北省那样公开使用毒气弹罢了。

选自中共河北省委党史研究室编:《长城线上千里无人区》，第五卷，北京，中央编译出版社，2005 年，第 189～192、241 页(题目为本书编著者所加)。

(三) 专题研究资料

概说"集团部落"

郝洪喜

在第二次世界大战期间，德国法西斯曾制造了举世罕见的奥斯维辛集中营。无独有偶，在第二次世界大战的东方战场，日本侵略者也制造了类似于奥斯维辛集中营式的"集团部落"(亦称"人圈""部落""围子"，下同)。日本侵略者修建的"集团部落"，使这一地区的中国民众受到了巨大的伤害，造成了巨大的人口伤亡和财产损失，是侵华日军暴行的又一铁证，也是第二次世界大战中罕见的重大历史事件。

一、"集团部落"的分布

1. 东北的"集团部落"

1931 年 9 月 18 日,侵华日军发动了震惊中外的"九・一八"事变,仅 4 个多月的时间就侵占了东北三省。1932 年 3 月,又拼凑了由日本关东军操纵、清朝末代皇帝溥仪为傀儡的伪满洲国。但是,具有光荣传统的东北人民不甘心当亡国奴,先后组织起多支抗日队伍,他们利用山区、林地进行抗日斗争,使日伪的统治不得安宁。其中以著名抗日将领杨靖宇、赵尚志等人领导的东北抗日联军,曾经在辽宁、吉林、黑龙江等地给日军以沉重的打击。

为了巩固在伪满洲国的反动统治,1934 年 12 月 3 日,伪满洲国民政部发布了"集团部落建设",也就是"集家并屯"的布告,强迫住在偏远地区的农民离开自已曾经世代居住的家园,迁往指定的"集团部落",而且必须把原来的村庄、房屋一律拆毁,如果不拆就全部放火烧光,不走的人就开枪打死。他们之所以这样做,就是要达到把人民群众与共产党、抗日联军彻底断绝联系的目的,也就是所谓的"匪民隔离"。据不完全统计,从 1933—1939 年,日军在我国东北三省范围内共修建"集团部落"13 451 个①。日军就是用这种办法,把曾经战斗在深山老林的杨靖宇、赵尚志等人领导的东北抗联武装和抗日根据地摧毁了。

2. 千里"无人区"里的"集团部落"

日本侵略军占领了东北三省以后,便把下一个侵略目标对准了热河省(热河省始建于 1928 年,所辖范围包括现在的承德市八县三区以及辽宁省和内蒙古自治区的一部分。1955 年底,热河省正式撤销)。1933 年 2 月 21 日,日伪军 10 万多人以辽宁锦州为前进基地,分三路向热河进攻,并在 1933 年 3 月 4 日上午占领了热河省会承德。不久,便侵占了热河全省。日军侵占热河省后,激起了不甘屈辱的热河人民的顽强反抗,抗日的烈火越烧越旺。到 1939 年底,由李运昌司令员领导的八路军冀热察挺进军第 13 支队(后改为冀东军分区),已发展到辖 1 个主力团、9 个游击总队,共数千人的抗日武装,严重地威胁到伪满西南边境地区的反动统治。日伪当局十分惊慌,连连惊呼:"延安的触角深入满洲,打乱了满洲秩序。"消息传到伪满洲国的"心脏"长春,伪满洲国的最高主宰——日本关东军司令部十分惊慌,如临大敌,立即决定采取紧急措施予以镇压。1941 年 5 月 17 日,日本关东军宪兵司令部发出第二六四号《西南地区特别肃正》作战命令。在这个作战命令的"要领"中特别指出:"肃正"的重点地区为兴隆、青龙县西南部,丰宁县西南部和滦平县西部。并强调要采取"治本措施",即"建立集团部落,建立警备道路、警备通讯及部落防卫措施"。同

---

① 中国抗日战争史学会、中国人民抗日战争纪念馆编:《日军侵华暴行实录》(一),北京出版社,1995 年 7 月。

年9月15日,日本关东军防卫司令部又发布了第二八号关于实施《时局应急西南地区特别肃正》作战命令。在其"要领"中又特别指明:西南地区特别"肃正"的实施区域已经从热河省的局部地区扩大到热河全省,其中重点是兴隆、滦平、丰宁、承德、青龙5县,再次强调:进行集家并村,建设集团部落为"治本工作之重点"①。根据上述指令,为了确保日本侵略者在伪满洲的反动统治,断绝共产党八路军与人民群众的联系,日伪当局便决定把曾经在东北实行的"无人区化"政策,也就是"集家并村"政策的所谓"成功经验"由东北推行到冀热察地区。在冀(河北)热(河)察(哈尔)边界长城沿线,即所谓满洲国"西南国境线"上,推行"集家并村",开始制造骇人听闻的千里"无人区"。

从1939年秋到1944年春,日伪当局从东起山海关以西的九门口,西到张家口赤城县独石口以东的老丈坝,在近千公里的长城线上逐步开始全面大集家。到1944年春,日军制造的千里"无人区"计划基本完成。据统计,千里"无人区"共涉及现在的河北、辽宁、内蒙古、北京、天津5个省市自治区的25个县(区),总面积为5万平方公里,总长度大约1 000公里。因此,称之为千里"无人区"。据不完全统计,日军在制造千里"无人区"的过程中,共烧毁1.7万个自然村,修建"集团部落"2 506个②。据史料记载,原伪满洲国傀儡皇帝溥仪,在新中国成立以后曾经写过一本书,这本书的书名叫《我的前半生》。他在书中写到了他在当伪满洲国傀儡皇帝期间所犯下的罪行,其中一条就是帮助日本人制造了千里"无人区"。

据史料不完全统计,仅在东北三省和千里"无人区",日军共修建"集团部落"1.59万多个,被驱赶进入"集团部落"的民众超过500万人。

承德所辖各县(区)是日军制造千里"无人区"的重点地区。据调查统计,在日军制造千里"无人区"的25个县(区)中,现承德市所辖8个县、3个区范围之内都曾经制造了"无人区",约占千里"无人区" 总县(区)数的1/3。其中,日军在伪满洲西南国境划定的千里"无人区"的重点县兴隆、滦平、丰宁、承德、青龙(含现宽城县全境)绝大部分在现在的承德境内。日军在千里"无人区"建的2 500多个"人圈"中,其中有1 897个在现承德境内,约占千里"无人区""人圈"总数的75%③。

另外值得一提的是,侵华日军不仅在东北、河北、北京、天津、内蒙古等地修建了"集团部落",而且还在山西、山东省的周边地区也修建了不同形式和规模的"集团部落",并在这些地方封锁交通,增设据点,建立伪政权、"自卫团",发放所谓的"良民证",严格控制民众

---

① 中共河北省委党史研究室编:《长城线上千里无人区》,第一卷,北京:中央编译出版社,2005年。

② 中共河北省委党史研究室编:《长城线上千里无人区》,第四卷,北京:中央编译出版社,2005年第1版。

③ 中共承德市委党史研究室编:《历史作证》,(内部发行),上,2009年11月出版。

的行动自由。

二、日军修建“集团部落”犯下的累累罪行

日军实行“集家并村”(亦称“集家”“归屯并户”),修建“集团部落”的过程,也就是他们对中国人民(尤其是对我国东北地区和包括承德地域在内的千里“无人区”人民)犯下种种惨绝人寰的罪行的过程:

20 多年来,通过走访、调查仍然健在的有关受害人和他们的家属,并广泛查阅大量的来自中外各个方面的史料,我们了解到,侵华日军在制造“无人区”,实行“归屯并户”“集家并村”、修建“集团部落”期间所犯下的罪行主要有以下几个方面:

(1) 为修建“集团部落”而实行野蛮的“三光政策”;(2) 在“集团部落”里实行残酷的政治军事统治;(3) 把“集团部落”变成了“人间地狱”;(4) 对“集团部落”民众进行奴役、迫害;(5) 在“集团部落”实行奴化教育;(6) 对居住在“集团部落”里的妇女进行性暴力、性奴役;(7) 因修建“集团部落”而使大量的土地荒芜、绝收;(8) 因修建“集团部落”而使上述地区的生态环境受到极大的破坏。

侵华日军所犯下的上述种种罪行,在第二次世界大战史上也是极为罕见的,给这一地区人民带来了空前的灾难,造成了巨大的人口伤亡和财产损失。

据有关史料统计,在东北地区,1937 年至 1938 年 2 月,日伪当局在黑龙江省桦南地区实施“归屯并户”,建立 170 个“集团部落”,制造了无数起骇人听闻的惨案,烧毁村屯 120 多个,烧毁或拆掉民房 2.4 万多间,杀害、冻饿而死的群众 1.3 万多人,荒芜和放弃耕地 31 500多亩,伤害耕畜 4 800 多头。吉林省通化县因一直是东北抗日联军活动的重要区域,因此被列为“归屯并户”的重点县之一。据日伪统计,仅在 1934 年至 1936 年间,日伪当局就先后拆毁民房 1.4 万间,废弃耕地 330 000 亩。伪柳河县,到 1936 年 10 月,建设“集团部落”199 处,已将全县散居民房全部烧毁,1.2 万户农民被赶出家园。据日伪统计,1937 年安东省共有农家户数 183 591 户,被日伪军烧毁户数多达 75 032 户,约占农家总户数的40.9%。①

据 1946 年 7 月中国解放区救济总会对外宣布的“解放区人民各种损失概数表”的统计,抗日战争时期,含承德在内的冀热辽解放区的人口伤亡和财产损失数字是:杀虐致死 35 万人,被抓 39 万人,烧毁房屋 292 万间,损失粮食 166 亿斤,耕畜 36 万头,猪羊 424 万只,农家具 1 800 万件,被服 930 万件,这其中的大部分人口伤亡和财产损失数字都是在日军制造“无人区”,实行集家并村,修建“集团部落”期间造成的。②

---

① 李淑娟:《从集团部落看日伪统治下的东北农民》,《史学月刊》2005 年第 6 期。

② 中共河北省委党史研究室编:《长城线上千里无人区》,第一卷,北京:中央编译出版社,2005 年。

三、艰苦卓绝的反抗修建“集团部落”斗争

哪里有压迫,哪里就有反抗。压迫越深,反抗越重。

日本侵略者在东北三省和千里“无人区”等地修建“集团部落”的过程,同时也是中国共产党领导抗日军民不甘屈辱、不屈不挠地反抗制造“无人区”,反抗修建“集团部落”斗争的历程。从日军开始制造“无人区”,修建“集团部落”之日起,广大抗日军民就从未停止过斗争。其斗争形式主要包括以下几个方面:

(1) 在“无人区”内建立多个小型的抗日游击根据地或游击区,在集团部落以外同日伪军进行针锋相对的军事斗争;(2) 在千里“无人区”,改变原来只是一味地组织群众拆毁部落(“人圈”)或者组织抗日武装力量攻打部落(“人圈”)的做法,允许村民在“大势所趋”的情况下暂时搬进“人圈”;(3) 选派中共党员和抗日骨干进入部落(“人圈”)担任伪保甲长等职务,在部落之内建立起“两面政权”,领导群众在部落之内开展多种形式的斗争;(4) 组织动员抗日积极分子坚决不进“人圈”,躲进深山老林,坚持“猫山”抗日;(5) 建立广泛的抗日民主统一战线,组织动员各阶层人士进行反抗日本侵略者的斗争。

从 1933 年到 1945 年日本战败投降,正是由于东北三省和千里“无人区”的抗日军民在日伪军、讨伐队接连不断地进行大讨伐、大围剿的极为不利的情况下,采取灵活多样的形式同敌人进行艰苦卓绝的斗争,所以才能取得以弱胜强,最终打败日本侵略者的伟大胜利,在中国人民抗日斗争史和第二次世界大战反法西斯战争的历史上书写下辉煌而悲壮的一页。

四、几点历史启示

“集团部落”可以称之为人类战争史上特殊的历史现象。侵华日军在中国的国土上横行霸道、烧杀抢掠、为所欲为的历史已经过去 80 多年了,今天回顾这段不堪回首的历史,一是为了揭开“集团部落”之谜,还历史的本来面貌,让国人和世界人民了解这一段惨痛而悲壮的历史;二是我们可以从中得出以下重要的历史启示。这些启示,至今仍有重要的历史意义和现实意义。

1. 永远不要忘记“落后就要挨打”的沉痛教训

侵华日军之所以能统治东北三省 14 年之久,统治热河省 12 年半之久,其主要原因,一是当时的国民党政府消极抗战,实行“攘外必先安内”的不抵抗主义;二是由于当时我国包括经济实力、军事实力在内的综合国力远不如日本,所以,日本侵略者才敢把中国称为“东亚病夫”,视中国人为草芥,才敢铤而走险,在中国的国土上横行霸道,为所欲为。

前事不忘,后事之师。“落后就要挨打”的惨痛教训我们永远不能忘记。近一个时期以来,日本当局及一小撮极右翼分子不仅不肯对抗战时期发动侵略战争,给中国人民和亚洲各国人民所造成的严重伤害进行道歉和反省,反而频频在我国的固有领土钓鱼岛上制

造事端，这一情况必须引起我们的高度警醒。我们必须下决心把中国的事情办好，不断增强综合国力，只有这样，才能不被外人欺负，才能屹立于世界民族之林。

2. 永远弘扬不甘屈辱、自强不息的以爱国主义精神为核心的民族精神

自近现代以来，我们中华民族就有不甘屈辱、自强不息、舍生取义的爱国主义精神。这种精神无论是在东北抗联队伍中还是在千里“无人区”都得到了进一步的发扬，并涌现出一大批扬国威、震寰宇的英雄人物和一个又一个可歌可泣的动人故事。杨靖宇、赵一曼、姚铁民、高桥、耿玉华以及冷云等投江殉国的8英灵、舒殿友等舍身跳崖的9烈士就是其中的优秀代表。

今年3月17日，中共中央总书记、国家主席习近平在北京人民大会堂发表的重要讲话中指出：实现“中国梦”必须弘扬中国精神，这就是以爱国主义为核心的民族精神，以改革创新为核心的时代精神。因此，我们要想把实现中华民族伟大复兴的“中国梦”变为现实，就应该继续发扬自强不息的爱国主义精神。

3. 永远继承党密切联系群众的光荣传统

侵华日军实行“集家并村”，修建“集团部落”，制造“无人区”的最终目的就是为了“治安肃正”，实现“民匪隔离”，彻底断绝共产党及其领导的抗日联军和八路军、游击队与人民群众的联系，彻底切断抗日武装的经济、情报来源，使抗日武装处于孤立无援的境地，然后再以经济封锁、军事扫荡、围剿等手段将共产党、抗日联军和八路军、游击队等一切抗日武装力量“一举剿灭”。

但是，战斗在东北三省的抗日联军，尤其是战斗在千里“无人区”的抗日军民，在日伪军重兵围剿、扫荡、讨伐的极端艰难困苦的情况下，竟然能顽强地坚持下来，不仅做到了围而不垮，“剿”而不灭，而且还创建了全国19个抗日根据地之一的冀热辽抗日根据地，这本身就是中国抗战史上的一个奇迹。之所以能够创造出这个奇迹，其中一个重要原因，就是共产党、八路军能够密切联系群众，在极其困难的情况下保持着“鱼帮水，水帮鱼”的密不可分的血肉联系。时至21世纪的今天，这个光荣传统仍然有必要继续发扬光大。

选自《集团部落——日军侵华暴行的又一铁证》编写组编：《集团部落——日军侵华暴行的又一铁证》（内部发行），2013年。

“人圈”的统治

刘艳青

“集团部落”作为“匪民分离”的一种统治政策，最早在东北三省实行。1941年伴随着热河“肃正作战”的进行，日伪当局把这一政策用于热河“无人区”的制造上，它是“无人区

化”政策的重要组成部分。在“人圈”内部,日伪当局进行了政治与经济统治。它是日伪实施“无人区化”政策的据点,热河的“集团部落”与东北三省的“集团部落”相比,它的统治更加残暴,人们遭受的苦难也更深,因此,反“集团部落”斗争也更激烈。

“人圈”的管理

伪县级以下的行政管理实行街村制,但在热河实行的是村甲牌制,“行政上设村长、甲长、牌长(相当于华北地区的伪大乡长、保长、甲长)。一般的一个部落为一个甲,十几个部落结成一个村。另外,部落中还设有‘部落长’,专门管理‘自卫团’等事项。”以 10 户或 30 户为一牌,设牌长一名,实行连坐制,一户出事全牌都要受到牵连,日伪企图通过连坐制,使部落里的民众相互监视,从而达到其统治目的。

部落内部根据防卫需要,一般驻有部落警、讨伐队。武装自卫团是部落内的村民防卫组织,一般成年男子都被编入武装自卫团,团长由部落长兼任。部落团员同时也是“勤劳奉公队”的队员,他们除防守部落外,还要承担各种劳役,如修公路、兵营,去日伪工厂、矿山、军事工程进行劳动。日伪通过建立自卫团,把青壮年控制起来,一方面对民众进行劳役剥削;另一方面,又使得八路军减少扩军的兵员,从而相应地加强了日伪的力量。部落之间实行联防制,一部落出现情况,发出信号,相邻部落则必须出动支援,以确保“人圈”安全。

日伪在部落内部建立了“证明书”制度。日伪在调查户口的基础上,“强迫成年男子领取‘证明书’,‘证明书’上有姓名、年龄、职业,并按上本人指纹,贴上本人照片,串亲、赶集均要携带,就连下地也不能离身,否则就被说成是‘八路匪’‘嫌疑犯’,轻者棍棒加身,重者坐牢丧生,因丢失或忘记携带‘证明书’而挨打受刑者至今尚存许多。”这是又一镇压人们的制度,它限制了人们的活动,使人们丧失了基本的自由,它是日伪进行有效统治的又一方式。

部落里的妇女管理有两种制度:一是跑人圈制度,“每天早晨扔下自己小孩,到‘人圈’外跑一圈,叫做‘跑人圈’,跑回来才能煮饭喂孩子,否则就是犯罪。”二是跑山制度,“每礼拜还要跑山,把妇女集中在一个山麓下,发号赛跑。山顶上早已暗藏着一些丧尽天良的狗腿子警察们,在妇女快到山顶时,鸣枪恐吓,以图快意。不去跑山的,也是犯罪,要受非刑。”可见,集团部落就是特种集中营,生活在里面的群众就是“囚犯”,任由日伪屠杀、虐待。

此外,部落里还设立了伪协和会组织。它名为协和会,实际上是日伪的特务组织,其成员均为受过特殊训练的特务。他们主要承担侦察中共党、政、军情报,发展部落内部特务组织,监视部落内人们的一举一动,对居民进行欺骗性宣传。实际上,协和会与其他日伪行政、军事机构并无本质的区别,它以伪善的外表,掩盖了日伪镇压屠杀民众的残暴。

“人圈”的高压政治

日伪建立“集团部落”的目的是妄图隔断民众与八路军的联系,消灭抗日力量,但部落里的群众总是千方百计地,宁可自己忍饥挨饿、也要把粮食等物资运到山里。为此,日伪当局便在部落内部采取高压政治，对民众进行“大检举”、大镇压，设立特别治安庭审判部落群众，直接或间接地屠杀民众，以此来维护其统治。

1. 热河特别治安庭

热河特别治安庭是专门为镇压“无人区”反抗的民众及被俘的八路军干部战士而设立的。日伪司法部为此专门召开会议，并通过了设置特别治安庭的法律。“根据这个法律，在某一个地方治安状况紧迫，为了恢复治安，认为有绝对必要的时候，由司法部大臣命令，得在特定的高等法院内设置特别治安庭。在这个庭里，对治安事件的审理，第一审即作为终审。关于开庭，规定可在法庭法院以外的适当场所进行。”关于“此项法律的立法目的，是因为1941年度，八路军为解放热河进行了袭击伪满的进攻，故需迅速处置协助八路军作战的爱国人民，以使关东军的侵略行动收到效果，恢复伪满的治安。”因此，治安庭的设立，便利了日伪以所谓的司法审判，合理地、快速地屠杀抗日军民。设置特别治安庭的目的是：“对热河的爱国人民，与其用军法会审，由军方处理，不如让熟悉裁判业务的法院审判，这样既可以减少裁判上的错误，又可以安定民心。”安定民心只是设置特别治安庭的幌子，其实质是为了用“伪满法律”来进行“合法”的屠杀。

日伪当局是从1942年开始设置特别治安庭的，直到1945年8月才结束。开庭地点约为25个，主要设在划定设置“无人区”的各县县城以及重要据点附近，如古北口警察署、喀喇沁旗八里罕等地方。3年多时间里，“被特别治安庭处死的热河省爱国人士就有1 700多名，在裁判上实行了空前的大屠杀，并对2 600多的爱国人士处以无期徒刑，有期徒刑20年、15年、10年、8年不等的重刑，投狱监禁，其中数百人因营养不良死亡在帝国主义的监狱里。”实际上，投入监狱的大部分人都被日伪折磨致死，有的还被用于研制细菌武器而被活活解剖，做试斩对象、病理实验等，能够活着出狱的只是少数人。

总之，热河特别治安庭的设置，是日伪高压政治的一部分。它以“合法”的形式对“无人区”的抗日军民进行了长时间、大规模的屠杀，是侵华日军的又一罪行。

2. “人圈”的“检举”

日伪把民众驱赶到“集团部落”以后，便开始了“检举”。所谓的检举，就是在部落内部清除“反满抗日分子，抗日干部、党员”。罪名有所谓的思想犯、国事犯、经济犯、密输犯等，搞所谓的“通匪家族大检举”“匪团组织大检举”。具体方法是：“用武力来威胁群众，把群众围起来，用枪尖比（原文如此）着，一个一个地逼你供出‘通匪’（指八路军）或‘检举’别人‘通匪’，如果不说话，使用皮鞋木棒乱打一阵，有的灌凉水、灌煤油、灌辣椒水；有的用开水往身上浇，用炭烧，冬天用冷水泼；有的跪在烧得通红的铁板上，种种非刑，不一而足。”在日伪的“大检举”下，许多无辜民众遭到屠杀。随着“集家并村”的大规模进行，“检举”也随之扩大。1943年，西南防卫委员会策划了两次大规模的“大检举”，军警宪特、法院、检察院共同行动，对“无人区”民众进行了大屠杀。

1943年9月11日，日伪开始第一次“大检举”，军警宪特共同行动，检举范围涉及到青龙西南部、兴隆东部、承德南部地区。此次“大检举”“一共逮捕了985名中国革命志士及爱国人士”，其中“这三个地区被起诉的人数，共456名”。“在青龙审判之革命志士及爱国人士185名中，死刑4名；无期徒刑及十年以上有期徒刑约120名；十年以下有期徒刑约61名。”“在兴隆审判之41名革命志士及爱国人士中，死刑1名；无期徒刑及十年以上有期徒刑约30名；十年以下有期徒刑约10名。”

第一次“大检举”之后，10月16日至10月19日，日伪紧接着进行了第二次“大检举”。“检举”地点选在承德县东南部地区、滦平县古北口地区以及迁西县的喜峰口地区，此次“检举”共逮捕297人，其中死刑32人，无期徒刑及十年以上有期徒刑185人，十年以下有期徒刑80人。

“以上第一、二次伪热河省西南地区‘大检举’事件，共审判中共革命志士及爱国人民524名(本书编者注:误，应为523)。其中死刑38名(37)；无期徒刑30名；十年以上有期徒刑305名；十年以下有期徒刑151名。在这些被惨杀被镇压之革命志士、爱国人士中，除前述的八路军干部、战士、中国共产党负责人、党员、一般爱国人士外，还有河北省迁遵兴、迁青平、青绥凌、承平宁各县的县、区、村各级政府的负责干部、采粮员、助理员、农会主席、农会会员、游击队干部及队员等。并且，上述各县的县政府，也都被“检举”机关所破坏。”可见，日伪“检举”范围涉及面广、人数多，对抗日力量的镇压全面，造成的破坏较大。

除了这两次大规模的“检举”外，“无人区”各县也进行了多次规模不等的“检举”活动，如1943年2月，承德县的“二·一二大检举”，先后有254人被害，男双庙、东涝洼、鹰手营子3个村因“大检举”男人被杀、被抓而成为“寡妇村”。兴隆县三次“大检举”，共逮捕12 000余人，其中，被杀、监押、赶入工矿做苦工的就有11 400余人。

“人圈”的经济与生活

热河地区山高谷深，自然条件恶劣，土地贫瘠，在正常年份，人们尚可温饱，一旦遇到灾荒，则生活陷入绝境。一些人不得不举家迁往外地，如电影《闯关东》描写的那样，移民东北三省。日伪的“无人区化”政策进一步破坏了当地的生产，群众的家园被毁，耕地被划为“无人区”，禁止耕种。进入部落后，只得以极高的租金租种当地地主的土地。由于部落周围的土地有限，因此，大部分人根本租不到或租不起土地。即使租到土地，也受到日伪的压榨剥削，而濒于破产的境地。

“集团部落”里的经济是以掠夺为特征的殖民地经济。日伪强迫部落民众缴纳极重的租税，有粮食租税、正项租税和杂项租税三种。当时流传着这样的民谣：“‘人圈’里的穷人没法熬，租税重、利息高、苛捐赛牛毛，逼死穷人三把刀！”租税、利息、苛捐杂税把农民逼得走投无路，民众的赤贫化是一种普遍存在的现象。据新中国成立后兴隆县的调查，“粮食租税，全年6项：(1) 粮谷出荷粮，每亩上地缴粮1斗，每亩下地缴粮0.77斗；(2) 民生集谷粮，每亩地缴1斗，1943年每亩缴1.2斗；(3) 义仓粮，每亩地缴1升；(4) 米谷株式会社粮，每亩地缴2升；(5) 地亩捐粮，每亩缴2斤；(6) 地亩附加粮，每亩缴1斤，合计每亩地缴粮78斤。当时，贫农、中农生活无路，耕作粗放，又遭自然灾害，平均亩产粮食只有80斤。缴纳了苛捐，就无隔夜粮了。为了求生，不得不向地主、富农借贷”。

“纳正项税：(1) 民生税，每亩地2角4分；(2) 地亩税，每亩地5角；(3) 地亩附加税，每亩地2角5分；(4) 门牌税，每户1元；(5)协和会税，每个成年人2元；(6) 牲口费，每头驴4元，每只羊7角5分，牛马骡每头5元；(7) 出生费和死亡费各2角；(8) 宰杀费，每口猪4元，每只羊2元；(9) 材料费，每亩地2角；(10) 兴农合作社股金每户1元；(11) 义款每户6角。”

“杂项税，主要是‘慰劳’日伪军、伪官吏的：(1) 送菜，每甲三天一次，每次50斤至100斤；(2) 送柴，每甲3天一次，每次500斤；(3) 送猪，每甲每月3至10口，每口猪至少杀肉80斤；(4) 送鸡，每甲每月5至20只；(5) 送礼，宪兵队长结婚、寿辰，每甲70元；警察中队长以上官员，每甲30元；(6) 团员费，每甲经常派2名‘自卫团’到村公所听差，每月需150元至200元；(7) 棍团费，每甲每月抽10人专门受训，每月需100元；(8) 劳工费，每甲每月抽10至300人，需200元；(9) 村甲职员费，给每人每月100～150元。”

“‘人圈’里的居民，很快出现了‘四多’现象，即讨饭的多，病死的多，吃糠咽菜的多，披麻片、光肩膀、露乳房的多。”可见，日伪的掠夺已到了敲骨吸髓、什么都要的程度，甚至连出生和死亡也要缴税，民众被掠夺得一无所有。有的地方还强迫群众种大烟，交“烟干”，使本来有限的土地更加稀少，而且所交烟干又被制成毒品用来毒化中国人民，给中华民族带来更大的灾难。

方记在《血泪凝成的数字》一文中，列举的一些数字更加触目惊心，如“热西丰宁县一个包括40多个小村，被集家兼并起来的5家营子，人口不过9 000，每年要交纳的‘正额’粮食450吨，‘储金’30万元，‘门户费’20万元，猪800只，羊300只，牛400头，驴平均每年365天中有219天被征用，鸡全部杀光。此外，人，每年有500个‘劳工’，无偿劳役6个月。”平均每人每年要交100斤粮食，55.5元捐税，这些只是正额，还不包括其他的掠夺压榨。

“集团部落”里的民众被掠夺得一干二净，生活日用品实行配给制，由所谓的兴农合作社配给。按规定：“每年每户洋布7尺半，每年每人白面1.8斤，每人每月盐7两半，每户每月洋火1盒，每人每年豆油4两。此外，还配给不足挂齿的碱、糖、大米等。”①实际上，这些

---

① 佟靖功：《千古奇劫一代恨史——简介兴隆县“无人区”》，《长城线上千里无人区》第三卷，北京：中央编译出版社，第23页。

配给品，经过日伪官吏的层层克扣，到百姓手里已经是所剩无几了，而且还一再减少配给，造成人圈内物品奇缺，尤其是粮食、衣服。

日伪掠夺了绝大多数的粮食，所剩无几的粮食又要交租，因此，“人圈”的民众只能靠吃树皮、野菜过生活。当时流传的民谣说：“早上菜，晌午汤，晚上稀粥照月亮。”这是民众生活的真实写照。在青龙县二道沟部落，“居民近 300 户，粮食能自给自足者不达十分之二三，糠菜半年粮的也只有半数左右，不少人家是交完‘出荷’之后，已是仓柜空空，全年只依靠野菜、柳叶生活，年过七旬的赵文株老两口，数月没摸到粮食，最后无病而终。农民赵文忠之妻吃树叶脸吃的铁青，死后嘴里还含着树叶。”“农民赵坤与七八岁的小儿子，数日不动烟火，老少皆饿死在炕上。崖杖子崔宽全家 6 口人饿死 4 口，小菜园周景春全家 6 口人全部饿死。”群众为了生存，只好冒着生命危险去关内贩运些生活物品，被日伪军、特务抓住就当成“密输贩”治罪，轻者没收物品，重则被打死。部落里的民众穿得更差，配给的布不但少，而且质量差，用水一洗就碎，群众称之为“唾沫缎”。一些“小孩冬夏光腚”，甚至“十七八岁的姑娘穿不上衣服，不在少数。不少人披麻袋片子，或一件老羊皮筒，冬天毛朝里，夏天毛朝外，没有炕席，没被子是普遍的”，冬天里“为了取暖只能靠烧热炕、烤火盆，小孩身上烤出了花，有些人钻到莜麦秸子里睡觉”。因为部落里的妇女，绝大多数衣不遮体，于是在一些马架子屋里，专门挖个洞，来了客人妇女蹲在里面用来遮羞，人们叫它“遮羞洞”。可以说，部落里的民众已到了吃无粮、穿无衣的程度，它是日军对无人区民众的缓慢屠杀。日伪当局也不得不承认“集团部落”对民众的侵害，在《西南地区治安问题之考察》(摘录)中说，“集团部落……在政治经济方面，又可分为有利与不利两个方面。前者是，可作为实施行政、经济各项政策的桥梁，进行启蒙、教育、训练的据点；后者则是，使住地与耕地相距太远，以致耕地面积缩小，赋役加重，需用建设资金及资财增多，因此群众受到经济上的打击很大，更加贫困化，等等。”“对在极端薄弱经济基础上生活的居民来说，因搬迁和房屋修建、构筑防卫设施等所需的人力物力，确有不堪负担之苦。且近几年来由于该地区治安不良，成为彼我双方争夺对象的居民，牺牲很大，再将建设集团部落的负担加在他们肩上，致使民力枯竭更为严重。”

进入“人圈”的人们，原来的家已被烧毁或拆掉，而拆下来的木料又被用于修筑关押自己的部落。因此，绝大多数群众失去了盖房能力，只好搭一个马架子窝铺居住。“人圈”里的房子“像鸽子笼一样挤紧着，那么凌乱，那么肮脏，人和猪鸡挤在一起。因为没有院子，也没有空地，到处是粪便和垃圾以及恶心的臭气。炕上是臭虫，身上是虱子，墙上是这些小动物的血印子。在这儿，繁荣的不是人，是细菌。这不是人的家，是疾病、瘟疫和死亡的家——这就是‘人圈’”。由于居住空间狭窄，再加上人畜共居，卫生条件极差，每年夏季都流行传染病。“牛心坨部落曾在 1944 年夏，一天就死了 17 口人。二道沟门部落 1944 年 8

月 27 日这天就有 10 家办丧事。木头凳大丈子部落李峰的孩子得病，伪警说是传染病不让治，硬是把孩子从围墙里扔到墙外活活摔死。”

兴隆大水泉部落有 2 000 多口人，到抗战胜利时，据统计死于瘟疫的就有 600 多人，死亡率约 33%，仁木富美子对该部落瘟疫情况做了专门调查。“大水泉‘人圈’是 1943 年 2 月建成的，里面住着 300 户 2 000 多口人。到日本投降时，圈内人口是 600 多人，被日军杀死 700 多人。那时，西北沟就有个死人堆。这里一直驻守的是伪满洲国军。”“瘟疫最厉害的是 1943 年 4 至 5 月，每天都死 2 至 3 人。一直持续到 9 月前后。仅孟庆宽一家就死了 15 口人呐。”“这种病的症状是头昏、意识不清、呕吐、泻肚、不能进食、发疹。有的患病后当日就死了，也有的过 2 至 3 日，或 5 至 6 日死的，再长一点儿也过不去 10 天。凡是死去的人，身上都出红斑点，中医说这叫‘羊毛疔’。”仁木富美子通过调查，认为瘟疫流行与日军在兴隆县试验细菌武器有关。即使不进行细菌武器试验，“集团部落”的非人居住环境也会爆发瘟疫，造成大批民众的死亡。瘟疫的流行是日本侵略者对部落民众的野蛮经济掠夺造成的，民众的贫困导致营养不良、体质下降，抵御疾病侵害的能力也随之下降。据兴隆县的统计，1943 年死于瘟疫的就有 6 000 多人。

总之，“集团部落”的统治是“无人区化”政策的重要组成部分，它是日伪当局对“无人区”民众进行的另一场作战。对于交战双方来说，一方是武装到牙齿的侵略者，另一方是赤手空拳的民众，作战双方的不平衡性，决定了“无人区”民众的更大牺牲。它从修建部落开始，经过经济掠夺与配给、政治上的“检举”与审判等环节，完成了对部落民众的镇压与屠杀。这种作战与军事讨伐相比较，更具有隐蔽性，更可见“无人区”化政策的毒辣性、野蛮性。

选自河南大学刘艳青硕士学位论文：《抗战时期侵华日军在冀热辽区的无人区化政策，(1939—1945)》，中国硕士学位论文全文数据库，2011 年。

（四）日伪档案资料

关宪作命[①]第二六四号

昭和十六年(1941 年)五月十七日

命令：

西南地区特别肃正自 5 月开始进行，约 6 个月。搜索逮捕共军地下工作人员及外围

① 关宪作命即日本关东军宪兵司令部作战命令的简称。

团体，并继续侦察红枪会。由新京、奉天①、延吉、锦州、大连派宪兵协助。

附件：

昭和十六年度西南地区特别肃正要领

第一，方针

日军为了呼应北支军②的冀东肃正作战，令西南部防卫司令官统一指挥属下及配属部队和伪满洲国军警，扫灭热河及冀察国境附近蠢动的共产匪，以确立恒久的治安，特别顺利完成治本思想及其他各项工作。

第二，要领

1. 担任特别肃正的西南防卫部队自5月24日与冀东作战呼应，实施讨伐约1个月。

2. 使伪满洲国军警在讨伐部队之后方对国境严加警备，及时讨伐“侵入匪”，同时进行治本思想工作，其重点为丰宁西南部、滦平县西部、兴隆县及青龙县西南部使警察机关把据点向国境线方向推进，以扩大和巩固军队肃正之成果；使铁警强化滦平以西之警备。

3. 增强满军警之兵力参加本肃正。

4. 扩大防卫委员会。

5. 省公署负责建立集团部落，建立警备道路、警备通讯及部落防卫设施。

选自中共河北省委党史研究室编：《长城线上千里无人区》，第四卷，北京：中央编译出版社，2005年版。

西南防③特情报第一号灭共对策资料

国境地带无人区化（集家工作）及安定民心

昭和十六年（1941年）九月承德宪兵队本部

匪民隔离为何有如此之必要，现就此问题作以下若干说明。

所谓集家，即将可能成为敌人游击区的国境地区内的住民，集结于我方据点，或其近旁地区，使之与敌人的活动完全隔离而由我方掌握控制，乃可彻底封锁扼杀敌人之所谓人力、物力的动员工作。

中共现在所采取的对日战略，是扩大强化抗日民族统一战线，为了坚持抗战，获取最

① 新京即长春，奉天即沈阳。

② 北支军即侵华日军华北方面军。

③ 西南防即西南防卫司令部的简称。

后胜利，积极地动员民众参加协力于抗战工作。在政治方面，拥护抗日政府，支持抗战政策；在经济方面，使之担负军需之供给，确保战争所必需的物力，而且在军事方面担负起兵力补充及支援军事活动，以获得武装斗争的胜利。采用以上方针，全面依靠民众，并加以培养……

敌人对付我方，其情报、警哨之作用，有如飞耳长目，比电讯还快。如今我们必须想尽办法，遏止敌方的这一手，而采取更好的手段以应对敌人。就是在步兵一日行程的地区范围内集家，使之成为无住地带。对于被集家的部落作为集团部落，无须赘言，我方必须施行组织训练，使之成为强有力的据点，加以确保之。

一日行程假定为 5 里左右，在这 5 里距离隔以据点，在这种情况下敌人行动将受到限制。他们所有被服、粮秣给养、宿营、炊事、向导以及警哨、情报侦察、构筑及破坏等军事行动，几乎大半皆须依赖住民。……由此，这些依靠民众的敌人就会被淘汰。

……

后边提供集家后的措施：

1. 由协和会组成特别工作队（宣抚班）进行宣传；

2. 强令村干部自首，进行诱降工作；

3. 宣传“人挪活树挪死”；

4. 利用满洲和中国人的特性——自私心理；

5. 宣传投其所求的“安居乐业”；

6. 在部落中驻留有力的日满军；

7. 设置警察分驻所；

8. 饲养家犬；

9. 建成堡垒；

10. 自卫团之建立和加强；

11. 保甲连坐制的加强；

12. 不良军人、官吏、密探等的淘汰；

13. 除掉集家地域之匪患。

选自中共河北省委党史研究室编：《长城线上千里无人区》，第四卷，北京：中央编译出版社，2005 年版。

热警[1]情发第三二四号

康德九年(1942)十月二十九日

热河省警务厅长

本对策稍为抽象,或为识者指为空理空论,亦未可知。但我了解一些满洲人的心理,从安定民心的观念来说,确信可能成为一种根据,故敢于印发。

倘能供作参考,幸甚。

承德宪兵队长

关于集家工作,国境地带无人区化的紧要性和集家工作的好处。就此问题曾做过各种观察。但无论何人,都是首肯的,即在于施政得以渗透,国民对国家以至国境观念的倍增,文化向上,经济统制益趋合理化、圆满化,制止违法行为之彻底、匪民隔离等,诸如此类,实系当局所瞄准之标的。

但鉴于冀察热国境地区当前的情势,其治本上第一要谛,无论怎说,也在于匪民隔离,这也几乎是担任保安重责之吾人,在灭共对策上,最应建立功绩之处。

何以匪民隔离如此重要,其成果具体是怎样,现在就此问题,试作若干解说。

所谓集家是为了把可能成为敌人游击区的国境地区的住民集结到我方据点,及至其附近地区,使之完全与敌人的活动隔绝,由我方掌握,从而封锁扼杀敌人所谓人力物力的动员工作。

民众的支持,乃是彼等的倚靠。这样就能切断其与民众联系的纽带、救命之纲绳。此实致命的打击。

《孙子兵法》的"伐人之计"上说过:"上兵伐谋,其次伐交……"所谓伐交,就是对支援敌人之第三国(者),在这里来说,即对民众予以讨伐,把支持敌人的民众从敌人手中争取过来,而归服于我方,再用兵力压倒敌人,这就是战略构想。集家工作的最大意义即在于此,亦是吾人的着眼点,此外没有别的。

然则,集家工作究竟具体地能给敌人怎样的影响?

八路军所用的游击战术有所谓"空室清野"。当讨伐队进击敌游击区时,走到哪(那,编者注)里的部落,不要说村民,就连一根牲口毛也没有,统统赶至山中,逃走一空;家中寻不见一颗谷粒,到处空空如也的状况,已成常例。这就是敌人反扫荡的惯用战术。另外,还有对我军警实行消息的封锁(使我情报不能入手,以隐匿自己之策略)。与此同时,使我方在长途扫荡中,得不到安然宿营,充分休息,欲陷我于极度困难之境地。

---

① 热警即热河省警务厅。

在敌匪有工作人员盘踞的部落里，农民们都被其巧妙的组织动员工作所笼络，皆成为彼等之一伙，目下正在年年扩展中……

……①

选自中共河北省委党史研究室编：《长城线上千里无人区》，第四卷，北京：中央编译出版社，2005年版。

关东防卫军司令部西南地区
国境防卫组织指导要纲

（1942年7月）

第一　方　针

鉴于当前侵袭西南国境之敌的特殊性，应积极活跃地发扬日、满共同防卫精神和建国意识，集中官民力量，使人的组织同国境防卫方面的特殊物质设施一体化，确立近代化的国境防卫组织，在热河省南部国境地区建立长期持久的确保治安的基础。

第二　要　领

国境防卫组织，均以国境线内日（满）军防卫据点为核心，网罗警防据点、集家部落、其他行政机关、协和会分会等组成之。另外，还有交通通讯设施等，以期上述组织的一体化。

有关主要事项如下。但可准据《西南特别肃正工作及振兴要领》，在必要时改变其一部分。

一、防卫组织的组成：

（一）防卫据点一般按中（小）队的位置，在附近构成互有联系的组织网。

其地区暂定为从丰宁、滦平两县境附近至兴隆、青龙两县境附近沿国境的国内地区，由日、满军担当。

密云县北部的一部分，当前可编入该组织之内。

丰宁、滦平两县境附近起以北地区以及兴隆、青龙两县境附近以东国境线，如兵力许可，按上述地区要领，努力实施。

（二）担任国境防卫的日军，实行警备第一主义，努力加强防卫据点，以小兵力做防卫上的抵抗，形成中枢肃清据点。同时，尽可能准备日（满）军和部分警察队等机动力量，分进合击，并准备转向大胆地重点用兵。

满军的一部，虽可按上述构成防卫据点，但要根据其素质分配兵力。

---

①　原档案此处文稿残缺。

（三）满警主要与防卫据点联系，用警防所构成警防据点，使监视和游击捕捉网细密化，另以一部分机动力量，单独进行游击、肃清和讨伐。

（四）集家部落除巩固居民自卫力外，补充防卫据点和警防据点内的空白，构成联络网，并使之服从辅助任务。

（五）利用上述集家部落等，建立协和会分会、邻保、合作社等组织，并巩固联系，发扬防卫精神和建国意识，形成反共战线，培养真正的明朗、活泼气氛和民众的爆发力。

二、防卫附属设施：

（一）整备连接防卫据点等的国境环形汽车路以及纵贯主要地区的汽车路，采取必要的警防手段和爱路措施。

（二）在防卫据点、警防据点和集家部落之间，分别巩固与自身相适应的通讯联络手段，特别须注意提高通讯手段。

（三）在日、满警宪指导下，整备、取缔国境走私机关和配给机关，以便于政治渗透。

（四）对无住地区的团体性工厂、矿场等营业，应采取办法监视其人口的集合与流动。

三、启蒙、侦谍及其他：

（一）巩固日军宪兵统辖下的侦谍组织。

（二）刷新身份证的发放、国境取缔的加强和关于识别防卫组织内部流动者是否合适的办法。

（三）以协和运动为中心，通过对在野知名人士和宗教团体的运用，加强启蒙运动、识字运动和其他思想运动。

（四）准备宣抚班、流动医疗班，使组织网内军官民的精神联系紧密化。

（五）下级官吏，特别是警察官、社会职员、协和会工作员等的行动，应反省自肃，对居民讲求亲爱信义之道。

选自中共河北省委党史研究室编：《长城线上千里无人区》，第四卷，北京：中央编译出版社，2005年版。

司法部刑事局
《中国共产党的对满策动及对其治安对策
——特以冀东、热河为中心》（摘录）

（1944年2月《思想特别研究》第1号）

一、西南地区特别肃正工作的开始

中共军自康德五年侵入满洲国内以来，逐年扩大其势力，康德七年初以来，冀察热挺进军的第十一、十二、十三团继续来犯，因此同年 4 月和 9 月，分别进行春、秋季两次大讨伐。此后他们继续侵满，扶植群众地下组织，努力扩大势力。康德八年，为彻底清剿，以到 11 月为期，在西南防卫司令官区处下，综合动员现地各机关的全部力量，开始了西南地区特别肃正工作。

同年 12 月，按三年计划拟定了西南地区肃正工作实施方案，从九年度起实施。

二、本年度肃正工作内容概况

1. 康德十年度，是热河省进行肃正工作的第二年。随着九年度末以来，冀东中共军大举入侵，西南国境地区的治安亦趋于尖锐。有鉴于此，乃实行强有力的肃正工作，以《西南地区肃正及振兴基本要纲》为基础，拟定了《十年度热河省特别工作实施要领》。

其中心内容是，适应军事作战，将国境 5 县和与之连接的治安不良地区为重点，增强警备力，强化警备实施，彻底实行匪民分离，实行包括其他地区的政经对策。

此项特别工作的基本着眼点是：

(1) 省各项施政，都贯彻治安第一主义。

(2) 加强各级干部的现地指导和阵前指挥。

(3) 施政置于第一线基层机关——村的整备运营上。

(4) 整备、扩充警察体制和警备设施。其主要事项是：整备加强警备道路、警备通讯，设置巡防队和强化义务性自卫团、活用青年组织——青年行动队和地方有力者。

(5) 警防对策的着眼点，首先是确立以政治经济重点地区为据点的威力圈，并注意对集家工作的掩护。

(6) 各种施策集中于“军事威力圈——治安圈”，逐步波浪式地及于四周。

(7) 加强下层机关的弘报机能，特别须设法使民众参加。

(8) 思想工作与完善的配给相结合，以获得群众。

(9) 后方地区的政经施策与国境地区的防备对策相吻合，以复兴民力对策为中心，扼杀匪团的地下工作。

这些项目的具体化，在所谓治标工作方面，则是随着日、满军的增强，增派警察警备队，设立巡防队等；还计划进行强制性的大规模集家，设立修补警备道路、通讯设施、设定无住地带等所谓狭义治本工作，或经济工作、移民训练等。

2. 关于治标工作

以军事作战为中心的所谓治标工作，以日、满军的增强、配置，各省增派警察讨伐队，活跃讨伐作战，和通过编成巡防队(有酬自卫团)补助警备力等为主要内容。按治安的现状，兵力配置，以青龙、兴隆和光头山地区为重点(包括承德县北部和南部)。

兵力运用的方向，第三期前段一、二月，重点是讨伐作战，以捕捉匪和破坏其军力为主要目标;第三期后段三、四月,在治安不良地区及其邻近地区,大规模进行集家工作。警备兵力带着对这些工作进行警备掩护的意图,采取分散配制的体制。

3. 关于狭义治本工作

狭义治本工作包括整顿加强警察体制,充实特搜机构,以及发放居民证,收缴隐匿武器,实施检查,调查户口等一系列匪民分离工作。此外还有建设警备道路(重点是国境环形线,和与此相接的放射形线路、分割重要匪团的线路,除特殊地点外,均以利用省民的勤劳奉仕[无酬民工]为原则。第三期后段三、四月开工,第四期五月以后完成),建立警备通讯和情报网,建立集团部落,设立无住地带(即无人区),等等,而以建设集团部落和设立无住地带最为重要。

康德十年度"肃正"工作的最大项目,是建设集团部落,其他工作都是以集团部落建设为轴心进行的。实际上,10 年度前半期,即到 6 月为止。集中一切力量推进集家工作。

鉴于需要整备纵深防备体制,国境五县(丰宁县的一部分除外)全域和与之相邻的县、旗境附近一带,以及光头山地区,全面实行集家。

按"2 127 个部落,161 796 户,经费 6 147 380 元"(《十年度特别工作实施要领》)的计划,拟定《防卫集团部落建设指针》(热河省公署),确定了大致如下的着眼点:

(1) 集家工作直接以警防需要为基点,事先使民众明了何以要建立自兴部落和更生部落,促进合作。

(2) 统一工作人员意识与态度,划定分担地区。

(3) 要求青年行动队积极协助。

(4) 部落建设位置,由县、旗长和防卫联络会议审定。确定位置时,考虑整备机关、警备道路状况、部落间的联防关系等,尽量以原有部落为基点,并考虑与耕地的距离(因情况而异,大致为 6 公里)。

(5) 决定集家户数,原则上以耕地距离等为依据,但不得少于百户(从警防机能、政治、经济、文化施策考虑)。

(6) 同时进行是集家最理想的做法。

(7) 修建防墙和房屋的顺序,根据以往的实践,可先修建住房,搬家后再构筑防墙。

(8) 在修建地区内,调整村甲区划,以一部落为一甲(暂定)。

(9) 集团部落内自卫团的组织、训练不流于形式,训练自卫直接需要的科目,并供与洋炮。

(10) 厉行连坐制,集中民生工作。

最初计划是 16 万户,通过县、旗的再调查,变更计划,增加到 18 万余户。

4. 关于设定无住地带

在该地区内设定无住地带,作为集家工作的一部分,也具有重要意义。关于无住地带的设定方针，从《十年度特别工作实施要领》来看：

(1) 原则上以军事对策重点指向地区，即都山地区（青）、五子山地区（青）、五龙山地区（承、兴）、五指山地区（承、兴）、光头山地区（承、喀中、喀右）及在现地认为需要的地区，作为无住地带。

(2) 关于随着设定无住地带而来的迁居住户的处理，除设法使其与当地亲朋同居外，斡旋使之成为劳工或国内移民。

(3) 山区僻地的散在房屋，此次“肃正”之初即强行使之迁移。

(4) 无住地带（无人、禁耕）的设立，经防卫委员会审议，省长指定。

(5) 无住地带应设定在国境和我方威力圈之外，并可能成为匪团根据地的地区。

如欲在剿匪对策上取得效果的范围内设定无住地带，像在国境地区的山岳地带，范围广阔，处理居民困难，已成为匪团温床，估计将来政治渗透困难，在生产上也没有希望。这种特定地区指定为无住地带，居民须作为劳工或农业移民处理。

(6) 指定无住地带。在以上指定地区，如不持有特定的进入许可证（如烧炭等），禁止进入和耕作，违者从重以匪论处。

(7) 国境防卫线（环形线）前面地区，除通过国境关门外，都作为无住地带。

此种无住地带的设定，从时间方面看，在集家工作之前业已着手，随着日、满军警的讨伐，就烧毁了零散房屋，强制匪区民众迁移（滦平县去年即已沿国境线设定无住地带），但山区僻地向来行政力量不易渗透，存在着半公开的匪方势力，遇到了想象以外的困难。无住地带除上述五处外，滦平、兴隆、青龙的国境前线地区，和兴隆地区内的军事地点也已设定，但因僻地调查困难，星散户数较预想为多，并由于地形等关系，事后难以充分、彻底地管理，反而有给匪方以活动地盘之虞。

关于居民的处理，由于分散居民相当多，和劳工与移民计划无法如期进行，对无住地带原有居民的处理，十分困难。一部分国境地带呈现出军警进驻时逃跑、撤退时归来的极不彻底状态。

也有由于我方警备管理不充分，反被匪方逆用的事例。如已先期无住地带化的滦平县国境地带，以西白河无住地带为中心，形成为第十团军事根据地，并设置敌行政机构第五区，引诱华北流民和原住民秘密耕种（截至四月末的情况）。在兴隆或承德，也同样有无住地带隐藏匪的行动，难以搜集情报的事例。完全实现无住地带化很困难，即使完全无住地带化，也要看事后管理如何，不难想象会发生匪方自行进驻和耕种的情况。

选自中共河北省委党史研究室编：《长城线上千里无人区》，第四卷，北京：中央编译出版社，2005 年版。

军事部思想战研究部
《西南地区治安问题之考察》(摘录)

(1944 年 4 月)

1. 西南地区的归屯并户。建立集团部落系康德八年度(1941 年,编者注)始于丰宁县东卯地区及滦平县于营子一部分地区;康德九年度(1942 年,编者注)在丰宁县白草营地区、小厂地区、大滩一部分地区,滦平县汤河口地区、琉璃庙地区、长山峪地区,承德县沙河口地区,兴隆县庙岭地区、半壁山地区、蓝旗营地区,青龙县横城子地区、双山子地区等国境上治安重要地带建立。康德十年度,在以丰宁为中心的六个村庄以外的丰宁全县,承德县全县,青龙全县,喀左旗要路沟地区、佛爷洞地区、刀尔登地区、白枣一部分地区、三十家子一部分地区、茶棚一部分地区,喀中旗七沟地区、松树台一部分地区、黄土梁子一部分地区、八里罕一部分地区,围场县吉民一部分地区,兴隆县蓝旗营子一部分地区,隆化县荒地地区、马家营子地区、太平庄地区、官地地区、县城南部、三岔口一部分地区、郭家屯一部分地区,喀右旗七家地区、旺业甸地区、五家地区等,国境各县之全部地区,或腹地主要治安不良地带建立。并户工作和建筑围墙工作现已完成,房屋建筑也大部分接近完成。

随着并户工作的进行,将讨伐困难的山区划为无人地带,即对滦平县国境地区(于营子前面地区、琉璃庙前面地区、四海沿前面地区),丰宁县国境地区(东卯前面地区、白草营前面地区),光头山地区(以光头山为中心的承德县、喀中旗、喀右旗的一部分),五指山地区(以五指山为中心的承德县、兴隆县、青龙县的一部分),都山地区(以青龙县都山为中心之地区),于子山地区(冷口子北方地区),五龙山地区(以五龙山为中心的承德、兴隆、滦平、密云各县的一部分)等国境各县,规定距国境四公里以内,为禁止居住、耕种、进入的地区。此外,各县、旗可根据治安需要,随时规定暂时的禁种地区。

如上所述,根据地区情况,以归屯并户,建立集团部落与划定无人地带为中心的匪民分离工作,是本年度西南地区治安工作的最重要工作,做了最大的努力。军事行动也几乎全集中在对此项工作的掩护上,因而将警备力做了高度的分散配置。明年度(康德十一年度)因治安形势的变化,也将处理并户地区与治安不良地区脱离的问题,势将出现新建一部分集团部落的趋势,归屯并户,建立集团部落,不仅在西南地区的治安工作中占着重要地位,而且由于并户地区广阔,对今后政治经济的变化也将产生很大影响,所以对有关治安的集团部落建设的意义,有必要进一步研究。

2. 去年年底的调查报告书上就集团部落之一般意义而言。集团部落在治安工作上的职能,可分为警防和政治经济两方面。在警防方面,有杜绝匪工作人员潜入、切断匪之粮道、使匪团推动宿营地、断绝匪之情报来源等匪民分离的职能,和依靠自卫团及其他防卫设施,进行自卫的职能。在政治经济方面,又可分为有利与不利两个方面。前者是,可作为实施行政、经济各项政策的桥梁,进行启蒙、教育、训练的据点;后者则是,使住地与耕地相距,以致耕地面积缩小,赋役加重,需用建设资金及资材增多,因此群众受到经济上的打击很大,更加贫困化,等等。在平原地区人口稀少的地方,不利因素小,而在山岳地带人口稠密的地方,不利因素大。当然,即使在山岳地带,因各种情况不同,其矛盾大小也有差异。在治安工作上,虽然针对匪民分离、自卫职能及政治经济上的有利职能进行了建设,但不利方面的因素愈增加,则整个的职能愈被削弱。集团部落的匪民分离职能,在我方治安圈内能获得好的效果,但在治安圈外却无希望。自卫职能也是如此,在我方警备力圈内确起到有效作用,在威力圈外则与此相反。至于政治经济上的有利因素,在我方治安圈内,各机关力量能经常产生效果,在治安圈外却不能。总之,归屯并户、集团部落在我方警备威力圈内沿着治安圈扩大,推广建设时,最能发挥其效力。

西南地区的集团部落,因该地区在治安上的特殊性,比历来国内各地的集团部落建设都困难。在间岛、东边道、三江等地,集团部落建设完成时,敌匪已大致被肃清;而西南地区的归屯并户,虽然敌匪主要活动地区的集团部落建设已接近完成,但是肃清敌匪仍有待于日后。在过去胜利完成并户工作的地区中,三江平原地区人口较为稀少,故归屯并户,建立集团部落,对于民生问题的恶劣影响比较小;而间岛及东边道等地区,类似西南地区的山岳地带,人口稠密,虽对民众生活上影响很大,但也强行建设了。并且这三个地区,都是在其部落内部的建设工作完善程度似乎达到而实际并未达到的情况下,发挥了强有力的分离匪民的职能的,对肃清敌匪贡献极大(间岛地区另有特殊的政治原因)。这些地区的匪贼均系国内的匪贼,他们只能依靠该地区才得以生存,如建立集团部落,发挥分离匪民的职能,势必造成群众不得不依赖于我方的环境,而使敌匪逐渐与群众分离,孤立地在部落内进行工作,失去政治上的支援,这就易于将目标暴露在我方的武力讨伐之下。我方的武力比敌匪大数倍,在武力对武力的斗争中,我方经常给敌匪以大打击。然而,西南地区之匪,在华北有根据地,是在与国外匪区保持密切联系的同时,在国内(满洲)进行活动的。而敌匪在华北、冀热、平北地区的军事力量相当强大,因此,即使建设集团部落,将群众置于我方的控制下,或者敌匪为避免我方武力肃清而也可能逃到国外,但他们在必要时,仍可集中武装袭击我方弱点,或以强大武力为掩护在部落内进行工作。如上所述,西南地区敌匪,并非对群众有特别的政治吸引力,而是在进行工作时,有足以对抗我方之武力为掩护,因此,虽通过归屯并户把群众与敌匪隔离了,但群众仍不得不追随敌匪。也就是敌匪在国外有根据地,便于把武力与政治威力结合起来,对抗我方的控制,因而加重了西南地区归屯并户、建立集团部落的困难性。

………

西南地区的地理及社会的各种条件，一般地说，同归屯并户，建立集团部落所产生的各种民生问题关系很大。将依赖狭小平地的居民集中于较大部落的结果肯定会使居地远离耕地，对一草一木都在生活上起作用的居民，生活上必然要产生各种矛盾。如因划定广大的无人地带，使农耕地缩小，这虽是暂时的，但本年度规定实行的禁种地区，对群众的影响很大(例如，青龙县今年比去年减少的耕地面积，据民众申报之数，约为 50%，县当局调查的数目是 30%。再者，无人地带也有若干群众潜居，完全在匪方保护之下，这种情况，一方面是由于匪方的招民，另一方面最大的原因，不外是如被赶到平地无法生活)。另外，对在极端薄弱经济基础上生活的居民来说，因搬迁和房屋修建、构筑防卫设施等所需的人力物力，确有不堪负担之苦。且近几年来由于该地区治安不良，成为彼我双方争夺对象的居民，牺牲很大，再将建设集团部落的负担加在他们肩上，致使民力枯竭更为严重。像这些恶劣条件，给以后投下了阴影，不能不给敌匪以可乘之隙。虽然如此，西南地区，特别是在国境地带，必须强行克服这些恶劣条件，坚决结成大范围的集团部落，并且把这种形式半永久地坚持下去。这是上述西南地区治安特殊性所要求的。在国外有着巩固匪区的西南地区，即便匪影在国内已经绝迹，仍与国外匪区处于对峙局面，故在国外匪区必须经常将群众置于有保证的军事控制之下，这与满洲国东部国境方面，冲破各种矛盾，强制实行归屯并户是一脉相承的。

选自中共河北省委党史研究室编：《长城线上千里无人区》，第四卷，北京：中央编译出版社，2005 年版。

参考文献

[1] 中共河北省委党史研究室编. 长城线上千里无人区(1—5卷). 北京:中央编译出版社,2005.

[2] 承德市老区建设促进会,中共承德市委党史研究室编. 承德抗日斗争史料选. 北京:人民日报出版社,1997.

[3] 承宽宁平抗日斗争回忆录编委会编. 承宽宁平抗日斗争回忆录(上、中、下集). 内部发行,1983.

[4] 承宽宁平抗日斗争史编委会编. 承宽宁平抗日斗争史. 内部发行,1983.

[5] 集团部落——日军侵华暴行的又一铁证编委会编. 集团部落——日军侵华暴行的又一铁证. 内部发行,2013.

[6] 热河革命史编委会编. 邓一民主编. 热河革命史稿(1919—1955). 北京:文化艺术出版社,1988.

[7] 热河革命史编委会办公室编. 邓一民主编. 热河革命史大事记(1919—1955). 北京:文化艺术出版社,1988.

[8] 热河革命史编委会办公室编. 王世俭主编. 热河革命史人物. 内部发行,1988.

[9] 唐山市政协文史资料委员会编著. 勿忘冀东十三年. 北京:中国文史出版社,2015.

[10] 中央档案馆等编. 日本帝国主义侵华档案资料选编:东北大讨伐. 北京:中华书局,1991.

[11] 刘艳青. 抗战时期侵华日军在冀热辽区的无人区化政策(1939—1945). 郑州:河南大学,2011.

[12] 李蓉著. 中华民族抗日战争史. 北京:中央文献出版社,2005.

[13] 何天义主编. 日军侵华集中营——中国受害者口述. 郑州:大象出版社,2008.

[14] 青龙花厂峪红色文化研究会编. 唐继华主编. 花厂峪红色记忆. 北京:中央民族大学

出版社,2011.
[15] 郝洪喜等编著.抗日堡垒村王厂沟.呼和浩特:远方出版社,2005.
[16] 宽城县志编纂委员会编.宽城县志.石家庄:河北人民出版社,1990.
[17] 宽城满族自治县档案局编.杜青怀主编.宽城革命史大事记(1929—1949).内部发行,1996.
[18] 中共宽城满族自治县委宣传部编.杜青怀主编.宽城抗日烽火.内部发行,1987.
[19] 中共宽城县委党史资料征集办公室编.宽城抗日英雄谱.内部发行,1987.
[20] 中共宽城满族自治县委办公室等编.杜青怀主编.宽城历次大惨案.内部发行,2007.
[21] 中国人民政治协商会议.宽城满族自治县政协文史资料工作委员会编.宽城文史资料.内部发行,第一辑、第二辑.1991,1992.
[22] 郑继清编著.巍巍雾灵山——雾灵山革命根据地军事斗争纪事.内部发行,2001.
[23] 陈志龙编著.长城抗日烽火.内部发行,2011.
[24] 中共河北省委党史研究室编.燕赵壮歌——河北抗战历史图片集.内部发行,2015.
[25] 中共承德地委党史研究室等编.承德英烈(1～3集).内部发行,1990—1992.
[26] 中共北京市委党史研究室等编.北京抗战图史.北京:北京出版社,2005.
[27] 中共北京市委党史研究室编.北平抗战简史.北京:北京出版社,2015.
[28] 孙晶岩著.北平硝烟.北京:北京十月文艺出版社,2015.
[29] 姜宝才,峻严著.关东大屠杀——日军侵华罪行的证明.北京:解放军出版社,2005.
[30] 金辉著.恸问苍冥——日军侵华暴行备忘录.北京:解放军文艺出版社,2005.
[31] 唐棠,亓才,刘华.1931抗联战东北——东北抗联抗日影像全纪录.北京:长城出版社,2015.
[32] 胡卓然,赵方峰.魂兮归来.济南:山东画报出版社,2012.
[33] 易中天著.易中天品读中国书系.上海:上海文艺出版社,2007.
[34] 抗战,必须铭记的历史记忆编写组编.抗战,必须铭记的历史记忆.北京:新华出版社,2015.

后　记

我还能做点什么
——兼谈《人圈》一书的写作经历

《人圈》一书，从开始调查到出版，在长达5年多的时间里，经历了很多的曲折、坎坷，终于尘埃落地出版发行了。

艰辛的调查

“人圈”的调查始于2013年4月。调查的初衷只不过是对日军在宽城“集家并村”制造“无人区”时全县“人圈”的地点、迁入这些“人圈”的自然村、人口数和“人圈”数进行调查后，出一本小册子就可以了。但是考虑到日军在长城线上“集家并村”制造千里“无人区”时，宽城是千里“无人区”的重点地区、核心区域。我想，为什么不尽可能详细地对“人圈”的情况进行调查，搜集更多的素材，调查和掌握更多、更详细的情况呢？这或许能够为这段历史留下一些宝贵的资料。因此，在调查中，除调查“人圈”的地点、迁入的自然村、人口数量以外，又增加了尽可能全面的口述调查。因为那段历史距今已经有70多年了，了解当时情况的亲历者已经很少了。有的村，甚至很难找到1人，有的即使能够找到，但因年龄及身体的原因，也很难进行表达和交流了。与此同时，就在我们调查的过程中，有的亲历者在我们刚刚调查采访完不久，就与世长辞了。这使我更加意识到，这些人越来越少了，这样的调查机会也越来越难得了，现在不尽可能全面地进行抢救性的调查的话，恐怕就没有这样的机会了。所以，在实际调查中，我一直有意识地增加一些调查内容。在调查的过程中，一些亲历者不自主地把在“人圈”中的苦难遭遇，特别是日军的暴行等，非常自然地倾诉出来。有的在诉说当时的情景时，甚至是涕泪横流、失声痛哭。这使我进一步地意识到，这次调查绝不仅仅是一般性的调查，而是生活在那个时代的亲历者对那段苦难遭遇和日军暴行的血泪的控诉和揭露。为了对当时的情况进行尽可能详尽地调查和了解，我在原来调查的基础上，回过头来进行了第二次，有的甚至是第三次的补充调查。

调查之路是漫长的，调查的过程也是艰辛的。在调查中，很多亲历者的听力较差，我们只有高声地呼喊着进行询问，有时嗓子都喊哑了。后来，对于有一定文化基础的，我就干脆把提问的问题直接写在纸条上与之交流。有的亲历者的住处交通不便，车辆不能直接到达，不管路途多远我们都步行前往。有的家庭比较困难，居住环境较差，住房的卫生不好，十分凌乱，我们也不嫌弃，坐下来就与之促膝交谈。有时在调查时正赶上大雨天，大家仍然顶着瓢泼大雨，趟着没膝深的积水前往调查。有时有的村干部怕麻烦，不愿意提供本村健在的亲历者的信息，我们就通过找熟人、找亲戚，由他们帮助我们找到当时的亲历者进行调查。调查时，因为条件所限，不管是田间、地头还是在其他地点，我们都千方百计地找到亲历者，一人的、多人的，在村部、在乡镇政府、大街上、田间、地头，在各种地点和场合，利用一切机会和形式进行调查、了解。

为了尽可能多地调查出一些更加具体、更加深入、更加详细的情况，我在原有调查的基础上，进一步地扩大了调查的范围，组织一批亲历者进行个人的回忆和口述，我起草了较为详细的调查采访提纲，开始在全县范围内，找亲历者进行约稿和现场录像录音采访。约稿和现场采访的对象一是离退休老干部和离退休老教师。这些人大多数都具有一定的文化基础，写起来相对来说也比较容易，内容也比较具体，可以让他们直接写出回忆的草稿。有的不能书写了，我就进行现场的录像录音。二是找新中国成立后曾经在村里当过村干部或者表达能力较强的亲历者。他们中能够说清当时的很多情况但不能进行书写的，我就进行现场录像录音。这些人有一定文化基础，可以把他们自己的经历和当时的有关情况直接用文字写下来的，尽可能地让他们直接写出回忆的草稿。即便有的写作能力不是很好，我仍然要求他们把有关情况及重要经历一件一件地拉出提纲来。在约稿时，不管这些人居住在何地，路途多么遥远，我都不厌其烦的一次又一次地前往，有的甚至约稿了四五次。尽管有的距县城有一百余华里，我都多次前往。但是，有一定书写能力的毕竟还是少数，特别是在农村，还十分有限，更多的人还只能通过现场全程的录像、录音来进行深入的采访，然后我再根据录像、录音进行整理。因此，我又通过约稿和录像、录音的形式，对这些亲历者在“人圈”中悲惨的生活经历和日军的暴行等，进行了深入的采访。然后我一句一句地录像、录音翻录成文字后，又进行了多次的整理。我采访了 70 余人，整理了采访的回忆和口述文章 60 余篇，进一步充实了这次调查的内容。

在调查时，我发现在人们被赶进“人圈”以后，这些“人圈”的人口数量普遍地都没有增加，而是大幅度地减少，有的“人圈”幅度特别大。能不能选择一个具有代表性的“人圈”来进行调查、解剖？经过筛选后，我把当时人口数量比较少、相对来说比较容易调查、同时也是我的父辈当时在其中生活的尖山子“人圈”作为调查对象，对其人口变化情况进行了细致的调查。2015 年 3 月 15 日，我和当时生活在尖山子“人圈”的亲历者张树荣(2015 年调查时 87 岁，住在宽城的女儿家)一起，亲自前往板城镇的尖山子村进行调查和了解。调查时，除了张树荣本人非常了解当时的各种情况外，还召集了当时生活在尖山子“人圈”的亲历者沈清海（91岁）、刘天然（83岁）、宣凤阁（81岁）3人，由他们4人一起对尖山子“人圈”从搬入“人圈”到日军投降这一时期的人口变化情况，逐户进行了回忆，详细地进行了登记，认真地进行了统计，获得了比较珍贵的调查统计资料，这是一份非常难得的研究千里“无人区”的宝贵资料。

艰难的写作

在完成了大部分的调查和采访工作的基础上，为了争取时间，我采取了边调查、边整理、边写作的形式，开始了本书的写作。这次调查，共调查走访了当年生活在“人圈”中的亲历者360多人，仅调查中的照片就有1000多幅，个人回忆和音像资料有70多份。要把这些资料整理出来，编著成书，再配上合适的照片，需要付出巨大的努力。这些音像和文字资料十分宝贵，还要保证这些资料不丢失，尽最大可能地保存下来，我还要备份资料。那1000余幅照片，不用说精挑细选到书中合适的位置，有时就连辨认都十分困难，对号入座就更加困难。还有那些已经在书中选定的照片，在电脑整理时明明在书稿中给它们安排了合适的位置，可是因为文字的增减，它们却到处乱窜，不听指挥，只有反复地操作，真让人哭笑不得。还有那些个人的回忆与口述，要经过多次地整理，反复地核实，不断地修改。更何况更多的回忆文章是通过录像、录音的音像资料，由我一句一句地从录像、录音中翻录下来，反复地进行整理、修改后才完成的，工作量何其巨大。同时，年龄大了，记忆力也明显的不行了。有的明明已经保存在了文件夹中，需要时就是很难找到。

2014年8月，我决心写成一部比较系统、全面地反映宽城“人圈”历史，同时也是在一定程度上真实、准确地再现长城线上千里“无人区”的一部全景式的历史著作。该书在河北还没有前例，可能在全国也是首次全面反映“人圈”历史的专著。因此，我又广泛地搜集资料，不仅从当年的亲历者，市、县有关单位搜集了一部分资料，还购买了很多的书籍来参考进行本书的编著。

为在庆祝中国人民抗日战争胜利暨世界反法西斯战争胜利七十周年时完成此书的写作，我克服各种困难，废寝忘食、夜以继日地进行写作，把所有的时间和精力都用在了该书的写作之中。2015年儿子带着全家回家过年，到家时已是大年三十的晚上，尤其是孙子，还是第一次在家过春节。但是，为了写作此书，在整个春节期间我也只与他们在一起2天的时间，正月初三便不再陪同，又开始写作了。每次去写作前，孙子都恋恋不舍地不让我离开。我只有与孙子解释：“爷爷要完成一项重要的任务，不能陪你了，让奶奶陪你吧，爷爷写书去了。”孙子尽管很不情愿，但仍含泪和我说：“爷爷早点回来。”为了尽快完成此书的编著，我常常写作到深夜。有时刚刚睡上一二个小时，就又起来进行写作。在一年多的时间里，自己每天的睡眠时间都没有超过 4 个小时，有时甚至通宵写作、修改。家中老掉牙的电脑已不能再使用了，可又无经济能力更换。我就把枕头垫在床头上，每天夜里都靠在床头的枕头上直接手书进行写作和修改。为了便于写作此书，不影响老伴儿的休息，自己也开始与老伴儿分居，单独住在了书房里，独自一人日夜进行写作。有时老伴夜间醒来，发现我的门缝里透出灯光时，就心痛地进行劝阻，有时甚至严厉地进行制止："你都这么大岁数了，整天这样熬，你还要命不？"有时还会大声地提醒我："你天天这样白天黑夜地看书、写书，将来眼睛看不见了我可不管你。"为了不被老伴儿发现，每天夜里写作时，只要老伴儿一有动静，我就赶紧把灯关掉，等确认她确实已经睡下后再把灯打开，继续查资料、写作。白天，自己经常忘记回家吃饭，有时一天只吃一顿饭，真是废寝忘食了。老伴儿经常对亲戚朋友们说："现在张明云连吃饭都不知道了，傻了！"2015 年初，我的左耳严重耳鸣，口腔溃疡也越来越严重，因口腔溃疡吐出的唾液由开始时的淡红色，变成了紫色，再后来又变成了黑褐色的了。但是，为了早日完成此书的写作，顾不得那么多了。我沉浸在写作之中，如醉如痴，就像走火入魔了一样。

对于我这样不顾一切的拼命地进行写作，老伴儿不止一次地质问我："你老是这样折腾来折腾去的拼命地写书，身体都要写垮了，你是为了图名，还是为了图利？图名，你都多大岁数了？图利，你不但一分钱都没有拿回来，反而老是在花钱。你究竟是图个啥啊？"其实，我也一直在扪心自问：是啊，我图什么呢？图名？自己已经是 60 多岁的人了。图利？我心里非常的清楚，《人圈》一书不但不可能有任何的回报，反而还会一直地投入、花钱。那么，写作《人圈》一书究竟图的是什么呢？其实我想，这也很简单：我写作《人圈》一书，不就是为了宣传宽城"人圈"，宣传千里"无人区"，并通过《人圈》一书来揭露日军在千里"无人区"的暴行，反映人民群众在千里"无人区"的悲惨遭遇，更重要的是通过《人圈》一书，可以让世人了解千里"无人区"吗？可以说，没有其他任何别的目的。正因为如此，所以我才一直是无怨无悔、拼命地进行写作。

知道我这样拼命地进行写作，很多好心人也劝我说："别这样了，你这样没日没夜地写，谁能理解你呢？""注意你的身体吧！都这么大岁数了，要保重自己的身体啊！""别拼命了，自己的身体要紧啊！""别把写书看得过重了，身体是第一位的啊！"每当听到这些，自己都感到十分的温暖，非常的感激，从内心中感谢他(她)们，同时也更加促使和激励我自己，我更要加倍的努力，争取早日让此书出版，来回报他(她)们！

反复地修改和完善

为使此书的结构更为合理，语言更加严谨，史实更加准确，图片更加可靠，一有空闲我就坚持对此书进行反复地修改和完善，《人圈》一书先后多次易稿。在手术后很长的一段时间内，自己已不能下床活动了。我一直在翻来覆去地想：自己能够这样躺在床上白白地浪费时间吗？我还能做点什么呢？于是，我又开始在床上翻阅那些资料和参考书籍，在这些资料和书籍中求证、探索。

因为宽城地处长城脚下，长城在宽城的境域内就有近60公里，是日军制造长城线上千里“无人区”的重点地区、核心区域、重灾区，也是抗日斗争最为活跃的地区。这就决定了宽城抗日斗争的环境更为残酷、艰苦，日军对抗日工作人员的残害也更加残忍。当时，宽城隶属于迁（安）青（龙）平（泉）抗日联合县，后又曾改为青（龙）平（泉）办事处。在日军“集家并村”制造千里“无人区”中，在宽城牺牲了迁青平联合县长刘全民和办事处主任张真理等县级领导，在宽城的6个区的区长中就有5名牺牲了。张永年就是牺牲的5名区长之一。可是，却没有张永年烈士的事迹材料流传下来，只有零零星星的只言片语以及牺牲时的一两句话，形成不了较为完整的事迹材料，特别是其牺牲时的情节没有统一和准确的记载。因此，多年以来一直没有人对他的事迹进行过总结和详细报道。虽然我也特意地进行过多次调查和了解，但苦于找不到张永年牺牲时的资料，无法准确描述相关史实，这一直是我近年来的一个遗憾。在我卧病在床的一段时间内，利用这一时机，反复地翻阅资料，一本一本地翻，一页一页地找，力求有所发现。功夫不负有心人。终于在一本资料中找到了他牺牲时的情节。于是，我欣喜若狂，在这一资料的基础上，再根据我对他事迹的实地调查以及有关资料，不顾伤痛在病床上整理出了比较完整的张永年的事迹材料，以《被人遗忘的著名抗战英烈——张永年》为题目，在《今日宽城》上予以发表，并选入此书之中。这也是弥补了自己近年来的一个遗憾吧。之后，我又整理了著名的孙景华烈士和牛心山八烈士等的事迹材料，均选入了此书之中。

常言说：文章是改出来的。为使此书更加准确和完善，经得起各方面的检验，我在本书基本定稿前就已十余次修改的基础上，在2016年以后的近两年的时间内，即便是在手术后的卧床休养中以及下床后拄着双拐的情况下，我都利用一切时间，对此书进行了反复地推敲，精心地修改，不断地完善，还增加了部分章节和内容，使此书的内容更加充实，资料更加可靠，对日军在宽城“集家并村”制造“无人区”的历史进行了全景式的记叙，对日军在宽城“人圈”的暴行进行了有力的揭露，对人民群众在宽城“人圈”的悲惨生活进行了较为充分地反映。从一定程度上可以说，《人圈》一书为千里“无人区”的研究又添了新证，弥补了关于“人圈”研究的空白，是一部研究长城线上千里“无人区”的宝贵的历史资料汇编。

热情的支持和帮助

在本书的调查及出版的过程中，受到了各方面人士的大力支持和帮助，使本书在历尽了各种坎坷的情况下，能够冲破各种阻力，克服各种困难，最终得以出版。

首先需要感谢的是河北一路领先图书贸易有限公司的董事长、总经理于晓华先生。在本书的出版十分艰难、他自身的工作又极为繁忙的情况下，还千方百计地为我联系出版社，费尽了心血，才使本书得以出版。在我住院后，他又在百忙之中不顾路途遥远，不远千里专程从石家庄赶到宽城来看望我。需要感谢的还有宽城新华书店的金秀佐经理，他为本书的出版出主意想办法，一直关心此书的出版。需要感谢的还有河海大学出版社的领导朱婵玲社长、吴劭文总编和易彬彬老师为本书的出版做了大量的工作。在此，对于河北一路领先图书贸易有限公司于晓华董事长、总经理，宽城新华书店的金秀佐经理，河海大学出版社的全体人员致以由衷的谢意！没有你们，就没有此书的出版！

更要感谢国家新闻出版局的相关领导和人员。你们在国家出版基金申报的过程中，在全国的知名专家、学者云集，专职研究人员众多的情况下，竟然能够把一名既不是专家学者，又不是专业研究人员，充其量也只不过是一名业余研究人员的无名之辈的作品一视同仁地对待，参选国家出版基金的评审。非常感谢那些参加评审的评审专家，谢谢主管评审的国家出版局的领导及人员，正是由于你们的公平、公正和正义，一名无名之辈的作品才能够得以出版，才使此书能够顺利地在全国出版发行。

在此书的出版过程中，河北省党史研究室科研处的丁健同同志和河北大学历史学院范铁权教授，他们在本人的研究、教学十分繁忙的情况下，还为此书的出版多方联系，在这里也表示衷心的感谢。中央民族大学历史文化学院的蒙曼教授，河北省社会科学院河北抗日战争史研究中心特邀研究员、《日军侵华集中营》、《日军侵华战俘营总论》、《二战掳日中国劳工口述史》(五卷)等著作的编著者、主编何天义，承德技师学院的步玉生先生等都为此书的出版做出了很大的努力，在此一并表示感谢。

在调查采访的过程中，还得到了各乡镇党政领导的鼎力支持。他们对本书的调查给予了极大地支持和帮助，提供了各方面的方便，还有很多的乡镇领导还直接参与了调查工作。在调查期间，还得到了众多村干部的大力支持，他们也为此书的调查做了大量的工作，确保了调查工作的正常开展。因为这些人员较多，在此不再一一具名了，也一并表示感谢。

在本书的调查中，共调查走访了当年生活在“人圈”和“无人区”中的360多位80岁以上的老同志。他们都非常的热情，积极地给予配合，愉快地接受调查和采访。感谢这些老同志的支持，祝他们健康、长寿。

在编写本书的过程中，更值得感谢的还有自己的老伴儿。在编写此书期间，由于我调查、写作的时间十分紧张，顾不上照顾家里，家里的一切都由老伴儿一人承担。回来晚了，她把饭菜放在锅里，饭菜凉了，又给我重新热上。特别是在2014年到2015年两年多的时间里，因为她膝关节风湿性关节炎严重发作，经常连走路都十分困难，却一直坚持料理家务，在相当长的一段时间里，都不得不拄着拐杖，一直坚持洗碗、做饭、料理家务。望着她拄着拐杖、十分吃力的背影，我的心里感到十分的歉疚、酸楚。还有在最近的两年中，她不但为全家人料理家务，还要看护顽皮的外孙，非常的繁忙和辛苦。借此机会我也要说一句：老伴儿，辛苦了，没有你的支持，也就没有此书，也谢谢你了！

我还能再做点什么

其实，写作此书的过程，也是一次极为痛苦的过程。日军灭绝人性地屠杀中国人民的那些暴行，时时浮现在自己的眼前。人民群众被日军屠杀时的那种绝望和痛苦的场面，也时时萦绕在自己的脑际。在写作时，仿佛听见看见那些被蹂躏和残杀的妇女在绝望地呼喊；那些儿童在被残杀时一直在不断地呼喊着“妈妈、妈妈……”的声音；而那些无可奈何绝望地等待着被屠杀的人的表情以及被屠杀时那种痛苦的挣扎、惨叫……那是一种多么悲惨的场面！在这些被屠杀的人死后，人们发现他们中的很多人在被日军残忍地屠杀时，都是本能地把手深深地抓进周围的泥土里，把泥土都抓进得很深、很深、很深。可见，人们在被日军残忍地屠杀时是多么的痛苦。那时，人们多么希望祖国是一个强大的祖国能不被外敌欺辱，多么希望能够像正常人一样地生活而不被屠杀。在调查采访时，很多老人在回忆自己目睹那些场面的时候，都流下了眼泪。这些老人在我们调查采访时常说的一句话就是：“日本人根本不把我们中国人当人看，想杀就杀。他们杀死一个中国人就像踩死一只蚂蚁那样容易。我们这些人能够活下来，真是太万幸了。”98 岁（采访时间是 2014 年）的老人周占增，在回忆当时的情况时竟然嚎啕大哭起来，并反复地重复着一句话：“那时的人活得太不容易了，日本鬼子忒恶了。就是现在，我在电影、电视中看见日本鬼子时，还是连看都不敢再看一眼。那时的人们真是太悲惨了，太惨了，太惨了……”接着，老人还是痛哭不止。毕竟老人已经是 98 岁的高龄了。我怕老人在过于悲伤的情况下身体出现意外，只好终止采访。没有亲身经历那场战争的人，能够装得出来吗？那是他们真情实感的迸发，是悲愤心情的真实流露，更是对日军暴行的血泪的控诉！他们所表达的是声声的血、句句的泪！在我写作此书时，有时都不知不觉地流下泪来，甚至不得不停下笔来，终止写作。毫不夸张地说，此书的写作绝不仅仅是用文字写出来的，而是在用血和泪在写作，来记叙那时民众的悲惨遭遇，记叙人民群众血泪的历史！

同时，写作此书的过程也是一次次地受教育的过程。在调查采访时，特别是在约稿和采访的过程中，很多老人都把向自己约稿和采访当做上级给自己下达的一项十分重要的任务一样来认真负责地对待。87 岁的离休老干部程英杰老人，在起草自己的回忆稿时，因为右手极为颤抖，无法进行书写，只好用左手把着右手来完成自己的回忆稿的书写。因此，写出来的回忆稿的字迹也极为潦草，根本无法辨认。因此，我也一直无法进行整理，只好搁置了下来，不准备再整理了。直到此书即将出版之时，经过反复的思想斗争后，我才下决心进行整理，并选入了此书。我想，只有这样才能对得起老人，对得起他的一片真心。同时，这也是对自己的一份安慰。不然的话，将会成为自己的遗憾。我在前往老校长张海云(2014 年采访时 82 岁)家中回收回忆稿时，发现回忆稿写得有一点简单。于是，我就和他商量："能不能把有的内容再补充补充。"他说："行，我再补充补充吧。"可当我第二次去他家取稿时，看到的却是他又重新起草的回忆稿，文稿焕然一新，内容也很充实了。这是一种多么负责的精神。当与离休老干部曹永(2014 年约稿时 83 岁)约稿时，我是在他家的承包地里找到他的。当我把采访的提纲交给他并说明来意后，他问道："有没有文字数量的要求?"我就向他解释："没有文字数量的要求，希望你写得越详细越好。"因此，为了详细的起草，当我第二次去他家取稿时，他说还没有写完，在我第三次前往他家取稿时，他交给我长长的一篇回忆草稿。还有 87 岁(2014 年)的离休老干部于申老人，当我对他进行了录像、录音采访后不久，他又打来电话，说他回忆得还不完全，要求再进行一次补充。于是，我又第二次前往他的家中，进行了补充采访。还有很多农村被约稿的亲历者，他们中的很多人都没有写过什么文章，可约稿后他们却都把当时的情景尽可能详细地拉出了提纲似的草稿，或者拉出当时事件的一些主要情节等。还有很多老人在写草稿前又走访了附近的多名亲历者后，才进行了回忆稿的写作。可见，这些人对这次约稿和采访的认真程度。这些都令我十分地感动。

尽管《人圈》一书还存在着这样和那样的不足，有些地方还留下了很大的遗憾。但此书毕竟是我克服了各种难以想象的困难，历尽了各种坎坎坷坷的经历和无法言状的遭遇后，完成的一部全景式地反映宽城"无人区"历史的著作，同时也是整个千里"无人区"历史的一个缩影，为千里"无人区"的研究提供了非常宝贵的历史资料。难能可贵的是本书不但终于出版了，而且还获得了国家出版基金的支持，能够在全国出版发行。这样，既扩大了宽城"人圈"的影响，同时也是对千里"无人区"的宣传。不过，说心里话，写作和出版此书确实是十分艰难的。因为自己的能力所限，奋斗了一辈子，也没能摆脱生活的困境，现在依然是囊中羞涩，不但没有任何的积蓄，还欠下了很多的外债。自己本想下决心再筹集资金，组织力量，把千里"无人区"范围的 25 个县(区)的 2509 座"人圈"，全部都进行一次调查和采访，趁着这些亲历者还有一部分健在，再进一步地进行抢救性的挖掘，最起码能在最短的时间内先把调查采访搞下来，留下这些"人圈"的全部影音和文字资料，以后再进行进一步的整理。但目前来看，这已经不太现实了。再说，这些亲历者已经是越来越少了，不用说再有几年，就是再有二三年，他们中的大部分人相继过世以后，这些"人圈"的"活的史料""活化石"也就此消失，调整工作也就无法完成了。我粗略地估计了一下，在全部"无人区"的 25 个县(区)中，这些亲历者目前已经不足万人了。就是这一万人中，有的深受疾病的困扰，已不能再接受调查采访了。有的是受个人经历、文化程度的限制，加上年事已高，已经表达不清了。真正能够接受调查采访的亲历者及见证者已经非常有限了。时间不等人，一两年后，恐怕再有资金和决心也不可能实现这一愿望了。看来自己的这一心愿，也只能是作为我这一生中最大的遗憾了。

人生一世，弹指一挥间。再过几年，我就是70岁的人了。我还能为千里“无人区”的研究和宣传再做点什么呢？尽管自己在退休后的几年中为千里“无人区”的研究做了一点点的工作，写作了《人圈》一书。但接下来的路该怎么走？我深知，留给自己的时间已经不多了。在我的有生之年，但愿我还能继续为长城线上千里“无人区”的研究和宣传再做一点点的工作，让世人更进一步地了解千里“无人区”，了解日军在千里“无人区”的暴行，了解人民群众在千里“无人区”中的悲惨遭遇。这也是我余生最大的愿望了。但愿我的这一愿望还能够实现，我还能为千里“无人区”的研究和宣传再做一点儿力所能及的工作。

是啊，光阴荏苒，一晃几年就过去了。回忆《人圈》一书曲曲折折、坎坎坷坷的经历。在本书即将出版之际，自己曾经随笔写了一首“屡易其稿十几巡，历经磨难几度春。尝尽世间千般苦，谁解其中苦与辛。”的四句诗来抒发自己的心情。《人圈》一书的写作和出版，可以说，对于我的人生是又一次历练，对于我的意志也是一次艰难的磨炼。

拙作《人圈》一书，终于就要与读者见面了。希望这部作品能够被读者所接受，真诚地希望人们能够坐下来，认认真真地读一读此书……

张明云

2018年5月

补　记

在平凡中孕育不凡

本书出版时，父亲已经走完了自己平凡的一生。好在他生前已经知道本书一定会出版，这对于他来讲也算没有留下最大的遗憾。

父亲是个热爱并终身坚持学习的人。他出生于河北省宽城满族自治县“孟子岭乡尖山子村黄土梁子庄”，听这个名字就能让人知道这里的地理状况了。只有一条坑坑洼洼，一到雨季就容易发生山体滑坡的村级公路通向外面的世界。家里离小学、初中两三公里，高中十几公里，自行车是奢侈品，再加上家里并不宽裕，父亲居然坚持上完了高中；当兵复员工作后由于是副业工（其实应该叫合同制工人），差点遭遇了失业危机，他在工作、家庭占去了大部分时间的情况下，通过自考三年多拿到了汉语言文学大专文凭；平时最爱的就是书，他的房间里满是自己仔细包过了书皮的、排得整整齐齐的书；报纸杂志剪报有几十本；一有时间就会给我讲历史故事、四大名著以及西方童话。

父亲是个工作认真负责，任劳任怨的人。他高中毕业后由于没法高考，当了八年铁道兵，测绘技术过硬，当铁道兵非常辛苦，虽然没什么王进喜式的伟大事迹，但是抗洪抢险之类的参加过不少。复员之后当了一阵子代课老师，也是勤勤恳恳；在水利局工作时搞小流域综合治理，跑遍了县里的山山水水，晒出了无数测绘图纸，雨季防汛时没日没夜地守在大堤上；去乡镇挂职时依然跑遍了所辖的各个村子；在纪委监察局工作办案时不分白天黑夜，纠正行业不正之风整天去各个单位做调查……

父亲是个不安于现状的人，是个有梦想的执着的人。他在无法高考的情况下选择去当兵，走出了山沟沟；坚持通过自学考试拿到文凭从副业工转为了干部身份；下海大潮中临时开过小店，想实现致富的梦想，因为公务员身份小店被取缔；曾经为了给家乡招商引资写了好多封信给台湾八竿子打不着的亲戚；为了调查“人圈”情况花了五年多时间走访了360多位亲历者，录音、录像、拍照，光照片就1000多幅；为了丰富作品内容，搜集了几十本公开和内部出版的书籍，翻阅了大量的资料。为了本书的出版找遍了能帮助出版的亲戚、朋友、同学、同事，多次抽空拜访了多家出版社，甚至多次冒昧地拜访一些社会名人。

父亲是个有好多缺点的人。他不顾家，由于整天上山下乡，我印象里好像童年都是在过着和母亲相依为命的生活，冬天储备白菜都是我和母亲雇了拖拉机去菜地里买，到家后一大一小两个人一颗颗地抱着白菜往家里运，更别提指望他做饭、洗衣服了；不爱惜身体，六十多岁了为了写书整天熬夜，眼睛都出了问题；他看不起不读书、没文化的人，对这件事有着近乎孔乙己式的执拗，整天逼着我和妹妹认真读书、认真学习，他知道只有读书才能改变命运；他固执、倔强，不会处理人际关系，工作上有时会顶撞领导，据理力争，反而因为这个缺点被组织部门调到了纪委，给亲戚朋友们帮了忙好像也没人记着他的好，由于意见不统一跟母亲吵嘴成了家常便饭，和亲戚们的关系好像也没那么和谐；见了大领导胆子小，曾经为了缓解紧张情绪，不吸烟的他拿出了烟，结果根本点不着；见了市井流氓胆子大，曾经仗着“局长”的身份跟他们大打出手，被带到过派出所。

父亲是个鲜活的人，有着所有普通人的优点和缺点；父亲是个平凡的人，一生奋斗也只是走出了山沟沟，到了快退休才“混”到了正科级，没什么明显的亮点。然而正是这种经年累月的朴素、平凡的生活积累，出于对家乡的热爱，出于想为家乡做点什么的想法，再加上他的执拗和执着，才使得《人圈》这本书得以正式出版，给我们留下了珍贵的史料，还无意中填补了研究千里“无人区”这个历史事件的某些空白。按照能获得国家出版基金的作者们占全国人口的比例来说，这似乎也是一种不平凡吧。

在父亲的熏陶和“命令”下，母亲刘玉莲虽然嘴上不是很情愿支持父亲做这种看似无用功的工作，但是依然自觉担当起了“后勤部长”的角色，端饭菜进书房，“监视”父亲尽量按时睡觉、保重身体，居然还通过“中国式退休家庭妇女”能聊天的本领给父亲推荐了好多认识的不认识的人帮忙提供调查线索；我帮父亲搜集、购买、整理参考资料，对书中的框架结构做了很大调整，还无情地修改了早期版本中父亲的“土得掉渣”的文字；父亲使用电脑不太熟练，妹妹张欣越自然成了电脑教练加文字编辑，录入、插图、排版大部分都是她的功劳；儿媳杨海欣也没闲着，为后期的校对做了大量枯燥的工作。当然，我们全家陪伴父亲搜集整理出版这些史料，并不是为了让人们去增加对日本这个国家和人民的仇恨，而是为了“前事不忘，后事之师”。只有正视过去，珍惜现在，才能放眼未来。适逢中华人民共和国成立70周年华诞，中华民族伟大复兴的历史时刻正在到来，历史正在塑造我们中国人自信、自豪、开放、共赢的性格，在这个伟大时代，作为平凡人的我们，用平常点点滴滴的学习、工作、梦想，来为祖国的未来添砖加瓦吧！

谨以此纪念父亲！

张弘伟

2019年11月1日